Leben leben 7|8

Herausgegeben von Richard Breun

Ernst Klett Verlag
Stuttgart · Leipzig

Leben leben 7|8, Schulbuch für Ethik, LER, Werte und Normen

Herausgeber und Autor: Richard Breun

unter Mitwirkung von: Leonore Brauer, Andreas Christmann, Katrin Glöfe, Brigitte John, Hans-Ullrich Kötteritzsch, Franz Littmann, Bernd Puhl, Manfred Rink, Monika Tworuschka, Frank Usarski

Berater: Andreas Eis, Astrid Erdmann, Eva-Maria Kenngott, Thomas Schäfer

My own Song. Ernst Jandl: Aus dem wirklichen Leben: Gedichte und Prosa. München: Luchterhand, 1999, S. 91

1. Auflage (3. korrigierter Druck) 1 7 6 | 2013

Alle Drucke dieser Auflage sind unverändert und können im Unterricht nebeneinander verwendet werden. Die letzte Zahl bezeichnet das Jahr des Druckes.

Redaktion: Gabriele Pleßke

Umschlaggestaltung und Auftaktseiten: Antje Booken, Gestaltung, Berlin
Innengestaltung: nach Entwürfen von Antje Booken, Gestaltung, Berlin
Zeichnungen/Illustrationen: Erhard Müller (†), Leipzig; Sandy Schygulla, Leipzig; Katja Wehner, Leipzig
Karte S. 182/183: Ingenieurbüro für Karthographie Joachim Zwick, Gießen
Satz: Kristin Drechsler und Anne Lehmann, Leipzig; Isabel Kirsche
Herstellung: Karena Klepel
Reproduktion: Meyle + Müller, Medien Management, Pforzheim
Druck: Himmer AG, Augsburg

Printed in Germany
978-3-12-695210-1

9 783126 952101

My own song

ich will nicht sein
so wie ihr mich wollt
ich will nicht ihr sein
so wie ihr mich wollt
ich will nicht sein wie ihr
so wie ihr mich wollt
ich will nicht sein wie ihr seid
so wie ihr mich wollt
ich will nicht sein wie ihr sein wollt
so wie ihr mich wollt

nicht wie ihr mich wollt
wie ich sein will will ich sein
nicht wie ihr mich wollt
wie ich bin will ich sein
nicht wie ihr mich wollt
wie ich will ich sein
nicht wie ihr mich wollt
ich will ich sein
nicht wie ihr mich wollt will ich sein
ich will sein.

Ernst Jandl

1 Ich und das Erwachsenwerden

2 Freundschaft und Liebe

3 Umgang mit Konflikten und Gewalt

4 Zusammenleben

5 Mensch, Natur, Technik

6 Leben in der einen Welt

7 Islam – Glauben und Leben

8 Drei Religionen in einer Welt – Juden, Christen, Muslime

9 Buddhismus – auf dem Weg zur Erleuchtung

10 Auf der Suche nach dem rechten Weg

So arbeitest du mit dem Buch

Auftaktseite

Das Buch umfasst zehn Kapitel. Jedes beginnt mit einer Auftaktseite. Hier siehst du ein Foto, das eine Verbindung zum Hauptthema zeigt. Darunter sind die Einzelthemen aufgelistet – worum geht es in diesem Kapitel? Welche Methoden werden trainiert?

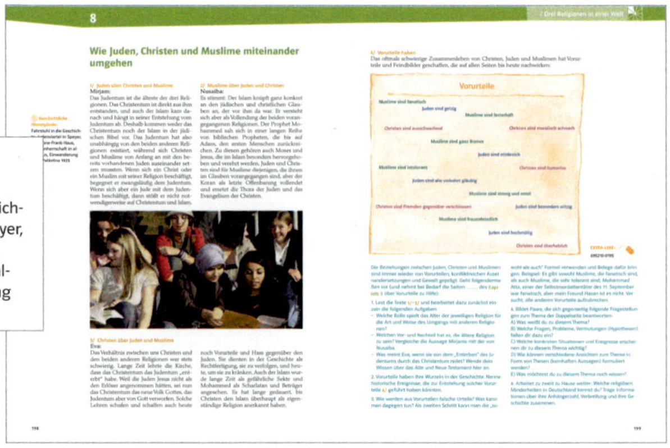

Geschichtliche Hintergünde:
Fahrstuhl in die Geschichte; Judenviertel in Speyer, Das Anne-Frank-Haus, Maarenherrschaft in al-Andalus, Einwanderung nach Palästina 1923

Themendoppelseite – Religionen

Zu den Weltreligionen erhältst du weitere Informationen auf unserer zusätzlich erhältlichen **CD-ROM „Religiopolis"**. Folge zum jeweiligen Thema nur den hier angegebenen Stichworten.

Themendoppelseite

Jedes Kapitel umfasst eine unterschiedliche Anzahl von Einzelthemen, die alle mit dem Hauptthema verknüpft sind. Jedes **Thema** wird auf einer Doppelseite behandelt und steht in der **Überschrift**.

6

Gleichzeitigkeit

1/ Juli 2006

Dieses Fieber ist ansteckend: Hinduistische Asketen am Ufer des Ganges in Allahabad, Indien

Auf dem „Bolzplatz" von Mbezi Luisi, Tansania

Während der Fußball-WM in Deutschland

In der **Randspalte** sind schwierige **Begriffe** erklärt, die du brauchst, um einige Texte zu verstehen. Handelt es sich um den Text eines **bedeutenden Philosophen oder Schriftstellers**, kannst du hier Informationen zur Person finden.

Megastadt: riesige Stadt mit vielen Millionen Einwohnern

2/ Der Anfang eines gemeinsamen Zeitalters

Wir wissen, dass alles, was in der massiv vernetzten Welt der Gegenwart geschieht, gleichzeitig geschieht. Die neue Epoche zeichnet sich dadurch aus, dass sie alle Menschen und Nationen, Regionen und Kulturen in einer Zivilisation verbindet. Was in den letzten fünfzig Jahren begonnen hat, geht demnächst nicht zu Ende. Im Gegenteil. Was wir gegenwärtig mit etwas mehr Verständnis als zuvor erleben, ist der Anfang eines **gemeinsamen Zeitalters** für alle Zeitgenossen auf dem dritten Planeten von der Sonne. Zum ersten Mal in der menschlichen Geschichte. Dazu ein Beispiel aus der Wirtschaft: Brasiliens Megastadt São Paulo ist nach Angaben des Auswärtigen Amtes mit über tausend bundesrepublikanischen Unternehmen die größte deutsche Industriestadt.

Richard Breun

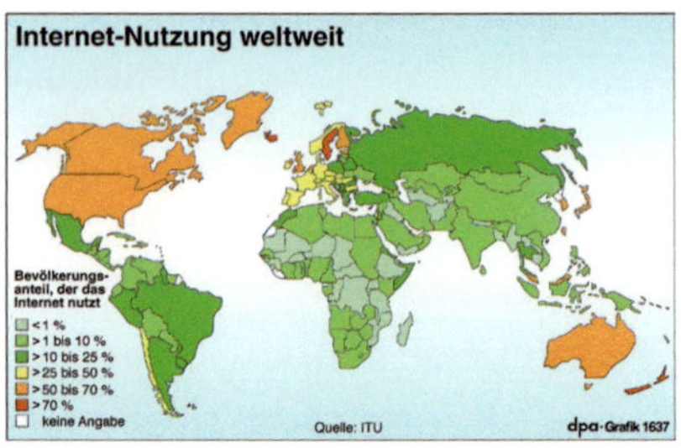

3/

146

Zur besseren Orientierung haben alle **Materialien eine Nummer und eine eigene Überschrift**. Diese Überschrift zeigt an, was der Text oder das Bild mit dem Thema zu tun hat. Die **Nummern** tauchen in den **Aufgaben** wieder auf – diese sind immer unten, meist auf der rechten Seite. Dein Lehrer/deine Lehrerin wird die für eure Klasse geeigneten davon auswählen. In jeder ist **ausführlich** erklärt, wie du vorgehen musst, ob du allein oder mit einem Partner bzw. einer Gruppe von Mitschülern arbeiten solltest.

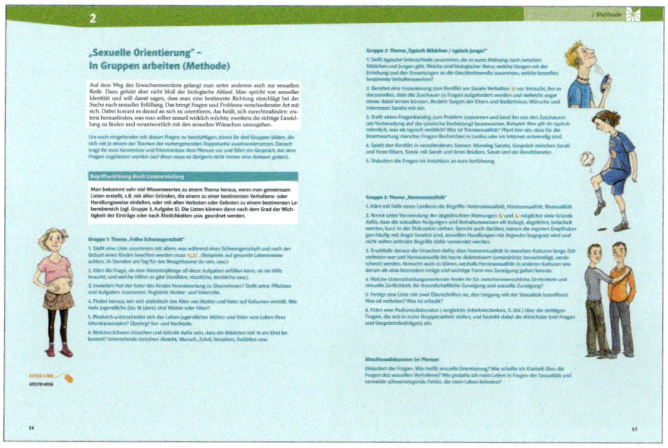

Methoden-/Projektseite

Im Ethikunterricht geht es bei den meisten Themen darum, selbst herauszufinden, was das Problem an einer Sache ist und welche Lösungsmöglichkeiten es dafür geben kann. Hier lernt ihr **Schritt für Schritt**, wie ihr dazu vorgeht. Und ihr könnt gleich an einem **Beispiel** üben. **Projektanregungen** helfen euch, sich ausführlicher mit einem Thema auseinanderzusetzen – folgt dazu den Anleitungen.

/ Leben in der einen Welt

4/ In „Echtzeit" rund um den Globus

In einer Hütte im hintersten Winkel eines Elendsquartiers: kein fließendes Wasser, kein Strom, aber ein Handy, das gerade an einem Solarzellengenerator aufgeladen wird. Warum wird ein solches Modespielzeug so wichtig genommen, wo so viele andere Bedrüfnisse nicht befriedigt sind? Vielleicht weil Kommunikation angesichts der massiven Urbanisierung und der zunehmend unsicheren Lebensverhältnisse für die meisten Menschen auch ein Überlebensmittel darstellt, ökonomisch wie psychisch.

Telefon, Internet und andere Kommunikationsnetze zeichnen sich dadurch aus, dass ihr Nutzen für alle mit jedem neuen Teilnehmer wächst … Das „Weltgehirn", von dem H. G. Wells vor 65 Jahren träumte, ist mit der Möglichkeit, in Echtzeit rund um den Globus zu kommunizieren und Informationen abzufragen, Realität geworden.

… Hervorgegangen aus der militärischen und akademischen Forschung, hat das Internet den Zugang zu Informationen ganz allgemein verändert. Jede Gruppe und jede Einzelperson kann sich des neuen Mediums bedienen oder die Hoffnung hegen, mit seiner Hilfe die internationale Solidarität voranzubringen …

Doch Technologie geht nicht einher mit Gleichheit. Der Preis für einen Internetanschluss steigt – mit der Entfernung von den Zentren der vernetzten Gesellschaft. Die geographische Verteilung der Highspeed-Zugänge, der Fernsehsender und der innovativsten Industrien deckt sich mit der Verteilung der Einkommen und des Zugangs zu Bildung und Gesundheitsleistungen.

Le Monde diplomatique: Atlas der Globalisierung. Berlin: taz Verlags- u. Vertriebs GmbH, 2003

Urbanisierung: Verstädterung des Lebens

Solidarität: eines der Grundprinzipien menschlichen Zusammenlebens; Zusammengehörigkeitsgefühl von Menschen (oder Gruppen), ihr Einstehen füreinander und ihre Bereitschaft, einander zu helfen

Die Quellenangabe unter dem Text zeigt dir, wo du weiterlesen kannst, wenn es dich interessiert.

Kreatives Schreiben

Es soll ein Text produziert werden, der keine festen formalen Ansprüche hat. Den vorgegebenen Fragen oder Themen folgend bringt man seine Gedanken zu Papier. Tipp: Lege zuvor eine Stichwortsammlung an. Mache dazu ein „Brainstorming", in dem du alle spontanen Einfälle sammelst. Das könnt ihr auch gemeinsam tun.

Gleichheit

Ausgehend von dem Gedanken, dass alle Menschen von Natur aus gleich sind, entstand die Idee, dass sie es auch politisch, vor allem vor dem Gesetz sein sollten. Die Idee der politischen Gleichheit aller findet sich in den Verfassungen vieler Staaten. Eine Ausweitung dieses Gedankens beinhaltet z. B. die Chancengleichheit.

Arbeitstechniken, die du für die Lösung mancher Aufgaben brauchst, sind in den blauen Kästen erklärt. Manches davon kennst du schon aus anderen Unterrichtsstunden? Gut so, dann hast du den Kasten zum Wiederholen wie es geht.

Wichtige **Begriffe**, die zum Thema gehören und auch an anderer Stelle gebraucht werden, findest du in einem grünen Kasten.
Arbeitstechniken und Begriffe sind im Anhang noch einmal alphabetisch geordnet aufgeführt.

1. Kreatives Schreiben zu folgenden Fragen:
   - Ziehe in Gedanken Kreise um dich. Welche Ereignisse, die für dich wichtig sind, gehören in den engeren Gesichtskreis deiner eigenen Person, welche in den weiteren der Familie, des Ortes, des Landes, der Welt?
   - Stelle dir den Horizont vor, wie er dein alltägliches Leben begrenzt. Lass ihn immer weiter werden und schreibe für jede Erweiterung mindestens ein Ereignis auf.
   - Auf welche unterschiedliche Weise erfährst du davon (eigenes Erleben, Fernsehen usw.)?

   Tragt eure Texte vor, stellt Fragen dazu und beantwortet sie im Gespräch.
2. Betrachtet die Fotos 1/. Woran erkennt man das Gemeinsame des Zeitalters? Ergänzt die Fotosammlung durch ähnliche Bildreihen und fertigt daraus eine kleine Ausstellung. Findet einen passenden Titel dafür.
3. Wodurch kommt es zur wirtschaftlichen Zusammenarbeit in der Welt 2/? Welche Auswirkungen könnte das Beispiel São Paulo für das eigene Land (Brasilien) und das andere Land (Deutschland) haben?
4. Erkundet die Zusammenhänge, die in Schaubild 3/ und Text 4/ zur Internetnutzung deutlich werden. Formuliert mindestens drei Sätze dazu. Formuliert außerdem mindestens drei Fragen, die sich euch dabei stellen.
5. Diskutiert eure Sätze und Fragen im Plenum. Dabei sollten auch Begriffe bzw. Aussagen geklärt werden, die in den Texten vorkommen, z. B.: Inwiefern kann Kommunikation ein „Überlebensmittel" sein? Weshalb wird die Hoffnung gehegt, dass mit Hilfe des Internets die „internationale Solidarität" vorangebracht werden kann? Welches könnten Gründe dafür sein, dass Technologie doch nicht einhergeht mit „Gleichheit"? Was bedeuten „Gleichheit" und „Solidarität" im weltweiten Maßstab? (Beispiele)

Portfolio-Vorschlag: „Gleichzeitig überall" – Dokumentation der Ergebnisse von Aufgabe 1 bis 5.

147

Schlussseite

Wie könnt ihr herausfinden, was ihr bei der Beschäftigung mit dem Kapitel gelernt habt? Die Spiele, Erkundungsaufträge oder Gestaltungsaufgaben sind ein guter Test dafür.

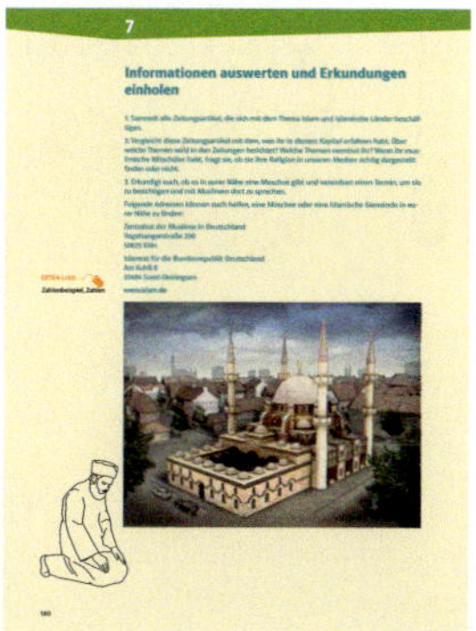

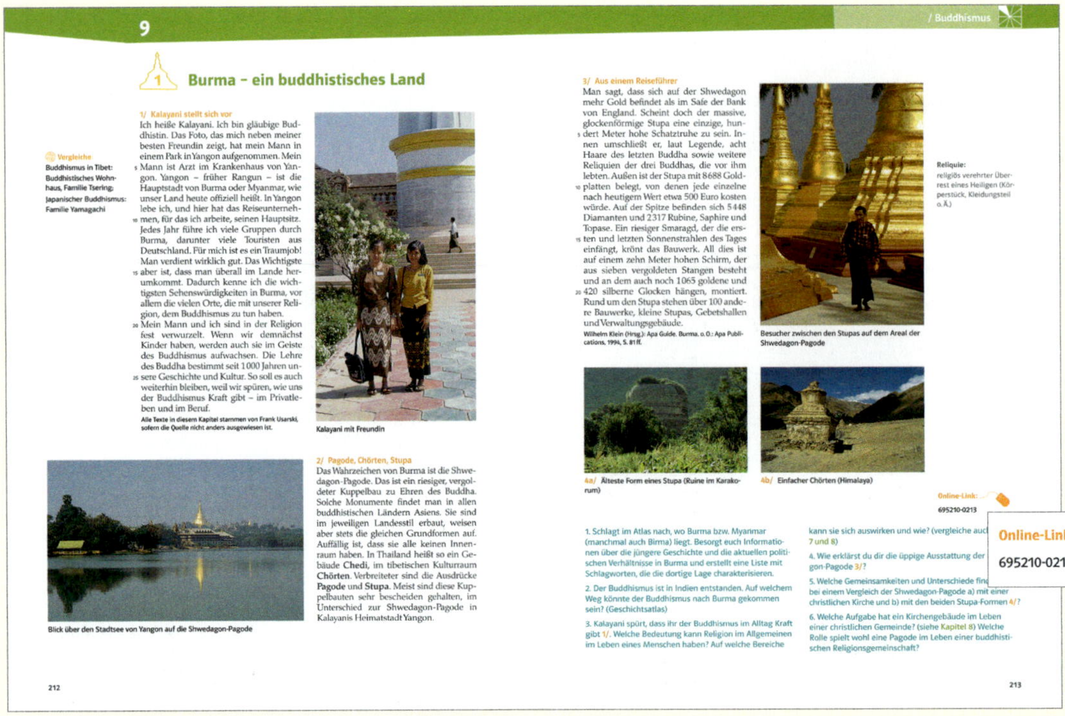

9

/ Buddhismus

1 Burma – ein buddhistisches Land

Vergleiche
Buddhismus in Tibet: Buddhistisches Wohnhaus, Familie Tsering;
Japanischer Buddhismus: Familie Yamagachi

1/ Kalayani stellt sich vor

Ich heiße Kalayani. Ich bin gläubige Buddhistin. Das Foto, das mich neben meiner besten Freundin zeigt, hat mein Mann in einem Park in Yangon aufgenommen. Mein Mann ist Arzt im Krankenhaus von Yangon. Yangon – früher Rangun – ist die Hauptstadt von Burma oder Myanmar, wie unser Land heute offiziell heißt. In Yangon lebe ich, und hier hat das Reiseunternehmen, für das ich arbeite, seinen Hauptsitz. Jedes Jahr führe ich viele Gruppen durch Burma, darunter viele Touristen aus Deutschland. Für mich ist es ein Traumjob! Man verdient wirklich gut. Das Wichtigste aber ist, dass man überall im Lande herumkommt. Dadurch kenne ich die wichtigsten Sehenswürdigkeiten in Burma, vor allem die vielen Orte, die mit unserer Religion, dem Buddhismus zu tun haben.
Mein Mann und ich sind in der Religion fest verwurzelt. Wenn wir demnächst Kinder haben, werden auch sie im Geiste des Buddhismus aufwachsen. Die Lehre des Buddha bestimmt seit 1000 Jahren unsere Geschichte und Kultur. So soll es auch weiterhin bleiben, weil wir spüren, wie uns der Buddhismus Kraft gibt – im Privatleben und im Beruf.

Alle Texte in diesem Kapitel stammen von Frank Usarski, sofern die Quelle nicht anders ausgewiesen ist.

Kalayani mit Freundin

Blick über den Stadtsee von Yangon auf die Shwedagon-Pagode

2/ Pagode, Chörten, Stupa

Das Wahrzeichen von Burma ist die Shwedagon-Pagode. Das ist ein riesiger, vergoldeter Kuppelbau zu Ehren des Buddha. Solche Monumente findet man in allen buddhistischen Ländern Asiens. Sie sind im jeweiligen Landesstil erbaut, weisen aber stets die gleichen Grundformen auf. Auffällig ist, dass sie alle keinen Innenraum haben. In Thailand heißt so ein Gebäude **Chedi**, im tibetischen Kulturraum **Chörten**. Verbreiteter sind die Ausdrücke **Pagode** und **Stupa**. Meist sind diese Kuppelbauten sehr bescheiden gehalten, im Unterschied zur Shwedagon-Pagode in Kalayanis Heimatstadt Yangon.

212

3/ Aus einem Reiseführer

Man sagt, dass sich auf der Shwedagon mehr Gold befindet als im Safe der Bank von England. Scheint doch der massive, glockenförmige Stupa eine einzige, hundert Meter hohe Schatztruhe zu sein. Innen umschließt er, laut Legende, acht Haare des letzten Buddha sowie weitere Reliquien der drei Buddhas, die vor ihm lebten. Außen ist der Stupa mit 8688 Goldplatten belegt, von denen jede einzelne nach heutigem Wert etwa 500 Euro kosten würde. Auf der Spitze befinden sich 5448 Diamanten und 2317 Rubine, Saphire und Topase. Ein riesiger Smaragd, der die ersten und letzten Sonnenstrahlen des Tages einfängt, krönt das Bauwerk. All dies ist auf einem zehn Meter hohen Schirm, der aus sieben vergoldeten Stangen besteht und an dem auch noch 1065 goldene und 420 silberne Glocken hängen, montiert. Rund um den Stupa stehen über 100 andere Bauwerke, kleine Stupas, Gebetshallen und Verwaltungsgebäude.

Wilhelm Klein (Hrsg.): Apa Guide. Burma. o. O.: Apa Publications, 1994, S. 81 ff.

Besucher zwischen den Stupas auf dem Areal der Shwedagon-Pagode

Reliquie: religiös verehrter Überrest eines Heiligen (Körperstück, Kleidungsteil o. Ä.)

4a/ Älteste Form eines Stupa (Ruine im Karakorum)

4b/ Einfacher Chörten (Himalaya)

Online-Link: 695210-0213

1. Schlagt im Atlas nach, wo Burma bzw. Myanmar (manchmal auch Birma) liegt. Besorgt euch Informationen über die jüngere Geschichte und die aktuellen politischen Verhältnisse in Burma und erstellt eine Liste mit Schlagworten, die die dortige Lage charakterisieren.
2. Der Buddhismus ist in Indien entstanden. Auf welchem Weg könnte der Buddhismus nach Burma gekommen sein? (Geschichtsatlas)
3. Kalayani spürt, dass ihr der Buddhismus im Alltag Kraft gibt 1/. Welche Bedeutung kann Religion im Allgemeinen im Leben eines Menschen haben? Auf welche Bereiche kann sie sich auswirken und wie? (vergleiche auc… 7 und 8)
4. Wie erklärst du dir die üppige Ausstattung der … gon-Pagode 3/?
5. Welche Gemeinsamkeiten und Unterschiede fin… bei einem Vergleich der Shwedagon-Pagode a) mit einer christlichen Kirche und b) mit den beiden Stupa-Formen 4/?
6. Welche Aufgabe hat ein Kirchengebäude im Leben einer christlichen Gemeinde? (siehe Kapitel 8) Welche Rolle spielt wohl eine Pagode im Leben einer buddhistischen Religionsgemeinschaft?

213

Online-Link:
695210-0213

Der **Online-Link** führt euch zu den passenden Internetseiten, um die nötigen weiteren Informationen zu erlangen. Ihr findet sie im Downloadbereich unter **www.klett.de/online**. Wir halten diese Links immer für euch auf dem aktuellen Stand.
Auch ein **Leben leben-Lexikon der Philosophen und Denker** kannst du dort unter dem Online-Link **695210-0000** finden. Hier stehen zu ausgewählten Philosophen und Denkern Infoblätter mit interessanten Angaben über deren Leben und Werke.

Philosophen und Denker

Das Lexikon der Philosophen und Denker bietet interessante Informationen über deren Leben und Werke.
▸ Zum Lexikon

1 Ich und das Erwachsenwerden

Ich
Verwandlungen
Entwicklungen
Wachsen, aufwachsen, lernen
Identität(en) ausprägen
Rechte und Pflichten
Lebensbejahung
Bewusstes Wahrnehmen und Bewegen (Methode)
Haltung, Bewegung, Ausdruck (Projekt)
Misserfolge, Enttäuschungen, Krisen
Ein Würfelspiel: „Aufsteller und Dämpfer“

Ich

1/ Dichter über das Ich

Manchmal

manchmal
kriech ich
in mich hinein
und bin
ganz klein

doch irgendwann
komm ich
wieder raus
und wachse
über mich
hinaus

Claudia Höly

In: Hans-Joachim Gelberg (Hrsg.): Was für ein Glück. 9. Jahrbuch der Kinderliteratur. Weinheim, Basel: Beltz & Gelberg, 1993, S. 222

Ich

Ich: Träumerisch, träge,
schlafmützig, faul.

Und ich: Ruhelos, neugierig,
hellwach, betriebsam.

Und ich: Kleingläubig, feige,
zweiflerisch, hasenherzig.

Und ich: Unverblümt, frech,
tapfer, gar mutig.

Und ich: Mitfühlend, zärtlich,
hilfsbereit, beschützend.

Und ich: Launisch, gleichgültig,
einsilbig, eigenbrötlerisch. –

Erst wir alle zusammen sind ich.

Hans Manz

In: Hans-Joachim Gelberg (Hrsg.): Was für ein Glück. 9. Jahrbuch der Kinderliteratur. Weinheim, Basel: Beltz & Gelberg, 1993, S. 216

Ich

Heute haben mich meine Eltern
neu eingekleidet.
Neues Hemd.
Neuer Pulli.
Neue Jacke.
Neue Hose.
Neue Schuhe.

Meine Mutter
und die Verkäuferinnen
haben immer gesagt,
alles passe gut zusammen –
und zu mir.
Aber,
wenn ich die neuen Sachen trage,
ist mir ganz komisch.
Ich weiß gar nicht mehr,
ob ich noch ich bin.

Manfred Mai

In: Hans-Joachim Gelberg (Hrsg.): Überall und neben dir. Gedichte für Kinder. Weinheim, Basel: Beltz & Gelberg, 1989, S. 88

2/ Álvarez Plágaro: Identical Paintings, 1998

3a/ Velázquez: Las Meninas, 1656/57 –
Madrid: Museo del Prado

3b/ Pablo Picasso: Les Menines, 1957 –
Barcelona: Museo Picasso

Fragen finden

Texte thematisieren eine Frage oder auch mehrere Fragen. Diese gilt es herauszufinden. Beispiele siehe Aufgabe 2 und 3. Ihr könnt die Fragen auf Kärtchen schreiben und sammeln.

Identität

Wenn sich etwas nicht nur gleicht, sondern dasselbe ist oder bleibt, spricht man davon, dass das eine identisch mit dem anderen ist, bzw. das Spätere mit dem Früheren. Identität heißt „Selbigkeit" von (lat.) *idem* = eben der, ein und dasselbe.

1. Lies die Gedichte 1/ in Ruhe durch. Wähle eines der Gedichte aus und schreibe selbst ein kleines Gedicht in ähnlicher Form.
2. Alle Gedichte 1/ handeln vom Ich. Dazu thematisieren sie jeweils eine Frage. Wie lautet die Frage, die in dem von dir ausgewählten Gedicht behandelt wird? (z. B.: Welche Eigenschaften habe ich?)
3. Sammelt alle Fragen, die in der Ethik-Gruppe formuliert worden sind und wählt nun diejenigen aus, die das jeweilige Thema am besten auf den Punkt bringen. Versucht, Antworten zu finden. Bezieht dabei Alltagserlebnisse, Erfahrungen und Beispiele mit ein.
4. Jeder spricht von sich als „Ich". Man glaubt, dass es immer dasselbe oder das gleiche Ich ist. Worin liegt der Unterschied zwischen „dasselbe" und „das Gleiche"? Schau dir noch einmal die Gedichte an: Wie ist diese Frage in allen Gedichten enthalten? Sprecht darüber.
5. Betrachtet nun die Bilderpaare 2/ und 3/. Was ist in den jeweiligen Bildern dasselbe, was ist gleich oder ähnlich?
6. Was kann „Identität" beim einzelnen Menschen bedeuten? Schreibe auf:
   a) was alles dazugehören muss, dass ein Mensch seine Identität behält.
   b) was sich verändern kann, ohne dass er seine Identität verliert. (Beispiele: Gesicht, Gehirn, Herz, Gedanken, …)
7. Sprecht gemeinsam über eure Listen. Versucht, die Frage zu beantworten: Unter welchen Bedingungen kann der Mensch seine Identität entwickeln, bewahren oder verlieren?
8. Der Personalausweis ist ein Identitätsnachweis (engl. „identity card", frz. „carte d'identité"). Was bedeutet das eigentlich? Stelle selbst einen Personalausweis her, in dem das vorkommt, was dir wichtig ist.

Verwandlungen

1/ Ein und dasselbe Gesicht?

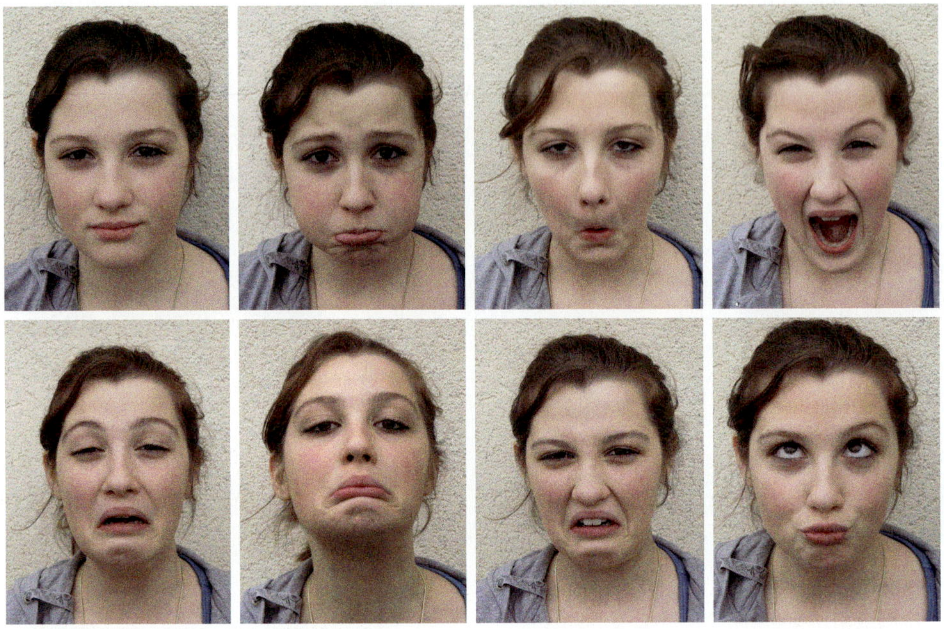

2/ Schüleraussagen

Karsten, 13: Ich möchte endlich erwachsen werden, weil ich dann über mich selbst bestimmen kann. Außerdem bleibt im Inneren des Körpers immer noch ein Kind.

Josephin, 13: Ich möchte einmal nicht so leben wie meine Eltern. Ständig von einem Termin zum nächsten hetzen, wenig Schlaf, oft Streit. Es gibt doch Wichtigeres als Geld.

Markus, 21: Ich fühl mich nicht erwachsen. Noch lange nicht. Ich werde erst erwachsen sein, wenn ich Kinder möchte … Kompliziert wird es nur, wenn man eher Vater wird, als man sich erwachsen fühlt.

Carolin, 14: Das Erwachsenwerden hat Vor- und Nachteile: Man muss niemanden mehr um Erlaubnis fragen, aber man hat auch die Verantwortung. Wenn man Mist baut, muss man ganz allein dafür einstehen.

Pantomime entwickeln

Die Darstellung einer Szene, einer Handlung wird nur mit dem Mienenspiel (mimisch) und mit Gebärden (gestisch) entwickelt und vorgeführt. Hinzu kommen tänzerische Bewegungen. (siehe Aufgabe 3)

3/ Anke und Bilal

1990

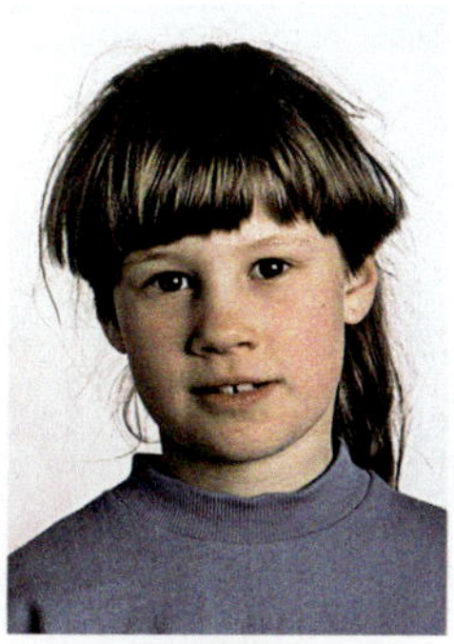
1992

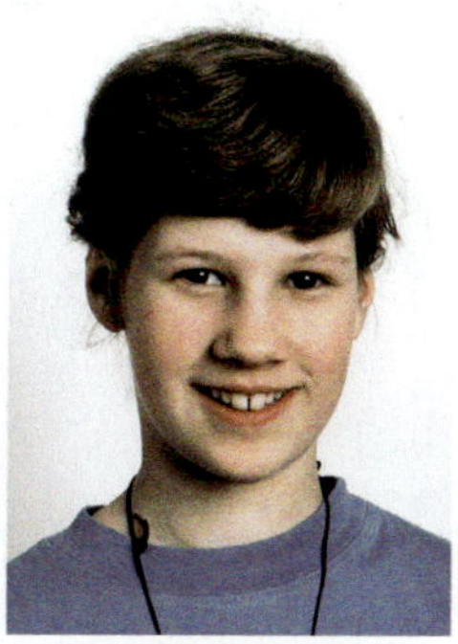
1995

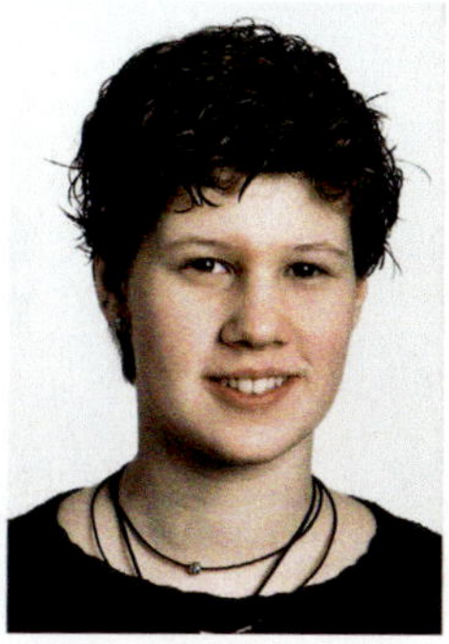
1998

2000

1990

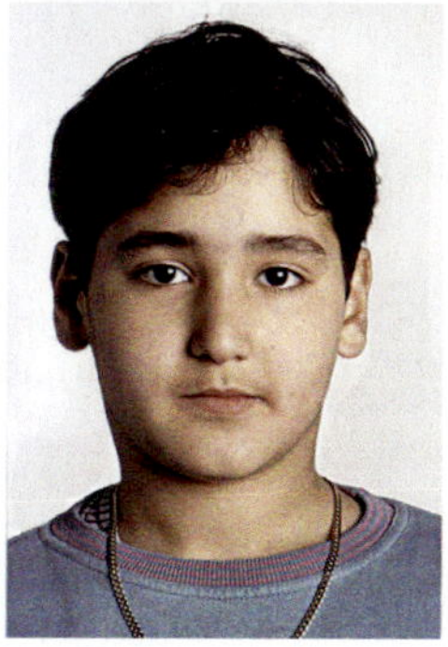
1993

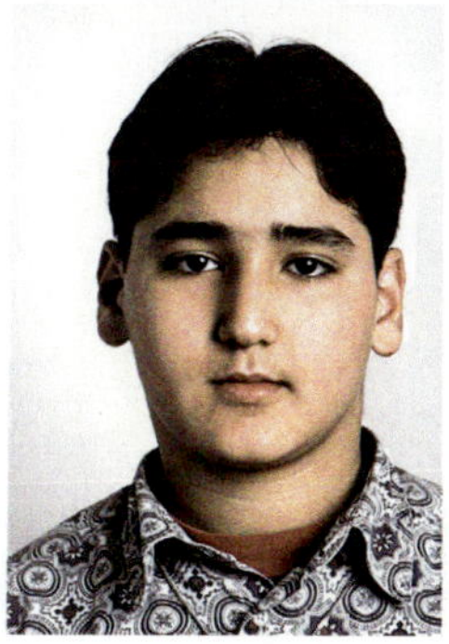
1995

1997

1999

1. „Ich bin anders, als ihr denkt." Darin drückt sich aus, was jeder an sich selbst erlebt: Man fühlt sich verkannt, man ändert sich, entwickelt sich, bemüht sich, so zu werden, wie man sein möchte. In 1/ und 3/ sind unterschiedliche Verwandlungen zu sehen. Beschreibe sie in je einem Satz. Tauscht euch über eure Sätze aus.

2. Probiert selbst Verwandlungen und ihre Wirkungen aus.
   a) Schneidet Grimassen, wenn möglich, fotografiert euch gegenseitig. Wie erlebt ihr diese Verwandlungen? (Beispiel: wütender Gesichtsausdruck – spüre ich die Wut?)
   b) Fertigt Masken aus Papier an und spielt kleine Szenen, z. B. alter Mann in der Straßenbahn, junge Frau beim Einkaufen, ... Was erlebt ihr bei diesen Maskierungen? (vergleiche Arbeitstechniken, siehe Anhang)

3. Überlege dir eine alltägliche Situation, die sich in einer Pose, in einer pantomimischen Inszenierung darstellen lässt (z. B. beim Kochen, Lernen, Drohen, Grüßen, ...). Führe die Pose vor, die anderen erraten, worum es sich handelt. Trägst du bei einer solchen Inszenierung eine Maske? Oder bist es immer du selbst, der/die sich zeigt?

4. Betrachte die Fotoreihe 3/. Was ändert sich in diesem Zeitverlauf, was bleibt? Sind das Kind auf dem ersten Foto und der/die ältere Jugendliche dieselbe Person oder bloß die gleiche, oder ist er/sie eine ganz andere Person geworden? Welche Gründe gibt es jeweils dafür?

5. Lies die Aussagen zum Thema Erwachsenwerden 2/. Finde zu jeder Äußerung das passende Stichwort als Überschrift (z. B. Carolin: Verantwortung). Schreibt eure Stichworte auf Karten und heftet sie an eine Tafel.

6. Schreibe selbst einen kurzen Text zum Thema Erwachsenwerden. Jeder liest ihn vor, alle finden zusammen das passende Stichwort. Heftet alle eure Stichwörter zu den anderen an die Tafel.

7. Fasst nun alle Stichwörter zusammen, die zueinander gehören, z. B. „Verantwortung" und „Pflichten". Welche Themen haben sich herausgeschält? Lasst diese Themen für die weitere Arbeit an der Tafel hängen und achtet darauf, dass ihr immer wieder auf sie zurückkommt.

Entwicklungen

1/ „Schon früh schenkt man den Kindern Bilderbögen, in die sie sich ganz hineinleben …"

Karl von Raumer: Die Erziehung der Mädchen. Stuttgart, 1853, S. 124

Sedierung: Beruhigung

Die Bilder dokumentieren ein Bewusstsein für die vorgegebene männliche und weibliche Lebensrolle. Danach sind dem männlichen Geschlecht Aktivität, Dynamik, Bewegung, Temperament und das Hineinwirken in die Welt, das Wirken in größeren Zusammenhängen und die geistige Betätigung vorbehalten. Dagegen sind dem weiblichen Geschlecht Passivität, stilles ruhiges Verharren, Ausrichtung auf das Kleine, auf die begrenzte häusliche Welt zugewiesen … Wie auf den kleinen Bildern verfolgbar, ist im „Lebenslauf" eines weiblichen Wesens kein Buch vorgesehen. Statt eines Buches bekam es zwecks Sedierung und Zähmung einen Strickstrumpf in die Hand. Erst der Ehegemahl, aus einem Buch vorlesend, vermittelt ihr wohldosiert den Zugang zu der geistigen Welt. Ist der „Familienvater" um die erste Erziehung des Säuglings bemüht, so ist die „Mutter" … auf ihre stillenden, nährenden und pflegenden Pflichten verwiesen.

Hildegard Westhoff-Krummacher: Als die Frauen noch sanft und engelsgleich waren. Die Sicht der Frau in der Zeit der Aufklärung und des Biedermeier. Westfälisches Landesmuseum für Kunst- und Kulturgeschichte Münster, 19.11.1995–11.02.1996, S. 103

1. Der Bilderbogen 1/ stammt vom Anfang des 19. Jahrhunderts. Beschreibt den Verlauf des Lebens, jeweils für die Jungen und die Mädchen. Was fällt euch auf?

2. Lege eine Tabelle an, links Junge, rechts Mädchen. Liste auf, welche Eigenschaften, Merkmale, Tätigkeiten in dem Bilderbogen 1/ jeweils zum Ausdruck kommen.

2/ Eine Geschichte

Der Vater, der eine Mühle betreibt, sagt zu seinem Sohn: „Der Frühling ist vor der Tür, geh auch einmal hinaus in die Welt und erwirb dir selber dein Brot." Der Sohn willigt ein und trifft auf einen Reisewagen, in dem zwei vornehme Damen unterwegs sind.
Die jüngere schüttelte einige Male mit dem Kopfe, die andere lachte aber in einem fort und rief mir endlich zu: „Spring Er nur hinten mit auf, wir fahren auch nach Wien." Wer war froher als ich! Ich machte eine Reverenz und war mit einem Sprunge hinter dem Wagen, der Kutscher knallte, und wir flogen über die glänzende Straße fort, dass mir der Wind im Hute pfiff.
Hinter mir gingen nun Dorf, Gärten und Kirchtürme unter, vor mir neue Dörfer, Schlösser und Berge auf, unter mir Saaten, Büsche und Wiesen bunt vorüberfliegend, über mir unzählige Lerchen in der klaren blauen Luft – ich schämte mich, laut zu schreien, aber innerlichst jauchzte ich und strampelte und tanzte auf dem Wagentritt herum, dass ich bald meine Geige verloren hätte, die ich unterm Arme hielt. Wie aber dann die Sonne immer höher stieg, rings am Horizont schwere weiße Mittagswolken aufstiegen und alles in der Luft und auf der weiten Fläche so leer und schwül und still wurde über den leise wogenden Kornfeldern, da fiel mir erst wieder mein Dorf ein und mein Vater und unsere Mühle, wie es da so heimlich kühl war an dem schattigen Weiher, und dass nun alles so weit, weit hinter mir lag. Mir war dabei so kurios zumute, als müsst ich wieder umkehren; ich steckte meine Geige zwischen Rock und Weste, setzte mich voller Gedanken auf den Wagentritt hin und schlief ein.

Joseph Freiherr von Eichendorff: Aus dem Leben eines Taugenichts. Frankfurt a. M.: Insel Taschenbuch Verlag, 1976, S. 9, 11 f.

Reverenz: Verbeugung

Joseph Freiherr von Eichendorff: (1788–1857) Schriftsteller und Dichter in der Zeit der deutschen Romantik

Collage gestalten

Collage kommt von *coller* (franz.) = kleben. Mit dieser Technik wird durch das Aufkleben verschiedener Elemente ein neues Ganzes geschaffen. Aufgeklebt werden z. B. Zeitungsausschnitte, Fotos, farbige Papiere, Bildausschnitte. Bevor das Material zusammengestellt wird, muss man sich überlegen, welche Aussage man verdeutlichen will. (siehe Aufgabe 5)

3. Vergleicht eure Listen miteinander und vergleicht sie mit dem, was der Text zu dem Bilderbogen 1/ sagt.

4. Diskutiert dann darüber, was heute anders ist oder vielleicht doch ähnlich wie in der alten Darstellung: Man spricht hier von unterschiedlichen Geschlechterrollen, die Jungen und Mädchen zugewiesen werden, und von der geschlechtlichen oder sexuellen Identität, die sich herausbildet. Nennt mögliche Gründe dafür, dass Frau und Mann so unterschiedlich gesehen und beurteilt wurden. Wie ist das heute mit den Geschlechterrollen? (vergleiche auch Kapitel 2)

5. Stelle selbst einen solchen Bilderbogen in acht Bildern (= Lebensphasen) her. Du kannst selber zeichnen, Symbole für die jeweilige Altersstufe finden (z. B. Schnuller für Kleinkind) oder aus Zeitschriftenausschnitten eine Collage gestalten.

6. Hängt eure Werke auf. Lasst sie jeweils von einem anderen Schüler beschreiben und deuten. Welche Lebensphasen werden sichtbar? Gibt es Unterschiede zwischen Jungen und Mädchen?

7. Der kleine Textauszug von Eichendorff 2/ schildert die Situation des Weggehens von zu Hause. Welche Bilder verwendet er, um diese Situation in Worte zu fassen? Welche widersprüchlichen Gefühle hat der Sohn? Was wäre bei einer Tochter anders gewesen?

8. Wie läuft das heute ab, wenn man das Elternhaus verlässt? Finde dazu selbst solche Bilder: in Worten und in Farben.

Wachsen, aufwachsen, lernen

1/ Warum wird man so langsam erwachsen?

Die Tiere haben alle ein angeborenes Wissen. Man nennt es den Instinkt. Ihr angeborenes Wissen hilft den Tieren, Futter und Wasser zu finden und sich vor dem Wetter und ihren Feinden zu schützen …

Wir Menschen haben kaum ein angeborenes Wissen … Das meiste von dem, was wir zum Leben an Wissen und Können brauchen, müssen wir lernen, und wir hören nicht auf zu lernen, solange wir leben.

Wir können nicht einfach loslaufen, wie die Schwalbe losfliegt. Wenn wir über die Straße wollen, müssen wir die Verkehrsregeln kennen.
Wir finden unsere Nahrung nicht irgendwo, und wir dürfen sie nicht unseren Nachbarn wegnehmen. Wir müssen sie auf Feldern oder in Gärten anpflanzen, oder wir müssen sie kaufen. Wir brauchen Kleidung, wir brauchen Wohnungen, um uns vor dem Wetter zu schützen.
Die Menschen müssen sich eine künstliche Welt bauen … Sie müssen immer Neues hinzulernen, sie müssen viele verschiedene Fähigkeiten und Kenntnisse haben. Nur so können sie ihre Welt immer weiter verändern.
Kein Mensch kann für sich allein leben. Er braucht andere Menschen. Aber das Zusammenleben mit ihnen muss er auch erst lernen.
Zum Lernen braucht man Zeit, eine lange Wachstumszeit, in der man noch nicht für sich selbst sorgen muss. Darum sind wir Menschen erst erwachsen, wenn wir für uns selbst und für andere sorgen können.

Ursula Wölfel: Wachsen – Warum wird man so langsam erwachsen? In: Sechzehn Warum-Geschichten von den Menschen. Düsseldorf: Hoch-Verlag, 1971, S. 19 f.

Ritual, Übergangsritus

Ein Ritual oder Ritus ist allgemein ein Vorgehen, das einer festgelegten Ordnung folgt. Übergangsriten führen in eine andere Gemeinschaft oder neue „Welt" ein. Den Übergangsritus in die Welt der Erwachsenen nennt man auch Initiation, was Einführung, Einweihung bedeutet.

Plenum

Das Wort kommt aus dem Lateinischen und bedeutet Gesamtheit. Wenn im Plenum gearbeitet werden soll, ist damit die gesamte Klasse gemeint, die sich gemeinsam über ein Thema austauscht. An Diskussionen, die im Plenum stattfinden, beteiligen sich idealerweise alle Schülerinnen und Schüler.

2/ Heute Kind, morgen Erwachsener?

Ein Indianerdorf mitten in den Regenwäldern des Amazonasgebietes. Die Sonne brennt fast senkrecht auf eine Lichtung. Es ist heiß, sehr heiß. Männer im Lendenschurz haben sich versammelt. Sie tanzen im Rhythmus von Trommeln. Am Rande der Lichtung ist ein Junge an einen Baum gefesselt. Seine Lippen sind geschwollen. Er kann kaum noch die Augen aufhalten. Seit zwei Tagen ist er an den Stamm gebunden. Seit zwei Tagen wird er von Termiten gequält, die über seinen Körper krabbeln und ihm Tausende von kleinen Bisswunden zugefügt haben. Der Junge schweigt und erträgt die Tortur. Von den Termiten gefoltert, stirbt das Kind in ihm einen symbolischen Tod. Wenn der Stammeshäuptling ihn von seinen Fesseln erlöst, gilt er als erwachsener Mann.

Michael Kneissler: Erwachsen wird jeder – oder? P. M. Magazin, 12/86, S. 40

3/ Bericht eines Indianerjungen

Was der Häuptling Büffelkind Langspeer hier berichtet, ist nicht erfunden, sondern selbst erlebt und beobachtet. Er lebte von 1890 bis 1932. Der Stamm der Schwarzfußindianer siedelte in einer Präriegegend Kanadas.

Ich erinnere mich sehr deutlich an meine erste Bekanntschaft mit dem eisigen Morgenbad. Ich mag etwa fünf Jahre alt gewesen sein, da kam an einem kalten Morgen mein großer Bruder herüber an mein Schlafnest, zog mich aus dem Bettzeug und lief mit mir unter dem Arm hinunter an den Fluss. Ich strampelte, schrie und wand mich, um loszukommen. Es war sehr kalt, ich hatte keine Ahnung, was er mit mir vorhatte. Darüber sollte ich nicht lange im Ungewissen bleiben. Wir erreichten das Flussufer, er schlug mit dem Fuße ein Loch in das dünne Eis und warf mich hinein – der Schreck nahm mir fast den Atem. Als er dann hinabgriff und mich herauszog, kämpfte ich heftig gegen ihn; aber er packte mich unter den Arm und trug mich zurück, als sei gar nichts geschehen.
Im warmen Tipi kam ich bald wieder zu Atem und ich fragte ihn, warum er das getan habe; er antwortete, es sei ihm vom Vater befohlen worden. Ich ging zu meinem Vater und fragte, warum er dem Bruder befohlen habe, mir das anzutun. Der antwortete: „Du wirst das von jetzt an jeden Morgen selbst tun müssen, außer du willst ein Mädchen sein – dann ziehen wir dir Mädchenkleider an.“ Ich beteuerte, kein Mädchen sein zu wollen, und er sprach: „Nun gut, dann werden wir einen Krieger aus dir machen.“
Das beglückte mich, ich widerstrebte also nicht mehr. Bald lernte ich, mich an dem Morgenbad zu freuen, und ich habe bis zum heutigen Tage kaltes Wasser gern.

Aus: Häuptling Büffelkind Langspeer erzählt sein Leben. Ungekürzte Ausgabe, München: List, 1958, S. 17f.

Definitionen erarbeiten

Eine Definition stellt die genaue Bestimmung eines Begriffs oder einer Sache dar. Dafür muss der Inhalt genau dargelegt und erklärt werden, aber möglichst in kurzen, treffenden Sätzen.

1. Liste alles auf, was nach dem Text 1/ beim menschlichen „Aufwachsen“ und menschlichen Leben anders ist als bei Tieren. Füge Beispiele hinzu. Wie wird Erwachsensein hier definiert? Schreibe selbst eine Definition von Erwachsensein auf.

2. Tragt im Plenum alle Merkmale zusammen und versucht, eine Einteilung zu finden, z. B.: technisches Können, kulturelles Wissen, soziale Regeln einüben, moralisches Wissen und Können. Findet gemeinsam eine Definition von Erwachsensein.

3. Wie leicht oder schwer fiel euch in Aufgabe 2 die Übereinstimmung? Woran liegt das?

4. Um den Übergang von der Kindheit zum Erwachsenenalter zu dokumentieren, werden in wohl allen Völkern und Kulturen Rituale abgehalten: Übergangsriten.
Inwiefern ist das, was der Fünfjährige erlebt 3/, bereits ein solcher Ritus? Welche Übergangsriten kennt ihr in eurer Ethik-Gruppe? Beschreibt Konfirmation, Firmung, Jugendweihe usw. Was ist ihnen gemeinsam, was unterscheidet sie?

5. Man spricht von einer Neu- oder Wiedergeburt durch den Ritus und von einem „symbolischen Tod“, den man zuvor erleidet 2/. Das zeigt sich in den rituellen Vorgängen: Absonderung, Fastenübung, Mutproben, körperliche Torturen wie Beschneidung, … Nennt mindestens dreierlei, das absterben soll (z. B. das Nichtwissen des Kindes), und dreierlei, das entstehen soll (z. B. Mut). Nennt und beschreibt drei Merkmale, die den Erwachsenen vom Kind unterscheiden; dann aber auch mindestens drei Hauptmerkmale, die der Erwachsene von seiner Kindheit aufbewahren sollte. Begründet eure Auswahl.

6. Stellt ein Programm zusammen, wie heute ein Jugendlicher auf sein zukünftiges Leben als Erwachsener vorbereitet werden sollte. Welche Übungen sollte er absolvieren? Welches Können und Wissen muss er erwerben? In welchen Ritualen könnte der Übergang zum Ausdruck gebracht werden?

Identität(en) ausprägen

1/

2/ Peter Gaymann

Normen

Gemeint sind hier soziale Normen. Sie bestimmen die Verhaltensweisen, die als regelgerecht in einer bestimmten sozialen Situation gelten. Sie sind gesellschaftlich und kulturell bedingt. Deshalb wandeln sie sich im Laufe der gesellschaftlichen Entwicklung und sie unterscheiden sich je nach Gruppe, Gesellschaft oder Kultur.

3/ Was bedeutet Identität?

Die Initiation in eine Gemeinschaft verleiht einem Menschen vor allem soziale Identität. Man gehört zu einer Gruppe, deren Wissen man teilt und deren Regeln man zu respektieren lernt. Aber die soziale Identität ist nicht alles. Von Geburt an bildet sich heraus, was ich als Individuum werde: was zu mir gehört und was nicht, was ich mir aneigne und was nicht, was mich selbst als ein Mensch mit diesem Namen ausmacht. Ich komme auf die Welt und lerne vielerlei. Ich ahme nach, was ich bei anderen sehe, ich übernehme Haltungen, Mimik und Gestik anderer. Ich übe Tätigkeiten ein, denke über sie nach und verbessere dadurch meine Fähigkeiten. Ich mache die Dinge zu meinem Gegenstand, um sie handhaben, erfahren und über sie nachdenken zu können. So vollziehe ich mein Leben – im Zusammenspiel zwischen mir, den anderen und meiner Umgebung. Aber irgendwann komme ich mir selbst in den Blick: Ich werde mir selbst zum Gegenstand. Ich sehe, beschreibe und reflektiere mich selbst. Das kann ich aber nur, weil dieses „Mich" beobachtet werden kann in dem, was es tut, es ist letztendlich das Ergebnis meiner eingeübten Haltungen, die ich zwar von anderen übernommen habe, die ich zugleich aber selbst gestalte und verändere. Das Ich als Zentrum meiner Lebenspraxis wird reflexiv, kann aber seinerseits nicht beobachtet werden: Ich habe mich nicht, ich habe nur das, was von mir wahrnehmbar ist. Diese zwei Seiten – das unsichtbare Ich und das beobachtbare Mich – fallen auseinander, und wenn ich sie in einen Einklang bringe, habe ich mich selbst „gefunden", eine individuelle Identität, ein „Selbst" entwickelt. Dieses Werden des Selbst ist nie abgeschlossen, es neigt sich einmal der Seite der unverwechselbaren Individualität zu, ein andermal der Seite der Verwechselbarkeit mit anderen.

In diesem Verlauf können **verschiedene Bereiche** von Identität unterschieden werden:

- die **persönliche Identität** ist die Gesamtheit der eigenen Vorlieben, Interessen, Wünsche usw.;
- die **geschlechtliche Identität** ist die Übernahme geschlechtsspezifischer Haltungen, Verhaltensweisen und Tätigkeiten;
- die **soziale Identität** bezieht sich auf Gruppeninteressen, -normen und -ideale, auf Solidarität, gemeinsame Unternehmungen, Selbstbeschreibung durch Gruppenzugehörigkeit usw.;
- die **kulturelle Identität** bildet sich durch die Übernahme von Gesten, Haltungen und Praktiken heraus, die in jeder Kultur anders sein können;
- die **religiöse Identität** entwickelt sich auf der Grundlage eines Glaubens und der Zugehörigkeit zu einer Religionsgemeinschaft;
- die **moralische Identität** wird gebildet durch die ethischen Maßstäbe und Normen, die man sich aus Überzeugung zu eigen macht.

Die Aufgabe jedes einzelnen Menschen als Person ist es, diese „Identitäten" in sich zu vereinen, zu integrieren. Das gehört zum Prozess der Erwachsenwerdens.

Richard Breun

1. Lest zunächst den Text 3/, klärt Fragen und betrachtet die Bilder 1/ und 2/ dazu.

2. Beschreibe an den Beispielen der Abbildungen 1/ und 2/ den Prozess der Identitätsbildung. Unterscheide dabei die in 3/ aufgezählten Formen der Identität. Welche sind optisch zu erkennen, welche lassen sich erschließen, welche sind bloße Vermutungen oder gar Vorurteile?

3. Schildere für jede Form der Identität ein Beispiel. Vorschläge: geschlechtliche Identität als Mann: „ich trage niemals Röcke und Blusen", als Frau: „ich prügele mich nicht mit anderen"; kulturelle Identität: „ich grüße mit Händedruck", „ich esse mit Messer und Gabel" usw.

4. Beschreibe den Identitätsprozess auch für dich selbst: Welche Haltungen hast du übernommen? Wann fühlst du dich frei davon? Welche Merkmale einer persönlichen, sozialen, kulturellen, religiösen und geschlechtlichen Identität kannst du bei dir erkennen? Und was ist moralisch für dich wichtig?

5. Tauscht euch über eure Erkenntnisse und Erfahrungen aus. Entwerft Szenen, in denen es zur Übernahme typischer Haltungen Anderer (Rollenübernahme) kommt, und spielt sie. Denkt an die Nachahmung von Gesten und Worten, z. B. beim Grüßen. Inszeniert besonders typische Vorgänge in eurer Altersstufe oder auch in der Welt der Erwachsenen. Am besten ist es, bestimmte Situationen zu entwerfen, die den Alltag und das Zusammensein prägen.

6. „Ein Selbst sein" und „eine Identität haben" heißt auch, sich selbst darstellen zu müssen. Was ist dann moralische Identität? Wie kommt sie zum Ausdruck? Nenne einige der Maßstäbe, nach denen man Menschen moralisch beurteilt, z. B. ob sie die Wahrheit sagen, hilfsbereit sind usw. Woher kommen diese Maßstäbe? (vergleiche auch Kapitel 3 und 4) Sammelt alle eure Maßstäbe (Regeln, Normen) an der Tafel und filtert die heraus, die sich wirklich auf moralisches Urteilen und Handeln beziehen.

7. Woran lässt sich feststellen, dass die persönliche Identität auch zu einer moralischen wird? Erzähle Beispiele aus der eigenen Erfahrung. Ein Beispiel ist ein Konflikt, in dem du dich fragst: Soll ich lügen oder die Wahrheit sagen? Wann habe ich ein schlechtes Gewissen? Kann ich noch in den Spiegel schauen, wenn ich etwas gestohlen habe?

Rechte und Pflichten

1/ Was darf ich, was muss ich?

Alter	Rechte (Auswahl)	Pflichten (Auswahl)
ab Geburt	· Eigentum besitzen (erbfähig sein)	· beim Einwohnermeldeamt erfasst sein
3 Jahre	· Platz in einem Kindergarten bekommen	
6 Jahre	· die Schule besuchen · Kinobesuch bis 20 Uhr	· die Schule besuchen
7 Jahre	· Schenkungen annehmen · beschränkte Geschäftsfähigkeit (Geschäfte in Taschengeldhöhe)	· beschränkte Haftpflicht (für angerichteten Schaden haften)
12 Jahre	· Änderung der Religionszugehörigkeit nur mit eigener Zustimmung · Beschäftigungsverhältnis in geringem Umfang möglich	
14 Jahre	· Wahl der Religionszugehörigkeit · Kinobesuch bis 22 Uhr · Beschwerderecht in Sorgerechtsangelegenheiten · Einwilligung in die eigene Adoption	· beschränkte Strafmündigkeit (bei einer Straftat nach Jugendrecht verurteilt werden)
15 Jahre	· ein Beschäftigungsverhältnis bis zu 40 Wochenstunden aufnehmen · Mofa fahren	· Besuch der Berufsschule (wenn keine weiterführende Schule besucht wird)
16 Jahre	· vor Gericht einen Eid leisten · ohne Begleitung Erwachsener Gaststätten besuchen · Besuch von Kino oder Tanzveranstaltungen bis 24 Uhr · Alkohol trinken (Bier, Wein) · unter besonderen Umständen heiraten · Motorrad bis 80 ccm und mit max. 80 km/h fahren · Quad fahren	· vor Gericht als Zeuge aussagen · Besitz eines Personalausweises
18 Jahre	· heiraten · passives und aktives Wahlrecht ausüben · den Führerschein für alle Klassen erwerben (mit Fahrbegleitung ab 17) · rauchen · hochprozentigen Alkohol trinken	· Wehr- oder Ersatzdienst leisten (männliche Personen) · strafrechtlich voll verantwortlich sein

Rechte und Pflichten

Rechte erlauben uns etwas und Pflichten legen fest, was wir tun müssen. Sie verändern sich in verschiedenen Altersstufen. Die Eigenverantwortung nimmt zu, die Strafmündigkeit erweitert sich, die eigene Entscheidungsfähigkeit ist gefordert.

Die vier gesetzlichen Hauptaltersstufen nach dem JGG (Jugendgerichtsgesetz):

1 Kinder (bis einschließlich 13 Jahre)
2 Jugendliche (14 bis einschließlich 17 Jahre)
3 Heranwachsende (18 bis einschl. 20 Jahre)
4 Erwachsene (ab 21 Jahre)

2/ Zehn ausgewählte Fälle

1 Selim ist 7 Jahre alt und hat von allen Verwandten und Bekannten insgesamt 200 Euro geschenkt bekommen. Für das gesamte Geld kauft er sich Kinder-DVDs. Als die Eltern von der Arbeit kommen, sind sie gar nicht damit einverstanden und wollen, dass die DVDs zurückgegeben werden. Darf Martin die Filme behalten?

2 Herr Schulze, der selbst keine Kinder hat, legt in seinem Testament fest, dass die Enkeltochter seines Bruders sein gesamtes Vermögen von etwa 20000 Euro erben soll. Bei der Testamentseröffnung fragen die Eltern, ob ihre Tochter Cornelia mit 2 Jahren überhaupt schon erben darf.

3 Der 14-jährige Jannis, zur Konfirmation mit Geldgeschenken überhäuft, schließt ohne Zustimmung seiner Eltern einen Kaufvertrag über eine Hi-Fi-Anlage ab. Ist dieser gültig?

4 Sven, 13 Jahre alt, ist nun schon ein Jahr zum Klavierunterricht gegangen, den er aber langweilig findet. Er beschließt, sich ab sofort jeden Nachmittag mit seiner Clique zu treffen, statt „öde" Tonleitern auf dem Klavier zu üben. Um lästigen Diskussionen zu Hause zu entgehen, kündigt er ohne Wissen seiner Eltern dem Klavierlehrer gegenüber den Unterrichtsvertrag. Muss der Lehrer sie anerkennen?

5 Manuela ist 16 Jahre alt. Seit 2 Jahren ist sie mit ihrem 18 Jahre alten Freund Thomas zusammen. Nun möchten die beiden heiraten. Auch Manuelas Eltern haben nichts dagegen. Darf hier Hochzeit gefeiert werden?

6 Sabrina ist 16 Jahre alt und möchte mit ihrer Clique in die Disco. Um 24 Uhr wird sie aufgefordert, die Disco zu verlassen. Ist das richtig?

7 Melissa ist 15 Jahre alt und hat die Schule abgeschlossen. Nun hat sie keine Lust auf weitere Schule und beschließt, nicht in die Berufsschule zu gehen und stattdessen lange zu schlafen. Sie ist überzeugt, dass sie nicht mehr in die Schule muss und machen kann, was sie will. Hat sie recht?

8 Martin, 15 Jahre alt, und Michael, 12 Jahre alt, stehlen im Kaufhaus Playstation-Spiele im Wert von über 150 Euro. Sie werden vom Detektiv erwischt. Können beide Jungen zur Rechenschaft gezogen werden? Wie wird wohl bestraft werden?

9 Der zum Unfallzeitpunkt 15 Jahre alte Wadim befuhr mit seinem Fahrrad die Hauptstraße ohne Beleuchtung, als Opa Karl leicht angetrunken aus der Wirtschaft kommend die Fahrbahn betrat. Die beiden kollidierten. Opa Karl wurde schwer verletzt und musste fünf Wochen stationär im Krankenhaus behandelt werden. Kann Opa Karl Schmerzensgeld von Wadim fordern?

10 Die 13-jährige Kerima möchte unbedingt allein einen Film im Kino sehen. Der Film dauert bis 23 Uhr. Darf sie den Film anschauen?

Idee für 1, 2, 5–8, 10: Timo Kiel

1. Bearbeitet zu zweit je einen Fall 2/. Ordnet ihn den passenden Rechten und Pflichten 1/ zu. Beantwortet die Frage, die jeweils gestellt wird. Erläutert den Fall im Plenum.

2. Findet zu zweit jeweils einen weiteren Fall, den ihr zur Prüfung dem Plenum vorlegt.

3. Spielt zu einem ausgewählten Fall eine Gerichtsverhandlung (vergleiche Kapitel 2, S. 48 f.). Klärt vorher, wo ihr wichtige Informationen nachschlagen könnt. Verteilt die Rollen: Angeklagte (Kinder, Eltern), Zeugen, Richter, Rechtsanwalt, Staatsanwalt, Beobachter. Entscheidet, wer sich wofür, wie und vor wem zu verantworten hat. Vergleicht anschließend euer Urteil mit dem gültigen Gesetz.

4. Diskutiert nach Bearbeitung der Seite folgende Fragen: Was bedeutet das Erwachsenwerden – rechtlich und biographisch? Weshalb erweitern sich die Rechte und Pflichten allmählich? Diskutiert darüber, ob man dadurch eher freier und selbstständiger oder eher unfreier und bevormundet wird.

Lebensbejahung

Bertrand Russell (1872–1970) gehört zu den bedeutendsten Mathematikern und Philosophen des 20. Jahrhunderts. 1950 erhielt er den Nobelpreis für Literatur. Russell, der bereits während des Ersten Weltkriegs wegen Aufforderung zur Kriegsdienstverweigerung ins Gefängnis kam, wurde weithin bekannt durch seinen Protest gegen die Atomrüstung und gegen den Vietnamkrieg. Von den rund 60 Büchern über mathematische, philosophische, politische und gesellschaftliche Themen, die er in seinem langen Leben geschrieben hat, ist auch eines der Frage nach dem Glück gewidmet. Ihm ist der nebenstehende Text entnommen.

Kongestion: Blutandrang

Blasiertheit: Überheblichkeit, Hochmut

1/ Von der Daseinsfreudigkeit

In diesem Abschnitt will ich von dem reden, was mir das allgemeingültige und hervorstechendste Kennzeichen des glücklichen Menschen zu sein scheint: von der Daseinsfreudigkeit.

Was es mit diesem Merkmal auf sich hat, wird einem vielleicht am anschaulichsten klar, wenn man die verschiedenen Menschen bei Tische beobachtet. Da gibt es welche, denen die Mahlzeit nichts als eine Plage ist; mögen die aufgetragenen Speisen noch so vorzüglich sein, sie können ihnen keinen Reiz abgewinnen. Wahrscheinlich sind ihnen ihr Leben lang bei jeder Mahlzeit ebenso vorzügliche Gerichte vorgesetzt worden, und so wissen sie nicht, was es heißt, nichts zu brechen und zu beißen zu haben, bis der Hunger wie ein wildes Tier im Körper wütet. Ihnen bedeuten ihre Mahlzeiten nur die üblichen Unterbrechungen im täglichen Leben, die von der Sitte nun einmal so festgesetzt sind … Eine andere Kategorie sind die Kränklichen, die nur aus Pflichtgefühl essen, weil der Arzt ihnen predigt, es sei zur Erhaltung der Kräfte nötig, sich ordentlich zu nähren. Dann haben wir den Feinschmecker, der sich voll freudiger Erwartung zu Tisch setzt, aber bald feststellen wird, dass ihm nichts gut genug zubereitet ist; ferner den Schlemmer und Vielfraß, der sich voll Gier auf sein Essen stürzt und so viel hinunterschlingt, dass er Kongestionen bekommt. Und schließlich den Menschen, der einen gesunden Appetit mit zu Tisch bringt, sich seines Essens freut, aber aufzuhören weiß, sobald er genug hat.

Ganz ähnlich verhalten sich die Teilnehmer am Gastmahl des Lebens den guten Dingen gegenüber, die es ihnen bietet. Die Glücklichen gleichen dem letzten unserer Esser. Was der Hunger beim Essen, ist eine freudig bejahende und zugreifende Haltung in Bezug auf das Leben. Wem Essen nur eine lästige Obliegenheit bedeutet, der entspricht dem Opfer der Schwermut; der Kranke, der sich aus Pflichtgefühl nährt, entspricht dem Asketen, der Schlemmer dem Wollüstling, während der Feinschmecker dem allzu wählerischen Menschen vergleichbar ist, der die Hälfte aller Freuden des Daseins als unästhetisch verwirft. Sonderbarerweise verachten alle diese Typen, allenfalls mit Ausnahme des Schlemmers, den Menschen mit gesundem Appetit, und fühlen sich ihm überlegen. Es kommt ihnen gewöhnlich vor, wenn jemand sein Essen mit Genuss verspeist, weil er hungrig ist, oder wenn man sich des Lebens erfreut, weil es eine Vielzahl interessanter Schauspiele und überraschender Erlebnisse bietet. Und von der Höhe ihrer Blasiertheit blicken sie auf jene hinab, da sie sie als einfältig verachten …

Oder nehmen wir das Reisen: Da gibt es Leute, die durch viele Länder kommen, stets in den ersten Hotels absteigen, dieselben Gerichte verzehren, die sie sich zu Hause vorsetzen lassen, mit denselben reichen Müßiggängern verkehren, mit denen sie bei sich verkehren, und über dieselben Gegenstände reden, die bei ihnen daheim das Tischgespräch bilden. Kommen sie wieder nach Hause, dann haben sie nur ein Gefühl: das der Erleichterung, weil das langweilige und dazu noch kostspielige Herumrutschen wieder einmal überstanden ist. Andere wieder sehen überall, wo sie hinkommen, das, was charakteristisch ist; sie lernen Leute kennen, die für den betreffenden Ort typisch sind, lassen sich nichts historisch oder gesellschaftlich Interessantes entgehen, essen die landesüblichen Gerichte, lernen die landesüblichen Sitten und Redewendungen kennen und kehren mit einem neuen Schatz an ersprießlichem Gedankenmaterial für kommende Winterabende zurück.

Bertrand Russell: Eroberung des Glücks. Neue Wege zu einer besseren Lebensgestaltung. Übers. v. Magda Kahn. Frankfurt a. M.: Suhrkamp, 2000, S. 109 f., 111 f.

2/ Franziska Biermann: Das Glücksbuch. Reinbek: Rowohlt, 1988

1. Russell beschreibt fünf Typen von Menschen 1/ und schildert ihr Verhalten beim Essen. Führt zu zweit diese Typen pantomimisch vor. (vergleiche S. 13)

2. Russell spricht dann vom „Gastmahl des Lebens"; hier lassen sich dieselben Typen wieder finden. Findet für jeden Typus ein Verhaltensbeispiel aus dem täglichen Leben, z. B. beim Einkaufen: Der „Schwermütige" findet schon das Einkaufen selbst lästig. Es gibt sowieso nicht das, was man sucht.
Spielt dann zu zweit pantomimisch eine solche Szene vor – die anderen raten, welchen Typus ihr zeigt.

3. Stellt an der Tafel Merkmale der fünf Typen zusammen. Was unterscheidet den lebensbejahenden Typus von den anderen? Bildet fünf Gruppen und erörtert diese Frage für die Lebensbereiche Freundschaft/Partnerschaft, Schule, Arbeit, Sport/Freizeit, Familie.

4. Es ist nicht immer leicht, im Alltag und in Krisen lebensbejahend zu sein. Aber man kann es üben und sich immer wieder bewusst machen. Lest die Tipps 2/ gemeinsam und nennt für jeden Tipp mindestens einen Grund, weshalb er zum alltäglichen Glück beiträgt.

5. Schreibe und zeichne mindestens drei weitere Tipps.

6. Gestaltet eine Wand mit der Überschrift „Tipps zur Lebensbejahung" (oder: „Wie man das Leben bejaht"). Versucht, eine Ordnung in die Fülle der Tipps zu bringen, z. B.: Was man alleine machen kann; was man mit anderen macht usw.

Bewusstes Wahrnehmen und Bewegen

In Russells Text über Lebensbejahung (S. 22) ist deutlich geworden, wie wichtig das Wahrnehmen dabei ist. Wer sich verschließt, ist unzufrieden, wer sich öffnen kann, lebt glücklicher. Inzwischen weiß man auch, wie sehr Wahrnehmung und Bewegung zusammenhängen und Grundlage der persönlichen Entwicklung sind, des Denkens, Fühlens und Könnens. Um herauszufinden, was die sinnliche Wahrnehmung leistet, sollte man sie einfach ausprobieren. Die folgenden Übungen stammen aus einem Buch über das „Theater machen". Denn auf der Bühne muss ja sichtbar werden, was der Schauspieler sieht, hört, fühlt usw. Achtet bei den Übungen darauf, was nicht nur mit eurem Körper, sondern auch mit euch selbst geschieht. Ihr könnt die Übungen und Denkanregungen variieren und erweitern, um stetig an der eigenen Wahrnehmungsfähigkeit zu arbeiten.

Geruchssinn
Wir pflücken Blumen und lassen uns gegenseitig daran riechen.
Wir versuchen, uns an den Geruch einer Bäckerei, einer Schusterei, einer Chemischen Reinigung, einer Fabrikhalle, einer Kantinenküche zu erinnern.
Wir versuchen, uns an die verschiedenartigen Düfte eines Jahrmarkts zu erinnern.
Wir versuchen, uns an den Duft einer Sommerwiese zu erinnern.

Geschmackssinn
Wir essen pantomimisch verschiedene Speisen und lassen sie auf der Zunge zergehen.
Wir essen pantomimisch aus einem Obstkorb verschiedene Sorten von Obst.

Tastsinn
Wir unternehmen barfuß im Übungsraum eine pantomimische Wanderung (keine Darstellung) und versuchen, uns an die Eindrücke der verschiedenartigen Böden zu erinnern.
Wir trinken pantomimisch heiße und kalte Getränke.

Gesichtssinn
Wir wandern gemeinsam durch den Wald und sehen in der Ferne ein Licht.
Wir sehen (vor unserem inneren Auge) einen Film und versuchen, uns an Nebensächlichkeiten und Details zu erinnern.

Hörsinn
Wir bewegen uns nach imaginärer (vorgestellter) Musik.
Wir hören auf die Geräusche unseres Körpers.
Wir versuchen, uns an die Stimmen von Freunden zu erinnern.

Erleben von Ängsten
Ich bin in einem alten Haus allein. Ich merke, dass ich von Freunden abgelehnt werde.
Ich bin in einem Raum mit zahlreichem Ungeziefer.
Ich erfahre, dass ich an einer schweren Krankheit leide.

Ich bin stolz
Ein Darsteller liest ein Gedicht und hat dabei die Aufgabe, sichtbar zu machen, dass er auf seine schönen Haare stolz ist – auf seine weißen Zähne – seine gute Aussprache usw.

Theater machen. Ein Handbuch für die Amateur- und Schulbühne. Hrsg. v. Herbert Giffei. Ravensburg: Otto Maier Verlag, 1982, S. 83 f.

Die Stadt

Es war an einem sonnigen Wintertag, als der Reisende mit der Eisenbahn in der Stadt anlangte. Eine einzige zusammenhängende Freundlichkeit war die ganze Welt. Die Häuser waren so hell, und der Himmel war so blau. Zwar war das Essen im Bahnhofsrestaurant herzlich schlecht mit hartem Schafsbraten und lieblosem Gemüse. Aber das Herz des Reisenden war mit einer eigentümlichen Freude erfüllt. Er konnte es sich selber nicht erklären. Die Bahnhofshalle war so groß, so licht, der arme alte Dienstmann, der ihm die Koffer trug, war so dienstfertig mit seinen alten Gliedmaßen und so artig mit seinem alten zerriebenen Gesicht. Alles war schön, alles, alles. Selbst das Geldwechseln am Schalter des Wechselbüros hatte einen eigenen undefinierbaren Zauber. Der Reisende musste nur immer über alle die wehmütig-warmen Erscheinungen lächeln, und weil er alles, was er sah, schön fand, fühlte er sich auch wieder von allem angelächelt …

Robert Walser: Kleine Dichtungen. Prosastücke. Kleine Prosa. Hrsg. v. Jochen Greven. Genf, Hamburg: Kossado, 1971, S. 41

Toledo im Sonnenschein

El Greco: Ansicht von Toledo, um 1600 – New York: Metropolitan Museum

1. Ziehe aus der obigen Schilderung der Stadt das Gefühl der Freude ab und schildere ganz sachlich die Vorkommnisse. Gib danach die Geschichte wieder, wie sie ein schlecht gelaunter, ein trauriger, ein eiliger Mensch erlebt.

2. Beantworte zunächst schriftlich folgende Fragen: Welche Schlüsse ziehst du aus den unterschiedlichen Schilderungen der Stadt? Wovon hängt es ab, wie man etwas wahrnimmt? Wovon hängt die Auswahl der Wahrnehmungen ab? Wie prägen die Wahrnehmungen umgekehrt wieder unser Fühlen und Denken? Wie kann man das beeinflussen? Vergleicht eure Antworten.

3. Schreibt selbst solche kleinen Texte wie „Die Stadt". Geht imaginativ (in Gedanken) durch euren Stadtteil oder euer Dorf und schildert den Gang in einer von euch ausgewählten Stimmung mit den entsprechenden Wahrnehmungen. Lest sie vor und sprecht darüber.

4. In Gemälden und anderen künstlerischen Werken, vor allem der Dichtung und der Musik, werden Gefühle und Lebensstimmungen ausgedrückt: in Farben und Formen, in Worten, in Kompositionen. Auch Fotografien halten Stimmungen fest. Die Beschäftigung mit Kunstwerken trägt zur Schulung der eigenen Wahrnehmung bei. Vergleiche das Gemälde und das Foto. Beschreibe die jeweiligen Stimmungen, die dargestellt, und jene, die beim Betrachter ausgelöst werden. Wähle selbst ein Gefühl oder eine Stimmung und versuche, sie künstlerisch umzusetzen (entweder in einer weiteren Darstellung von Toledo oder ganz anders nach deinen Ideen).

Haltung, Bewegung, Ausdruck

Die folgenden Beschreibungen und Übungen zeigen, wie wir unseren Körper einsetzen. Denn wir können gar nicht anders als ihn verwenden, um uns auszudrücken, und dadurch unsere Stimmungen, Haltungen, Einstellungen, Befindlichkeiten, die inneren Schwierigkeiten oder auch innere Harmonie und Lebensbejahung zeigen. Die anderen lesen ab, was wir zeigen, oder sie deuten es auch manchmal falsch. Führt die Übungen durch. Ihr könnt auch selbst Ideen zu ähnlichen Vorlagen entwickeln, dann sogar kleine Alltagsszenen mit Dialogen schreiben und aufführen. Sprecht darüber, welche Erfahrungen ihr dabei macht. Diskutiert dabei die Fragen: Was tut der Körper, um etwas Bestimmtes (Seelisches, Gefühle) auszudrücken? Und was bedeutet es für die Seele (das Innere), dass sie sich ausdrücken muss, dass sie sich außen zeigen muss? Wie wichtig ist es für die eigene persönliche Entwicklung und Identitätsbildung, die eigenen Haltungen und Ausdrucksformen bewusster zu gestalten? Wie kommt es, dass sie manchmal natürlich und manchmal gekünstelt wirken?

Die erste Übung kann durchgeführt werden, bevor man sich die Bedeutung des Körperschwerpunkts klarmacht, und noch einmal danach.

Schwerpunkt und Haltung beeinflussen den Ton der Stimme
Jeder Darsteller erhält als Aufgabe, ein kurzes Wort oder einen kurzen Satz in verschiedenen Situationen zu sprechen. Diese Situation prägt nun die Haltung und den Schwerpunkt des Körpers. Es ist daher notwendig, dass der Darsteller vorher über diese Haltungen nachdenkt.

Die Übung sei am Beispiel des Wortes Entschuldigung näher erläutert:
Ich habe mein falsches Verhalten eingesehen und schäme mich: Entschuldigung!
Ich fühle mich trotz der Anschuldigungen im Recht: Entschuldigung!
Ich trete in der Straßenbahn einem Mitfahrer auf die Zehen: Entschuldigung!
Ich trete in der Straßenbahn einem Mitfahrer, der mich schon etliche Male gerempelt und getreten hat, auf die Zehen: Entschuldigung!
Weitere Kurzworte sind: Danke – Bitte – Guten Tag – Hallo – Mensch – Komm – Schön …
Ebenso reizvoll ist es, bei dieser Übung kurze Sätze zu verwenden:
„Ist Herr Schmidt da?" (Diesen Satz spricht ein wütender Chef, ein schüchterner Angestellter, ein Hausierer.)
„Es ist schon 8.00 Uhr!" (ein ungeduldiger Ehemann, eine Mutter zu ihrem Kind, ein Passant an der Bushaltestelle)

Der Solarplexus
Wenn ein Schauspieler, Tänzer oder Mime auf der Bühne steht und diese füllt, auch wenn er keine großen Aktionen ausführt, sondern eben nur da ist, so sprechen wir von der Ausstrahlung des Mimen. Diese sogenannte Ausstrahlung ist keineswegs eine Gabe, die man entweder hat oder nicht hat, sie ist erlernbar, trainierbar und bewusst einzusetzen.
Jede Bewegung, jede Aktion, jede Gefühlsregung geht vom Mittelpunkt unseres Körpers aus, den wir in Anlehnung an den medizinischen Begriff für das Nervengeflecht im oberen Bauchraum Solarplexus nennen wollen. Jeder sich natürlich bewegende Mensch öffnet und verschließt sich gegen Mitmenschen und Einflüsse von diesem Punkt aus. Wenn wir Kräfte sammeln und uns konzentrieren, so versammeln wir den Körper um diesen Solarplexus: Alles was wir entgegennehmen, führen wir auf diesen Punkt hin, alles was von uns ausgeht, übergeben wir von diesem Punkt aus.

Der Solarplexus, unsere Körpermitte etwas oberhalb des Nabels, ist als Gummiball zu denken. Dieser vorgestellte Ball kann vier verschiedene Bewegungen ausführen:

Der Solarplexus weitet sich, „meine Seele breitet weit ihre Flügel aus …" Der Solarplexus dehnt sich aus, wird unendlich groß und weit. Wir fühlen uns fast schwerelos. Wir empfinden dieses Gefühl, wenn wir staunen, wenn wir uns freuen, wenn wir glücklich sind.

Der Solarplexus zieht sich zusammen, wird winzig, wir verkriechen uns in den eigenen Körper. Wir empfinden dieses Gefühl, wenn wir uns schämen, wenn wir enttäuscht oder traurig sind.

Ich öffne mich für den Partner oder das Objekt. Der Solarplexus bewegt sich waagerecht nach vorn und zieht unseren Körper mit, er strebt auf das Objekt unserer Neugier, unseres freudigen Wiedererkennens, unserer Liebe, aber auch unserer Aggression zu.

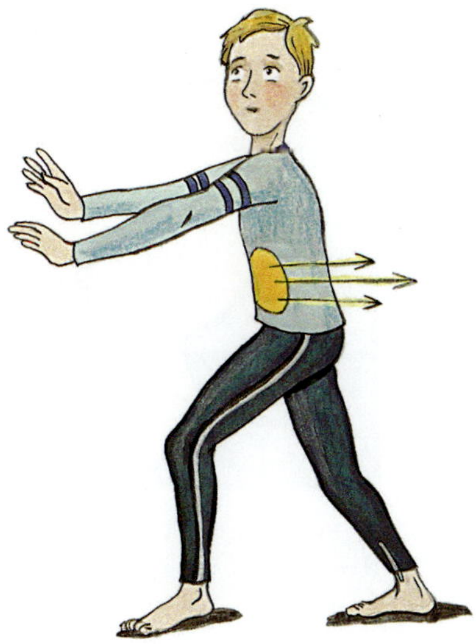

Ich verschließe mich für den Partner oder das Objekt. Der Solarplexus bewegt sich waagerecht nach hinten und hindert uns am Vorwärtsbewegen, er unterstützt unser Zurückweichen, wenn wir Angst, Unsicherheit oder Ekel empfinden.

Theater machen, a. a. O., S. 71ff.
Zeichnungen: Katja Wehner

Misserfolge, Enttäuschungen, Krisen

1/ Beispiele

Robert erhält schon seit dem sechsten Lebensjahr Klavierunterricht. Er spielt gern und inzwischen ziemlich gut. Mit anderen Schülern der Musikschule geben sie regelmäßig kleine Konzerte. Das Lampenfieber vor dem Auftritt ist für Robert fast unerträglich, aber wenn er auf der Bühne steht, verfliegt es meist, sobald er die ersten Töne anschlägt. Seine Musiklehrerin hat ihn deshalb für die Teilnahme an einem Wettbewerb ausgesucht. Wochenlanges Üben, Robert kann das Stück buchstäblich im Schlaf … Der Ausscheid beginnt. Robert muss als Erster auf die Bühne. Der Saal ist voller fremder Gesichter – und Roberts Kopf ist einfach leer. Minutenlang starrt er auf die Tasten, es will ihm einfach nichts einfallen. Rot vor Scham rennt er aus dem Saal …

2/ Keith Haring: Untitled, 1989 –
New York: The Estate of Keith Haring

Anne hat sich in ihren Schwimmtrainer verliebt. Wenn sie ihn sieht, braun gebrannt, die hellen Haare und seine blauen Augen, dann werden ihre Knie ganz weich. Oft lobt er ihren Trainingsfleiß und auch die Technik beim Freistil konnte sie verbessern, sagt er. Heute lächelt er ihr auch wieder besonders freundlich zu. Da fasst sie sich ein Herz und gesteht ihm, was sie für ihn empfindet. Er lacht sie einfach aus …

Franz Littmann

3/ Ulrikes 4

Ulrike kommt strahlend aus der Schule. Sie kann es noch gar nicht fassen: Endlich hat sie eine Vier im Diktat geschrieben, eine glatte, runde, richtige Vier! Endlich hat ihr vieles Üben einmal einen Sinn gehabt und Erfolg gebracht! Ulrike ist so stolz! Nur schnell nach Hause! Sie muss es gleich Mutter sagen, ganz schnell, damit sie sich mitfreuen kann. Ulrike rennt und hastet nach Hause. Mutter steht im Garten und unterhält sich mit einer Nachbarin. Da kann es Ulrike nicht mehr für sich behalten. „Mutti!", ruft sie schon an der Gartentür, „Mutti, ich habe eine Vier im Diktat, eine richtige Vier!" Mutter wirft einen unsicheren Blick zur Nachbarin, verabschiedet sich schnell, und dann sagt sie: „Ja, ja, Ulrike, komm mit rein." Sie geht in die Küche. Ulrike folgt ihr enttäuscht. „Freust du dich denn nicht über meine Vier?" „Doch, doch, sicher", sagt Mutter. „Natürlich freue ich mich. Aber muss denn gleich jeder hören, wie schlecht du in der Schule bist? Du hast uns eben ganz schön blamiert."

Gisela Schütz. In: Rolf Krenzer, Richard Rogge (Hrsg.): Kurze Geschichten. Bd. 2. Lahr, München: Kaufmann, Kösel, 1981, S. 68

Krise

Das Wort stammt aus dem Griechischen – bedeutet ursprünglich Meinung, Beurteilung, Entscheidung. Heute bezeichnet es eine schwierige Zeit oder eine Situation, die den Höhe- oder Wendepunkt einer schlecht verlaufenden Entwicklung darstellt. Oft kann man erst nachträglich sagen, dass dies der Wendepunkt war.

Fragebogen erstellen

Überlegt zuerst, wem der Fragebogen vorgelegt werden soll. Sollen die Fragen mit Ja/nein, einer Bewertung (+/- oder Noten) oder ganzen Sätzen beantwortet werden? Über die Auswertung müsst ihr euch vorher Gedanken machen – davon hängt die Fragestellung ab: Wollt ihr eine Übersicht gewinnen oder Aussagen sammeln?

4/ Tipps gegen Stress

Gönne dir Entspannung
Beim regelmäßigen Entspannen tankst du wieder Energie auf und baust Stressgefühle rascher ab.

Halte dich fit
Wer auch etwas für seinen Körper tut (Sport, Yoga, …), ist belastbarer.

Bitte andere um Hilfe
Geniere dich nicht, bei Schwierigkeiten andere um Rat zu fragen. Dies fällt dir leichter, wenn zu der betreffenden Person ein Vertrauensverhältnis besteht.

Teile deine Zeit ein
Eine detaillierte Zeitplanung hilft dir, den riesigen Berg vor dir systematisch abzubauen.

Stärke dein Selbstvertrauen
Persönliche Schwächen und früher gemachte Fehler dürfen nicht dazu führen, das Vertrauen in die eigene Person zu verlieren. Zu Fehlern und Schwächen soll man zwar stehen können. Wichtig ist aber auch, dich an deinen positiven Seiten und Erfolgen zu freuen.

Vermeide eine negative Einstellung
Bei einer negativen Einstellung fällt jede Arbeit schwer, ja sogar die Freizeit ist dann schwer zu ertragen. Versuche, mit Interesse an eine Sache heranzugehen, auch wenn dies vorerst nicht leicht fällt.

Überfordere dich nicht
Versuche nicht, mehrere Dinge gleichzeitig zu erledigen. Schätze deine Fähigkeiten realistisch ein.

Karl Huschler, Albert Odermatt: Schritte ins Leben. Impulse für den Lebenskunde-Unterricht 7.–10. Schuljahr, Zug: Klett und Balmer, 1992, S. 154

1. Partnerarbeit: Benennt und beschreibt euch gegenseitig die Probleme aus 1/. Diskutiert anschließend Lösungsmöglichkeiten. Führt einen Dialog zwischen dem Ratsuchenden und demjenigen, der zuhört und ihm helfen will. Gestaltet eure Dialoge so, dass ihr sie im Plenum vorführen und besprechen könnt.

2. Schreibe einen Text in ähnlicher Form: Schildere eine Situation, in der ein Misserfolg oder eine Enttäuschung erlebt wird. Welche Gefühle spielen dabei eine Rolle (Angst, Unsicherheit, Ratlosigkeit, …)? Lass dich auch von Bild 2/ anregen. Inwiefern spielen deine „Hüllen" eine Rolle?

3. Lest eure Texte im Plenum vor. Danach wird jeweils gemeinsam überlegt, was getan werden kann, um damit positiv umzugehen.

4. Entwickelt einen Fragebogen zum Thema Misserfolg, den ihr dann verschiedenen Personen vorlegt und gemeinsam auswertet. Vorschläge: Was wäre für Sie Ihr größter Misserfolg? Was kann man aus Misserfolgen lernen? Lernt man auch aus Erfolgen etwas? Welche Art von Misserfolg macht unglücklich/neugierig/wütend? Über welche kann man lachen?

5. Was ist die besondere Enttäuschung Ulrikes 3/? Entwerft gemeinsam ein Tafelbild, in dem die unterschiedlichen Perspektiven von Ulrike, der Mutter, der Nachbarin, auch des Vaters, des größeren Bruders, der Lehrerin eingezeichnet und benannt werden. Gestaltet ein Rollenspiel (vergleiche Kapitel 2, S. 48 f.). Tragt die Perspektiven zunächst im Monolog vor. Dann prallen sie aufeinander und werden schließlich in einer Auseinandersetzung zwischen den Beteiligten geklärt und verstanden.

6. Welcher Tipp 4/ gegen Stress kommt für dich in Frage und wie kannst du ihn verwirklichen? Tauscht euch dann im Plenum darüber aus, welche Beratungsstellen es gibt und wofür sie zuständig sind.

Online-Link: 695210-0029

Ein Würfelspiel: „Aufsteller und Dämpfer"

Meinung eines Lehrers:
Mir ergeht es wie den Schülern. Ich brauche ihre Anerkennung, weil sie mich in dem unterstützen, was gut ist an mir.
Ich brauche ihre Kritik, ihre Ablehnung, damit ich meine Fehler kontrollieren kann. Wenn die Schüler an mir nichts aussetzen dürften, könnte ich auch ihrem Lob nicht trauen, es wäre wertlos.

Gestaltet nach folgenden Vorschlägen ein Würfelspiel und spielt es in Vierergruppen. Versucht, bei der Gestaltung der Karten an all das zu denken, was ihr in der Bearbeitung des Kapitels besprochen habt. Bezieht auch andere Perspektiven mit ein wie diejenige, die in der Lehrermeinung zum Ausdruck kommt. Ihr könnt das Spiel im Laufe des Schuljahres immer wieder einmal spielen und weitere oder andere Karten herstellen.

Anleitung

Das Spiel eignet sich für 4–6 Personen.

Einen großen Bogen Papier nehmen und darauf eine Bahn mit 60 weißen Feldern zeichnen. Zusätzlich gelbe Felder (Abkürzungen) und graue Felder (Umwege) malen.
Auf gelbe Kärtchen positive Bemerkungen oder Reaktionen von Erwachsenen, Freunden, Mitschülern schreiben, z. B.: „Deine Eltern haben großes Vertrauen zu dir. Sie sagen dir oft, du wirst es im Leben weit bringen. Du rückst zehn Felder vor." Oder: „Deine Lehrerin hat gerade deine Klassenarbeit mit ‚nicht genügend' beurteilt. Aber sie sagt zu dir, dass du fleißig und klug genug bist, um für die nächste Arbeit eine bessere Note zu bekommen. Du darfst nochmals würfeln."
Auf graue Kärtchen negative Beispiele notieren wie: „Dein bester Freund hat gesagt, er wolle nicht mit dir zusammen die Aufgaben machen, weil du mit deiner langsamen und umständlichen Art ihn nur hindern würdest. Setze einmal beim Würfeln aus."
Wichtig ist, dass für die positiven und negativen Kärtchen nur solche Aussprüche gewählt werden, die ihr tatsächlich schon einmal gehört habt, die euch gehemmt oder gefördert haben.
Die positiven und negativen Kärtchen stapeln und umgekehrt auf den Spielplan legen.
Es wird reihum gewürfelt. Tritt die Spielfigur auf ein Feld mit einem gelben oder grauen Pfeil, wird ein entsprechendes Kärtchen aufgedeckt und der Spielrunde vorgelesen. Jetzt können Erfahrungen ausgetauscht werden. Dann geht das Spiel weiter. So können Abkürzungen oder Umwege gemacht werden.

Nach: Karl Hurschler, Albert Odermatt: Schritte ins Leben. Lehrerband. Zug: Klett & Balmer, 1995, S. 135 f. + KV 33

Zeichnungen: Sandy Schygulla

2 Freundschaft und Liebe

Freundschaft schließen

1/ Freundschaft hat viele Gesichter

2/ Sprüche

Glück macht Freunde, aber die Not prüft sie.

Jedermanns Freund ist niemandes Freund.

Kleine Geschenke erhalten die Freundschaft.

Das sind nicht meine Freunde, die mir nicht die Wahrheit sagen.

Wer den anderen warnt, der ist sein Freund.

3/ **Charles M. Schulz: Charlies Traum** © United Feature Syndicate/PIB, Kopenhagen

4/ Eine Einladung

„Klaus, möchtest du uns heute besuchen? Wir haben im Wäldchen ein Baumhaus." „Na klar, da komme ich gern", sagt Klaus und freut sich. Er wollte schon lange zu Ralfs Freunden gehören. „Abgemacht", sagt Ralf, „komm so gegen fünf, aber ein Fläschchen zum Einstieg mitbringen!" „Schnaps?", fragt Klaus erschrocken. „Das kann ich nicht. Meine Eltern merken, wenn ich da was wegnehme. Ich trinke auch keinen Alkohol." „Na, dann spiele doch mit deiner kleinen Schwester."

Brigitte John

Kartenabfrage

Kärtchen werden von jedem Schüler/jeder Schülerin je nach Thema mit einem Merkmal, einer Frage oder Aussage beschriftet. Alle Karten werden in einem Karton gesammelt und gemischt. Wichtig ist, dass man nicht erkennt, wer welche Karte beschriftet hat. Aus allen Kärtchen wird reihum gezogen, vorgelesen und dann weiter verfahren, wie es die jeweilige Aufgabe erfordert (hier Aufgabe 4 und 5).

1. Finde zu jedem Bild 1/ mindestens ein Merkmal von Freundschaft. Schreibe dazu eine Art Merksatz auf. Beachte dabei auch die Sprüche 2/, du kannst sie verwenden, verändern oder dich bloß anregen lassen.

2. Gestalte selbst ein „Freundschaftsbild" und gib ihm einen Titel. Hängt alle Bilder auf und diskutiert gemeinsam die darin sichtbar gewordenen Merkmale von Freundschaft.

3. Suche dir ein Merkmal von Freundschaft aus und erkläre, wie sich dieses ausgeprägt hat. Besprecht dann im Plenum eure Kurztexte dazu.

4. In dem Cartoon 3/ erlebt Charlie Brown eine Enttäuschung. Warum ist Auslachen ein Hindernis für Freundschaften? Welche Hindernisse gibt es noch? Schreibe ein solches Hindernis auf ein Kärtchen.

5. Führt eine Kartenabfrage durch und begründet, ob es tatsächlich ein Hindernis ist oder nicht. Stellt euch gegenseitig Fragen dazu.

6. Es gibt unzählige Gelegenheiten, Freundschaften zu knüpfen. Diskutiert die hier geschilderte Begebenheit 4/ und beantwortet die Fragen: Was sollte Klaus tun? Warum stellen die anderen eine solche Forderung? Wie bildet sich eine Clique von Freunden? Wie ist die Probe zu beurteilen, die Klaus zur Bewährung bestehen soll? Welche Proben gibt es außerdem? Welche sind berechtigt, welche nicht?

Freundschaft – philosophisch gesehen

Aristoteles:
(384–324 v. Chr.), einer der bedeutendsten Philosophen der Antike. Er war 20 Jahre lang Schüler des Platon an dessen Akademie. Später gründete er in Athen eine eigene philosophische Schule. Die von ihm erhaltenen Schriften sind zumeist Vorlesungsskripte.
Er gilt als Begründer systematisch aufgebauter und wissenschaftlich fundierter Philosophie, die alle Bereiche menschlicher Erfahrung zu umfassen versucht.

1/ Aristoteles über Freundschaft

… offenbar kann nicht alles Gegenstand der Liebe sein, sondern nur das Liebenswerte, und als solches gilt das, was wertvoll, lustvoll oder nützlich ist … Die drei Motive, aus denen Freundschaft entsteht, unterscheiden sich der Art nach, folglich auch die Formen des Liebens und der Freundschaft. Es gibt also drei Arten von Freundschaft – sie entsprechen den drei Arten des Liebenswerten –, denn in dem Bereiche einer jeden ist Gegenliebe möglich, die nach außen hervortritt, und die einander freundschaftlich Gesinnten wünschen sich gegenseitig das Gute entsprechend dem Motive ihrer Gesinnung.

Vollkommene Freundschaft ist die der trefflichen Charaktere und an Trefflichkeit einander Gleichen. Denn bei dieser Freundschaft wünschen sie einer dem anderen in gleicher Weise das Gute, aus keinem anderen Grunde, als weil sie eben trefflich sind, und trefflich sind sie „an sich", wesensmäßig. Nun sind aber Menschen, die dem Freunde um des Freundes willen das Gute wünschen, die echtesten Freunde …

Freundschaft dieser Art ist, so darf man mit gutem Grund sagen, ein Wert, der dauert, denn in ihr treffen alle Grundvoraussetzungen der Freundschaft zusammen: Jede Freundschaft hat ja einen Wert oder eine Lust zum Ziel – beides entweder an sich oder auf den bezogen, der die Freundschaft erlebt – und beruht auf einem gewissen Grad von Wesensgleichheit. Bei der vollkommenen Freundschaft aber sind die genannten Grundvoraussetzungen alle zusammen gegeben, und zwar kraft des ureigenen Wesens der Freunde; denn bei dieser Freundschaft sind auch die anderen charakteristischen Gegebenheiten gleich, und das, was wertvoll an sich ist, ist auch lustvoll an sich. Dies aber ist in der höchsten Form liebenswert, und so ist denn Liebe und Freundschaft unter diesen Menschen in der höchsten und edelsten Form zu treffen …

Die Freundschaft um der Lust willen hat Ähnlichkeit mit der vollkommenen, denn auch die trefflichen Menschen gewähren sich gegenseitig Lust. Und ebenso ist es bei der Freundschaft um des Nutzens willen, denn auch von Nutzen sind sich die Trefflichen. Am ehesten ist aber auch bei diesen (gewöhnlicheren) Freunden die Beziehung von Dauer, wenn sie voneinander die gleiche Gegengabe empfangen, z.B. Lust – und nicht nur dies, sondern auch Gegengabe aus dem gleichen Bereich …

Freunde, die den Nutzen als Zweck verfolgen, trennen sich, sobald der Nutzertrag aufhört, denn nicht miteinander waren sie befreundet, sondern mit dem Gewinn.
Man sieht: Um der Lust und um des Nutzens willen können auch (a) Minderwertige miteinander befreundet sein und (b) Gute mit Minderwertigen und (c) Leute, die weder das eine noch das andere sind, mit Menschen von gleichgültig welchem Charakter. Jedoch um ihrer selbst willen offenbar allein die Guten. Denn Menschen minderen Wertes können sich aneinander nicht freuen, außer es käme irgendwie ein Nutzen dabei heraus.

Aristoteles: Nikomachische Ethik. Übers. v. Franz Dirlmeier. Stuttgart: Reclam, 1969, VIII, 1155b ff., S. 215 ff.

Begriffsklärung durch Nachvollziehen der ursprünglichen Bedeutung

Will man verstehen, was jemand mit einem bestimmten Wort, einem Begriff meint, muss man die Bedeutung klären. Um Aristoteles´ Darstellung von vollkommener Freundschaft zu verstehen, muss man den Begriff „Trefflichkeit" klären.
Die Griechen benutzten dafür das Wort *arete*. Damit war zunächst „Tauglichkeit" gemeint, es bekam dann die Bedeutung von „Tugend"; ein trefflicher oder tugendhafter Mensch ist also jemand, der gute Charakterzüge und Eigenschaften besitzt.

2/ Freundinnen

Charlene und Joanne waren von klein auf eng miteinander befreundet gewesen. Jetzt gingen sie zusammen auf die Schule. Joanne hatte Probe mit der Theatergruppe der Schule. Wie immer war sie sehr unsicher, ob sie gut gespielt hatte; aber Charlene war da, um ihr zu sagen, dass sie sehr gut gewesen war, um ihr Mut zuzusprechen. Trotzdem machte Joanne sich Sorgen, eine neue Mitschülerin könnte die Rolle bekommen. Das neue Mädchen, Tina, kam herüber zu den beiden und gratulierte Joanne zu ihrem Auftritt. Sie fragte, ob sie den beiden beim Pausenbrot Gesellschaft leisten dürfte. Charlene und Tina schienen sich sofort sehr gut miteinander zu verstehen. Sie unterhielten sich darüber, wo Tina herkam und was sie in der neuen Schule alles machen könnte. Joanne jedoch schien Tina nicht so sehr zu mögen. Sie fand Tina etwas aufdringlich und vielleicht war sie auch eifersüchtig auf die Aufmerksamkeit, die Charlene ihr schenkte. Nachdem Tina sie verlassen hatte, verabredeten Joanne und Charlene sich für Samstag, da Joanne ein Problem hatte, über das sie sich gern mit Charlene aussprechen würde. Nachmittags rief dann aber Tina bei Charlene an, um zu fragen, ob sie Lust hätte, am Samstag mit nach Washington zu fahren, um sich ein Theaterstück anzusehen.

Charlene befand sich in einer Zwickmühle. Sie hatte Lust, die Gelegenheit zu nutzen und mit Tina zu fahren, aber sie hatte Joanne schon versprochen, sich mit ihr am Samstag zu treffen. Vielleicht hätte Joanne Verständnis und freute sich, dass Charlene die Möglichkeit bekam, nach Washington ins Theater zu fahren, oder aber sie könnte sich von ihrer besten Freundin gerade dann verraten fühlen, wenn sie sie am meisten brauchte.

Robert L. Selman: Die Entwicklung des sozialen Verstehens. Übers. v. Cornelie v. Essen u. Tilmann Habermas. Frankfurt a. M.: Suhrkamp, 1989, S. 296 f.

August Macke: Vier Mädchen, 1913 – Düsseldorf: Kunstsammlungen

1. Beantwortet zu zweit folgende Fragen zum Text 1/:
   a) Aristoteles unterscheidet drei Arten der Freundschaft – worin liegt das Unterscheidungsmerkmal? Nennt Beispiele für jede der drei Arten.
   b) Wann, wodurch, unter welchen Bedingungen ist eine Freundschaft nützlich/lustvoll/wertvoll/? Worin liegt dann jeweils das Gute?
   c) Wie äußert sich jeweils die Gegenliebe? Schildert zu jeder der drei Arten eine Situation. Was ist der Unterschied, wenn die Gegenliebe einmal auf den Nutzen, dann auf die Lust, und schließlich auf den Wert (des Freundes, der Freundschaft selbst) ausgerichtet ist?
   d) Beschreibt in eigenen Worten das, was Aristoteles vollkommene Freundschaft nennt. Nennt einige Voraussetzungen für eine vollkommene Freundschaft unter „trefflichen" Menschen.

2. Die Unterscheidungen von Aristoteles lassen sich auf den Konflikt 2/ anwenden: Wie kann Charlene aus der Zwickmühle herauskommen, wenn sie die Freundschaft mit Joanne als nützlich/lustvoll/wertvoll ansieht? Denkt euch je eine Möglichkeit der Konfliktlösung aus. Stellt eure Ergebnisse der Klasse oder Ethik-Gruppe vor.

Nähe und Distanz

1/ Die Stachelschweine

a/ Eine Gesellschaft Stachelschweine drängte sich an einem kalten Wintertage recht nahe zusammen, um durch die gegenseitige Wärme sich vor dem Erfrieren zu schützen. Jedoch bald empfanden sie die gegenseitigen Stacheln; welches sie dann wieder voneinander entfernte. Wann nun das Bedürfnis der Erwärmung sie wieder näher zusammenbrachte, wiederholte sich jenes zweite Übel; so dass sie zwischen beiden Leiden hin- und hergeworfen wurden, bis sie eine mäßige Entfernung voneinander herausgefunden hatten, in der sie es am besten aushalten konnten. –

b/ So treibt das Bedürfnis der Gesellschaft, aus der Leere und Monotonie des eigenen Innern entsprungen, die Menschen zueinander; aber ihre vielen widerwärtigen Eigenschaften und unerträglichen Fehler stoßen sie wieder voneinander ab. Die mittlere Entfernung, die sie endlich herausfinden und bei welcher ein Beisammensein bestehen kann, ist die Höflichkeit und feine Sitte. Dem, der sich nicht in dieser Entfernung hält, ruft man in England zu: „Keep your distance!" [Wahre deinen Abstand!] – Vermöge derselben wird zwar das Bedürfnis gegenseitiger Erwärmung nur unvollkommen befriedigt, dafür aber der Stich der Stacheln nicht empfunden. – Wer jedoch viele eigene innere Wärme hat, bleibt lieber aus der Gesellschaft weg, um keine Beschwerde zu geben noch zu empfangen.

Arthur Schopenhauer: Parerga und Paralipomena. Kleine philosophische Schriften II. In: Sämtliche Werke. Hrsg. v. Wolfgang Frhr. von Löhneysen. Frankfurt a. M.: Suhrkamp, 1986, S. 765 (§ 396)

2a/

Parabel

Das ist eine lehrhafte und kurze Erzählung. Das Wort kommt von *parabolé* (griech.) = wörtlich das Daneben-Gehende, der Vergleich. Ihr Anliegen ist die Vermittlung von Fragen der Moral und ethischen Grundsätzen, indem diese in einen anderen Vorstellungsbereich übertragen werden. Das im Vordergrund stehende Geschehen (Bildebene) hat symbolische Bedeutung für den Leser. Die Parabel ist eine Aufforderung zum Erkennen. Der Leser soll das Gemeinte als Allgemeines (Sachebene) herleiten.

2b/

3/ Regeln

Sieben Regeln für die Gemeinschaft

Um eine gerechte und tragfähige Gemeinschaft zu ermöglichen, muss jedes Mitglied versuchen,

1. sich selbst und seine Eigenständigkeit zu fördern und vor Angriffen zu schützen;
2. die andern zu respektieren, aber notfalls auch Konfrontation zu wagen;
3. andere nicht den eigenen Vorstellungen anzupassen;
4. andern beizustehen, wenn ihre Persönlichkeit bedroht wird;
5. Kompromisse einzugehen;
6. sich für eine gemeinsame Idee einzusetzen;
7. Aufgaben für die Gruppe zu übernehmen, statt nur zu konsumieren.

Karl Hurschler, Albert Odermatt: Schritte ins Leben. Schülerbuch. Zug: Klett und Balmer, 3. Aufl. 1994, S. 130. Die Aufgabe 5, unten, in: dies., Schritte ins Leben. Lehrerhandbuch. Zug, 2. Aufl. 1993, S. 119 f.

Symbole finden

In einem Symbol wird bildlich oder in Zeichen etwas dargestellt, so dass man mit einem Blick sehen kann, was gemeint ist; z. B. erkennt jeder sofort die Bedeutung eines Verkehrszeichens, entweder weil das Bild in seiner Aussage eindeutig ist oder weil man sich gemerkt hat, was es bedeutet.

1. Übertrage die Metaphern, die Schopenhauer in der Parabel 1/, in Teil a/ verwendet, auf menschliche Verhältnisse. Was bedeuten dann: Wärme, Erfrieren, Stacheln, mäßige Entfernung? Schreibe jeweils einen Satz dazu. Sprecht über eure Ergebnisse.

2. Welche Abbildung 2a/, 2b/ passt eher zu „Nähe“, welche eher zu „Distanz“?
Erzählt alltägliche Begebenheiten, in denen die Suche nach dem richtigen Abstand und angemessener Nähe anschaulich wird (z. B. in der Straßenbahn, zu Hause, in der Schule usw.) Spielt eine solche Szene und achtet dabei auf den Ausdruck von Nähe- und Distanzverlangen.

3. Lies nun die Deutung, die Schopenhauer selbst in Teil b/ gibt, und ordne die Methaphern von a/ den entsprechenden Begriffen von b/ zu. Worin noch drücken sich einerseits Nähe, andererseits Distanz aus? Erläutert gemeinsam eure Zuordnungen.

4. Führt zu den folgenden Fragen zu Material 3/ ein Gespräch. Wählt zuvor einen Gesprächsleiter, der auf die Einhaltung der Gesprächsregeln achtet (vergleiche Arbeitstechniken, S. 266):
   a) Besprecht jede Regel und äußert eure Meinung dazu.
   b) Ergänzt den Regelkatalog, falls nötig.
   c) Sind das Regeln, die für alle möglichen Gemeinschaften gelten oder nur für manche? Begründe deine Auffassung. Beachtet in eurem Gespräch vor allem die Frage, ob die Regeln auf Freundschaften und Partnerschaften zutreffen.
   d) Wie kommen in den Regeln Nähe und Distanz zum Ausdruck?

5. Setzt die Regeln 3/ spielerisch um. Zu jedem der Punkte bildet sich eine Gruppe, die zwei passende Szenen erfindet, vorbereitet und vorspielt. (Beispiel zu Punkt 1: In der ersten Szene wird ein negatives Beispiel dargestellt – eine Schülerin hängt herum, ist mit allem und jedem einverstanden und lässt sich von allen dirigieren. Die zweite Szene zeigt ein positives Beispiel – ein Schüler trainiert; die anderen wollen ihn zum Aufhören zwingen, er erklärt aber, weshalb er trainiert und lässt sich nicht weglocken.)

6. Zeichne oder male für jede Regel ein Symbol. Sammelt die Symbole an der Wand.

Freundschaft erforschen

Max Frisch:
(1911–1991), einer der bekanntesten Schweizer Schriftsteller. In seinem literarischen Werken setzte er sich intensiv mit dem Problem auseinander, das eigene Ich zu akzeptieren. Beispiele dafür sind die Romane „Homo faber“ und „Mein Name sei Gantenbein“. Er verfasste auch bedeutende Dramen, in deren Mittelpunkt soziale und politische Themen stehen. Max Frisch hat zu einigen Lebensthemen Fragebögen erstellt, so auch zum Thema „Freundschaft“.

1/ Ein Fragebogen

1. Hältst du dich für einen guten Freund?
2. Was empfindest du als Verrat: wenn der andere den Verrat begeht / wenn du den Verrat begehst?
3. Wieviele Freunde hast du zur Zeit?
4. Hältst du die Dauer einer Freundschaft für ein Wertmaß der Freundschaft? Ist also z.B. eine 20jährige Freundschaft auf jeden Fall wertvoller als eine Freundschaft, die nach 5 Jahren zu Ende ging?
5. Was würdest du einem Freund nicht verzeihen: Doppelzüngigkeit / daß er dir einen Freund oder eine Freundin ausspannt / daß er dir sicher ist / Ironie auch dir gegenüber / daß er keine Kritik verträgt / daß er Personen, mit denen du dich nicht verstehst, durchaus schätzt und gerne mit ihnen verkehrt / daß du keinen Einfluß auf ihn hast?
6. Möchtest du ohne Freunde auskommen können?
7. Hältst du dir einen Hund oder ein anderes Tier als Freund? Warum?
8. Ist es schon vorgekommen, daß du überhaupt gar keine Freundschaft hattest, oder setzt du dann deine Ansprüche einfach herab, um auf jeden Fall einen Freund zu bekommen?
9. Was fürchtest du mehr: das Urteil von einem Freund oder das Urteil von Gegnern?
10. Wenn jemand in der Lage ist, dir mit Geld zu helfen, oder wenn du in der Lage bist, jemand mit Geld zu helfen: siehst du darin eine Gefährdung der bisherigen Freundschaft?
11. Hältst du die Natur (oder etwas Bestimmtes in der Natur) für einen Freund?
12. Wenn du auf Umwegen erfährst, daß ein böser Witz über dich ausgerechnet von einem Freund ausgegangen ist: kündigst du daraufhin die Freundschaft? Und wenn ja: Wieviel Aufrichtigkeit von einem Freund erträgst du in Gesellschaft oder schriftlich oder unter vier Augen?
13. Kann dein Freund gescheiter sein als du, also dir überlegen, oder muß er dir unterlegen sein?
14. Bist du aus dem natürlichen Bedürfnis nach Freundschaft öfter auf Schmeichelei hereingefallen?
15. Wie redest du über verlorene Freunde?
16. Wenn es soweit kommt, daß die Freundschaft dich zu etwas verpflichtet, was eigentlich deinem Gewissen widerspricht, und du hast es um der Freundschaft willen getan: hat sich die Freundschaft dann erhalten?
17. Gibt es Freundschaft zwischen Menschen ohne den gleichen Humor?
18. Was hältst du außerdem für notwendig, damit du eine Beziehung zwischen zwei Personen nicht bloß als Interessen-Gemeinschaft, sondern als Freundschaft empfindest: Wohlgefallen am andern Gesicht / daß man sich unter vier Augen einmal gehen lassen kann, d.h. das Vertrauen, daß nicht alles ausgeplaudert wird / daß einer den andern in einen guten Zustand versetzen kann nur schon dadurch, daß er da ist, daß er anruft, daß er schreibt / Nachsicht / Mut zum offenen Widerspruch, aber mit Fühlern dafür, wieviel Aufrichtigkeit der andere gerade noch verkraften kann / daß man dem andern ebenfalls Geheimnisse zubilligt / wenn man sich zufällig trifft: Freude, obschon man eigentlich gar keine Zeit hat, als erste Reaktion beiderseits / daß man für den andern hoffen kann / Begeisterung für die gleichen Dinge / Erinnerungen, die man gemeinsam hat und die wertloser wären, wenn man sie nicht gemeinsam hätte /Dankbarkeit / daß der eine den andern gelegentlich im Unrecht sehen kann, aber deswegen sich nicht zum Richter aufspielt / Wegfall jeder Art von Geiz / daß man einander nicht festlegt auf Meinungen, die einmal zur Einigkeit führten, d.h. daß keiner von beiden sich eine neue Denkweise oder Meinung versagen muß aus Rücksicht? (Unzutreffendes streichen)
19. Wie groß kann der Altersunterschied zwischen Freunden sein?
20. Wenn eine langjährige Freundschaft sich verflüchtigt, z.B. weil ein neuer Gefährte oder eine neue Gefährtin eines Freundes nicht zu integrieren ist: bedauerst du dann, daß die Freundschaft einmal bestanden hat?
21. Bist du dir selber ein Freund?

Gekürzt und geändert nach: Max Frisch: Halten Sie sich für einen guten Freund? Elf Fragebögen. Frankfurt a. M., Leipzig: Insel, 1995, S. 57–62/Nach Bedarf müssen die Maskulina durch die Feminina ergänzt werden.

2/ Roland Topor: Die Freundinnen, 1973

3/ Wie hättest du entschieden?

1 Klaus möchte, dass sein Freund Darius sich mit zum Tischtennistraining anmeldet. Darius spielt nicht gern Tischtennis.

2 Katrin möchte mit ihrem Freund zur Abendvorstellung ins Kino. Die Eltern haben es verboten. „Wenn sie fragen, bin ich bei dir und wir üben noch Mathe", sagt sie zu ihrer Freundin Mandy.

3 „Ich bin Bayernfan", sagt Frank und schenkt Ralf einen Bayernschal zum Geburtstag. Ralf möchte den Schal nicht tragen.

4 Kira sieht, dass ihre Freundin Lena am Kosmetikregal im Drogeriemarkt einen Lippenstift einsteckt.

5 Lukas trifft beim Fußballspielen mit Daniel eine Fensterscheibe. Sie teilen sich die Reparaturkosten.

1. Notiere deine Antworten zum Fragebogen 1/. Begründe deine Antworten.
2. Erläutere die Auffasssung von Freundschaft, die in der Darstellung der Freundinnen 2/ zum Ausdruck kommt.
3. Schreibe dann einen Kommentar zu Bild 2/ mit dem Titel: Was ich über Freundschaften denke.
4. Formuliere selbst Fragen zum Thema Freundschaft und führe je nach Möglichkeit Interviews in der Klasse, der Schule oder im Bekanntenkreis durch. (vergleiche Arbeitstechniken, S. 266) Wertet die Fragebögen aus. Welches Gesamtbild ergibt sich?
5. Arbeite mit einem Partner einen ähnlichen Fragebogen zum Thema „Liebe und Partnerschaft" aus. Verwendet ihn, um freiwillig teilnehmende Personen zu befragen, und wertet ihn genauso aus.
6. Gestaltet in Partnerarbeit die mögliche Fortsetzung einer Ausgangssituation 3/ und verdeutlicht darin eure Vorstellungen von Freundschaft. Tragt den Dialog vor und begründet eure Entscheidung.

Liebe erleben

1/ Pablo Picasso: Liebespaar, 1923 – Washington: National Gallery of Art

2/ Einheit und Zweiheit

In dem Dialog „Das Gastmahl" von Platon erzählt der Dichter Aristophanes den Mythos von der ursprünglichen Kugelgestalt des Menschen. Es gab, berichtet er, nämlich in grauer Vorzeit drei Geschlechter, und zwar „deshalb, weil das männliche ursprünglich der Sonne Ausgeburt war und das weibliche der Erde, das an beidem teilhabende aber des Mondes, der ja auch selbst an beiden teilhat. Und kreisförmig waren sie selbst und ihr Gang, um ihren Erzeugern ähnlich zu sein. An Kraft und Stärke nun waren sie gewaltig und hatten auch große Gedanken", und so kam es, „dass sie sich einen Zugang zum Himmel bahnen wollten, um die Götter anzugreifen." (190 a–c) Zeus, der oberste Gott, war darüber erbost und dachte sich eine Strafe aus: „Ich glaube nun ein Mittel zu haben, wie es noch weiter Menschen geben kann und sie doch aufhören müssen mit ihrer Ausgelassenheit, wenn sie nämlich schwächer geworden sind. Denn jetzt, sprach er, will ich sie jeden in zwei Hälften zerschneiden, so werden sie schwächer sein und doch zugleich uns nützlicher, weil ihrer mehr geworden sind, und aufrecht sollen sie gehen auf zwei Beinen. Sollte ich aber merken, dass sie noch weiter freveln und nicht Ruhe halten wollen, so will ich sie, sprach er, noch einmal zerschneiden, und sie mögen dann auf einem Beine fortkommen wie Kreisel." (190 c, d)
Aristophanes fasst zusammen: „Jeder von uns ist also ein Stück von einem Menschen, da wir ja zerschnitten, wie die Schollen, aus einem zwei geworden sind. Also sucht nun immer jedes sein anderes Stück." (191 d)

Nach: Symposion. In: Platon. Sämtliche Werke. Übers. v. Friedrich Schleiermacher. Reinbek: Rowohlt, 1957, S. 221 f.

3/ Sich verlieben

Wer sich verliebt, und das vielleicht auch noch zum ersten Mal, ist nicht bloß glücklich, sondern auch durcheinander. Körper und Geist, die Sinne und die Gedanken spielen verrückt. Das kann man auch medizinisch messen, es zeigt sich im Hormonspiegel. Man kann trotz des Überkochens der Gefühlswelt versuchen, sich über einige Fragen Klarheit zu verschaffen.

Wenn zwei sich lieben, dann ...

- ○ sollten sie möglichst viel Zeit zusammen verbringen.
- ○ sollte das Mädchen mit ihren Freundinnen/der Junge mit seinen Freunden weniger zusammen sein.
- ○ sollte jeder tun, was er will, aber der andere muss es wissen.
- ○ sollten sie nicht so oft beisammen sein, sonst gehen sie sich bald auf die Nerven.
- ○ sollten beide ihre Selbstständigkeit behalten.
- ○ sollten sie sich gegenseitig Vorschriften machen dürfen.
- ○ sollten sie nicht glauben, dass der Partner ihnen gehört.
- ○ ist das ein Stress, weil man sich immer um die Freundin/den Freund kümmern muss.
- ○ sollten sie möglichst immer einer Meinung sein.
- ○ dürfen sie keine Geheimnisse voreinander haben.
- ○ gehört Eifersucht dazu.
- ○ sollten sie sich auf ihre Gefühle verlassen.
- ○ sollten sie in der Beziehung möglichst kühlen Kopf bewahren.
- ○ soll die Initiative vom Mädchen/vom Jungen ausgehen.
- ○ haben beide Schuld, wenn es Streit gibt.
- ○ sollten sie schon bald Geschlechtsverkehr haben.
- ○ sollten sie eine ungewollte Schwangerschaft verhüten.
- ○ sollten sie es lange verheimlichen.
- ○ sollten sie es offen zur Schau tragen.
- ○ ist Treue sehr wichtig.
- ○ sollten sie nie mehr auseinandergehen.
- ○ dauert das sowieso nie lange, wenn man noch jung ist.
- ○ ist das ein interessantes Experiment.
- ○ ist das unvergleichlich und einmalig.

Karl Hurschler, Albert Odermatt: Schritte ins Leben. Impulse für den Lebenskunde-Unterricht 7.–10. Schuljahr, Zug: Klett und Balmer, 3. Aufl. 1992, S. 154

Mythos

Besondere Ereignisse und Lebenssituationen wurden schon vor langer Zeit in Mythen (Geschichten) erzählt, so wie man heute Filme dreht. Darin wird auch erklärt, warum es diese Ereignisse gibt und wie sie zustande kommen.

1. Auf dem Gemälde 1/ sieht man sofort, dass es nicht mehr „bloß" um Freundschaft geht, sondern um Liebe. Woran sieht man das? Zähle mindestens fünf Merkmale auf, die Liebe von Freundschaft unterscheiden. Wählt gemeinsam aus allen Merkmalen, die ihr findet, die drei wichtigsten aus.

2. Gestalte selbst ein „Bild der Liebe" (Foto, Malen, Collage). Sprecht über eure Bilder.

3. In vielen Romanen und Kinofilmen geht es um Liebe. Nennt einige Gründe dafür. Sprecht über solche Filme oder Bücher, die ihr in letzter Zeit gesehen bzw. gelesen habt.

4. Der Mythos, den Platon wiedergibt 2/, erläutert das menschliche Liebesverlangen. Wie wird es gedeutet? Welche Deutungen gibt es noch?

5. Wie soll aus der Zweiheit in dem Mythos 2/ (wieder) eine Einheit werden? Eure Antworten haben sicher mit dem Wort „Anziehung" zu tun. Diskutiert dazu folgende Fragen: Wann machst du dir über dein Aussehen Gedanken? Was findest du an anderen bewundernswert oder anziehend? Was wirkt auf dich lächerlich, angeberisch, abstoßend?

6. Wähle die Sätze aus Material 3/ aus, die für dich stimmen. Vergleiche dein Ergebnis mit dem eines Mitschülers/ einer Mitschülerin. Sprecht über Gründe für die unterschiedlichen Zustimmungen oder Ablehnungen.

7. Ergänze den Wenn-Satz 3/ um weitere Aussagen und lege sie der Ethik-Gruppe vor.

8. Schreibt anonym Fragen zum Verliebtsein und allem, was euch dazu interessiert, auf Kärtchen. Die Kärtchen werden gesammelt und dann vorgelesen. Entscheidet, welche Fragen beantwortet werden können und sollen.

Verliebt – verlobt – verheiratet?

Der amerikanische Schriftsteller Mark Twain hat in dem Buch „Tom Sawyers Abenteuer" erzählt, wie sich der Held der Geschichte verliebt.

1/ Erste Begegnung

Nach einer ruhmreichen „Schlacht" mit seinen Mannen gegen die seines besten Freundes Jim Harper marschiert Tom allein nach Haus.

Als er an dem Hause des Jeff Thatcher vorüberkam, sah er im Garten ein unbekanntes Mädchen, ein liebliches, kleines, blauäugiges Geschöpf mit hellem, zu zwei Zöpfen geflochtenem Haar, weißem Sommerkleid und gestickten Höschen. Der ruhmreiche Held erlag, ohne einen Schuss getan zu haben …

Er betrachtete diesen neuaufgetauchten Engel mit glänzenden Augen, bis er merkte, dass sie ihn entdeckt hatte. Dann stellte er sich, als bemerke er ihre Anwesenheit gar nicht, und begann dann, nach rechter Jungenmanier, sich zu spreizen, um ihre Bewunderung zu erregen. Diese Torheiten trieb er eine Weile, schielte dann hinüber und sah, dass das kleine Mädchen sich dem Hause zugewandt hatte. Tom ging an den Zaun und lehnte sich über ihn, machte ein trübseliges Gesicht und hoffte, sie werde sich dadurch zu längerem Verweilen bewegen lassen. Sie verweilte auch einen Augenblick, ging dann aber weiter der Tür zu. Tom stieß einen tiefen Seufzer aus, als sie die Türschwelle betrat, aber seine Miene hellte sich auf, leuchtete vor Vergnügen, denn sie hatte in dem Moment, ehe sie verschwand, ein Stiefmütterchen über den Zaun geworfen. Tom rannte herzu und blieb dicht vor der Blume stehen, beschattete seine Augen und schaute die Straße hinunter, als hätte er dort etwas von größtem Interesse entdeckt. Dann klaubte er einen Strohhalm auf und begann ihn auf der Nase zu balancieren, wobei er den Kopf zurückwarf. Während er sich so hin und her wandte, kam er der Blume immer näher. Schließlich ruhte sein bloßer Fuß auf ihr, seine Zehen nahmen sie auf. Er hüpfte mit seinem Schatz davon und verschwand um die nächste Ecke. Aber nur für eine Minute – bis er die Blume unter seiner Jacke versteckt hatte, auf seinem Herzen oder auf dem Bauche, denn er war in der Anatomie nicht sehr bewandert und durchaus nicht kritisch. Dann kehrte er zurück, lungerte am Zaun herum und ließ seine Augen nach dem Mädchen umherspazieren, bis die Nacht anbrach; aber die Kleine ließ sich nicht wieder sehen …

2/ Die Annäherung

In der Schule muss sich Tom zur Strafe neben das neue Mädchen setzen, nachdem er zuvor die Rute bekommen hat.

Das Kichern, das jetzt durch das Schulzimmer lief, schien Tom in Verlegenheit zu bringen; in Wahrheit war es die wundervolle Nähe seines unbekannten Idols und die mit Ehrfurcht gemischte Freude über diesen Glücksfall. Er ließ sich auf dem Ende der Bank nieder, und das Mädchen wandte sich ab, wobei es den Kopf nachdrücklich zurückwarf. Kichern, Flüstern und Tuscheln erfüllten das Zimmer, aber Tom saß mäuschenstill, die Arme auf das lange niedrige Pult gelegt, und schien eifrig zu lernen. Nach und nach wandte sich die allgemeine Aufmerksamkeit von ihm ab und das gewöhnliche Schulgemurmel erfüllte wieder die Luft. Sofort begann Tom verstohlene Blicke auf das Mädchen zu werfen. Dieses merkte es, schnitt ihm \`ne Grimasse und kehrte ihm für eine volle Minute den Rücken zu. Als sie sich vorsichtig wieder nach ihm umdrehte, lag ein Pfirsich vor ihr. Sie stieß ihn weg. Tom schob ihn ihr liebenswürdig wieder zu; sie schob

→

ihn abermals weg, aber diesmal schon weniger heftig. Tom legte ihn geduldig zum dritten Mal auf ihren Platz. „Bitte – nimm, ich hab noch mehr!“ Das Mädchen lächelte bei dieser Anrede, machte aber sonst kein Zeichen des Einverständnisses. Nun begann der Bursche etwas auf seine Tafel zu zeichnen, wobei er sein Werk sorgfältig mit der Hand abschirmte. Eine Zeitlang tat das Mädchen gleichgültig; aber ihre Neugier begann sich doch bald bemerkbar zu machen. Tom arbeitete weiter und tat, als achte er nicht auf ihre begehrlichen Blicke. Sie renkte sich fast den Hals aus, um einen Blick auf Toms Werk werfen zu können. Er aber stellte sich so, als merkte er noch immer nichts. Schließlich gab sie nach und flüsterte zögernd: „Lass mich mal sehen!“

Tom enthüllte sofort die klägliche Karikatur eines Hauses mit zwei schiefen Giebeln und korkzieherförmigem Rauch über dem Schornstein. Das Interesse der Kleinen an dem Werk wurde immer lebhafter, sie vergaß alles darüber. Als es beendet war, betrachtete sie es einen Moment und flüsterte dann: „Fein! Jetzt mach noch einen Mann!“

Der Künstler stellte in den Vordergrund einen Mann, einen wahren Mastbaum. Er hätte mit Leichtigkeit über das Haus wegsteigen können; aber das Mädchen war nicht allzu kritisch. Sie war zufrieden mit dem Monstrum.

„Ein wundervoller Mann – jetzt mal mich, wie ich daherkomme!“

Tom malte so etwas wie `ne Eieruhr, darüber einen Vollmond auf einem Strohhalm von Hals, und Arme, in deren ausgespreizten Fingern ein mächtiger Fächer steckte. Das Mädchen sagte: „Reizend, Tom. – Ich wollte, ich könnte auch zeichnen.“

„'s ist ganz leicht“, flüsterte Tom, „ich will's dir beibringen.“

„Ja, wirklich? Wann?“

„Heut Mittag. Gehst du zum Essen nach Haus?“

„Wenn du bleibst, bleib ich auch.“

„Na, gut. – Wie heißt du denn?“

„Becky Thatcher. – Und du? Ach, ich weiß: Thomas Sawyer.“

„So heiße ich, wenn ich was verbrochen hab. Wenn ich brav bin, heiß ich Tom. Du nennst mich doch Tom, nicht?“

„Ja.“

Jetzt begann Tom wieder etwas auf die Tafel zu kritzeln, was das Mädchen wieder nicht sehen sollte. Aber sie ließ sich nicht mehr abweisen. Sie wollte es sehen.

„Es ist nichts“, sagte Tom gleichgültig.

„Es ist doch was.“

„Nein, es ist nichts. Du brauchst's nicht zu sehen.“

„Doch, ich will's sehen. Ich will. – Lass mich sehen, bitte!“

„Du wirst's überall erzählen.“

„Nein, ich erzähl's nicht – ich will es sehen!“

„Keinem? Solange du lebst nicht?“

„Nein, ich sag's niemand. Jetzt lass mich sehen!“ Und sie legte ihre kleine Hand auf die seine, und ein kleiner Kampf entspann sich. Tom tat, als wehrte er sich im Ernst, ließ aber doch seine Hand langsam abgleiten, so dass die Worte sichtbar wurden: „Ich liebe dich!“

„Scheusal!“

Dabei gab sie ihm einen leichten Klaps, schien aber doch nicht allzu böse zu sein.

3/ Der Kuss

Als gegen Mittag der Unterricht beendet war, schlich Tom zu Becky und flüsterte ihr ins Ohr:

„Setz deinen Hut auf und tu so, als wenn du nach Hause gehen würdest. Wenn du um die Ecke bist, lass die anderen laufen und komm durch die Seitengasse zurück. Ich mach's auch so.“ So ging jedes mit einem Trupp Schüler fort. Eine kurze Weile danach trafen sie sich am Ende des Gässchens, und als sie wieder bei der Schule anlangten, waren sie da ganz ungestört. Dann saßen sie nebeneinander in der Bank, vor sich eine Tafel, und Tom gab Becky seinen Griffel, führte ihr die Hand, und sie zeichneten gemeinsam ein wundervolles Haus. Sobald das Interesse an der Kunst zu schwinden begann, fingen sie an,

→

sich was zu erzählen. Tom schwamm in einem Meer von Wonne.

„Magst du Ratten?", fragte er Becky.

„Pfui, ich kann sie nicht ausstehen!"

„Ja, ich auch nicht – das heißt lebendige. Aber ich meinte tote, die man an 'nem Strick um den Kopf herumschleudern kann."

„Nein, ich mag überhaupt gar keine Ratten. Ich mag viel lieber Kaugummi."

„Das ist ganz klar! Ich wollt, ich hätt welchen!"

„Möchtest du? Ich hab welchen. Du kannst ihn 'ne Weile kriegen, aber dann musst du ihn mir wiedergeben!"

Und dann kauten sie Gummi und ließen die Beine gegen die Bank baumeln und waren seelenvergnügt.

„Warst du schon mal im Zirkus?", fragte Tom.

„Mm ja, mein Papa hat mich schon 'n paarmal mitgenommen, wenn ich artig war."

„Ich bin schon drei- oder viermal dort gewesen – oder noch öfter! – Die Kirche ist gar nichts dagegen. Ich möchte immer in den Zirkus gehen. Wenn ich groß bin, werde ich Clown im Zirkus."

„Ach, wirklich? Das ist aber fein. Die sind alle so komisch angezogen."

„Mm ja. Und dann verdienen sie auch 'nen Haufen Geld – Ben Rogers sagt, mehr als einen Dollar am Tag. – Sag, Becky, warst du schon mal verlobt?"

„Was ist denn das?"

„Nun – wenn man sich heiraten will."

„Nein."

„Möcht'st du's mal sein?"

„Ich weiß nicht. Ist's denn nett?"

„Nett? Ich weiß nicht, was netter ist. Du brauchst nur zu 'nem Jungen zu sagen, du möchtest keinen anderen jemals als ihn, niemals, niemals, und dann küsst ihr euch – und dann ist's fertig. Jeder kann das."

„Küssen? Warum denn küssen?"

„Weil – weil – weil die Leute es immer tun."

„Immer?"

„Natürlich, jeder, der 'nen andern lieb hat, tut's. Weißt du nicht mehr, was ich auf die Tafel geschrieben habe?"

„J-ja."

„Was war's denn?"

„Ich – ich kann's nicht sagen."

„Soll ich's dir sagen?"

„J-ja – aber ein andermal."

„Nein, jetzt."

„Nein, nicht jetzt – morgen."

„Nein – jetzt, Becky, bitte! Ich will's auch ganz leise sagen; ins Ohr will ich's dir sagen."

Als Becky zögerte, nahm Tom ihr Stillschweigen für Zustimmung, schlang seinen Arm um ihre Schulter, legte seinen Mund an ihr Ohr und flüsterte ihr die uralte Zauberformel zu. Und dann sagte er: „Nun, musst du's mir sagen – grad so!"

Sie zierte sich eine Weile und bat dann: „Aber, du musst das Gesicht fortwenden, dass du mich nicht sehen kannst – dann tu ich's. Aber du darfst es niemand sagen, Tom. – Das musst du mir versprechen."

„Selbstverständlich, Becky! Also los jetzt!" Er drehte den Kopf zur Seite. Sie beugte sich über ihn, bis ihr Atem seine Wange streifte, und flüsterte dann ganz leise: „Ich – liebe – dich!"

Dann sprang sie auf und lief um Tische und Bänke herum, Tom hinter ihr her, und flüchtete schließlich in einen Winkel und barg ihr Gesicht in der weißen Schürze. Tom fasste sie um und sprach leise auf sie ein.

„Na, Becky – 's ist ja schon gut – alles, bis auf den Kuss! Fürchte dich nur nicht davor, ich tu dir gewiss nichts. Sei gut, Becky!"

Und er versuchte, Schürze und Hände herunterzuziehen. Allmählich gab sie nach und ließ die Hände sinken. Ihr Gesichtchen, glühend vor Anstrengung, kam zum Vorschein. Tom küsste sie auf die Lippen und sagte:

„So, nun ist's vorbei, Becky! Und von jetzt an, weißt du, darfst du nie wieder 'nen anderen gern haben, außer mir, und darfst auch keinen heiraten, außer mir, nie, nie, nie! Willst du?"

„Ich will nie 'nen anderen lieb haben als dich, Tom, und ich will nie 'nen anderen heiraten als dich, und du darfst auch nie eine andere heiraten als mich, niemals."

„Natürlich nicht! Versteht sich doch! Und wenn wir jetzt wieder in die Schule gehen, oder wenn wir von der Schule nach Haus kommen, musst du immer mit mir gehen, wenn's die anderen nicht sehen – und du wählst mich und ich wähle dich bei Gesellschaften – so ist's unter Verlobten!"

„Nett ist das. Ich habe früher davon noch nie gehört."

Mark Twain: Tom Sawyers Abenteuer. Bearb. v. Karl Heinz Berger. Frankfurt a. M., Leipzig: Insel Verlag, 1993, S. 28–30, 64–67, 70–73 (Erstübers. ersch. bei Neues Leben, Berlin, 1955)

Eine Fortsetzung schreiben

Eine offene Geschichte, deren weiteren Verlauf man nicht kennt, lässt sich durch eigenes Schreiben fortsetzen. Es muss dabei auf den Charakter der Personen, die örtliche und zeitliche Umgebung sowie den Stil der Erzählung geachtet werden. Vergleicht man die geschriebenen Fortsetzungen, erhält man einen guten Überblick über die Bedingungen, unter denen eine Geschichte gut oder schlecht, glücklich oder traurig, im Gelingen oder Misslingen usw. ausgeht.

4/ Fragebogen

Treffen diese Aussagen deiner Meinung nach zu? Ist das Verhalten der Personen o.k./ nicht o.k.? Bewerte jede Aussage, z.B. mit Hilfe der vorgeschlagenen Skala von -2 bis +2, und begründe deine Überlegungen:

nicht o.k.		egal		o.k.
-2	-1	0	1	2

Wer mit 16 noch keine feste Freundschaft hat, ist nicht so weit wie die Gleichaltrigen.

Flirten ist ein unverbindliches Spiel.

Ein Kuss verpflichtet zu gar nichts.

Vor der Heirat sollte man ein paar Beziehungen ausprobiert haben.

Vor der Ehe darf man miteinander schlafen.

Auf dem Pausenplatz darf man schmusen.

Bettina stellt mit Erstaunen fest, dass sie sich zu ihrer Freundin stärker hingezogen fühlt als zu irgendeinem Jungen.

Manfred verliebt sich in einen Jungen. Sie zeigen sich öffentlich als Paar.

Rolf hat alle drei Monate eine neue Freundin und ist jedes Mal total verliebt.

Stefan meint, dass Gabi doch mit ihm schlafen könne, wenn sie schon so viel von Liebe rede.

André geht jetzt nicht mehr zum Volleyball-Training, weil Petra das so will.

Alain verlangt absolute Treue und duldet niemand in Ritas Nähe.

Doris fordert Stefan auf, ihr von seinem Vorleben (frühere Bekanntschaften) zu erzählen.

Aids ist für Jugendliche kein Problem.

Jungen müssen Erfahrungen sammeln.

Mädchen müssen sich hübsch machen.

Jungen denken gleich an Sex, Mädchen suchen Geborgenheit, Zärtlichkeit und Freundschaft.

Mit 16 beginnt das Leben, dann will ich eine Freundin/einen Freund.

Wer noch nicht richtig zu sich selbst gefunden hat, ist nicht reif, um sich bereits fest zu binden.

Peter denkt, dass er mit Manuela schlafen kann, auch wenn er kein Präservativ dabei hat.

Karl Hurschler, Albert Odermatt: Schritte ins Leben. Lehrerband. Zug: Klett & Balmer, 1995, KV 41b

1. Lies die Teile 1/ bis 3/ des Textes für dich. Danach lest ihr die Texte laut mit verteilten Rollen. Achtet darauf, dass beim Vorlesen der Witz der Geschichte erhalten bleibt. Beantwortet im Anschluss folgende Fragen:
   a) Die Erzählung stammt aus dem 19. Jahrhundert. Was ist im Leben von Tom und Becky anders als heute, was könnte heute noch so sein? Welches sind mögliche Gründe für den Wandel in „Liebesangelegenheiten"?
   b) Worin zeigt sich Toms Verliebtheit und worin die langsam erwachende Zuneigung Beckys?
   c) Tom und Becky sprechen über einiges, was zu einer wahren Liebe gehört. Welche Merkmale sind das und wie sind sie aus deiner Sicht zu beurteilen und zu gewichten? (z. B.: Muss man sich auch heute durch eine Verlobung die Ehe versprechen?) Besprecht weitere Merkmale, die ihr selbst hinzufügt.
2. Gestalte eine Fortsetzung der Geschichte, so dass entweder eine glückliche Liebe oder ein unglückliches Scheitern daraus wird.
3. Was denkst du eigentlich selbst über das Verlieben und die Liebe? Mit der Bewertung der Aussagen 4/ lassen sich Standpunkte klären, Meinungen austauschen, Urteile begründen.

Familie – früher und heute

1/ **Gruppenfoto einer Familie um 1890 –** Hier ist keine Pose zufällig. Der Fotograf arrangierte alles so, wie es den Erwartungen entsprach.

2/ **Familienleben 2006 –** typisch oder nicht?

Familie

Aus *famulus* (lat.) = Diener wurde das Wort *familia* gebildet; es bezeichnete die Gesamtheit der Dienerschaft (Gesinde). Später wurde darunter die ganze Hausgenossenschaft verstanden, die dem pater familias (Familienvater) unterstand. Erst im 16. Jh. wurde Familie zur Bezeichnung für die Gemeinschaft von Eltern und Kind bzw. alle Blutsverwandten (Sippe).

3/ Das Leben von Arbeiterfamilien im 19. Jahrhundert

Mann und Frau gehen zur Arbeit. Die Kinder sind sich selbst oder der Überwachung älterer Geschwister überlassen, die selbst der Überwachung und der Erziehung bedürften. In fliegender Eile wird in der Mittagsstunde das meist elende Essen hinabgeschlungen, vorausgesetzt, dass die Eltern überhaupt Zeit haben, nach Hause zu eilen, was in Tausenden von Fällen wegen der Entfernung der Arbeitsstätte von der Wohnung und der Kürze der Pausen nicht möglich ist; müde und abgespannt kehren beide abends heim. Statt einer freundlich anmutenden Häuslichkeit finden sie eine enge, ungesunde Wohnung, die oft der Luft und des Lichtes entbehrt und in der auch die nötigsten Bequemlichkeiten fehlen.
Die Wohnungsnot wird trotz aller Versuche zur Abhilfe in den Städten und Industriebezirken mit jedem Jahr größer. Immer weitere Schichten werden von ihr erfasst: Die Frau des Arbeiters, die abends müde und abgehetzt nach Hause kommt, hat von neuem alle Hände voll zu tun; Hals über Kopf muss sie arbeiten, um in der Wirtschaft nur das Notwendigste in Stand zu setzen. Die Kinder werden eiligst ins Bett gebracht, die Frau sitzt und näht und flickt bis spät in die Nacht. Die ihr so nötige Unterhaltung fehlt ihr. Der Mann ist oft unwissend, die Frau weiß noch weniger, und das Wenige, was man sich sonst zu sagen hat, ist rasch erledigt. Der Mann geht ins Wirtshaus, um dort die Annehmlichkeit zu finden, die ihm zu Hause fehlt; er trinkt, und ist es noch so wenig, er verbraucht für seine Verhältnisse zu viel.

Nach August Bebel: Die Frau und der Sozialismus. Stuttgart, 1879

4/ Arbeiterfamilien hatten oft nur einen Raum, in dem sich das ganze Leben abspielte.

Analoges Schreiben

Analog heißt gleichartig, ähnlich. Nehmt euch einen Text als Vorbild und schreibt einen ähnlichen. Die Form bleibt die gleiche, in der Aufgabe 4 also ein Bericht bzw. eine Beschreibung. Die neuen Inhalte werden in derselben Reihenfolge dargestellt wie die Inhalte im Ausgangstext. Falls etwas gleich bleibt, können dieselben Worte verwendet werden wie im Ausgangstext.

1. Das Foto 1/ stammt aus dem 19. Jahrhundert und zeigt eine typische bürgerliche Familie. Foto 2/ zeigt eine Familie der Gegenwart. Sucht nach dem Betrachten Antworten zu folgenden Fragen:
   a) Wie war sie früher zusammengesetzt, wie ist das heute?
   b) Welche Funktion hatte sie früher, welche hat sie heute?
   c) Was hielt sie früher zusammen, wie ist das heute?
   Jeder erhält drei Karten und schreibt je eine Antwort auf eine Karte.
2. Die Tafel wird in drei Bereiche A, B, C aufgeteilt und die Antwortkarten werden im jeweiligen Bereich angeheftet. Schaut euch die Antworten an und diskutiert darüber. Findet anschließend selbst weitere Fragen zur Familie und beantwortet sie.
3. Fotografiert oder stellt eine Collage her, wie eine „typische" Familie heute aussieht. Ist es ähnlich wie auf Abbildung 2/ oder ganz anders? Was sind ihre Merkmale? Vergleicht alle Bilder mit euren Fotos oder Collagen und beantwortet folgende Fragen: Welche Unterschiede zwischen früheren und heutigen Familien stellt ihr fest? Was ist gleich?
4. 3/ und 4/ zeigen das Leben einer typischen Arbeiterfamilie im 19. Jahrhundert. Schreibe in ähnlicher Weise und genauso kurz einen Text über eine Familie heute, in der Vater und Mutter arbeiten gehen.
5. Vergleiche deinen eigenen Text mit dem von Bebel 3/. Was hat sich verändert, was ist ähnlich wie früher? Vergleicht dann eure Texte miteinander: Worüber habt ihr geschrieben? Was ist in euren Berichten jeweils unterschiedlich, was ähnlich oder gleich? Welches sind die Probleme heutiger Familien? Wie erklärt ihr euch die Vielfalt von Familienformen heute?

Rollenspiele inszenieren und aufführen

In der Philosophie gibt es auch Inszenierungen. So hat z. B. Platon in seinen Dialogen Rollen verteilt. Dadurch konnte er die Streitpunkte, Argumente, Überzeugungen, Denkfehler, Wege der Wahrheitssuche und vieles mehr besser herausarbeiten.

Im Spiel mit verteilten Rollen können die Mitspieler Erfahrungen machen: mit sich selbst in der Rolle, mit dem Wechsel der Perspektive in einer anderen Rolle, nicht zuletzt mit der gespielten Thematik, der Sache also, um die es geht. Aber auch die Zuschauer erfahren etwas Neues: Wie verhalten sich Personen in einer Rolle, wie verändert sich die Beurteilung einer Situation, wenn man die Perspektive wechselt?

Das Rollenspiel kann bei fast jeder Fragestellung eingesetzt werden, wenn man es schafft, sie in Dialoge zu übersetzen, Dialoge kann man erst schreiben oder spontan im Spiel entwickeln.

Glückliche Familie

In einer Familie gibt es am Samstag oft dicke Luft. Die Mutter hat einen Beruf, darum holt sie am Wochenende alle Hausarbeiten nach, die in der Woche liegenbleiben mussten. Der Vater und die Kinder helfen ihr. Aber gern tun sie das nicht. Jeder stellt sich sein Wochenende anders vor.

Der Vater sitzt die ganze Woche im Büro. Für ihn gibt es nichts Schöneres als einen Tag im Wald.

Der Junge findet Waldspaziergänge fast so schlimm wie Schränkeaufräumen. Das Schönste für ihn ist ein gemütlicher Tag zu Hause, wenn alle nur herumsitzen und lesen, fernsehen oder Gesellschaftsspiele machen.

Das Mädchen mag nicht in der Stube hocken, aber auch nicht im Wald Vaters Vorträge über Tiere und Pflanzen anhören. Es spielt am liebsten im Hof mit den Kindern Federball oder Handball oder trainiert auf der Rollschuhbahn.

Auch die Mutter könnte sich ihr Wochenende anders vorstellen. Ein Stadtbummel mit der Freundin am Nachmittag und abends mit ihrem Mann ins Theater gehen, das wäre für sie das Schönste. Aber dazu hat sie nie Zeit. Sie will doch den Haushalt nicht verkommen lassen.

Die anderen meinen, das würde so schnell nicht geschehen. Aber sie helfen. Sonst würde die Mutter sagen: „Alles muss ich allein tun.“ Und damit hätte sie auch recht.

Sie helfen und sind schlecht gelaunt. Die Mutter merkt das natürlich. Es tut ihr leid, dass sie ihrer Familie das Wochenende verdirbt. Deshalb hat dann auch sie schlechte Laune.

Heute ist ein besonders schlimmer Samstag. Die Mutter will alle Fenster putzen, weil man bei dem schönen Wetter den Schmutz so deutlich sieht.

Gerade weil schönes Wetter ist, will der Vater aus der Stadt. Aber er hat den Staubsauger auseinandergenommen und will den Motor reinigen. Jetzt kann er ihn nicht wieder zusammenbauen.

Die Mutter stichelt: Er weiß doch, dass er von technischen Dingen nichts versteht.

Wie die Kinder aus der Schule kommen, reden die Eltern kein Wort mehr miteinander.

Die Kinder haben auf dem Heimweg von der Schule eingekauft. Aber das Mädchen hat sich halbfaule Tomaten einpacken lassen und der Junge hat die Fleischwurst für die Linsensuppe vergessen. Obendrein erzählt das Mädchen, dass der Bruder in der Schule mit einem anderen Jungen gerauft hat und sich unterkriegen ließ, der Schwächling!

Schon haben sie ihren Familienstreit.

Plötzlich fragt der Junge, weshalb es eigentlich bei ihnen so ganz anders zugeht als bei den Familien in den Büchern. Da sind die Väter gütig und die Mütter liebevoll, und die Schwestern sind auch viel netter. Vor allem giften sich da die Eltern nicht gegenseitig an, gerade wenn man sich auf ein schönes Wochenende freut.

Erst sagt keiner etwas dazu.

Dann beschließt die Familie, heute einmal zu spielen, sie wären eine glückliche Buch-Familie.

Das versuchen sie nun. Alle sind nur noch freundlich, verständnisvoll, nachgiebig, hilfsbereit und in allem einig. Sogar fleißig sind sie alle. Im Nu wird die Wohnung fertig, weil die Mutter nun auch nicht mehr allzu gründlich sein will.

Doch dann will der Vater mit der ganzen glücklichen Familie in den Wald wandern,
und die Mutter möchte mit der ganzen glücklichen Familie einen Stadtbummel machen,
und der Junge sähe gern die ganze glückliche Familie gemütlich im Wohnzimmer sitzen,
und das Mädchen könnte gut auf die ganze glückliche Familie verzichten. Es möchte zur Rollschuhbahn gehen.

Wahrscheinlich sind sie doch eine ganz normale Familie.

Ursula Wölfel: Du wärst der Pienek. Kevelaer: Anrich Verlag, 1985, S. 219–221

So geht ihr vor:

1. Welche Rollen sind zu besetzen? Hier ist es wichtig, die Rolle nicht bloß mit dem Namen zu bezeichnen, sondern sich die Eigenschaften, Rollenmerkmale, Verhaltensweisen der Person klarzumachen. Beispiel: Beschreibung der Rollenverteilung in der „glücklichen Familie".

2. Zuordnung der Rollen: Wer spielt welche Rolle und wer ist Beobachter?

3. Welche Gegenstände im Raum braucht man für das Spiel? Wie müssen sie angeordnet werden?

4. Dann wird gespielt – die Dialoge entstehen in der Vorführung.
Ihr könnt euch auch andere Möglichkeiten ausdenken, als in der Geschichte vorgeschlagen werden. Die Geschichte kann aktualisiert werden. Auch können die Eigenschaften und Vorlieben der eigenen Familienmitglieder ins Spiel gebracht werden. Allerdings müssen alle Mitspieler einverstanden sein.
Es ist darauf zu achten, wie es zu einem zunächst ungelösten Konflikt, dann zu einer Einigung oder zu einer Verschärfung des Konflikts kommt.

5. Auswertung des Rollenspiels: Die Beobachter können sich vorher einen Beobachtungsbogen zu einer bestimmten Rolle oder einer besonderen Fragestellung anfertigen, z. B.: Wie spricht die Person in der Rolle? Wie verhält sie sich (kooperativ, streitsüchtig usw.)? Wodurch kommt es zum Streit? Was hat zur Einigung beigetragen?
Die Spielenden können anschließend noch einmal über ihre Darstellung nachdenken und erzählen, wie sie sich in der Rolle gefühlt haben.
Wenn das Spiel mit anderen Rollenspielern wiederholt wird (Rollentausch), lassen sich diese Fragen noch besser beantworten.

6. Sachfragen zur gespielten Thematik stellen und diskutieren – Fragen zum vorliegenden Beispiel: Was ist eine „normale Familie"? Was ist eine glückliche Familie? Mit welchen Möglichkeiten der Freizeitgestaltung muss das Familienleben konkurrieren? Ordnet jeder Freizeitaktivität Vorzüge gegenüber dem Familienleben zu. Wie könnten diese Vorzüge in der Familie zur Geltung kommen? Weshalb kann die Familie nicht alles bieten, was z. B. Vereine, Clique usw. bieten können? Vergleiche die Bindung in einer Freundschaft mit der Bindung in der Familie. Wo liegen Unterschiede und Ähnlichkeiten?

7. Ergänzender Vorschlag: Spielt eine ähnliche Szenerie unter Freunden: „Was machen wir heute bloß?" Vergleicht die Abläufe mit der Inszenierung zur Familie. Welche Unterschiede haben sich ergeben?

Singles, Paare, Familien, Wohngemeinschaften

1/ Die Familie ist am Ende

Die Familie, Fundament der abendländischen Kultur, ist am Ende. In Deutschland beziehungsweise in der Bundesrepublik stieg die Zahl der Ehescheidungen von 1900 bis 1980 von 7928 auf 130744 pro Jahr. Sie wird weiter steigen – und viele heiraten gar nicht erst, sondern leben auf Zeit beieinander. Das Dach, das Kinder und Alte schützte, ist nicht mehr da. Die Zahl der Einpersonenhaushalte in der Bundesrepublik stieg von 1957 bis 1980 um 174 Prozent auf 7,4 Millionen. Die Ehe auf Lebenszeit ist nicht mehr selbstverständlich. Ein zweiter oder dritter Partner, eine zweite oder dritte Ehe, wenn die Kinder aus dem Gröbsten heraus sind. Ein neuer Lebensabschnitt bedeutet auch die Verbindung mit einem neuen Partner. So werden die Kinder früh entpflichtet, sie werden schnell zu einem Störfaktor für eine neue Beziehung. Vor tausend Jahren wurden die Kinder von den Eltern verheiratet, nach den Wünschen der Kinder wurde nicht gefragt. Später erhielten die Kinder ein Vetorecht. Dann trafen die Kinder die Wahl, und die Eltern behielten lediglich ein Vetorecht. Heute entscheiden die Kinder, ohne sich um die Meinung der Eltern zu kümmern: Der Aufbruch in die moderne Zeit ist der Weg von der Fremdbestimmung zur Selbstbestimmung. Aus der ursprünglich von den Eltern arrangierten Verbindung ist die moderne Ehe geworden. Sie beruht auf Gefühlen statt auf wirtschaftlichen Interessen: Emotionen an Stelle der Ökonomie.

Veto: Einspruch, um das Zustandekommen einer Vereinbarung zu verhindern

Das Modell kann nicht stabil sein. Auf der Stichflamme der Emotion kann niemand dauerhaft kochen. Wenn die Leidenschaft der rosaroten Anfangszeit erloschen ist, bleibt nicht viel. Die traditionellen Aufgaben der Familie und die gemeinsamen Interessen der Partner sind weitgehend entfallen. Die Erziehung und Versorgung der ohnehin wenigen Kinder, die Pflege der Kranken und Alten, die Vorsorge für die Nachkommen – diese und andere Pflichten der Familie hat die Gesellschaft übernommen. Im günstigsten Fall wird aus der Ehe Freundschaft. Das Vakuum, das durch den Wegfall der traditionellen Aufgaben der Familie entsteht, wird gefüllt durch „Beziehungskrisen". Streit ist der Alltag in der Familie. Dichter des 19. Jahrhunderts haben beschrieben, dass sich bürgerliche Ehe und leidenschaftliche Liebe nicht vereinen lassen. Die frühe Erkenntnis hat den heutigen Menschen nicht daran gehindert, die Vereinigung des Unmöglichen zu versuchen.

Der Anspruch auf das private Glück ist heute so unabweisbar wie die moderne Lebensweise. Ohne Zweifel hat die Vorkriegsgeneration ihre Kinder unter persönlichen Opfern aufgezogen. Aber sie hat nicht gewusst, dass sie etwas opfert. Sie folgte dem vorgegebenen Lebensmodell. Das ist vorbei, unwiderruflich. Im Familienleben gibt es fast nichts Vorgegebenes, Unbezweifeltes mehr. Weil die Klammer, die die Generationen zusammenhielt, gebrochen ist, finden sich nicht nur die Ehepartner in einer schwierigen Lage, sondern auch Kinder und Alte …

Reimer Gronemeyer: Die Entfernung vom Wolfsrudel. Düsseldorf/Wien/New York/Moskau: Econ-Verlag, 1989; Fischer Tb 10430. 1994, S. 22 f.

2/ Singles

1 Sobald die alltägliche Routine erledigt ist, tritt das Gefühl der Leere auf.
Sybille Weber, Diplompsychologin

2 Es entsteht ein neuer gesellschaftlicher Zwang: Jeder muss seine individuelle Eigenart verwirklichen.
Eva Jaeggi, Psychologie-Professorin

3 Es geht mir so gut wie noch nie. Ich bin wie von einer Zwangsjacke befreit.
Irene F., Lehrerin, nach 25 Ehejahren geschieden

4 Die Ansprüche der Leistungsgesellschaft sind auf Einzelwesen und nicht auf Duos zugeschnitten. Ulrich Beck, Soziologie-Professor

5 Es droht eine Gesellschaft von Einzelgängern, die gut verdienen und sich jeden Wunsch erfüllen können.
Manfred Stiehlbrecher, Soziologe

3/ Gemeinsam wohnen, leben, arbeiten – in der Wohngemeinschaft, kurz: WG

Pro-und-Contra-Diskussion

Zwei konträre (gegensätzliche) Meinungen treffen aufeinander. Zu jeder Auffassung wird eine klare These (Behauptung) formuliert. Es bilden sich zwei Parteien, die ihre Meinung jeweils mit guten Gründen zu verteidigen suchen. Drei bis fünf Schüler vertreten die erste These, ebenso viele Schüler die zweite. Die anderen Schüler sind die Beobachter und protokollieren die Argumente mit. Zur Vorbereitung werden vor der Diskussion gute Argumente in der Gruppe zusammengetragen. Informationen dafür gewinnt man aus den vorstehenden Texten und aktuellen Berichten zum Thema.

Regeln für die Diskussion:

1. Es diskutieren nur jeweils zwei Vertreter einer Partei. Sie können sich gegenseitig beim Reden ablösen.
2. Die anderen „Anhänger" dieser Partei können zusätzliche Argumente schriftlich (z.B. auf Karteikarten) an die Diskussionsteilnehmer weiterreichen.
3. Jeder Diskussionsteilnehmer begründet seine Meinung am Anfang ganz kurz (z.B. „Ich denke die Familie ist überholt, weil ...").
4. Jeder trägt immer nur ein Argument vor, auf welches die Gegenseite eingehen muss, ehe sie das eigene neue Argument nennt.
5. Zum Abschluss werden die Argumente unter Beteiligung der Protokollanten-Gruppe inhaltlich bewertet. Die Thesen werden auf ihre Stichhaltigkeit geprüft und eventuell verändert, ganz verworfen oder völlig neu formuliert.
6. Es kann auch ein Rollentausch der Pro- und Contra-Parteien stattfinden. Was erlebt man dabei? Welche Erfahrungen mit dem Perspektivwechsel werden gemacht?

Abschlussfrage: Welche Meinungsbildung hat sich am Ende im Plenum insgesamt ergeben?

Online-Link:
695210-0051

1. Führt eine Pro-und-Contra-Diskussion. Wählt zwei Standpunkte aus: „Die Familie ist am Ende"/„Die Familie ist nicht am Ende, sie wandelt sich". Wägt die Alternativen ab: Zusammen leben ohne Trauschein, allein leben, gleichgeschlechtliche Partnerschaft usw. Was spricht für und gegen diese unterschiedlichen Lebensformen?

2. Welche Probleme ergeben sich aus den Schlussfolgerungen des Autors 1/? Sucht in den Tageszeitungen oder im Internet nach aktuellen Berichten zur Lage der Familien. Legt eine Mappe mit Informationen an, die die neuesten gesetzlichen Möglichkeiten (Elterngeld u. a.) enthalten. Stellt im Verlauf eurer Arbeit fest, wie es mit der gesellschaftlichen Akzeptanz der unterschiedlichen Formen des Zusammenlebens 2/, 3/ steht. Erkundet diese Frage im Umfeld eurer Gemeinde und unter Berücksichtigung der neuesten Gesetzgebung zu Ehe, eheähnliche Gemeinschaft, gleichgeschlechtlichen Paaren.

3. Fertigt einen Fragebogen an zum Leben als Single. Gebt ihn Personen, die bereit sind, ihn auszufüllen (anonym!), und wertet ihn aus. Stellt das Single-Leben in seinen Vor- und Nachteilen 2/ dem familiären Zusammenleben gegenüber.

Liebe und Sexualität

1/ Liebestypen

A) Freundschaftliche Liebe – „Wir werden uns immer vertragen"
Diese Liebesbeziehung entwickelt sich langsam aufgrund ähnlicher Interessen oder gemeinsamer Wesenszüge. Sie kann zu einer sehr engen Partnerschaft führen, in der das Gefühl absoluter Geborgenheit und tiefen gegenseitigen Verstehens wichtig ist.

B) Sinnlich-leidenschaftliche Liebe – „Ich glaube an die Liebe auf den ersten Blick"
Diese Form der Liebe ist dadurch gekennzeichnet, dass sich der Betroffene Hals über Kopf in sein Gegenüber verliebt. Die Anziehung ist auf emotionaler wie auf körperlicher Ebene sehr stark. Jedoch lässt diese Intensität nach einiger Zeit nach.

C) Besitzergreifende Liebe – „Du gehörst nur mir allein"
Der Wunsch, den anderen zu besitzen, geht auf Verlustängste und mangelnde Liebe in der Kindheit zurück. Liebende diesen Typs tun deshalb entweder alles für den Partner oder machen sich abhängig von der Person, die sie lieben. Nach einiger Zeit fühlt man sich dem Partner komplett ausgeliefert. Menschen diesen Typs sind oft besitzergreifend, extrem eifersüchtig und voll Angst, der andere könne sie verlassen.

D) Liebe als Spiel – „Ach, nimm es doch nicht so schwer"
Bei diesem Liebestyp ist es nicht ungewöhnlich, wenn er/sie mehrere Partner gleichzeitig hat. Dies bedeutet Nervenkitzel, Wettkampf und ober -flächliche Gefühle. Längerfristige Pläne werden gemieden, Verabredungen werden aufgrund „spontaner Eingebungen" getroffen, innerste Gefühle und Gedanken werden kaum preisgegeben und sie achten darauf, nicht zu häufig mit demselben Menschen zusammenzusein.

E) Realistische Liebe – „Wir müssen vernüftig sein"
Die Partnerschaft ist wie ein fairer Tauschhandel. Wichtig für diesen Liebestyp ist die Art der Verbundenheit, die sich eher aus praktischen Übereinstimmungen ergibt. Für solche Beziehungen ist es nicht ungewöhnlich, dass man eine feste Bindung aufschiebt.

F) Selbstlose Liebe – „Dein Glück ist mir wichtiger als meines"
Eigene Bedürfnisse werden bei diesem Liebestyp zurückgestellt, das Wohlergehen des anderen ist wichtig, den man liebt. Viele Menschen diesen Typs versuchen, durch ihr selbstloses Handeln Dankbarkeit und Anerkennung zu erlangen.

2/ Mit dem Zelt ins Wochenende?

Silke: Mutti, Jörg hat mich gefragt, ob ich am Sonnabend mitkomme. Wir wollen mit dem Fahrrad an den Bergsee fahren. Dort ist ein Pop-Konzert und ein Lagerfeuer. Sonntag fahren wir dann zurück.
Mutter: Das ist aber sehr weit. Wo wollt ihr denn dort schlafen?
Silke: Wir nehmen ein Zelt mit.
Mutter: Du und Jörg über Nacht in einem Zelt? Das geht nicht!
Silke: Wieso nicht? Als wir alle zusammen an der Ostsee waren, habe ich auch mit Jörg in einem Zelt geschlafen.
Mutter: An der Ostsee, das war vor sechs Jahren, da warst du acht Jahre alt.
Silke: Kannst du mir mal sagen, warum das jetzt nicht geht?
Mutter: Weil ich es dir verbiete!

Brigitte John

Sexualität

Das Wort kommt von *sexus* (lat.) = (männliches oder weibliches) Geschlecht. Daraus wurden das Adjektiv sexuell (geschlechtlich) und im 19. Jh. das Nomen Sexualität (Geschlechtsleben, geschlechtliches Verhalten) gebildet.

3/ Schülermeinungen zur Sexualität

1 Vielleicht möchte ich grundsätzlich damit warten, bis ich eine eigene Familie gründen kann.

2 Wenn ich mir keine Gedanken darüber mache, was mir in dieser Hinsicht wertvoll ist, tun es andere für mich und ich verhalte mich nicht so, wie ich es für richtig finde, sondern wie meine Eltern, meine Clique oder Ratgeber in Zeitungen es wollen.

3 Ich kann einen Menschen sexuell begehren, ohne ihn zu lieben, und ich kann einen Menschen auch lieben, ohne mit ihm Sex zu haben.

4 Über die Frage der Verhütung habe ich noch gar nicht nachgedacht.

5 Zur Zeit sind mir andere Dinge noch wichtiger.

6 Ich möchte den anderen noch besser kennen lernen und herausfinden, ob das wirklich gegenseitige Liebe ist, was uns verbindet.

7 Vielleicht will ich noch ein bisschen warten damit.

4/ **Gustav Klimt: Der Kuss, 1908** – Wien: Österreichische Galerie

1. Erfindet paarweise für jeweils einen Liebestypus 1/ einen Dialog. Spielt ihn vor und diskutiert gemeinsam darüber. Achtet darauf, welche Bedeutung jeweils Treue, Eifersucht, Liebesglück, unglückliche Liebe, langfristiges Zusammenleben, Kinderwunsch, gegenseitige Verantwortung und anderes mehr spielen.
2. Sucht für jeden Liebestypus ein Symbol. Vergleicht eure Ergebnisse.
3. Rundgespräch: Welchen Liebestypus bevorzugst du, welchen lehnst du ab und weshalb?
4. Seit Jahrtausenden gibt es ganz unterschiedliche Auffassungen zu Liebe und Sexualität. Eltern denken anders darüber als ihre heranwachsenden Töchter und Söhne, Männer oft anders als Frauen. Nutzt die Auseinandersetzung in dem kleinen Dialog 2/, die Schülermeinungen 3/ und das Gemälde 4/ dazu, einmal darüber nachzudenken. Geht dabei folgendermaßen vor:

a) Bildet Gruppen von etwa vier Schülern. Sammelt in jeder Gruppe möglichst viele Fragen, die sich aus dem Material für euch ergeben, z. B.: Warum verbietet die Mutter ihrer Tochter das Zelten? Wie kann man sicher verhüten? Wie geht man verantwortlich mit dem sexuellen Verlangen um? Schreibt alle eure Fragen auf Karten und fasst diese zu inhaltlichen Schwerpunkten zusammen.
b) Im Plenum erläutert jede Gruppe, welche Fragenschwerpunkte sie hatte. Diese Schwerpunkte diskutiert ihr gemeinsam. Helft euch dabei gegenseitig, eure Kenntnisse zu erweitern und Antworten auf die am meisten gestellten Fragen zu finden.
c) Beantwortet folgende Frage zum Abschluss: Was bedeutet es, in Dingen der Sexualität Verantwortung zu übernehmen? Versucht, einen Regelkatalog aufzustellen.

Tipp: Für diese Thematik kann die Ethikgruppe je nach Wunsch und Bedarf zunächst nach Geschlechtern getrennt arbeiten.

„Sexuelle Orientierung" – In Gruppen arbeiten (Material)

1/ Schwangerschaft mit 14

Im amerikanischen Jugendbuch „Strubbel beißt sich durch" wird von Christine erzählt. Sie ist 14 Jahre alt und schwanger. In der Selbsthilfegruppe für schwangere Mädchen stellt die Sozialarbeiterin eine ungewöhnliche Hausaufgabe …

„Ihr wollt doch wissen, wie das ungefähr sein wird, falls ihr euch entschließt, eure Babys zu behalten. Daher habe ich eine Hausaufgabe für euch, die euch vielleicht hilft, das zu erkennen."

… Mrs. Brown holte aus dem Plastikbeutel einen Eierkarton hervor, öffnete ihn, nahm vorsichtig ein Ei heraus und legte es in ihre hohle Hand. „Nehmt ein Ei und behandelt es während der nächsten beiden Wochen, als ob es ein Säugling wäre", sagte sie und schaute uns der Reihe nach an. Ich lachte, ein paar andere auch. „Das ist kein Scherz", sagte Mrs. Brown lächelnd. „Ihr müsst dafür sorgen, dass es das Ei warm hat, und ihr müsst es beschützen. Am wichtigsten ist: Ihr dürft es niemals, nicht einen Augenblick lang, allein lassen." „Aber das wird schwierig", wandte ein Mädchen ein. „Längst nicht so schwierig, wie ein Baby zu versorgen", antwortete sie. „Dem Ei braucht ihr keine Windeln zu wechseln." Sie betrachtete das Ei in ihrer Hand. „Und es weint nie", fügte sie hinzu … „Wozu machen wir das dann?", fragte ein Mädchen. „Damit ihr verstehen lernt, was es heißt, Verantwortung für irgendetwas zu übernehmen. Ihr dürft das Ei nicht allein lassen." „Und wenn die Schule wieder anfängt?", fragte ich. Die Weihnachtsferien dauerten nur noch ein paar Tage. „Dann musst du eben für einen Babysitter sorgen", sagte sie und übergab mir ein Ei. „Wenn das nicht geht, musst du es mitnehmen." „Haben sie Tüten oder irgendwas, worin wir unser Ei heimtragen können?", fragte ich. Mrs. Brown schüttelte den Kopf. „Dürfen wir es hart kochen, damit es nicht zerbricht?" „Ein Baby kannst du auch nicht hart kochen oder?", sagte Mrs. Brown.

Loretta Castellarin, Ken Roberts: Strubbel beißt sich durch. Übers. v. Inge M. Artl. München: Goldmann Verlag, 1991, S. 78 f.

2/ Bezugsperson gesucht.

Welche Frau und/oder welcher Mann sorgt für meine Ernährung, legt mich trocken, badet und cremt mich und – ganz wichtig – streichelt, küsst, drückt, knuddelt, kitzelt mich, nimmt mich auf den Arm, lächelt, lacht, redet, singt mit mir, tröstet mich, spielt mit mir? Also: Wer hat viel Liebe und Zeit für mich? Bewerbungen unter dem Stichwort: ein neugeborenes Menschlein.

3/ Sarah

Sarahs Eltern sind über ihre Tochter sehr in Sorge. Sie ist … im Allgemeinen ein glückliches und liebenswertes Mädchen. Das Problem ist nur, dass Sarah anscheinend nicht damit einverstanden ist, ein Mädchen zu sein. Ihr größtes Interesse gilt den Sportarten und Spielen der Jungen. Sie weigert sich, Kleider und Röcke anzuziehen und hat nur eine einzige Freundin, Käthe. Sarah spielt meistens mit ihren Brüdern, Kurt und Fritz, die beide älter sind als sie, oder mit zwei anderen Jungen aus der Nachbarschaft. Einer ist in ihrem Alter, der andere ein Jahr jünger. Sarah sagt, sie wolle nicht heiraten und auch keine Kinder bekommen: Sie beschäftigt sich z. B. gern mit Motorrädern und schließt nicht aus, dass sie später einmal Ingenieur oder Mechaniker werden könnte. Als Sarah noch jünger war, dachten ihre Eltern, sie sei einfach ein Wildfang, und das werde sich schon geben. Es hat sich aber nicht gegeben. Neuerdings will sie nicht einmal zur Tanzstunde gehen. Was sollen Sarahs Eltern tun?

Nach Robert T. Hall: Unterricht über Werte. Lernhilfen und Unterrichtsmodelle. Übers. v. Karl Heinz Siber. München: Urban & Schwarzenberg, 1979, S. 198

4/ Diskussion in der Deutschstunde

„Fehlt noch jemand?“ Frau Jäger möchte die Deutschstunde beginnen. „Susi und Tabea fehlen noch“, sagt Jürgen. „Da kommen doch die beiden Lesben“, meint Göran grinsend. Susi brüllt ihn an: „Was kümmerst du dich dauernd um uns? Es geht dich nichts an, was wir machen.“ Auf Frau Jägers fragenden Blick sagt sie: „Es ist mir einfach zu blöd, ständig von Göran beschimpft zu werden, nur weil ich mit Tabea eng befreundet bin. Auch Max muss sich dauernd gefallen lassen, Schwuli genannt zu werden, weil er sich nicht für Mädchen interessiert.“ Eine heftige Diskussion beginnt. Fast jeder möchte dazu etwas sagen. Frau Jäger bittet um Ruhe und bietet an, den Aufsatz, der zurückgegeben werden soll, im ersten Teil der Stunde zu besprechen und danach die Diskussion sachlich fortzusetzen.

Brigitte John

5/ Sexualverhalten in unserer Gesellschaft

Es ist falsch, zwischen zwei deutlich verschiedenen Gruppen – den Heterosexuellen und Homosexuellen – zu unterscheiden. Man kann die Welt nicht in schwarze Schafe und weiße Schafe einteilen, denn nicht alle Dinge sind schwarz oder weiß. Die Natur kennt keine scharfen Einteilungen, nur der Mensch versucht, die Wirklichkeit in verschiedene Schubfächer zu zwingen. Alles Leben ist in jeder Hinsicht ein Kontinuum. Je früher wir dies im Hinblick auf das menschliche Sexualverhalten lernen, umso eher werden wir die Wahrheit über die Sexualität begreifen.

Alfred C. Kinsey: Kinsey Report. Das sexuelle Verhalten des Mannes. Übers. v. Clyde E. Martin u.a. Berlin, Frankfurt a. M.: Fischer, 1955

6/ Erfahrungen mit Homosexualität

Die Frage nach der Homosexualität löst in vielen Angst aus. Der Gedanke, etwa „andersherum“ zu sein, wird als belastend empfunden. Immer noch halten viele Menschen Homosexualität für pervers, für eine krankhafte Veranlagung.

Dirk und Rafael lagen im Zelt nebeneinander, quatschten noch lange und streichelten sich dabei ausgiebig und heftig. Am Morgen wagten sie sich kaum anzusehen und Rafael hatte deutlich Angst – nicht nur vor den anderen, sondern auch vor sich selbst.

„Als ich ungefähr sieben Jahre alt war, hatte ich eine sehr gute Freundin. Wir hatten einander sehr gern und gingen eng umschlungen herum. Ihre ältere Schwester ermahnte uns, das nicht zu tun, weil wir wie Lesben aussahen. Also hielten wir uns nur noch an der Hand.“

„Eine Zeit lang bin ich auch mit einem Jungen gegangen, er hatte so eine Art Alibi-Funktion, um meiner Oma zu zeigen, wie glücklich ich doch bin. Ich mochte ihn auch ganz gerne, bis ich dann gemerkt habe, dass ich so'n richtiges Verliebtsein eigentlich doch nur bei Mädchen empfinde.“

Homosexualität: Gleichgeschlechtlichkeit, im Unterschied zu Heterosexualität die sexuelle Neigung zu Personen des eigenen Geschlechts, unter Frauen lesbische Liebe

Kontinuum: lückenloser Zusammenhang, fortlaufendes Geschehen ohne Unterbrechung

„Sexuelle Orientierung" – In Gruppen arbeiten (Methode)

Auf dem Weg des Erwachsenwerdens gelangt man unter anderem auch zur sexuellen Reife. Dazu gehört aber nicht bloß der biologische Ablauf. Man spricht von sexueller Identität und will damit sagen, dass man eine bestimmte Richtung einschlägt bei der Suche nach sexueller Erfüllung. Das bringt Fragen und Probleme verschiedenster Art mit sich. Dabei kommt es darauf an, sich zu orientieren, das heißt, sich zurechtzufinden: erstens herausfinden, was man selber sexuell wirklich möchte; zweitens die richtige Einstellung zu finden und verantwortlich mit den sexuellen Wünschen umzugehen.

Um euch eingehender mit diesen Fragen zu beschäftigen, könnt ihr drei Gruppen bilden, die sich mit je einem der Themen der vorhergehenden Doppelseite auseinandersetzen. Danach tragt ihr eure Kenntnisse und Erkenntnisse dem Plenum vor und führt ein Gespräch, bei dem Fragen zugelassen werden (auf diese muss es übrigens nicht immer eine Antwort geben).

Listen erstellen

Man bekommt sehr viel Wissenswertes zu einem Thema heraus, wenn man gemeinsam Listen erstellt, z. B. mit allen Gründen, die einem zu einer bestimmten Verhaltens- oder Handlungsweise einfallen, oder mit allen Verboten oder Geboten zu einem bestimmten Lebensbereich (vgl. Gruppe 3, Aufgabe 5). Die Listen können dann nach dem Grad der Wichtigkeit der Einträge oder nach Ähnlichkeiten usw. geordnet werden.

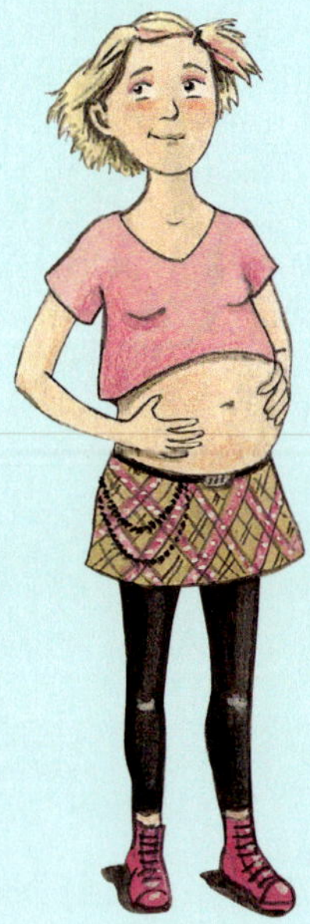

Gruppe 1: Thema „Frühe Schwangerschaft"

1. Stellt eine Liste zusammen mit allem, was während einer Schwangerschaft und nach der Geburt eines Kindes beachtet werden muss 1/, 2/. (Beispiele: auf gesunde Lebensweise achten, 24 Stunden am Tag für das Neugeborene da sein, …)
2. Klärt die Frage, ob eine Vierzehnjährige all diese Aufgaben erfüllen kann, ob sie Hilfe braucht und welche Hilfen es gibt (familiäre, staatliche, kirchliche, …).
3. Inwiefern hat der Vater des Kindes Verantwortung zu übernehmen? Stellt seine Pflichten und Aufgaben zusammen. Vergleicht Mutter- und Vaterrolle.
4. Findet heraus, wie sich statistisch das Alter von Mutter und Vater auf Geburten verteilt. Wie viele Jugendliche (bis 18 Jahre) sind Mütter oder Väter?
5. Wodurch unterscheidet sich das Leben jugendlicher Mütter und Väter vom Leben ihrer Alterskameraden? Überlegt Vor- und Nachteile.
6. Welches können Ursachen und Gründe dafür sein, dass ein Mädchen mit 14 ein Kind bekommt? Unterscheide zwischen Absicht, Wunsch, Zufall, Versehen, Gefühlen, …

Online-Link:
695210-0056

Gruppe 2: Thema „Typisch Mädchen/typisch Junge?"

1. Stellt typische Unterschiede zusammen, die es eurer Meinung nach zwischen Mädchen und Jungen gibt. Welche sind biologischer Natur, welche hängen mit der Erziehung und den Erwartungen an die Geschlechterrolle zusammen, welche betreffen bestimmte Verhaltensweisen?

2. Bereitet eine Inszenierung zum Konflikt um Sarahs Verhalten 3/ vor. Versucht, ihn so darzustellen, dass die Zuschauer zu Fragen aufgefordert werden und vielleicht sogar etwas dabei lernen können. Bezieht Sorgen der Eltern und Bedürfnisse, Wünsche und Interessen Sarahs mit ein.

3. Stellt einen Fragenkatalog zum Problem zusammen und lasst ihn von den Zuschauern (als Vorbereitung auf die szenische Darbietung) beantworten. Beispiel: Was gilt als typisch männlich, was als typisch weiblich? Was ist Transsexualität? Plant hier ein, dass für die Beantwortung mancher Fragen Recherchen in Lexika oder im Internet notwendig sind.

4. Spielt den Konflikt in verschiedenen Szenen: Monolog Sarahs, Gespräch zwischen Sarah und ihren Eltern, Szene mit Sarah und ihren Brüdern, Sarah und ein Berufsberater.

5. Diskutiert die Fragen im Anschluss an eure Vorführung.

Gruppe 3: Thema „Homosexualität"

1. Klärt mit Hilfe eines Lexikons die Begriffe: Heterosexualität, Homosexualität, Bisexualität.

2. Nennt unter Verwendung der abgedruckten Meinungen 4/ und 6/ möglichst viele Gründe dafür, dass die sexuellen Neigungen und Verhaltensweisen oft beäugt, abgelehnt, belächelt werden, kurz: in der Diskussion stehen. Sprecht auch darüber, warum die eigenen Empfindungen häufig mit Angst besetzt sind, sexuellen Handlungen mit Argwohn begegnet wird und nicht selten ordinäre Begriffe dafür verwendet werden.

3. Erschließt daraus die Ursachen dafür, dass Homosexualität in manchen Kulturen lange Zeit verboten war und Homosexuelle bis heute diskriminiert (unterdrückt, benachteiligt, verabscheut) werden. Versucht auch zu klären, weshalb Homosexualität in anderen Kulturen wiederum als eine besonders innige und wichtige Form von Zuneigung gelten konnte.

4. Welche Unterscheidungsmerkmale findet ihr für zwischenmenschliche Zärtlichkeit und sexuelle Zärtlichkeit, für freundschaftliche Zuneigung und sexuelle Zuneigung?

5. Fertigt eine Liste mit zwei Überschriften an, den Umgang mit der Sexualität betreffend: Was ist verboten? Was ist erlaubt?

6. Führt eine Podiumsdiskussion (vergleiche Arbeitstechniken, S. 266) über die strittigen Fragen, die sich in eurer Gruppenarbeit stellen, und bezieht dabei die Mitschüler (mit Fragen und Gesprächsbeiträgen) ein.

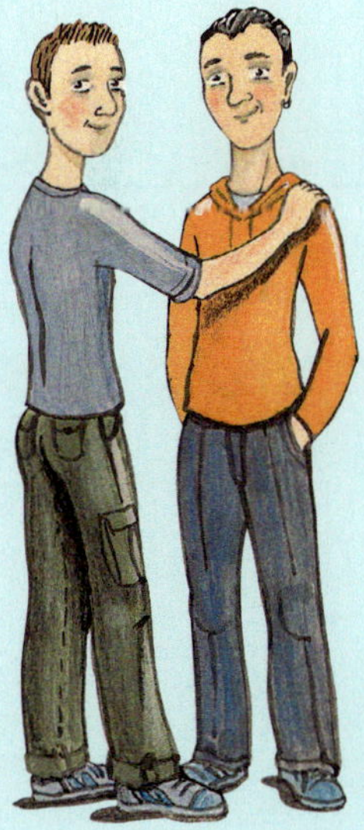

Abschlussdiskussion im Plenum

Diskutiert die Fragen: Was heißt sexuelle Orientierung? Wie schaffe ich Klarheit über die Fragen des sexuellen Verhaltens? Wie gestalte ich mein Leben in Fragen der Sexualität und vermeide schwerwiegende Fehler, die mein Leben belasten?

Zeichnungen: Katja Wehner

Sexuelle Belästigung und sexueller Missbrauch

Erich Rauschenbach

1/ Schutz vor Sexualdelikten

Die Kriminalstatistik sagt wenig über die tatsächliche Anzahl von Sittlichkeitsdelikten aus, weil die Dunkelziffer sehr hoch sein dürfte. Aus unterschiedlichen Rücksichten und Bedenken heraus wird oft von einer Strafanzeige abgesehen, vor allem weil es sich bei den Tätern meistens um Nachbarn, um langjährige Bekannte oder um Verwandte handelt oder weil durch das Strafverfahren weitere seelische Belastungen des Opfers befürchtet werden. Solche Rücksichten sind sehr problematisch, weil entdeckte, aber nicht angezeigte Täter weitere Straftaten dieser Art begehen können. Notwendig ist deshalb eine sachliche Information.

Informationsblatt Sexualdelikte/Sexualerziehung. Text v. Prof. M. Fusian. Drei-W-Verlag, PSF 185126

2/ Was ist sexuelle Belästigung?

Sexuelle Belästigung kann in sehr unterschiedlicher Form auftreten, angefangen bei anzüglichen Blicken, spöttischen oder peinlichen Bemerkungen oder Witzen, unaufgeforderten Kommentaren über Kleidung oder Aussehen, vorsätzlich schlechter Behandlung, Zurschaustellung anstößiger Pin-up- oder pornografischer Bilder bis hin zu wiederholtem und/oder unerwünschtem Kontakt, unsittlichen Forderungen oder tätlichen Angriffen.

Brigitte John

3/ Katharina

Katharina ist neun, und weil ihre Mutter jeden Tag Gardinen verkauft, isst Katharina immer bei der Tauben-Oma. Katharina freundet sich mit Benjamin an und lernt eine Wohngemeinschaft kennen – und sie lässt sich nicht alles gefallen. „Hallo, Bohnenstange", ruft Berti und hebt Inga den Rock hoch. Horst lacht laut. „Sie hat blaue Unterhosen an. Schon die dritte blaue heute." Inga wird rot und reißt sich los. Katharina wird auch rot. Vor Wut. Sie geht mit Fäusten auf Berti los. „Du blöder Depp, du blöder!", schreit sie laut. „Dir zeig ich's!" Berti will sie abschütteln, aber sie drischt wild auf ihn ein. Andere Kinder bleiben stehen und schauen zu. Katharina sieht aus den Augenwinkeln, dass der Kreis immer größer wird. „Hör auf!", sagt Berti. „Ich kann doch keine kleinen Mädchen hauen." „Aber den Rock hochheben schon!", schreit Katharina. Berti erwischt ihren Arm und hält sie fest. „Hör auf, verdammt noch mal!" Katharina tritt nach ihm und beißt ihn in die Hand. „Au!", schreit Berti und lässt sie los. Die anderen Kinder lachen laut. „So eine kleine Giftkröte", sagt ein älterer Junge anerkennend. „Nicht schlecht." „Giftpilz", sagt ein anderer und deutet auf Katharinas Pullover. Berti bemüht sich, ein gleichgültiges Gesicht zu machen. „Ich hau doch keine kleinen Mädchen", sagt er und schlendert aus dem Kreis. Die gebissene Hand steckt er in die Hosentasche.

Mirjam Pressler: Katharina und so weiter. Weinheim, Basel: Beltz&Gelberg, 1989, S. 5 und 10

4/ Schön sein – ?

„Da kommt meine schöne Tochter", sagt Vati und seine Augen leuchten. „Was du für schönes Haar hast", sagt Opa und streicht mir über den Kopf. „Du hast aber schöne Beine", sagt Colin anerkennend. „Das ist aber ein schöner Pulli", sagt Herr Schmidt vom 5. Stock im Fahrstuhl und fasst mich so an, dass ich mich losreiße und im 3. Stock aussteige. Ich bin gern schön, für Vati, für Opa, für Colin. Aber wenn Herr Schmidt vor dem Fahrstuhl steht, laufe ich bis zu uns in den 6. Stock.

5/ Was ist sexueller Missbrauch?

Unter sexuellem Missbrauch versteht man, dass eine Person die Unwissenheit, das Vertrauen oder die Abhängigkeit eines Kindes zur Befriedigung der eigenen sexuellen Bedürfnisse benutzt. Betroffen sind Kinder aller Altersstufen. Missbrauch entwickelt sich meist langsam und dauert oft über viele Jahre.

Die Opfer sexueller Gewalt
- sind zu über 75% Mädchen.
- sind meistens zwischen 7 und 13 Jahren alt, wobei der Beginn der Gewalt meistens im Alter zwischen 6 und 10 Jahren (42%) liegt.

6/ Aus einem Tagebuch

Ab Mittwochabend fühle ich mich schlecht. Ich kann nichts essen, nicht fernsehen, keine Hausaufgaben machen. Ich wünsche mir, ich würde aufwachen und es wäre Freitag. Dabei fing alles harmlos an. Im Eiscafé wartete ich auf Sabine. Sie kam nicht. Herr Wagner saß am Nebentisch und lud mich zu einem Eis ein. Ich kenne ihn schon lange, er wohnt in unserer Straße. Wir redeten über alles Mögliche, vor allem über Reisen. Er war in Ägypten, in meinem Traumland. Wir gingen noch zu ihm, weil er mir eine Panoramakarte vom Nil zeigen wollte. Die Karte konnte man aufklappen. Er hatte alle Reisestationen eingetragen. Als ich gehen wollte, sagte er: „Warte, ich zeige dir noch ein Video." Was dann kam, war ekelhaft, kein Video von Ägypten, sondern ein Porno. Ich wollte wegrennen. Er hatte die Tür verschlossen. „Setz dich, du bist doch schon groß", sagte er und drückte mich in einen Sessel. Während der Film lief, griff er mir unter den Pullover und streichelte mich. Ich saß wie versteinert vor Angst. Zweimal war ich noch dort, denn er verlangt, dass ich jeden Donnerstag zu ihm komme. Er sagt es sonst meinen Eltern und erklärt ihnen, ich hätte das alles gewollt. Es ist mir so peinlich und ich bin ja auch selbst schuld, weil ich ja damals mitgegangen bin. Was soll ich nur machen? Morgen ist wieder Donnerstag …

Texte 4–6: Brigitte John
Zeichnung: Christian Hansen

Lest die Texte, betrachtet den Cartoon und beantwortet zunächst einzeln schriftlich (in je einem Satz oder in wenigen Sätzen), dann im gemeinsamen Gespräch folgende Fragen:

1. Was ist sexuelle Belästigung? Was ist sexueller Missbrauch? Woran kann man sie erkennen? Worin unterscheiden sie sich?

2. Welches können die Folgen für den Täter, welches die Folgen für das Opfer sein?

3. Wie kann man sich wehren bzw. schützen?

4. Was bedeutet es, in der Sexualität verantwortlich zu handeln? Wie kommen Respekt und Achtung vor der Sexualität des anderen konkret und alltäglich zum Ausdruck?

5. An wen kann man sich wenden, wenn Hilfe gebraucht wird? (Schreibt euch Adressen und Telefonnummern auf.)

Online-Link:
695210-0059

Eine Zeitschrift gestalten

Liebe!

Zu dir oder zu mir? Oder in den Park, ins Café oder Kino? So wird das erste Date mit IHM richtig gut!

KINO

Was geht ab? Die Chancen stehen gut für erste Berührungen und sogar den ersten Kuss!

Vorteil Ohne Licht traut man sich mehr! Eine gemeinsame Popcorntüte sorgt für „zufälligen" Handkontakt.

Nachteil Das Date kann toll laufen, aber im Kino lernt man sich nicht kennen. Seid ihr beide zu schüchtern, kann es auch in die Hose gehen.

Tanjew (16)

„Ich gehe gerne mit einem Mädchen ins Kino. Ich mag die gemütliche Atmosphäre. Und im Dunkeln kommt man sich schneller näher als im Hellen."

PARK

Was geht ab? Ein sonniger Tag ist perfekt, um spazieren zu gehen. Ihr könnt ungestört plaudern. Wenn's gut läuft, schlendert ihr schon bald Hand in Hand.

Vorteil Wenn ihr nach einer Weile durchfroren seid, kannst du vorschlagen, was Trinken zu gehen.

Nachteil Bei schlechtem Wetter ist der Park ungeeignet. Macht man es zu oft, wird so ein Date eh langweilig.

Dennis (13)

„Ein Date im Park finde ich total uncool und langweilig. Aber man kann ja auch im Zoo rumlaufen. Da kann man viel gemeinsam über die Tiere lachen."

FOTOS: GETTYIMAGES, MASTERFILE, SUPERBILD

BRAVO GIRL! 21

Tipp: Ein solches Projekt kann auch für andere Themen durchgeführt werden.

1. Bringt Jugendzeitschriften mit, schaut sie euch genau an und sprecht darüber, wie hier Fragen zu Freundschaft, Liebe und Sexualität behandelt werden. Inwiefern ist die Art der Information und Meinungsbildung geeignet, um sich selber Klarheit zu verschaffen?

2. Was erwartest du überhaupt von einer Zeitschrift, die für deine Altersstufe gemacht wird?

3. Gestaltet selbst die Ausgabe einer Zeitschrift, die sich mit euren Interessen in Sachen Freundschaft, Liebe, Partnerschaft, Sexualität sowie privater Lebensplanung befasst. Klärt zunächst, was sie an Informationen, Bildern, Geschichten, Humorvollem, Rätsel usw. enthalten soll. Verteilt die Aufgaben je nach Fähigkeiten und Interessen. Legt Termine fest: Wann sollen die Artikel geschrieben sein? Wer liefert bis wann welche Fotos, Zeichnungen, Collagen? Wer ist für das Technische (Layout, Herstellung, Auslieferung) zuständig?

3 Umgang mit Konflikten und Gewalt

Mit Konflikten leben

1/ Ist dir das auch schon passiert?

1 Philipp hat gesehen, wie ein Mitschüler heimlich etwas aus der Tasche eines anderen genommen hat. Soll er etwas sagen? Aber gerade mit diesem Schüler wäre er gerne befreundet.

2 In einer langen Schlange stehen viele Schülerinnen und Schüler in der Schul-Cafeteria nach Essen an. Da kommt ein Schüler und drängelt sich vorne in die Schlange hinein.

3 In Evas Klasse ist heute Morgen eine neue Schülerin gekommen. Eva möchte in der großen Pause gerne mit der neuen Mitschülerin ins Gespräch kommen. Evas Freundin, Maria, findet die neue Schülerin aber blöd und möchte nicht, dass Eva die Neue anspricht.

4 Tino ist in Mathe der Beste in der Klasse. Immer, wenn Mitschüler beim Vorrechnen an der Tafel versagen, lacht er sie aus. Ines, die mit Tino befreundet ist, ärgert sich sehr darüber, sagt aber nichts.

5 Anja trägt seit kurzem eine Zahnspange. Sie spricht dadurch etwas undeutlich. Peter und Thomas hänseln sie ständig wegen ihrer komischen Aussprache.

6 Ein paar Jungen aus der 8a und der 8b spielen am Nachmittag Fußball. Enrico und Jaromir würden gerne mitspielen. Die anderen lassen sie nicht.

7 Ivo wünscht sich schon seit langer Zeit einen MP3-Player. Dafür hat er auch schon 50 Euro gespart. Seine Hockeymannschaft plant die Durchführung eines Trainingslagers. Seine Eltern wollen die Teilnahme nur dann bezahlen, wenn Ivo seine gesparten 50 Euro dazugibt.

8 Andrea möchte am Wochenende gerne mit ihren Freundinnen zur Disko. Da sich ihre Leistungen in der Schule in letzter Zeit sehr verschlechtert haben, erlauben es ihre Eltern nicht.

9 Während Marcel unbedingt eine Fußballübertragung sehen möchte, besteht seine Mutti darauf, die zur gleichen Zeit laufende Folge ihrer Lieblingsfernsehserie zu sehen.

10 Diana hilft ihrer Freundin Susi in der Erdkundestunde bei einer schwierigen Aufgabe. Die Lehrerin, Frau Kösel, fühlt sich gestört, ermahnt die beiden und droht ihnen eine Strafe an.

11 Fatima kommt aus einer muslimischen Familie und trägt auch im Unterricht ihr Kopftuch. Für Boris, einen neuen Schüler, ist das ungewohnt. Ständig macht er sich über Fatima lustig.

2/ Das Eisbergmodell

Der größte Teil eines Eisberges schwimmt unter der Wasseroberfläche und ist somit nicht gut sichtbar. Beobachten wir einen Konflikt, nehmen wir zunächst auch nur „die Spitze des Eisberges" wahr.

Nach: Ortrud Hagedorn

3/ Was tun?

Christian Hansen

Konflikt

Das Wort kommt von *confligere* (lat.) = zusammenstoßen, streiten, kämpfen. Man unterscheidet zwischen äußerem und innerem Konflikt. Äußerer Konflikt meint den Interessengegensatz, die Auseinandersetzung oder den offenen Streit zwischen Personen, Personengruppen, aber auch Staaten. Ein innerer Konflikt spielt sich „im Inneren" einer Person ab und meint den Widerstreit der Gefühle, Wünsche, Motive, Bestrebungen und (ethischen) Normen.

Ein Begriffs-ABC erstellen

Um einen Begriff in allen seinen Bedeutungen kennen zu lernen, ist es sinnvoll, ein „ABC" dazu zu entwickeln. Schreibt zu jedem Buchstaben ein Wort, das ihr negativ mit dem Begriff verbindet, und eines, das ihr positiv mit dem Begriff in Verbindung bringt.

1. Bildet vier Zweiergruppen und analysiert je drei Situationen 1/. Welche stellen bereits einen Konflikt dar? Welche können sich zu einem Konflikt entwickeln? Wie können die jeweiligen Konflikte vermieden oder gelöst werden? Jede Zweiergruppe trägt ihre Ergebnisse im Plenum vor.

2. Entwickelt in eurer Zweiergruppe ein ABC zum Begriff „Konflikt". Führt alle eure Begriffe an der Tafel in zwei Listen (positiv und negativ) zusammen und entscheidet, welche wirklich dazu passen und welche nicht. (Beispiel negativ – B = Beleidigung; Beispiel positiv – V = Versöhnung)

3. Beantwortet dann die Frage: Inwiefern sind Konflikte hilfreich, positiv und produktiv, inwiefern sind sie hinderlich, negativ und einschränkend? Findet für jede Rubrik mindestens ein Beispiel.

4. Hintergründe von Konflikten können im Eisbergmodell veranschaulicht werden 2/. Schreibt in eurer Zweiergruppe einen typischen Alltagskonflikt auf und deutet ihn mit Hilfe des Modells.

5. Die Bildergeschichte 3/ enthält viele der im Eisbergmodell dargestellten Merkmale. Ordnet gemeinsam diejenigen zu, die zu Martins Konflikt passen. Erörtert im Gesprächskreis, inwiefern z. B. die Begriffe „Normen", „Werte", „Bedürfnisse", „Sichtweise", … den Konflikt durchschaubar machen. Was kann Martin tun? (Begriffserläuterungen siehe auch S. 264 f.)

Konflikte verstehen und beurteilen

Dilemma: konflikthafte Situation, in der sich unvereinbare Interessen und Werte gegenüberstehen und jede Handlungsmöglichkeit falsch zu sein scheint

1/ Ein moralisches Dilemma

a/ Judy ist ein 14-jähriges Mädchen. Ihre Mutter hatte ihr versprochen, sie könne zu einem besonderen Rockkonzert gehen, das in der Stadt demnächst stattfinden sollte, vorausgesetzt, sie würde das Geld für die Eintrittskarte selbst durch Babysitten und vom Taschengeld zusammensparen können. Judy gelang es auch, die für die Karte notwendigen 30 Euro zu sparen; sie hatte sogar noch 5 Euro zusätzlich.

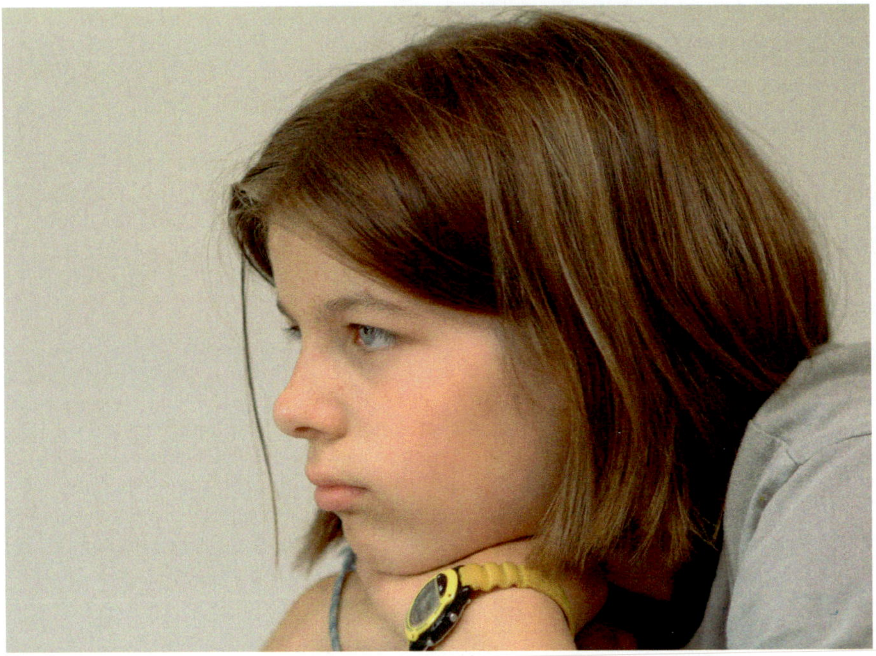

Doch dann änderte die Mutter ihre Meinung und verlangte von Judy, ihr Geld für eine neue Schultasche auszugeben. Judy war sehr enttäuscht. Sie beschloss, trotzdem zum Konzert zu gehen. Sie kaufte sich eine Eintrittskarte und erzählte ihrer Mutter, dass sie nur 5 Euro habe sparen können. An jenem Samstag ging sie zur Vorstellung; zu Hause hatte sie gesagt, dass sie den Tag mit einer Freundin verbringen würde. Die folgende Woche verging – die Mutter hatte nichts bemerkt. Nun erzählte Judy ihrer älteren Schwester, Louise, dass sie zum Konzert gegangen war und ihre Mutter in dieser Sache angelogen hatte. Louise ist sich im Unklaren, ob sie der Mutter erzählen sollte, was Judy getan hat.

b/ Um herauszufinden, wie Jugendliche solche Konflikte beurteilen, hat der amerikanische Entwicklungspsychologe Lawrence Kohlberg Fragen zum Dilemma gestellt. Hier sind einige davon:

1. Sollte Louise, die ältere Schwester, der Mutter sagen, dass Judy sie in der Geldfrage belogen hatte, oder sollte sie schweigen? Warum?
2. Louise weiß nicht, ob sie es der Mutter erzählen sollte. Sie denkt daran, dass Judy ja ihre Schwester ist. Sollte diese Tatsache ihre Entscheidung beeinflussen? Warum bzw. warum nicht?
3. Hat das Erzählen/Nichterzählen irgendetwas damit zu tun, ob Louise eine gute Tochter ist? Warum bzw. warum nicht?
4. Hat die Tatsache, dass Judy ihr Geld selbst verdiente, in dieser Situation eine Bedeutung? Warum bzw. warum nicht?
5. Die Mutter hatte Judy ja versprochen, dass sie ins Konzert gehen könne, wenn sie das Geld selbst aufbringt. Hat diese Tatsache in dieser Situation die größte Bedeutung? Warum bzw. warum nicht?
6. Allgemein gefragt: Warum sollte ein Versprechen eingehalten werden?
7. Worauf sollte eine Mutter in ihrer Beziehung zur Tochter am meisten achten, was ist das Wichtigste? – Warum ist das besonders wichtig?
8. Worauf sollte eine Tochter in ihrer Beziehung zur Mutter am meisten achten, was ist das Wichtigste? – Warum ist das besonders wichtig?
9. Wenn du noch einmal an das Dilemma (den Ausgangskonflikt) zurückdenkst: Was wäre das Verantwortungsvollste, was Louise in dieser Situation tun könnte? Warum?

Nach Lawrence Kohlberg: Die Psychologie der Moralentwicklung. Hrsg. v. Wolfgang Althof. Übers. v. Nils T. Lindquist. Frankfurt a.M.: Suhrkamp, 1995, S. 503f.

2/ Krach im Hausflur

Gestern war es mal wieder so weit – Frau Halmasi aus dem dritten Stock traute sich nicht mehr vor die Tür, wenn sie Frau Bollmann im Hausflur sprechen hörte. Wie die sich aufregte: „Man erträgt ja nun schon den Gestank. Was weiß ich, was die immer kochen. Aber dieser Mist hier auf der Treppe, das muss ja wirklich nicht sein, so eine Schlamperei …“ Und so ging es in einem fort. Dann hörte man auch die Stimme von Frau Pokowski: „Wir mussten uns ja auch umstellen und wir arbeiten den ganzen Tag. Aber die ist ja mit ihren vielen Kindern den ganzen Tag da. Da kann man ja wohl erwarten, dass die ihr Zeug nicht hier im Treppenhaus verstreuen.“

Worum geht es eigentlich? Streitigkeiten zwischen Nachbarn gibt es, seit Menschen in Dörfern und Städten zusammen leben. In der heutigen Großstadt haben wir oft eine Nachbarschaft, die von Menschen unterschiedlichster Herkunft und Muttersprachen zusammengesetzt ist. In den Mietskasernen schreitet die Vereinsamung und Isolierung der Mietparteien voran. Man spricht kaum miteinander, im schlimmsten Fall vielleicht noch übereinander. Wenn dann noch ein Konflikt über die nicht gemachte Hausordnung, über den nicht getrennten Müll, über den Lärm der Fußball spielenden Kinder oder die zu laute Musik hinzukommen, dann ist ein ungutes Klima vorhanden und die Gefahr der Eskalation nimmt zu. Und genau an diesem Punkt bieten wir unsere Mediation an. Wir – das ist das Nürnberger „Netzwerk interkulturelle Mediation“ – ein Beitrag zu einer konstruktiven Streitkultur.

Nach Marissa Pablo-Dürr, Friedrich Popp. In: Bayerisches Landesjugendamt: Mitteilungsblatt Nr. 1/2003

1. Lest die Geschichte 1a/ zunächst gemeinsam und klärt offene Fragen. Ihr könnt das Geschehen auch in einem Rollenspiel bearbeiten, das am Ende, nach Beantwortung der Fragen, auch eine Konfliktlösung zeigen sollte.

2. Beantworte für dich die Fragen 1b/.

3. Bildet zwei Gruppen: Eine ist dafür, die andere dagegen, dass Louise der Mutter alles erzählen sollte 1a/. Sammelt in eurer Gruppe Argumente für eure Auffassung. Danach führt ihr eine Pro-Contra-Diskussion (vergleiche Arbeitstechniken, S. 266 f.). Achtet auf Folgendes: Welche Argumente sind überzeugend? Wodurch kann man seine Meinung ändern?

4. Diskutiert dann gemeinsam folgende Fragen: Was ist das moralische Problem in der Geschichte? (Oder ist es vielleicht mehr als eines?) Welche Begriffe und Merkmale aus dem Eisbergmodell (S. 62) spielen hier eine wichtige Rolle? Was ist zu bedenken, damit die Folgen das weitere Zusammenleben nicht beschädigen?

5. Schaut euch die Fragen des Forschers Kohlberg noch einmal an 1b/. Welche Fragen könnten weggelassen, welche hinzugefügt werden, um mehr von den Antwortenden zu erfahren?

6. Was ist das Problem im Fall 2/? Welche Begriffe und Merkmale aus dem Eisbergmodell (S. 62) spielen hier eine wichtige Rolle? Wähle mindestens drei aus, begründe deine Auswahl im Plenum. Wählt gemeinsam die drei wichtigsten aus und begründet das. Ihr könnt die Begriffe auf Karten schreiben, an die Wandtafel hängen und so weiter damit arbeiten.

7. Welche Konflikte, die ihre Ursachen in unterschiedlichen religiösen Auffassungen oder kulturellen Gewohnheiten (Normen) haben, sind dir bekannt bzw. denkbar? Besprich einen solchen Konflikt mit deinem Nachbarn. Tauscht euch dann im Plenum darüber aus. Diskutiert dabei folgende Frage: Wie können solche Konflikte a) vermieden, b) gelöst, c) ausgehalten werden, d) zum Einsatz von Gewalt führen?

Thema Mediation

8. Im Text 2/ wird die Streitschlichtung durch Mediation angeboten. Informiert euch über dieses Thema. Gibt es an eurer Schule eine „Schüler-Mediation“? Wie funktioniert das? Welche Streitschlichtungsmodelle gibt es außerdem?

Mediation

Die Mediation ist eigentlich eine uralte Angelegenheit und bedeutet „Vermittlung im Streit“. Wir finden Formen der Mediation in der Bibel, im alten China, bei vielen Stämmen Afrikas oder bei den Aleviten in der Türkei. Bei der jährlichen Cem-Feier der Aleviten z. B. wird die Streitschlichtung vom Dede, dem religiösen Gemeindeoberhaupt, vor der versammelten Gemeinde durchgeführt. Sie ist ein Bestandteil uralter, aus der Nomadenzeit stammender Riten. Die Mediation im modernen Sinne wurde seit den 1960er-Jahren in den USA entwickelt und stellt vielfach eine Alternative zu den Gerichtsverfahren dar. In Deutschland wird etwa seit Beginn der 1990er-Jahre Mediation verstärkt angeboten und langsam immer bekannter. Manche Richter empfehlen inzwischen den Streitparteien eine Mediation.

Online-Link:
695210-0065

Konflikt und Vorurteil

1/ Die Geschichte mit dem Hammer

Ein Mann will ein Bild aufhängen. Den Nagel hat er, aber nicht den Hammer. Der Nachbar hat einen. Also beschließt unser Mann, hinüberzugehen und ihn auszuborgen. Doch da kommt ihm ein Zweifel: Was, wenn der Nachbar mir den Hammer nicht leihen will? Gestern schon grüßte er mich nur so flüchtig. Vielleicht war er in Eile. Aber vielleicht war die Eile nur vorgeschützt, und er hat etwas gegen mich. Und was? Ich habe ihm nichts angetan; der bildet sich da etwas ein. Wenn jemand von mir ein Werkzeug borgen wollte, ich gäbe es ihm sofort. Und warum nicht? Wie kann man einem Mitmenschen einen so einfachen Gefallen abschlagen? Leute wie dieser Kerl vergiften einem das Leben. Und dann bildet er sich noch ein, ich sei auf ihn angewiesen. Bloß weil er einen Hammer hat. Jetzt reicht's mir aber wirklich. – Und so stürmt er hinüber, läutet, der Nachbar öffnet, doch noch bevor er „Guten Tag" sagen kann, schreit ihn unser Mann an: „Behalten Sie sich Ihren Hammer, Sie Rüpel!"

Paul Watzlawick: Anleitung zum Unglücklichsein. München: Piper, 1983, S. 37

2/ Die „unsichtbare" Brille

Als Klaus in die Schule kam, erhielt er von seinem Bruder ein besonderes Geschenk – eine „unsichtbare" Brille. Er setzte sie auf und wusste sofort Bescheid, was ihn in der Schule erwartet. Ihm konnte keiner was vormachen!

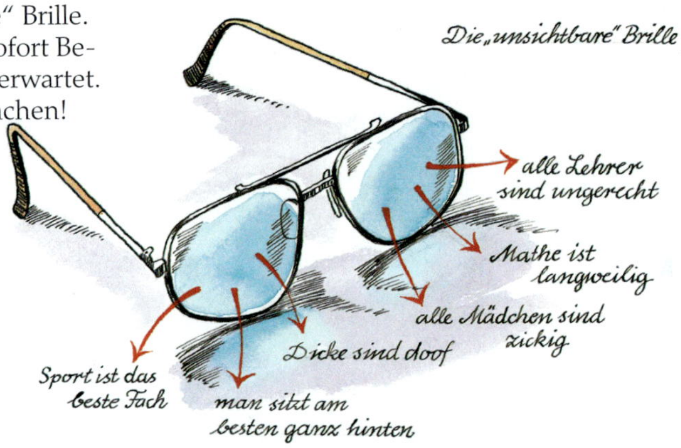

Idee: Brigitte John
Zeichnung: Erhard Müller

3/ In allen Sprachen ...

gibt es Ausdrücke, mit denen negative Eigenschaften mit anderen Volksgruppen oder fremden Völkern in Verbindung gebracht werden. In Holland heißt es über einen Alkoholiker, „er säuft wie ein Pole", in Tschechien trinkt er „wie ein Holländer". Erscheint einem Deutschen etwas seltsam, so kommt es ihm „spanisch" vor. Einer, der mit falschen Vorspiegelungen etwas erreichen will, „baut einen Türken". Für einen Deutschen ist es „chinesisch", für einen Franzosen ist es „hebräisch", für einen Amerikaner „griechisch" und Polen sprechen von einer „türkischen Predigt", wenn sich jemand unverständlich ausdrückt.

Zeitlupe: Vorurteile, Heft 21. Bonn: Bundeszentrale für politische Bildung, 1988, S. 12 f.

Vorurteile

Ein Vorurteil ist ein wertendes Urteil bzw. eine im Allgemeinen wenig reflektierte Meinung – ohne Würdigung aller Eigenschaften eines gewerteten Sachverhaltes oder einer Person. Wir gebrauchen den Begriff Vorurteil, um ausgeprägte positive und negative Urteile oder Einstellungen eines Mitmenschen über ein Vorurteilsobjekt zu bezeichnen, wenn wir sie für nicht realitätsgerecht halten. Vorurteile sind also nicht notwendigerweise abwertend.

4/ Typisch deutsch?

Zeichnung: Erhard Müller

5/ Schubladen als Ordnungs- und Bewertungssystem

Jeder Mensch hat im Laufe des Lebens anhand seiner Erfahrungen kleine Schubladen (der Fachmann sagt Bilder) entwickelt, die ihm helfen, die unzähligen Informationen, die ihn pausenlos erreichen, zu verstauen. Dieses erste Einordnen von Eindrücken ist lebensnotwendig, denn so bekommen wir zunächst einmal Ordnung in unser Denken. Wir würden hilflos durch die Welt irren, wenn wir nicht vom ersten Tag unseres Lebens an begonnen hätten, an diesem Schubladensystem zu basteln. Wenn wir gelernt haben, man solle Menschen nicht in Schubladen stecken, ist nicht dieses sinnvolle Sortieren gemeint. Solange wir routinemäßig Informationen, neue Eindrücke und Erfahrungen aus dem Lebensalltag in die Schubladen einordnen, schützen wir uns vor einer Überflutung mit Informationen, und das ist sinnvoll und hilfreich. Probleme kann es mit dem „Einsortieren" von Menschen geben, denn jetzt geht es nicht mehr alleine um groß, klein, dick oder dünn, wir bewerten auch subjektive Faktoren: Ist jemand sympathisch, unsympathisch, geizig, tolerant oder fair, und da kann man leicht jemandem Unrecht tun und ihm sogar schaden. Und wie schwer wir uns tun, Menschen aus der einmal gewählten Schublade wieder herauszuholen, weiß jeder, der gezwungen war, seine Meinung zu revidieren. Das ist anstrengend, denn man muss zugeben, dass man sich geirrt hat.

Gerrit Hoberg, Hartmut Hoster: Trainings-Lager. Fairness – Toleranz – Zivilcourage. Ein PC-Programm für handlungsorientiertes Lernen. Bonn: Bundeszentrale für Politische Bildung, 2005, S. 17

revidieren: nach einer Prüfung ändern, berichtigen

Nutzt die folgenden Aufgaben, um euch über eure eigenen Vorurteile klar zu werden. Bearbeitet jede Aufgabe als „Station" in kleinen Gruppen. Verwendet für jeden Aufgabenbereich ein extra Blatt. Besprecht nach dem Durchlauf aller Stationen eure Ergebnisse im Plenum.

1. Wie kommt es zur Beleidigung in der Geschichte mit dem Hammer 1/? Wie wird der Nachbar reagieren? Was hätte der Mann, der den Hammer braucht, anderes tun können? Schreibt zwei Dialoge: einen, der zum Abbruch der Beziehungen führt, und einen, bei dem es am Ende zur Verständigung kommt. Spielt die Szenen. Worin liegen die Unterschiede? Kennst du ähnliche Fälle aus dem Alltag? Nennt Beispiele. Beachtet dabei, wie Konflikte entstehen.

2. Sprecht in der Gruppe über die „unsichtbare Brille" 2/. Welche Auswirkungen können die Vorurteile, die Klaus von seinem Bruder übernahm, haben? Stellt euch vor, Klaus setzt die Brille ab: Was könnte er entdecken? Zeichnet eine „unsichtbare" Brille für einen der folgenden Lebensbereiche: Urlaub in Südeuropa, Besuch beim Zahnarzt, Berufsleben als Anfänger. Zeichnet auch eure „unsichtbare" Brille für die Schule.

3. Beschreibt den „typischen" Deutschen, wie er hier dargestellt ist 4/. Beschreibt ihn dann so, wie ihr ihn seht. Gibt es überhaupt den „typischen" Deutschen – und den „typischen" Italiener, Franzosen, Engländer, Türken, … 3/? Begründet eure Auffassung. Denkt dann darüber nach, wie es zu solchen sprachlichen Ausdrücken kommt; ihr könnt weitere hinzufügen, die ihr kennt, auch solche, die etwas Positives enthalten.

4. Das Entwickeln eines „Schubladensystems" hilft uns Ordnung in unser Denken zu bringen 5/. Warum können andere Menschen nicht einfach in solche Schubladen „gesteckt" werden? Stellt zusammen, welche „Schubladen" ihr für andere Menschen habt, und überprüft, was daran sinnvoll und was daran falsch ist. Wie kann man solches „Schubladendenken" vermeiden?
(vergleiche auch Kapitel 8, S. 198/199)

Vorurteil und Diskriminierung

1/ Merkmale von Vorurteilen

1. Das Vorurteil ist immer ein falsches Urteil oder zumindest ein übertriebenes Urteil.
2. Das Vorurteil ist ein voreiliges Urteil, das nur unzureichend auf Reflexion (Nachdenken) und Erfahrung gestützt ist und daher einer Überprüfung nicht standhält.
3. Vorurteile lassen sich durch Erfahrungen, Informationen oder Argumente, die ihnen widersprechen, nur schwer ändern. Vorläufige Urteile werden nur dann zu Vorurteilen, wenn sie unter dem Eindruck neuen Wissens nicht zurückgenommen werden.
4. Das Vorurteil ist ein generalisierendes (verallgemeinerndes) Urteil. Es bezieht sich in der Regel nicht auf einen einzelnen Gegenstand, sondern schließt alle Menschen, Dinge oder Ereignisse ein.
5. Das Vorurteil hat oft den stereotypen Charakter eines Klischees, das leicht zur Hand ist und in apodiktischer Weise (d.h. als notwendig richtig geltend, unwiderlegbar) vorgetragen wird. Das Stereotyp oder das Klischee ist wie ein festes, unveränderliches Muster, das man immer wieder anwenden kann, und die Wahrnehmung richtet sich dann auch danach.

Freimuth Wössner

6. Das Vorurteil enthält neben beschreibenden oder theoretisch erklärenden Aussagen von Menschen direkt oder indirekt auch richtende Bewertungen von Dingen, Menschen und Gruppen.
7. Um das Vorurteil von anderen Urteilen abzugrenzen, wird von einem Vorurteil erst dann gesprochen, wenn ein falsches, generalisierendes, bewertendes und behauptendes Urteil als ein tatsächlich falsches bestimmt und sein Anspruch, richtig zu sein, widerlegt werden kann, trotzdem aber an ihm als richtiges Urteil festgehalten wird.
8. Setzen sich Vorurteile gegenüber bestimmten Gruppen von Menschen durch, meistens Minderheiten in einem Land oder Staat, führt das häufig zu unterschiedlicher Behandlung dieser Gruppen, zu Zurücksetzung und Schlechterstellung in vielen Lebensbereichen. Das nennt man Diskriminierung.

Nach Monika Tworuschka: Vorurteile. In: Methodische Zugänge zu den Weltreligionen. Hrsg. v. Udo Twornschka. Frankfurt a.M., Berlin, München: Diesterweg/Kösel, 1982, S. 28 f.

2/ Alle haben Vorurteile

Förster: Vorurteile sind in besonderer Weise im Gedächtnis gespeichert. Das Vorurteil ist in Augenblicken, in denen keine Zeit zum Nachdenken bleibt, in Stressmomenten etwa, sofort präsent und verhaltensleitend. Aber man sollte das alles nicht nur negativ sehen. Vorurteile haben auch eine wichtige nützliche Funktion.

Die Zeit: *Welche denn?*

Förster: Sie machen es möglich, auf Menschen und Situationen schnell zu reagieren. Wenn ein Mensch mit einem Messer, ein Hund mit einem Maulkorb auf uns zukommt, dann handeln wir, ohne zu überlegen, ob die Gefahr wirklich besteht oder nicht. Oder ein Beispiel aus dem ganz normalen Alltag: Wenn ich kurz vor Feierabend noch schnell ein Rezept für die Party abends brauche, werde ich mich, wenn gerade noch vier Kollegen und eine Kollegin da sind, an die einzige Frau in der Gruppe um Rat wenden …

Die Zeit: *… und damit ein Vorurteil bestätigen.*

Interview mit Prof. Jens Förster (Sozialpsychologe an der Universität Bremen, Spezialgebiet: Vorurteilsforschung) http://www.zeit.de/2003/30/Interview _F_9arster (01. 12. 2006)

3/ **Werbespots** verbreiten oftmals Rollenklischees über Frauen und Männer.

Klischee: übernommene, ungeprüfte Vorstellung von Personen (-gruppen) oder Sachverhalten

Online-Link:
695210-0069

1. Lest und besprecht die Merkmale von Vorurteilen 1/. Vergleicht diese Merkmale mit den Aussagen aus Text 2/.

2. Jeder Schüler schreibt auf ein Kärtchen eine Aussage, die er für ein Vorurteil hält. Sammelt die Kärtchen ein. Jeder zieht daraus ein Beispiel, liest es vor und begründet anhand der Merkmale, warum es ein Vorurteil ist oder nicht.

3. Dann schreibt jeder Schüler auf ein Kärtchen ein Beispiel für eine diskriminierende Handlung aufgrund von Vorurteilen. Hängt die Kärtchen an die Wandtafel und nummeriert sie. Notiert euch die Ziffern der Beispiele, die ihr für eine Diskriminierung haltet. (z. B.: Frauen verdienen durchschnittlich ein geringeres Gehalt als Männer.) Diskutiert eure Ergebnisse und begründet eure Zuordnung.

4. Welche Klischees von Mann und Frau werden in den abgebildeten Werbespots 3/ verbreitet? Diskutiert zunächst die stereotypischen Merkmale, die ihr findet.

5. Gestaltet dann zu zweit eine Werbung (z. B. für ein Shampoo, ein Getränk, ein Handy), in der die stereotypischen Merkmale von Mann und Frau überwunden werden. Macht eine Ausstellung damit im Klassenraum.

6. Wähle ein Bild aus der Ausstellung aus und schreibe eine Kritik dazu (achte dabei neben der Funktion als Werbung vor allem auf die Überwindung des Stereotyps). Sind in den Bildern immer noch alte oder schon wieder neue Klischees zu erkennen?

Kritisch mit Medien umgehen

Ein Beispiel:

Datei Bearbeiten Ansicht Favoriten Extras ?

Adresse http://www.heise.de/bin/tp/issue/r4/dl-artikel2.cgi?artikelnr=14526&zeilenlaenge=72&mode=html Wechseln zu

TELEPOLIS

Das manipulierte Bild auf der Titelseite

Florian Rötzer 03.04.2003

Die Los Angeles Times reagierte prompt auf ein gefälschtes Bild aus dem Irak-Krieg

Ein Fotograf, der für die Los Angeles Times im Irak gearbeitet hat, wurde von der Zeitung gekündigt, weil er ein Bild überarbeitet hat. Das Foto war ausgerechnet auf der Titelseite der Montagsausgabe erschienen. Aufgefallen war es, weil manche Personen zwei Mal abgebildet waren - und nicht alle Iraker ihre Doubles haben.

Das Bild auf der Titelseite der LA

Im Krieg muss auch die Kriegsberichterstattung möglichst schnell gehen. Die Meldungen und Bilder müssen aber auch interessant sein, schließlich sind sie (Aufmerksamkeits)Ware. Bilder müssen den Blick auf sich lenken, und ihre Bedeutung sollte sich möglichst auch ohne Text erschließen und ins Auge springen. Brian Walski, seit 1998 für die Los Angeles Times tätig, hatte aus dem Irak ein Foto geschickt, auf dem ein britischer Soldat an der Brücke über den Al-Zubayr-Kanal in der Nähe von Basra zu sehen ist. Er soll, so die Zeitung, irakische Zivilisten, die sich am Checkpoint befinden, mit der Hand ein Zeichen geben, in Deckung zu gehen, um sich vor dem Beschuss des irakischen Militärs zu schützen.

Vorlage 1

Nach der Publikation, so schreibt die Zeitung, sei bemerkt worden - beispielsweise von der New York Post (1) -, dass einige der abgebildeten Zivilisten zwei Mal auf dem Foto sehen sind. Die Redaktion rief den Fotografen im Irak an, der daraufhin zugab, auf seinem Computer zwei Aufnahmen kombiniert zu haben, die kurz hintereinander gemacht worden sind, um die "Komposition" zu verbessern.

Vorlage 2

Die LATimes hat in einem Editorial (2) auf die Fälschung hingewiesen. Nach den Regeln der Zeitschriften ist es verboten, Nachrichtenfotos zu manipulieren, weswegen man den Reporter sofort entlassen habe. Die Verführung liegt bei digitalen Fotos nahe, die leicht zu manipulieren sind. Hätte Walski besser bei der Montage aufgepasst, wäre die Manipulation wohl niemanden aufgefallen.

…

Einen hohen Anteil unserer Informationen und unseres Wissens beziehen wir aus der Nutzung von Medien, wobei die elektronischen Medien (insbesondere Fernsehen und Internet) den Hauptanteil ausmachen. Man glaubt, was man sieht. Aber ist das, was uns die Medien „vermitteln", zugleich das, was wirklich geschieht oder geschehen ist? Oder sind es Verzerrungen, Täuschungen und Fälschungen, die immer neue Vorurteile und neues Halbwissen erzeugen? Immer mehr tritt das Medium an die Stelle der Wirklichkeit. „Medium" heißt Mittel, Vermittler, und Medien sollten durchsichtig sein auf die Wirklichkeit hin, die sie zeigen wollen. Aber zu oft ist es so, dass Medien die Wirklichkeit verdunkeln. Die Bilder, die von den Kameras eingefangen werden, sind oft „gestellt" und nicht echt, sie entstehen überhaupt nur, weil Kameras da sind. Die Informationen im Internet lassen sich schwer nachprüfen, sie sind oft parteiisch, vorab ausgewählt und nicht objektiv.

manipulieren:
hier – Informationen verfälschen oder bewusst ungenau wiedergeben

1. Informiert euch über den Fall Walski (nebenstehendes Beispiel). Was genau ist vorgefallen?
2. Zählt möglichst viele Gründe auf, die Walski haben konnte, um das Bild zu manipulieren.
3. Beurteilt diese Gründe. Gibt es welche, die das Vorgehen rechtfertigen, oder gibt es keine Rechtfertigung für solche Manipulationen?
4. Erörtert die Möglichkeiten, die es heute für jeden gibt, Bilder (Fotos) am Computer zu manipulieren, d.h. so zu verändern, wie man sie haben möchte. Welche Gründe gibt es dafür?
5. Wenn die Voraussetzungen vorhanden sind (Digitalkamera, Computer), probiert selbst solche Möglichkeiten aus. Ihr könnt das für eine Werbeaktion oder als „manipulierte" Bildinformation tun.
6. Verzerrungen, Manipulationen, Halbwahrheiten, Einseitigkeiten gibt es in allen Medien. Um damit Erfahrungen zu machen, könnt ihr dieses Thema in Gruppen als Projekt bearbeiten. Notiert dazu eure Beobachtungen und Erkenntnisse. Stellt sie dann dem Plenum vor. Ihr könnt auch eine Ausstellung gestalten.

Online-Link:
695210-0071

Projektvorschlag:
Welche Rollen spielen Medien bei der Meinungsbildung?
Sucht euch zunächst einen Sachverhalt oder eine Personengruppe aus (z.B. Ausländer, Profisportler, Atommülltransporte, Vereintes Europa, kriegerische Auseinandersetzungen). Verfolgt nun über den Zeitraum einer Woche gezielt und kritisch, was ihr in den Medien darüber hört, seht und lest. Dazu müsst ihr euch die Arbeit natürlich teilen. Denkbar sind vier Arbeitsgruppen:

A) Rundfunk
- Nachrichten
- Bemerkungen und Witze der Radiomoderatoren

B) Fernsehen
- Reportagen
- Nachrichtensendungen und politische Magazine
- Spielfilme und Fernsehserien

C) Presse
- Artikel, Fotos, Karikaturen, Bild- und Fotogeschichten in Zeitungen und Zeitschriften

D) Internet
- Google oder andere Suchmaschinen
- Websites zum jeweiligen Thema

7. Tauscht euch im Plenum über eure Erfahrungen mit dem Internet aus. Welche Regeln muss man beachten, um sinnvoll damit zu arbeiten? (z.B.: Wer gestaltet die Website? Wie lassen sich die Informationen nachprüfen? Sind die Texte und Bilder mit Namen bezeichnet? Kann man nachvollziehen, wie sie entstanden sind?)

Vorurteil und Gewalt

1/ Anna – neun Jahre alt

Anna war mit Elsbeth, einem Mädchen aus ihrer Klasse, auf derm Heimweg von der Schule. Sie hatte es eilig, denn sie wollte noch im Schreibwarenladen Buntstifte kaufen, und es war beinahe Zeit zum Mittagessen. Aber jetzt war sie so außer Atem, dass sie froh war, als Elsbeth stehenblieb und ein großes rotes Plakat betrachtete.

„Da ist wieder ein Bild von dem Mann", sagte Elsbeth. „Meine kleine Schwester hat gestern auch eins gesehen und gedacht, es wäre Charlie Chaplin."

Anna betrachtete die starren Augen, den grimmigen Ausdruck. Sie sagte: „Es ist überhaupt nichts wie Charlie Chaplin, außer dem Schnurrbart."

Sie buchstabierten den Namen unter der Fotografie: „Adolf Hitler."

„Er will, dass alle bei den Wahlen für ihn stimmen, und dann wird er den Juden einen Riegel vorschieben", sagte Elsbeth.

„Glaubst du, er wird Rachel Löwenstein einen Riegel vorschieben?"

„Das kann keiner", sagte Anna. „Sie ist Klassensprecherin. Vielleicht macht er es mit mir. Ich bin auch jüdisch."

„Das stimmt nicht!"

„Doch. Mein Vater hat vorige Woche mit uns darüber gesprochen. Er sagte, wir seien Juden, und was auch immer geschähe, mein Bruder und ich dürften das nie vergessen."

„Aber ihr geht samstags nicht in eine besondere Kirche wie Rachel Löwenstein."

„Weil wir nicht religiös sind. Wir gehen überhaupt nicht in eine Kirche."

„Ich wünschte, mein Vater wäre auch nicht religiös", sagte Elsbeth, „wir müssen jeden Sonntag gehen, und ich kriege einen Krampf in meinem Hinterteil." Sie betrachtete Anna eindringlich. „Ich dachte, Juden hätten krumme Nasen, aber deine Nase ist ganz normal. Hat dein Bruder eine krumme Nase?"

„Nein", sagte Anna, „der einzige Mensch in unserem Haus mit einer krummen Nase ist unser Mädchen Bertha, und deren Nase ist krumm, weil sie aus der Straßenbahn gestürzt ist und sie sich gebrochen hat."

Elsbeth wurde ärgerlich. „Aber dann", sagte sie, „wenn du wie alle anderen aussiehst und nicht in eine besondere Kirche gehst, wie kannst du dann wissen, dass du wirklich jüdisch bist? Wie kannst du sicher sein?" Es entstand eine Pause.

„Ich vermute …", sagte Anna, „ich vermute, weil mein Vater und meine Mutter Juden sind, und wahrscheinlich waren ihre Mütter und Väter es auch. Ich habe nie darüber nachgedacht, bis mein Vater vorige Woche anfing, davon zu sprechen."

Judith Kerr: Als Hitler das rosa Kaninchen stahl. Übers. v. Annemarie Böll. Ravensburg: Maier, 1989, S. 5 f.

2/ Frauen und Kinder an der Rampe des Konzentrationslagers Auschwitz-Birkenau, 1944

3/ Marianna – neun Jahre alt

Die Tragödie spielte sich im Wald von Serokomsk ab, bei einer Razzia auf Juden, die sich dort versteckt hielten. Bei der Schießerei sah ich, dass mein Vater verletzt war und eine von meinen Schwestern auf dem Arm hielt. Meine Schwester war schon tot, und mein schwerverwundeter Vater bat, ihn auch zu erschießen. Ich konnte ihnen nicht helfen! Ich sah, wie ein Deutscher in meine Richtung rannte, und ich floh. Der Deutsche schoss und traf mich am Arm, aber das merkte ich erst, nachdem ich in höchster Angst ungefähr sechs Kilometer gerannt war. Ich wusste, Vater hatte schon vorher ein Versteck bei dem Polen Stanislaw Adameczek in der Siedlung Charlejów beschafft, und dort lief ich hin. Nach der geglückten Flucht kam ich, verletzt, bei der mir bekannten Familie an, die sich um mich kümmerte. Man verband mir die schreckliche Wunde (der Arm war bis auf den Knochen zerfetzt) und versteckte mich in der Scheune in einer extra ausgehobenen Grube. Nach einiger Zeit stellte sich heraus, dass auch einer von meinen Brüdern überlebt hatte. Was war das für eine Freude, als ich ihn wiedersah!

In der Grube versteckte sich noch eine andere Jüdin, Dorka, die sich auch hatte retten können. Mein Bruder brachte uns von Zeit zu Zeit was zu essen. Doch die Freude, dass ich nicht allein war, dauerte nicht lange, denn mein Bruder kam bald darauf durch polnische Banditen ums Leben, was ich erst später erfuhr. Es zerreißt mir vor Schmerz das Herz, wenn ich daran zurückdenke, wie ich gelitten habe, weil ich so verlassen war und wegen der eiternden Wunde, die nicht heilen wollte und über die die Läuse krochen. Die Schmerzen waren schrecklich, die entsprechenden Medikamente fehlten, und obendrein der Zwang zu schweigen, weil niemand uns hören durfte. Nur mein Herz weinte! Ich saß zwei Jahre in dieser Grube, beschützt von Menschen, die sich und ihre ganze Familie in Lebensgefahr brachten. Die Zeit verging sehr langsam. Von Zeit zu Zeit holten uns unsere Beschützer aus der Scheune in die Wohnung, wo wir mit dem jüngsten Kind der Leute spielten. Falls jemand auftauchte, hatten wir ein Versteck bereit.

Endlich kam der ersehnte Tag. Ich hörte auf dem Hof eine Stimme: „Mädchen, kommt raus, wir sind frei!“ Den Augenblick vergesse ich nie. Es war ein schöner, sonniger Tag. Die Sonne blendete stark. Wie schön mir die Welt vorkam!

Ich fuhr mit Dorka und ein paar anderen geretteten Juden auf einem Pferdewagen in die Siedlung Serokomsk … Dort trafen wir noch eine Gruppe Juden. Ich sah Freudensausbrüche bei denen, die einen Angehörigen wiedertrafen, der überlebt hatte. Ich stand mutterseelenallein da. Ich hatte keinen, zu dem ich hinlaufen konnte, und keiner interessierte sich für mich. Damals dachte ich: Wozu brauche ich die Freiheit? … Ich hatte niemanden, dem ich meinen Kummer klagen konnte, der viel zu schwer war für mein Alter … Warum war das Schicksal so grausam zu mir?

Kinder des Holocaust sprechen … Lebensberichte. Übers. v. Roswitha Matwin-Buschmann. Leipzig: Reclam, 1995, S. 12–14

Sündenbock

Es ist ursprünglich nach 3. Mose 16, 20–22 der mit den Sünden des israelitischen Volkes beladene und in die Wüste gejagte Ziegenbock; seit Ende des 18. Jh. in übertragenem Sinne die Bezeichnung für eine Person oder Personengruppe, die für die Schuld anderer büßen muss bzw. der die Schuld an einem Unglück oder einer schlechten Gesamtlage in die Schuhe geschoben wird. Oft muss er für das Versagen einer Gruppe oder der Gesellschaft büßen.

1. Die Texte 1/ und 3/ erzählen vom Schicksal zweier neunjähriger Mädchen zur Zeit des „Dritten Reiches“. Lest zunächst beide Texte. Macht euch Notizen zu folgenden Fragen:
   a) Welche Vorurteile gegenüber Juden kommen im ersten Text zur Sprache?
   b) Wie sprechen die Mädchen darüber? Verstehen sie die Hintergründe? Welche Hintergründe sind dir aus der Geschichte bekannt?
   c) Wozu haben solche Vorurteile geführt, wenn man das Geschehen im zweiten Text hinzunimmt?
   d) Äußere mindestens eine Vermutung darüber, wie Vorurteile gegenüber einer Minderheit im Land zu solcher Gewalt gegenüber Kindern führen können. Wie kann so etwas überhaupt nachvollzogen werden? Wer kann ein Interesse daran haben, in dieser Weise Gewalt auszuüben?
2. Tauscht euch mit einem Partner über eure Notizen aus. Erörtert dann die Fragen gemeinsam im Plenum.
3. Häufig liegen einem diskriminierenden Umgang mit Minderheiten Konflikte zugrunde, die man verdrängt oder umgehen will. Herabsetzung anderer wird dann zum vermeintlichen Ausweg aus den Konflikten. Bildet Vierer-Gruppen und erstellt eine Mindmap zum Begriff „Sündenbock“ (vergleiche S. 74 f.). Gestaltet es als Schreibgespräch: Einer fängt an, der nächste schließt mit einem spontanen Einfall an. Erläutert euer Ergebnis in einem kurzen Text mit dem Titel „Der Sündenbock“. Alle Gruppen tragen ihre Texte vor, die dann gemeinsam durch Frage und Antwort, Kritik, Zustimmung und Einwand erörtert werden.
4. Diskutiert zum Abschluss folgende Frage: Welche Mittel und Möglichkeiten gibt es, zu verhindern, dass jemand zum Sündenbock gemacht wird?

Eine Mindmap entwerfen

Eine Mindmap ist eine Art Landkarte im Kopf (engl. mind = Geist). In ihr kann man anschaulich machen, woran man bei einem bestimmten Begriff denkt. Außerdem kann man Ordnung schaffen zwischen all dem, was einem zu dem Begriff einfällt, also Ober- und Unterbegriffe bilden (Klassifizieren nach Gattung, Art, Typus, Eigenschaften usw.), Querverbindungen ziehen, Zusammenhänge herstellen, Unterscheidungen treffen. Man nutzt dazu Pfeile, am besten auch in verschiedenen Farben. Zunächst einmal ist es aber wichtig, ein Brainstorming zu veranstalten, d. h. alles zu notieren, was einem spontan zu einem Wort oder einer Situation einfällt, um danach eine Ordnung hineinzubringen. Manchmal, bei weniger schwierigen Begriffen, kommt die Ordnung schon zustande, wenn ein Wort nach dem anderen sich anschließt.

Ein Beispiel:

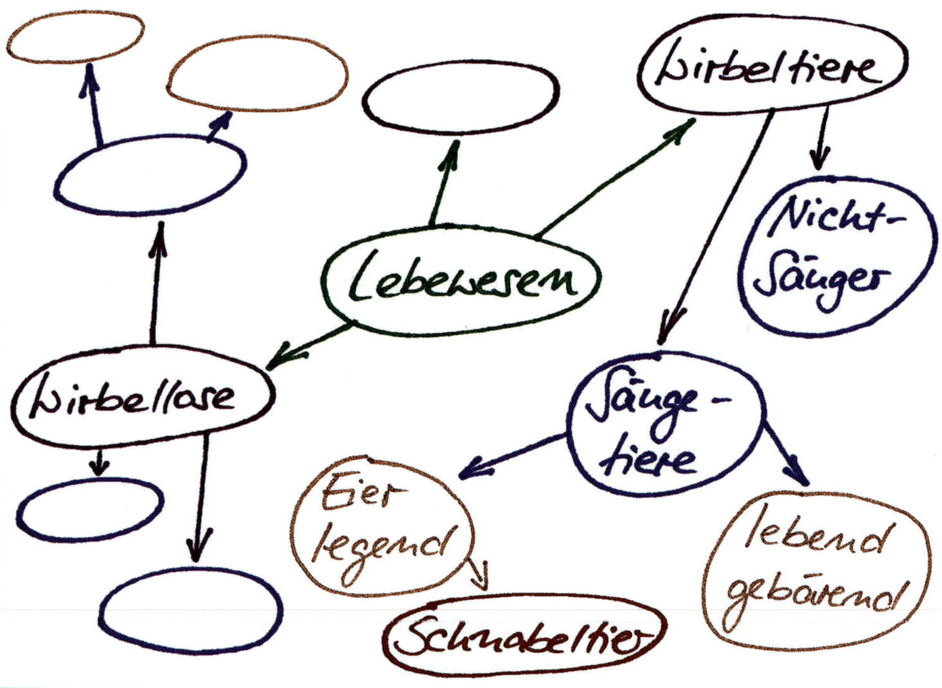

Zeichnungen: Sandy Schygulla

Stellt nun in Zweier- bis Vierergruppen eine Mindmap zum Begriff „Gewalt" her:

1. Schreibt das Wort in die Mitte eines Blattes (am besten kartoniert).

2. Schreibt alles auf kleine Kärtchen, was euch dazu einfällt. Nachdem ihr eure spontanen Einfälle notiert habt, könnt ihr noch die hier abgedruckten Auffassungen eines Lehrers, eines Schülersprechers, eines Juristen und eines Opfers beachten, um möglichst viele Perspektiven mit einzubeziehen.

3. Schafft gemeinsam eine Ordnung. Achtet dabei auf Ober- und Unterbegriffe, Zusammenhänge, Querverbindungen und Wortableitungen.

4. Hängt die Plakate aller Gruppen an die Tafel und versucht, eine Struktur zum Gewaltbegriff zu zeichnen, mit der alle einverstanden sein können. Diskutiert und begründet eure Entscheidungen. Welches Muster, welche Struktur überzeugt euch am meisten?

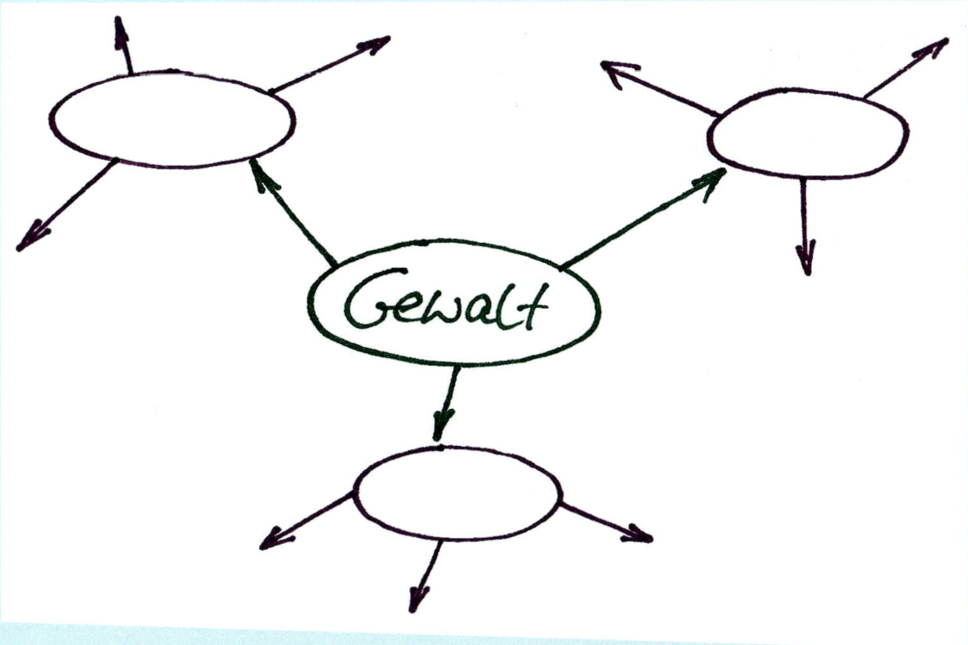

Ein Jurist: „Gewalt ist im Spiel, wenn jemand einen anderen bewusst körperlich verletzt, absichtlich eine Sache zerstört, die einem anderen oder der Allgemeinheit (z. B. das Telefonhäuschen) gehört. Das ist physische Gewalt, d. h. körperlich ausgeübte Gewalt, bei der man die äußeren Folgen – Verletzungen und Zerstörungen – sehen und messen kann."

Ein Lehrer: „Gewalt wird nicht erst dann erfahren, wenn Blut fließt und wenn Scheiben klirren. Für mich handelt es sich bei seelischen Verletzungen ebenfalls um Gewalt: z. B. wenn ein Einzelner ständig von der Mehrheit der Klasse gehänselt, bloßgestellt, fertiggemacht wird."

Ein Schülersprecher: „Gewalt findet zunächst noch gar nicht statt, wenn zwei ihre Kräfte messen; es fällt auch schwer, von Gewalt zu sprechen, wenn keine Absicht dabei ist, wie bei den aus der Klasse stürmenden Schülern. Aber: Damit kann nicht jede Rücksichtslosigkeit entschuldigt werden."

Ein Opfer von Gewalt: „Gewalt ist besonders schlimm, wenn sie von Stärkeren gegenüber Schwächeren, von Mehrheiten gegenüber Minderheiten oder von einer Gruppe gegenüber einem Einzelnen ausgeübt wird."

Gewalterfahrungen

In alten Mythen und in den großen religiösen Geschichten (später auch in vielen Märchen) wurden seit alters her Urkonflikte und Gewalterfahrungen geschildert, und die Regeln und Gebote der Religionen können gelesen werden als Versuche, Konflikte und Gewaltlösungen so zu begrenzen, dass ein dauerhaftes und gedeihliches Zusammenleben möglich wird. Die folgende Geschichte stammt aus der Bibel (Genesis), 1. Mose 4, 1–16:

1/ Kains Brudermord

Und Adam erkannte sein Weib Eva, und sie ward schwanger und gebar den Kain und sprach: Ich habe einen Mann gewonnen mit Hilfe des HERRN.

Danach gebar sie Abel, seinen Bruder. Und Abel wurde ein Schäfer, Kain aber wurde ein Ackermann.

Es begab sich aber nach etlicher Zeit, dass Kain dem HERRN Opfer brachte von den Früchten des Feldes.

Und auch Abel brachte von den Erstlingen seiner Herde und von ihrem Fett. Und der HERR sah gnädig an Abel und sein Opfer, aber Kain und sein Opfer sah er nicht gnädig an. Da ergrimmte Kain sehr und senkte finster seinen Blick.

Da sprach der HERR zu Kain: Warum ergrimmst du? Und warum senkst du deinen Blick?

Ist's nicht also? Wenn du fromm bist, so kannst du frei den Blick erheben. Bist du aber nicht fromm, so lauert die Sünde vor der Tür, und nach dir hat sie Verlangen; du aber herrsche über sie.

Da sprach Kain zu seinem Bruder Abel: Lass uns aufs Feld gehen! Und es begab sich, als sie auf dem Felde waren, erhob sich Kain wider seinen Bruder Abel und schlug ihn tot.

Da sprach der HERR zu Kain: Wo ist dein Bruder Abel? Er sprach: Ich weiß nicht; soll ich meines Bruders Hüter sein?

Er aber sprach: Was hast du getan? Die Stimme des Blutes deines Bruders schreit zu mir von der Erde.

Und nun: Verflucht seist du auf der Erde, die ihr Maul hat aufgetan und deines Bruders Blut von deinen Händen empfangen.

Wenn du den Acker bebauen wirst, soll er dir hinfort seinen Ertrag nicht geben. Unstet und flüchtig sollst du sein auf Erden.

Kain aber sprach zu dem HERRN: Meine Strafe ist zu schwer, als dass ich sie tragen könnte.*

Siehe, du treibst mich heute vom Acker, und ich muss mich vor deinem Angesicht verbergen und muss unstet und flüchtig sein auf Erden. So wird mir's gehen, dass mich totschlägt, wer mich findet.

Aber der HERR sprach zu ihm: Nein, sondern wer Kain totschlägt, das soll siebenfältig gerächt werden. Und der HERR machte ein Zeichen an Kain, dass ihn niemand erschlüge, der ihn fände.

So ging Kain hinweg von dem Angesicht des HERRN und wohnte im Lande Nod, jenseits von Eden, gegen Osten.

* Luther übersetzte: „Meine Sünde ist größer, denn dass sie mir vergeben werden möge."

Lutherbibel. Revidierter Text 1984, durchgesehene Ausgabe in neuer Rechtschreibung

2a/ Albrecht Dürer: Kain erschlägt Abel, 1511

2b/ William Blake: Adam und Eva finden den Leichnam Abels, ca. 1825

Lies den Text 1/ zunächst langsam für dich. Lest ihn dann laut mit wechselnden Sprechern. Beantwortet anschließend gemeinsam, am besten in einem Gesprächskreis, folgende Fragen:

1. Wie kam es, folgt man der Bibel, zu diesem ersten Mord in der Geschichte der Menschheit? Nennt möglichst genau die Ursachen, die dazu führten. Benennt das Motiv oder die Motive Kains. Welche Gefühle spielen hier die Hauptrolle?

2. Worin besteht die Strafe? Was bedeutet sie?

3. Welcher Konflikt liegt hier vor? Oder sind es mehrere Konflikte? Schlagt noch einmal die Begriffserklärung nach (auf S. 63 oder im Anhang): Was oder wer stößt hier aus welchen Gründen zusammen? Wer ist beteiligt? Was tun die Beteiligten? Und was tun sie, um den Konflikt auszulösen, zu verstärken (oder beizulegen bzw. zu vermeiden)?

4. An welcher Stelle hätte der Konflikt anders gelöst werden können? Wie?

Arbeitet nun einzeln in folgenden Schritten weiter:

5. Schildere mindestens ein aktuelles und alltägliches Beispiel, in dem Ähnliches geschieht (es muss kein Mord sein). Schreibe es in Stichworten auf.

6. Nenne mindestens fünf Gefühle, die eher zur gewalttätigen Lösung eines Konflikts führen (Liste 1). Nenne fünf Gefühle, die zu einer gewaltfreien Lösung eines Konflikts führen (Liste 2). (vergleiche Arbeitstechnik S. 266 f.)

Arbeitet alle gemeinsam weiter:

7. Tragt einige eurer Beispiele vor und findet Ähnlichkeiten und Unterschiede zum Fall „Kain und Abel".

8. Erarbeitet aus euren „Gefühlslisten" zwei Sammellisten an der Tafel. Diskutiert die richtige Zuordnung.

9. Wodurch können die Gefühle der ersten Liste, wodurch die der zweiten Liste ausgelöst werden? Sucht in Partnerarbeit nach Situationen und zeigt in einer Spielszene, wie das von euch ausgewählte Gefühl entsteht und was daraus folgt. Denkt auch darüber nach, wie man mit den Gefühlen der ersten Liste produktiv umgehen kann (z. B. Was mache ich mit meiner Wut?).

Gewaltszenen

Die folgende Geschichte ist bereits im 4. Jahrhundert n. Chr. erlebt und erzählt worden. Damals, im römischen Weltreich, gab es Kämpfe zwischen Gladiatoren, die im Stadion vor vielen Zuschauern unter Einsatz aller Mittel manchmal bis zum Tode miteinander rangen. Augustinus, ein großer Lehrer, Philosoph und Theologe, erzählt in seinen autobiographischen Aufzeichnungen von seinem Freund und Lieblingsschüler Alypius, den er gerade wegen seiner Strebsamkeit und ernsthaften Suche nach dem richtigen Lebensweg liebte.

frevel: veraltet für schändlich, böswillig

1/ „Er schaute, schrie und glühte ..."

... er war mir nach Rom vorausgegangen, um Rechtswissenschaft zu studieren. Hier nun ließ er sich unverständlicherweise von geradezu unbegreiflicher Leidenschaft für die Gladiatorenschauspiele hinreißen. Denn obwohl er gegen derlei Widerwillen und Abscheu empfand, ließ er sich doch von einigen Freunden und Mitschülern, denen er zufällig auf dem Heimweg von der Mahlzeit begegnete, trotz heftigen Widerstrebens und Sträubens mit freundlicher Gewalt ins Amphitheater führen. Es waren nämlich gerade die Tage, an denen jene grausamen und schaurigen Spiele stattfanden. Er sagte ihnen: „Mögt ihr immerhin meinen Leib dahin schleppen; werdet ihr auch meinen Geist und meine Augen zwingen können, auf die Schauspiele achtzugeben? Wenn auch anwesend, werde ich doch abwesend sein und so über euch und die Spiele triumphieren."

Sie hörten sich das an und führten ihn nichtsdestoweniger mit sich. Sie waren wohl begierig zu sehen, ob er seinen Vorsatz würde ausführen können. Als man nun angekommen war und sich, wo Plätze frei waren, niedergesetzt hatte, flackerte überall bereits die wildeste Lust. Er aber schloss die Pforten seiner Augen und untersagte seinem Geist, an diesen Gräueln Anteil zu nehmen. Hätte er doch auch seine Ohren verstopft! Denn was geschah? Als bei einem Zwischenfall des Kampfes das ganze Volk in ungeheures Geschrei ausbrach, wurde er so erschüttert, dass er, von Neugier überwunden und vielleicht sich einredend, er werde, was er auch erblicken möge, es verachten und Herr darüber werden, die Augen aufschlug. Da ward seiner Seele eine schwerere Wunde geschlagen als dem Leib dessen, den zu sehen ihn gelüstete, kam er jämmerlicher zu Fall als jener, dessen Fall das Geschrei verursacht hatte. Das drang durch seine Ohren ein und riegelte seine Fenster auf. So konnte es geschehen, dass sein mehr verwegener als tapferer Geist geschlagen und von seiner Höhe herabgestürzt wurde. ... Denn sobald er das Blut sah, durchdrang ihn wilde Gier, konnte er sich nicht mehr abwenden, sondern war von dem Anblick wie gebannt, schlürfte Wut ein und wusste es selbst nicht, hatte seine Wonne an dem frevlen Kampf und berauschte sich an grausamer Wollust. Nun war er nicht mehr der, als der er gekommen war, sondern nur noch einer aus der Masse, der er sich angeschlossen, und in Wahrheit ein Geselle derer, die ihn hergeführt. Was weiter? Er schaute, schrie, glühte und nahm seinen Wahnsinn mit nach Hause, der ihn stachelte, nicht nur wiederzukommen mit denen, die ihn verleitet, sondern es ihnen hervorzutun und andere nach sich zu ziehen.

Aurelius Augustinus: Bekenntnisse. Übertr. v. Wilhelm Thimme. München: dtv, 7. Aufl. 1994, S. 148

2/ Szene aus dem Film „Departed", USA 2006

3/ Wenn ein ganzes Stadion ein Foul herbeisehnt

Der Moment der WM geschah am Sonntag, dem 25. Juni, um 22.32 Uhr in Nürnberg. Es war ein Foul. Es war nicht irgendein Foul, es war auch nicht das brutalste, aber es war das vorsätzlichste Foul dieser WM. Und das populärste. Es war die 73. Minute der Begegnung Portugal gegen Holland, die sich längst in einen Austausch von Hässlichkeiten verwandelt hatte. In das mieseste, das fieseste Fußballspiel der WM, aber vielleicht auch das faszinierendste – weil es zeigte, was Fußball auch ist und immer noch ist. Dass er auch als Welterfolg im familientauglichen Unterhaltungsprogramm und als Mittelpunkt der großen, fröhlichen, friedlichen WM–Party immer noch etwas Abgründiges, ja Anarchistisches behalten hat. Fast ein dutzendmal hatte der ohnmächtige Schiedsrichter Iwanow schon sein Gelbes Kärtchen geschwenkt und zweimal noch sein Rotes dazu, und doch hing die Partie längst über dem Abgrund, schwankte, kippte. Dann kam Deco und versetzte ihr den letzten Tritt. Die Portugiesen hatten den Ball ins Aus geschossen, um einen Spieler behandeln zu lassen, sie hatten das oft getan, man wusste nie genau, ob sie es taten, weil wirklich Hilfe nötig war, oder nur um Zeit und Spielfluss zu vernichten. Der Holländer Heitinga vermutete wohl letzteres, so gab er den Ball nicht zurück – wie es eine ungeschriebene Regel verlangt. Er lief los, und augenblicklich war da eine Art Pogrom-Stimmung im Publikum. Das kann der doch nicht machen, dachte man, und das dachte auch Deco, er rannte auf den Holländer zu, man sah es kommen und, ja, wünschte es sich, Tausende verlangten es mit anschwellender Erwartung, diese Erwartung schrie wortlos: Hau ihn um! Und er haute ihn um. Und das Stadion brüllte, kreischte, vibrierte wie beim Tor des Jahres. Nach ein paar Sekunden war er verflogen, der Rausch der bösen Tat. Man schaute etwas befremdet auf die eigene Reaktion zurück, auf die Äußerung unschöner Gefühle durch die Masse Mensch, deren Teil man für einen Augenblick war, in deren synchroner Emotion man aufgegangen war. Ein erschreckender Moment innerer Ehrlichkeit.

Frankfurter Allgemeine Zeitung (cei.), 08. Juli 2006, S. 38

anarchistisch: hier – jede staatliche Organisation und Ordnung ablehnend

synchron: gleichzeitig erfolgend

Emotion

Gefühl, Gemütsbewegung, seelische Erregung; von *movere* (lat.) = bewegen, und *emovere* = herausbewegen, emporwühlen. Das Wort bezeichnet besonders das bewegende („motivierende") Moment des Gefühls.

1. Lest und besprecht zunächst Text 1/. Worum geht es, was fällt euch auf, welche Fragen habt ihr dazu?

2. Bildet Gruppen. Inszeniert den Ablauf des Geschehens so, dass die Emotionen sichtbar werden. Überlegt vorher: Welche Worte und Methaphern, die die Atmosphäre und das Gefühl wiedergeben, verwendet Augustinus? Woran erkennt man diese Emotionen? Wie zeigen sie sich?

3. Nach der Inszenierung: Was passiert mit einem selbst, wenn solche Emotionen hervorkommen? Wie erlebt man sie und welche Folgen in der Realität kann das haben?

4. Partnerarbeit: In welchen Situationen lässt sich heute Ähnliches erleben? Wie reagiert ihr, wenn Fremde euch überreden wollen, einen Horrorfilm anzusehen? Berichtet euch gegenseitig über eure Erfahrungen.

5. Lest Text 3/. Was ist hier geschehen? Weshalb spricht der Autor von einem „erschreckenden Moment innerer Ehrlichkeit"?

6. Vergleicht das Zuschauererlebnis von Text 3/ mit dem Anschauen von Actionfilmen 2/ und euren eigenen Beispielen.

7. Diskutiert im Gesprächskreis weiter und beachtet folgende Fragen: Warum sind wir für solche Emotionen anfällig? Haben sie eine sinnvolle Funktion? Wenn ja, welche könnte das sein? Wo haben sie ihren berechtigten Ort, und wo dienen sie bestimmten Interessen bzw. wie können sie benutzt (instrumentalisiert) werden, um bestimmte Zwecke damit zu erreichen?

8. Überlegt gemeinsam, wie man es schafft, eine eventuell nötige Distanz in und zu solchen Situationen und den entsprechenden Gefühlen aufzubauen. Ihr könnt das Fußball-Beispiel dazu benutzen: Wie ist es möglich, in der Masse der Zuschauer stehend dennoch Ruhe zu bewahren?

Ursachenforschung

1/ Marie Marcks: Wer seinen Sohn liebt, der züchtige ihn

2/ Calvin und Susi

Aggression

Das Wort kommt von *aggredi* (lat.) = heranschreiten, angreifen. Es bedeutet Angriff und Angriffsverhalten, auch in kriegerischem Sinne; dann feindselige Haltung, Äußerung und Handlung; wird oft mit dem Aggressionstrieb in Verbindung gebracht, der für das Überleben notwendig (gewesen) sein soll. Allerdings kann aggressives Verhalten ganz unterschiedliche Gründe haben, die in der Lebenserfahrung und emotionalen Erziehung zu suchen sind.

3/ Meinungen

1 Maja: Es gibt auch welche, besonders Mädchen, die zwingen sich, jedes Essen wieder auszukotzen. Die tun sich selbst Gewalt an, finde ich, nur um dünn zu sein!

2 Forscher: Kinder und Jugendliche fügen sich in den eigenen vier Wänden gern eine Art von Gewalt zu, die immer wieder unterschätzt wird: Sie lassen sich von Horror-, Porno- oder Gewaltdarstellungen in Film und Fernsehen berieseln oder ballern selbst reihenweise Leute auf dem Bildschirm ab. Sie verhalten sich dabei völlig passiv und denken gar nicht mehr darüber nach, was sie eigentlich gern tun würden.

3 Stefan: Wenn jemand zu wenig Erfolgserlebnisse hat bei dem, was er tut, dann sammelt sich Wut bei ihm an; und die kommt dann irgendwann zum Ausbruch, besonders in der Gruppe, wo man sich stark fühlt.

4 Sandra: Eine Freundin von mir stand einmal einem Schläger gegenüber. Sie erzählte: „Es war schrecklich, er bedrohte mich sogar mit einem Messer. Ich konnte noch rechtzeitig wegrennen." Ich finde, dass Messer, Schlagringe und Totschläger abgeschafft werden sollten.

5 Markus: Ich bin überzeugt, dass viele deshalb aggressiv sind, weil sie damit Erfolg haben. Sie merken, dass die anderen Angst bekommen.

Gemeinsamer Kurzvortrag

Eine Sache wird so verständlich gemacht und dargeboten, dass sie von den Zuhörern nachvollzogen werden kann. Die Gruppe muss sich also vorher damit auseinandersetzen, unterschiedliche Meinungen können aber auch im Vortrag selbst zur Sprache gebracht werden. Sprecht abwechselnd, indem der jeweilige Redner sich auf den Vorredner bezieht.

4/ Anita Ortega: Evolutionstheorie

Evolution: allmähliche Entwicklung (insbesondere der Lebenwesen) von niederen zu höhreren Formen

Teilt euch in vier Gruppen und bearbeitet je eine Aufgabe. Danach kommt ihr im Plenum zusammen und stellt eure Ergebnisse vor. Dabei sollte jede Gruppe von den anderen zu ihrer Arbeit und ihren Einsichten befragt werden können.

1. In der Bilderfolge 1/ ist die fortlaufende Kette der Gewalt dargestellt. Man kann auch von einem Kreislauf oder einer Spirale sprechen.
   a) Findet für diesen Kreislauf ein Beispiel: aus der Familie, am Arbeitsplatz, beim Sport, …
   b) Gewalt muss nicht immer körperliche Züchtigung, Prügel, Schlägerei sein. Es gibt auch verbale Gewalt. Findet dafür ebenso ein Beispiel: Wie pflanzt sich verbale Gewalt immer weiter fort? Welche Wörter werden dabei benutzt und wie schädigen sie den Anderen?

2. Die Bilderfolge 2/ zeigt, wie Aggressionen zustande kommen. Schon der griechische Philosoph Aristoteles hat festgestellt, dass dem Zorn, den ein Mensch auf den anderen hat, etwas vorausgegangen sein muss: eine Missachtung oder Kränkung, eine Provokation, ein verachtendes und verletzendes Verhalten.
   a) Sucht mögliche Motive für Calvins Verhalten. Diskutiert das Verhalten von Susi: Ist es gerechtfertigt oder nicht? Welche anderen Möglichkeiten hätte sie gehabt? Inwiefern sind beide aggressiv?
   b) Findet ähnliche Beispiele aus dem alltäglichen Umgang. Stellt zwei davon in einem Rollenspiel dar; spielt dabei auch alternative Reaktionen auf die Provokation.

3. Unter 3/ werden Auffassungen zur Entstehung von Gewalt und Aggression aufgelistet. Fasst sie jeweils unter einem Stichwort zusammen. Begründet oder entkräftet sie. Findet möglichst viele weitere Ursachen. Beachtet dabei auch Gründe für Gewalt gegen sich selbst. Einigt euch dann auf einen gemeinsamen Kurzvortrag dazu.

4. In der Bilderfolge 4/ ist der fortlaufende Prozess der Verwahrlosung dargestellt, der am Ende zur Verwendung von Gewaltmitteln führt.
   a) Wie ist der Titel „Evolutionstheorie" zu verstehen? Wie wird das Wort normalerweise verstanden? Beschreibt den dargestellten Prozess mit Worten.
   b) Veranschaulicht nun den umgekehrten Weg (ihr könnt zeichnen, schreiben oder Symbole verwenden): Was braucht man, um eine Alltagskultur (Kultur heißt ja „Pflege"!) herauszubilden, in der ein pfleglicher Umgang mit sich selbst, den Sachen und mit den anderen möglich ist?

Gründe und Motive

1/ Warum so gewalttätig?

2/ Wie Gewalthandlungen begründet werden – zehn Motive

1. Ich kann nichts dafür, meine Nerven spielen mir einen Streich.
2. Ich fühle mich dazu getrieben, gezwungen.
3. Immer komme ich zu kurz, und das macht mich wütend.
4. Warum soll ich Rücksicht nehmen auf andere? Wenn die mir im Weg stehen, schlage ich eben zu.
5. Mir hilft niemand, ich muss mich alleine durchsetzen, und manchmal muss ich eben um mich schlagen.
6. Die anderen sind schuld, die wollen mich fertigmachen.
7. Mich mag sowieso keiner, und wie soll ich sonst auf mich aufmerksam machen/ mir Respekt verschaffen?
8. Ich muss mich doch wehren, wenn ich bedroht werde.
9. Das machen doch alle, die es zu etwas bringen wollen.
10. Wenn mich einer anmacht oder wenn mir etwas gegen den Strich geht, schlag ich gleich zu.

3/ Zehn Erklärungen

A. Frustration, Zurücksetzung, Enttäuschung
B. Schuldabwehr
C. Trieb, Instinkt
D. Charakterfehler, Charakterdefizit
E. Ausgrenzung
F. Erfolgsmodell, Nachahmung
G. Hormone, Physiologie
H. Spontaneität, Mangel an Urteilskraft, Sofort-Reaktion
I. Orientierungslosigkeit, Einzelkämpfertum
K. Bedrohungsgefühl

4/ Rücksichtslosigkeit und aggressives Verhalten

Aggressives Verhalten zeigt sich in der Regel in rücksichtslosem Verhalten, und umgekehrt kann Rücksichtslosigkeit Aggressionen erzeugen. Das kann in vielen Lebensbereichen festgestellt werden.

Wo handeln Menschen rücksichtslos – Beispiel	Wie kommt es zu diesem Verhalten?	Was kann dagegen unternommen werden?
In der Schule		
Im Kollegenkreis		
Auf der Straße		
Beim Sport		
In der Familie		
Im Wohnumfeld		
In der Natur		

Motive und Gründe bestimmen

In ethischen Zusammenhängen kann man immer nach Motiven und Gründen fragen. Motive sind Beweggründe, die jemanden veranlassen, etwas zu tun; Gründe sind eher Begründungen oder Erklärungen, die man für eine bestimmte Verhaltensweise oder wünschenswerte Handlung gibt bzw. geben kann. Die wahren Motive müssen nicht immer die geäußerten Gründe sein! Manche Motive werden verheimlicht, manche Gründe sind bloß vorgeschoben.

1. Wer gewalttätig geworden ist 1/, nennt ganz unterschiedliche Gründe bzw. Motive dafür. Ordne die jeweilige Aussage 1–10 (Material 2/) den Begriffen A–K (Material 3/) zu. Vergleicht eure Zuordungen.

2. Was kann einer solchen Aussage 2/ jeweils entgegengehalten werden? Schreibe zu 1–10 jeweils einen Satz auf, der mit „Aber …" beginnt. Lest eure Sätze vor. Welche Möglichkeiten und Motive, Gewalt zu vermeiden, werden deutlich?

3. Übertrage die Tabelle 4/ und fülle sie aus. Beziehe dich dabei jeweils auf ein konkretes Beispiel. Ergänze bei Bedarf um weitere Lebensbereiche.

4. Arbeitet nun zu zweit weiter. Vergleicht eure Antworten. Welche Gemeinsamkeiten in den Antworten stellt ihr fest? Seht ihr auch Gemeinsamkeiten in den verschiedenen Bereichen?

5. Erörtert im Plenum die Ergebnisse der Partnerarbeit. Besprecht dabei auch Rücksichtslosigkeiten in eurer gemeinsamen Umgebung, die sich vermeiden lassen.

Strukturierte Spiele erfinden und gestalten

In einem solchen Spiel können Erfahrungen gemacht, Klärungen zu einem Thema herbeigeführt und in der Zusammenarbeit Einsichten erworben oder vertieft werden. Die hier abgedruckten Spielkarten können ergänzt, verändert und auf die in der Gruppe auftauchenden Fragen zugeschnitten werden. Sprecht nach der Durchführung des Spiels über eure Erfahrungen, Gefühle und Erkenntnisse.

Ein strukturiertes Spiel wie dieses kann auch für andere Themenbereiche erfunden und gestaltet werden. Entscheidet selbst, welches Thema ihr dafür nutzen wollt (es eignet sich z. B. für das Thema „Zusammenleben").

Randale (ca. 90 Minuten)

Das Ziel dieses Gruppenspiels liegt darin, durch ein hohes Maß an Kommunikation und Aktion möglichst viele Erfahrungen und Einstellungen innerhalb der Spielgruppe auszutauschen.
Es gibt vier verschiedene Aufgabenkarten:

1. Situationskarten
2. Überraschungskarten
3. Aktionskarten
4. Gefühlskarten

Durch Gespräche, Rollenspiele und Aktionen könnt ihr Erfahrungen austauschen, eure Einstellungen untereinander kennenlernen und überprüfen sowie eure individuellen und gruppentypischen Formen der Konfliktlösung diskutieren.
Das Spiel wird folgendermaßen gespielt:

Die Klasse wird zum Spielen in zwei bis drei Gruppen aufgeteilt. Jede sitzt im Kreis, in der Mitte liegen vier Kartenstapel mit dem Text nach unten: die Situationskarten, die Überraschungskarten, die Aktionskarten und die Gefühlskarten. Aufgabe aller Mitspieler/innen ist es, von jeder Kartensorte eine Karte im Laufe des Spiels aufzunehmen und zu bearbeiten.
Hat jeder Spieler von jeder Sorte eine Karte bearbeitet, ist das Spiel beendet. Es beginnt der- oder diejenige, den/die Spielgruppe für „am friedlichsten" beim Lösen von Konflikten hält. Dieser Spieler wählt eine Kartensorte, nimmt die oberste Karte ab und soll sie nun bearbeiten; d.h. man muss spielen, Stellung beziehen, Meinungen austauschen … usw. Ist die Aufgabe erfüllt, legt man die Spielkarte vor sich hin. Dann ist der/die Nächste dran usw.
Zu jeder gezogenen Aufgabe darf man sich einen „Helfer" aus der Spielgruppe wählen, der bei der Bearbeitung hilft. Wer mit einer Aufgabe gar nicht zurechtkommt, darf einmal tauschen. Anschließend sollte in der Gruppe über das Spiel, das Verhalten der Mitspieler oder über Vorkommnisse gesprochen werden.

Frei abgewandelt nach einer Spielvorlage von W. Klawe und U. Baer. In: Claudius Kopietz: „Wir werfen nicht mit Steinen". In: Schüler '95 – Gewaltlösungen. Seelze: Friedrich Verlag, 1995, S. 70f.

Zeichnungen: Katja Wehner

Spielkarten „Situation“ (Beispiele)

ROLLENSPIEL:
Dein Vater will, dass du dein Zimmer aufräumst. Du willst aber nicht.

ROLLENSPIEL:
Deine Eltern wollen dir das Taschengeld kürzen, weil du nie das Altpapier zum Container bringen willst.

ROLLENSPIEL:
Eine Lehrerin stellt dich zur Rede, weil du im Unterricht immer herumalberst.

ROLLENSPIEL:
Du bist von deiner Freundin versetzt worden. Du triffst sie am nächsten Tag.

ROLLENSPIEL:
Du kommst abends zu spät nach Hause. Zwei Mitspieler/innen spielen die Reaktion deiner Eltern.

ROLLENSPIEL:
Im Fachraum will sich jemand auf deinen Platz setzen.

Spielkarten „Überraschung“ (Beispiele)

Zähle mindestens fünf Fernsehsendungen oder Spielfilme auf, in denen Gewalt vorkommt.

Nenne zwei Helden aus dem Fernsehen oder aus dem Comic-Bereich und sage, was du an denen heldenhaft findest.

Nenne einen Grund, weshalb du mal wütend auf deine Eltern warst.

Erinnerst du dich an die letzte Situation, in der du ungerecht behandelt worden bist? Erzähle davon.

Male ein kleines Bild, das Wut ausdrückt.

Was kann man deiner Meinung nach gegen Prügeleien in der Schule machen?

Spielkarten „Aktion“ (Beispiele)

Bitte eine Mitschülerin oder einen Mitschüler, dir annehmbar zu sagen, was sie (er) von dir hält.

Was wäre, wenn es keine Richter auf dieser Welt gäbe? Erzähl uns deine Meinung.

Bist du manchmal ärgerlich auf dich selbst? Was tust du, um dich wieder gut zu finden?

Drück pantomimisch „Wut“ und „Ärger“ aus.

Sage so schnell wie möglich sechs Sachen, die du blöd findest.

Womit würdest du die ganze Gruppe hier ziemlich wütend auf dich machen? Nenne zwei Sachen.

Spielkarten „Gefühle“ (Beispiele)

Ein Lehrer will versuchen, über ein Problem mit dir zu reden. Spiel die Situation nach und versuche, besonders „cool“ zu bleiben.

Du hast in Mathe eine „Eins“ geschrieben und bist richtig fröhlich/total happy. Zeige/spiele deine Reaktion.

Ein Mitschüler/eine Mitschülerin bedroht dich! Versuche, deine Angst auszudrücken (pantomimisch).

Suche dir einen Mitschüler/eine Mitschülerin aus, die/den du umarmen kannst.

Streichle zwei Mitschüler/Mitschülerinnen, die du magst, über die Haare.

Dein bester Freund spricht nicht mehr mit dir, weil er einen neuen Freund gefunden hat. Du bist eifersüchtig. Was sagst du ihm?

Arbeit an Beispielen

Artikel 3
[Gleichheit vor dem Gesetz]

(1) Alle Menschen sind vor dem Gesetz gleich.
(2) Männer und Frauen sind gleichberechtigt. Der Staat fördert die tatsächliche Durchsetzung der Gleichberechtigung von Frauen und Männern und wirkt auf die Beseitigung bestehender Nachteile hin.
(3) Niemand darf wegen seines Geschlechtes, seiner Abstammung, seiner Rasse, seiner Sprache, seiner Heimat und Herkunft, seines Glaubens, seiner religiösen oder politischen Anschauungen benachteiligt oder bevorzugt werden. Niemand darf wegen seiner Behinderung benachteiligt werden.

Beispiel Türkei – Schon gewusst?

Im Zweiten Weltkrieg fanden viele deutsche Emigranten Aufnahme in der Türkei. Zu ihnen gehörten der spätere Regierende Bürgermeister von Berlin, Ernst Reuter, und der Komponist Paul Hindemith. 80 der rund 3000 Universitätslehrer, die Deutschland nach 1933 verlassen mussten, wählten mit ihren Familien die Türkei als neue Heimat. Geprägt wurde die heutige Türkei von Mustafa Kemal (1881–1938), der später den Namen Atatürk bekam (Vater der Türken). Atatürks Devise lautete: Paris statt Mekka. In rascher Folge wollte er dem Volk eine neue kulturelle (westliche) Identität geben:

- **1925**: Die europäische Kleidung wird eingeführt. Religiöse Kopfbedeckungen werden verboten.
- **1926**: Das islamische Recht wird durch europäische Vorlagen ersetzt. Polygamie wird untersagt, die Einehe vorgeschrieben.
- **1928**: Das arabische Alphabet wird durch das lateinische ersetzt. Aus der Sprache sollen arabische und persische Lehnworte verbannt werden, türkische Worte werden am Reißbrett der Sprachwissenschaftler erfunden.
- Aus der Verfassung wird der Passus gestrichen, der besagte, „der Islam ist Staatsreligion".
- Frauen erhalten das aktive und passive Wahlrecht. Alle Türken werden verpflichtet, sich einen Familiennamen zuzulegen.
- **1934**: Der islamische Kalender wird durch den internationalen, also christlichen, ersetzt; im Jahr darauf wird der Sonntag statt des Freitags als Ruhetag eingeführt.
- **1937**: Die Trennung von Politik und Religion(Laizismus) wird in die Verfassung aufgenommen.

1. Lies den Artikel 3 des Grundgesetzes. Hier sind acht Merkmale aufgelistet, aufgrund derer es zu Verstößen gegen die Grundrechte einer Person, d.h. zu Diskriminierung, kommen kann. Finde für jedes Merkmal ein Beispiel. Lege eine Mappe an, in der du in den nächsten Wochen alles sammelst, was dir in Zeitungen, Zeitschriften und Fernsehen im Hinblick auf diese Merkmale auffällt. Stelle fest, inwiefern es zu Diskriminierungen kommt, welche Vorurteile dabei sichtbar werden, wo Gewalt eine Rolle spielt und welche Konflikte dem jeweiligen Ereignis zu Grunde liegen. Nach vier Wochen tauscht ihr euch über eure Mappen aus. Überlegt gemeinsam, an welcher Stelle rechtzeitig und von wem eingegriffen werden könnte, um ein Vergehen zu vermeiden und einen eventuellen Konflikt gewaltfrei zu lösen.

Online-Link: 695210-0086

2. Füge der Mappe hinzu, was dir in deiner Umgebung auffällt. Welche Vorurteile und Diskriminierungen erlebst du im Alltag, die zu Konflikten führen und Gewalt auslösen können? Tauscht euch auch über diese Inhalte aus.

3. Heute sind nicht selten Vorurteile gegenüber „Ausländern" zu hören, wobei meistens Menschen gemeint sind, die aus der Türkei stammen und längst Deutsche sind. Die Wenigsten wissen Bescheid über die Geschichte der Türkei. Wissen aber vermindert und verhindert Vorurteile. Lest gemeinsam den Text über die Türkei. Was ist euch neu und was folgt für euch daraus? Versucht ebenso, euer Wissen über Länder, Kulturen und Menschen zu erweitern, welchen gegenüber es starke Vorurteile gibt. Nutzt dazu Geschichtsbücher und das Internet. Wählt die Themen, mit denen ihr euch beschäftigen wollt, selber aus. Ihr könnt auch Referate dazu anfertigen.

4 Zusammenleben

Menschen, Affen und Wölfe
Wie aus Menschen Menschen werden
Was Menschen lernen müssen
Einflüsse und Entscheidungen
Moralische Dilemmata diskutieren (Methode)
Ethisches Argumentieren (Methode)
Verantwortung
Gewissen
Anders sein
Verstehen zwischen den Kulturen
Toleranz
Einen analogen Text schreiben: Mach dir ein schönes Leben

Menschen, Affen und Wölfe

1/ Die tanzenden Affen

Man erzählt, einem gewissen König von Ägypten sei einst die Laune angekommen, Affen tanzen zu lehren. Die Affen, wie es ihnen leicht ist, alle menschlichen Handlungen nachzumachen, lernten auch so gut, dass sie bald imstande waren, sich mit ihrer Kunst, in Purpurröcken und mit Larven vor dem Gesichte auf öffentlichem Schauplatze sehen zu lassen. Wie sie nun, zu großem Vergnügen aller Zuschauer, im besten Tanzen begriffen waren, fiel es einem von den Letzteren ein, eine Handvoll Nüsse, die er eben bei sich hatte, unter sie zu werfen. Auf einmal war der Tanz vergessen, die Affen wurden aus Kriegstänzern wieder die Affen, die sie waren, balgten und bissen sich miteinander um die Nüsse herum, und in wenigen Augenblicken waren die Masken zerknickt, die Kleider zu Fetzen zerrissen, und der Affentanz, wovon so viel Aufhebens gewesen war, hatte unter großem Gelächter der Zuschauer ein Ende.

Lukian: Der Fischer oder Die wieder auferstandenen Philosophen. In: Werke in drei Bänden. Bd. 1. Übers. v. Christoph M. Wieland. Berlin, Weimar: Aufbau Verlag, 1981, S. 251

2/ Wolfskinder

Der indische Missionar Singh entdeckte 1920 in einer Wolfshöhle zwei verwilderte Mädchen, die tierähnliches Verhalten zeigten. Die etwa neun Jahre alten Mädchen, die vermutlich als Säuglinge ausgesetzt worden waren, konnten rasch auf allen Vieren laufen, aber weder aufrecht stehen noch gehen, und wehrten sich durch Beißen und Kratzen. Sie aßen am liebsten rohes Fleisch. Tagsüber schliefen sie, während sie nachts herumschweiften. Ihr Sprechen beschränkte sich auf das Ausstoßen von Erregungslauten. Das eine Mädchen starb sehr bald, das andere, Kamala genannt, lebte noch neun Jahre im Hause des Missionars. Trotz intensiver Förderung entwickelten sich bei ihr menschliche Merkmale nur ganz kümmerlich. Kampala vermochte erst nach fünf Jahren aufrecht zu gehen, ohne je laufen zu können. Im aktiven Wortschatz brachte sie es bei ihrem Tod nur auf wenige Wörter.

Felix Novak, Günter Blomeyer, Christian Michel, Rita Vörg: Pädagogik 1. Grundwissen: Probleme–Theorien–Anwendung. München: Hubert Holzmann Verlag, 1976, S. 28

Kamala beim Essen

Kamalas Versuche, aufrecht zu gehen

3/ Mit lallender Zunge

In den ersten Sommertagen des Jahres 1828 liefen in Nürnberg sonderbare Gerüchte über einen Menschen, der im Vestnerturm auf der Burg in Gewahrsam gehalten wurde und sowohl der Behörde wie den ihn beobachtenden Privatpersonen täglich mehr zu staunen gab.

Es war ein Jüngling von ungefähr 17 Jahren. Niemand wusste, woher er kam. Er selbst vermochte keine Auskunft darüber zu erteilen, denn er war der Sprache nicht mächtiger als ein zweijähriges Kind; nur wenige Worte konnte er deutlich aussprechen, und diese wiederholte er immer wieder mit lallender Zunge, bald klagend, bald freudig, als wenn kein Sinn dahintersteckte und sie nur unverstandene Zeichen seiner Angst oder seiner Lust wären. Auch sein Gang glich dem eines Kindes, das gerade die ersten Schritte erlernt hat; nicht mit der Ferse berührte er zuerst den Boden, sondern trat schwerfällig und vorsichtig mit dem ganzen Fuße auf.

Es stellte sich heraus, dass der junge Mann von frühester Kindheit bis zum Zeitpunkt seines Auffindens völlig isoliert, in einem dunklen Raum, angebunden auf einer Pritsche zugebracht hatte.

Deshalb bezeichnet man heute die Folgen hochgradiger Vernachlässigung in der Kindheit als Caspar-Hauser-Syndrom.

Jakob Wassermann: Caspar Hauser oder die Trägheit des Herzens. Berlin, Weimar: Aufbau Verlag, 1987, S. 7

Kaspar Hauser wuchs zwar nicht bei Tieren auf, wurde aber zu Beginn des 19. Jahrhunderts als Kind ohne Kontakt zu Menschen aufgezogen.

1. „Verwandelt" euch in Affen, die eine „Menschenmaske" tragen, und stellt die Begebenheit 1/ pantomimisch dar. Überlegt, worauf es dabei ankommt: Bewegungen, Haltungen, Mimik, Gestik, die Art des Miteinanders im gespielten Tanz und dann das Balgen um die Nüsse. (vergleiche auch Kapitel 1)
Choreographiert eure Bewegungen, d.h. bringt sie in eine gemeinsame Ordnung, so dass der Zuschauer erkennen kann, was hier geschieht.

2. Schildert anschließend in Worten und aus eurer soeben gemachten Erfahrung, was hier eigentlich passiert. Wie verhalten sich Affen, und wie verhalten sie sich, wenn sie Menschen nachmachen?

3. Wie wäre es, wenn Menschen sich als Affen verkleiden? Ihr könnt euch Affenmasken basteln und in die „Rolle" einer Affenhorde schlüpfen. Wie verhalten sich Menschen in Gemeinschaft, und wie verhalten sie sich, wenn sie eine „Affengemeinschaft" nachahmen?

4. Beschreibe nun genau den Unterschied zwischen Affen, die Menschen nachahmen, und Menschen, die Affen nachahmen. (Fällt die Maske, kommt beim Affen der Instinkt zum Vorschein; wie ist es beim Menschen?) Achtet dabei auf die Art, wie miteinander umgegangen wird. Schreibe mindestens drei Sätze dazu auf. Vergleicht eure Sätze und schreibt diejenigen an die Tafel, die die Sache am besten auf den Punkt bringen.

5. Klärt im Gespräch: Welche Schlussfolgerungen lassen sich aus den Berichten über die Wolfsmädchen 2/ und Kaspar Hauser 3/ ziehen? Erläutert das Kaspar-Hauser-Syndrom. Stellt Vermutungen an, wie sich ein Menschenkind ohne Gemeinschaft entwickeln würde.

6. Sammelt typische Merkmale des Lebens in menschlichen Gemeinschaften. Geht folgendermaßen vor: Jeder Schüler schreibt mindestens drei Merkmale auf je ein Kärtchen. In Vierer-Gruppen mischt ihr eure Kärtchen. Einer nach dem anderen zieht eines, liest es vor und gibt einen Grund dafür oder dagegen an, weshalb dies ein oder kein typisches Merkmal des Zusammenlebens von Menschen ist. Führt das gleiche Verfahren alle gemeinsam mit allen Kärtchen durch. Haltet die Merkmale schriftlich fest.

7. Listet gemeinsam auf, welche Funktionen die Organisation in Gemeinschaften für das Leben und Überleben des Menschen hat. Einigt euch über eine Rangfolge.

4

Wie aus Menschen Menschen werden

1/

2/

3/

4/

5/ Vier Aufgaben des Menschen

Der große deutsche Philosoph Immanuel Kant hat vier Ebenen beschrieben, die das gemeinsame Leben der Menschen ausmachen: Disziplin, Kultur, Zivilisation und Moral. Dazu gehören vier Aufgaben, die der Mensch im Laufe seines Lebens zu erfüllen hat, und zwar jeder Einzelne wie auch alle zusammen, d.h. die Menschheit als Ganzes.

1. **Disziplinierung:** Ihr geht es um die „Bezähmung der Wildheit" durch „Zucht" und den „Zwang der Gesetze", einschließlich der Androhung und des Vollzugs von Strafen.
2. **Kultivierung:** Das bedeutet die „Verschaffung der Geschicklichkeit", sie „besteht vorzüglich in der Übung der Gemütskräfte" durch „Belehrung" und „Unterweisung" in Kulturtechniken wie Lesen, Schreiben, Rechnen, um sich in der menschlichen Kultur zurechtzufinden.
3. **Zivilisierung:** Sie soll zu „Manieren", Umgangsformen und einer „gewissen Klugheit" beitragen, es sei die „Kunst, unsere Geschicklichkeit an den Mann zu bringen, d.h. wie man die Menschen zu seiner Absicht gebrauchen kann". Es ist das, was einen Menschen zum Bürger der Gesellschaft macht, der seine Interessen in einer zivilisierten Art und Weise verfolgt.
4. **Moralisierung:** Ihr geht es darum, dass der Mensch „nur lauter gute Zwecke erwähle", das sind solche Zwecke, „die auch zu gleicher Zeit jedermanns Zwecke sein können". Das erfolgt nicht durch Disziplin, sondern aus Maximen (Grundsätzen); dabei gilt es, „Maximen des Guten" zu wählen, diese betreffen „das Weltbeste und die Vollkommenheit, dazu die Menschheit bestimmt ist, und wozu sie auch die Anlage hat, zum Endzwecke".

Kant hat noch hinzugefügt: „Wir leben im Zeitpunkte der Disziplinierung, Kultur und Zivilisierung, aber noch lange nicht in dem Zeitpunkte der Moralisierung."

Nach: Immanuel Kant: Über Pädagogik. A 22 f., A 62, A 113, A 87, A 18, A 25

Immanuel Kant (1724–1804), einer der wichtigsten deutschen Philosophen; seine Lehre sieht den Menschen im Gegensatz zum Tier vernünftig bestimmt; Erziehung muss den Rückfall in die Rohheit verhindern; sie soll aufklären, nicht nur „dressieren" und also zum eigenständigen Denken führen.

Rollen des Menschen

Man kann von vier unterschiedlichen Rollen des Menschen sprechen: 1) die Rolle als mehr oder weniger unauffälliges funktionierendes Rad im Getriebe und Teil der Masse, 2) die Rolle als leistungsfähiger Mensch mit Verstand, 3) die bürgerliche Rolle als Mitglied der Gesellschaft mit besonderen persönlichen Interessen, 4) die moralische Rolle – der Mensch als ethisch urteilendes und handelndes Wesen, als Vertreter der Menschheit bzw. der Vernunft (was eigentlich mehr ist als eine Rolle).

1. Gruppenarbeit: Was muss ein Mensch alles lernen, um im Leben (in der Gesellschaft, im Beruf, in der Kultur) bestehen zu können? Zählt möglichst viel auf und ordnet nach den vier Aufgaben 5/. Ordnet jeder der vier Ebenen und Aufgaben mindestens fünf Beispiele von Alltagssituationen zu. Lasst euch von den Abbildungen 1/–4/ anregen. Sie stammen aus unterschiedlichen Zeiten.

2. Einzelarbeit zu 5/: Was ist das „Weltbeste"? Worin könnte die „Vollkommenheit" des Menschen bestehen? Was könnte der „Endzweck" der Menschheit, der menschlichen Gemeinschaft überhaupt sein? Notiert eure Antworten und vergleicht sie miteinander.

3. Kant meinte in seinem letzten Satz 5/, man wisse (zu seiner Zeit), wie man jemandem Disziplin, Geschicklichkeit und Manieren beibringe, aber man habe es noch nicht verstanden, Moral zu lehren. Hat sich diesbezüglich zur Gesellschaft unserer Zeit etwas verändert? Findet Beispiele und Gegenbeispiele. Denkt dabei daran, dass es in der Moral um das Weltbeste gehen soll.

4. Gruppenarbeit: Unterscheidet die Rollen des Menschen mit Beispielen aus dem Alltag. Erfindet und spielt kleine Szenen, in welchen jeweils ein Rollentypus zum Einsatz kommt. Denkt euch nun eine Situation aus, in der von mindestens einem der Beteiligten der jeweilige Rollentypus verlassen werden muss, weil er mit einer Forderung aus Ebene 4 (5/) in Konflikt gerät. Spielt diese Szene. (Beispiel: Rollenkonflikt eines Lehrers oder eines Arztes.) Welche Schwierigkeiten seht ihr? Wie ist das Verhalten der Person zu beurteilen? Wie soll sie handeln – nach dem, was ihre Rolle verlangt oder nach selbst gewählten Maximen (Grundsätzen) des Guten (die mit der Auslegung der Rolle vielleicht nicht immer übereinstimmen)?

Was Menschen lernen müssen

1/ Wie man sich bei Tisch benimmt

Wenn Sie ausschließlich am Essen teilzunehmen beabsichtigen, da Sie das anschließende gesellige Beisammensein langweilt, gilt das Verhalten wie in Schnellimbissen: Der Kavalier legt seinen linken Handschuh ab.

Sehniges Fleisch oder andere ungenießbare Bestandteile festlicher Diners werden vom deutschen Feinschmecker nicht heimlich entfernt (A), sondern (B) an diskreter Stelle aufgehoben (Pfeil). Im Laufe des anschließenden geselligen Beisammeseins wird man sich rasch an den Fremdkörper gewöhnen.

Loriot: Der gute Geschmack

3/ Redaktionssitzung einer Schülerzeitschrift

4/ Schülerparlament

2/ Erziehungsmittel Prügelstrafe (Zeichnung von 1873): „Klapse machen nicht aggressiv"

5/ Entschluss

Am letzten Tag des alten Jahres fasste der Hans gute Vorsätze. Er stellte sich vor den Spiegel, schaute sich in die Augen und sprach: „Ab nun will ich in der Nacht nicht mehr schnarchen und auch meiner kleinen Schwester nicht mehr in den Hintern treten!" Am Morgen des ersten Tages im neuen Jahr, als der Hans erwachte, sagte seine kleine Schwester zu ihm: „Heute in der Nacht hast du vielleicht wieder einmal laut geschnarcht!" Da sprang der Hans aus dem Bett, lief zum Spiegel, schaute sich in die Augen und sprach: „Der Mensch hat eben keinen freien Willen!" Dann drehte er sich um und trat seiner kleinen Schwester in den Hintern.

Christine Nöstlinger, Jutta Bauer: Ein und Alles. Weinheim, Basel: Beltz Verlag, 1992, S. 362

6/

Regeln und Normen

Beide Wörter sind ursprünglich (im alten Rom) Bezeichnungen für ein beim Bau verwendetes Maß, *regula* = ein Richtholz, *norma* = ein Winkelmaß. Daraus ergab sich die Bedeutung: Richtschnur, Maßstab, Richtlinie, Vorschrift.

1. Die Abbildungen 1/ bis 4/ und 6/ und der Text 5/ können den vier Bereichen Disziplin, Kultur, Zivilisation und Moral (vergleiche S. 91, 5/) zugeordnet werden. Nimm die Zuordnung vor und begründe sie.

2. Bildet vier Gruppen, die je eine der folgenden Aufgaben bearbeiten, um die Ergebnisse im Plenum vorzustellen:
1/: Worüber macht sich Loriot lustig? Erfindet und spielt weitere Szenen. In welchen geht es um Zivilisiertheit, in welchen um Kultiviertheit, Disziplin oder gar Moral?
2/: In früheren Zeiten war die „Prügelstrafe" gang und gäbe. Welche Maßnahmen zur Disziplinierung sind heute üblich? Wie sind sie im Hinblick auf Angemessenheit, Wirkung und sonstige Folgen bzw. Nebenfolgen zu beurteilen? Gestaltet dazu einen Kurzvortrag.
3/, 4/, 6/: Was wird hier alles gelernt? Überlegt, ob neben dem Lernen der Sache selbst (wie z. B. Musikinstrument) außerdem noch etwas gelernt wird in Sachen Disziplin und Selbstdisziplin, Kultivierung, Zivilisierung und Moral. Stellt eure Auffassungen und Einsichten zusammen und bietet sie in einem Kurzvortrag dar.
5/: Was hat die Rede vom „freien Willen" mit den beiden Vorsätzen von Hans zu tun? Sammelt Argumente für und gegen die Annahme eines freien Willens, der unsere Handlungen leitet. Formuliert eine abschließende Bewertung eurer Argumente.

3. Für jeden der vier Bereiche (S. 91, 5/) gibt es besondere Normen und Regeln, an denen man sich ausrichtet und im Falle einer Regelverletzung möglicherweise auch bestraft wird. Nenne für jeden Bereich mindestens zwei Regeln. Sammelt alle Regeln, die ihr für jeden Bereich gefunden habt, und besprecht sie im Hinblick auf folgende Fragen: Wie wichtig und verbindlich sind sie? Welche Strafen gibt es bei Norm- bzw. Regelverstößen? Worum geht es letztlich im menschlichen Zusammenleben? Wäre es auch ohne Regeln möglich?

Einflüsse und Entscheidungen

1/

Jaguar und Neinguar,
die trafen sich im Februar
(am Freitag, um halb sieben)
in einem alten Labyrinth.
Und wenn sie nicht gegangen sind,
dann sind sie dort geblieben!

Paul Maar

In: Hans-Joachim Gelberg (Hrsg.): Überall und neben dir. Weinheim, Basel: Beltz, 1989, S. 130

2/ Interaktionsspiel „Ich entscheide, dass …"

Jeder sagt in einem Rundgang einen Satz, in dem er bekanntgibt, was er selbst entscheidet. Dann spricht er einen Mitschüler an und sagt ihm, was nach seiner Meinung dieser entscheidet. Wenn der Angesprochene nicht zustimmt, soll er das gleich sagen. Ein Beispiel: Oliver sagt: „Ich entscheide, dass ich Kemal zu meinem Geburtstag einlade. Du, Jörg, entscheidest, dass ich mich wohl fühle." In diesem Fall kann Jörg protestieren und sagen: „Ich kann gar nicht darüber entscheiden, ob du dich wohl fühlst. Das kannst du nur selbst."

Hier noch ein anderes Beispiel: Stefanie sagt: „Ich entscheide, dass ich heute die Schule schwänzen will. Du, Carolin, entscheidest, ob du mit mir ins Kino gehst." Carolin wird nichts dazu sagen, denn das, was Stefanie sagte, war richtig.

In einer neuen Runde geht es darum, was zum Beispiel Vater oder Mutter entscheiden. Beginnt wieder, indem ihr einen Satz sagt, was ihr selbst entscheidet, und im zweiten Satz dann das nennt, was Vater oder Mutter entscheiden.

Ein Beispiel: Elena sagt: „Ich entscheide, dass ich pünktlich zum Essen komme. Mutter entscheidet, wie viel Geld sie jeden Monat spart."

Macht das wieder in einem Rundgang.

Nach einem Interaktionsspiel von Gloria Castillo. In: Klaus W. Vopel: Interaktionsspiele für Kinder, Teil 1. Salzhausen: iskopress, 9. Aufl. 2005, S. 120 f.

3/ Beeinflussungen

4/ Gruppennormen

Es werden Vierergruppen gebildet. Jede Gruppe erhält die Aufgabe, sich vorzustellen, dass vor der Tür einige Bewerber ständen, die in die Gruppe aufgenommen werden wollten. Die vier Teilnehmer sollen eine Liste aufstellen, um die Bewerber über die wichtigsten „Regeln" (hier: Normen) der Gruppe zu informieren. Drei Spalten soll die Liste haben:

1. Was bei uns gewünscht ist …;
2. Was bei uns geduldet wird …;
3. Was bei uns verboten ist …

Diese drei Spalten werden ausgefüllt unter dem Aspekt, wie sich bisher die Gruppe verhalten hat, nicht was in Zukunft gewünscht wird. (Als Hilfe können vorher einige Normbereiche genannt werden: z. B. Normen, die das Gruppenklima regulieren: wann wird gelacht, wie werden Aggressionen ausgedrückt usw.; Normen, die Tabus betreffen: worüber nicht gesprochen wird, was gilt als peinlich usw.; Normen zur Frage, wer mit wem spricht, wer bei wem sitzt, wer gemieden wird, wer sich privat trifft usw.; Normen zur Frage von Distanz und Nähe, wie vertraulich darf man sein usw.; Normen zum Niveau der Sachbeiträge; wie klug sie sein müssen, wie sie beurteilt werden usw.) – Nachdem jede Gruppe ihre Liste mit den drei Spalten ausgefüllt hat, legen die Vierergruppen fest, welches in den drei Spalten die 2–3 wichtigsten Dinge sind.

Anschließend kommen die Gruppen wieder zusammen und erstellen jetzt gemeinsam an einer Wandzeitung, die ebenfalls die o. a. drei Spalten enthält, eine Liste der Gruppennormen. Dabei sollen nur die wichtigsten aufgenommen werden, damit die Liste nicht zu lang wird.

Das folgende Gespräch soll einige Fragen klären: Welche Normen bedrücken uns? Welche geben uns Freiheit? Welche sollen geändert, welche verstärkt werden? Was müssen wir dazu tun?

Herbert Gudjons: Spielbuch Interaktionserziehung. Bad Heilbrunn: Klinkhardt, 1992, S. 174 f.

Interaktionsspiel durchführen

Statt über ein Thema zu reden, kann man mit dem Thema Erfahrungen machen. Man organisiert das meistens in mehreren Durchgängen. Es ist dabei wichtig, sich in den Aktionen aufeinander zu beziehen, das heißt zu „interagieren". Dann erfährt man die Reaktionen der anderen auf das eigene Tun und die eigene Reaktion auf das Tun der anderen. Solche Interaktionen lassen sich auch, auf das jeweilige Thema bezogen, selbst erfinden. Anschließend erfolgt immer eine gemeinsame Auswertung.

1. Die Vielfalt der Welt, in der man aufwächst und lernt, erscheint manchmal wie ein Labyrinth. Man weiß nicht mehr, wo es langgeht. Dann geht es einem wie Jaguar und Neinguar 1/. Zeichne ein solches Labyrinth auf ein Blatt. Beschrifte die Mauern mit Regeln, Normen, Werten, Einflüssen, Disziplinarmaßnahmen, Kultivierungserfordernissen, Moralvorschriften usw., mit allem also, was dich deiner Meinung nach beeinflusst. Stellt eure Labyrinthe vor. Besprecht Gemeinsamkeiten und Unterschiede.

2. Diskutiert danach die Frage: Wie findet man sich in dem Labyrinth zurecht? Findet gemeinsam Grundsätze, Leitlinien, Orientierungspunkte, die man dazu braucht. Notiert sie auf kartoniertem Papier und hängt sie für die weitere Arbeit an die Wand.

3. Führt das Interaktionsspiel 2/ durch. Wertet es mit folgenden Fragen aus: Wie oft benutze ich das Wort „Entscheidung"? Welche Worte benutze ich stattdessen? Wer oder was hat Einfluss auf meine Entscheidung? Was gehört dazu, um selbstständig Entscheidungen zu treffen? Wie berücksichtigst du in deinen Entscheidungen die Bedürfnisse und Interessen anderer? Nenne mindestens ein Beispiel.

4. Übertrage die Tabelle 3/ auf ein Blatt Papier. Überlege, wodurch du dich in deinen Handlungen, Meinungen und Entscheidungen am meisten leiten lässt. Bewerte in jedem Balken, wie sehr du dich von diesem Faktor beeinflussen lässt: 0 = hat gar keinen Einfluss auf mich, 100 = hat sehr großen Einfluss auf mich. Vergleicht eure Diagramme untereinander. Fügt eigene Faktoren hinzu, die euch wichtig erscheinen. Was prägt euch (im Vergleich aller Diagramme) am meisten? Gibt es etwas, was gar keinen Einfluss auf euch hat?

5. Führt die Übung 4/ durch. Überlegt dann gemeinsam, zu welchen Gruppen ihr noch gehört oder welche Gruppen ihr einigermaßen gut kennt (z. B. Fußballfangruppe, Musikgruppe, …), und führt die Aufgabe für eine solche Gruppe durch. Wertet eure Ergebnisse am Ende gemeinsam aus. Wodurch unterscheiden sich die Gruppen, die ihr bearbeitet habt? Was ist das Besondere eurer Ethikgruppe im Vergleich mit den anderen Gruppen?

6. Führt nun diese Übung für die Menschheit als eine Gruppe, die auf der Erde zusammenleben muss, durch. Was kommt dabei heraus? Welche Grundsätze für ein gutes Zusammenleben der Menschen werden deutlich?

Moralische Dilemmata diskutieren

Im Zusammenleben mit anderen gerät jeder immer wieder in Konflikte (vergleiche Kapitel 3). Wenn es dabei um moralische Regeln, Normen oder Werte geht, handelt es sich um moralische Konflikte. Beispiele dafür sind, dass man nicht lügen soll, niemanden betrügen und täuschen darf oder Versprechen immer halten sollte. Ein Konflikt wird dann zu einem moralischen Dilemma, wenn eine dieser Regeln oder Normen oder einer der Werte verletzt werden muss, um einen anderen Wert zu erhalten. Die Beschäftigung mit Dilemmageschichten dieser Art kann dazu beitragen, dass ihr euch zunehmend darüber klar werdet, welchen Regeln, Normen und Werten ihr selbst folgt und woher diese kommen. Ihr könnt die eigene Orientierung besser begründen und gelangt zu ethischen Überzeugungen, mit denen ihr leben könnt. Am Ende seid ihr nicht mehr so abhängig von den Zufälligkeiten anderer Meinungen, weil ihr euch nur durch gute Gründe überzeugen lasst. Ihr fühlt euch freier und verantwortungsbewusster und tragt so mit euren Handlungen zu einem guten Zusammenleben bei.

1/ Das Problem von Gitta („Graffiti-Dilemma")

Gitta erinnert sich noch gut. Klaus hat ihr bei einer für die Versetzung wichtigen Kursarbeit ganz entscheidend geholfen. Ohne seinen Spickzettel hätte ihre Leistung in der für die gefährdete Versetzung entscheidenen Arbeit sicherlich nicht ausgereicht. Gitta weiß das zu schätzen.

Jetzt hat Gitta entdeckt, dass Klaus es ist, der die Schulwände mit Tags besprüht und damit gegen ein Abkommen verstoßen hat.

Alle Klassen der Oberschule hatten sich dafür ausgesprochen, dass die Wandflächen auf dem Schulgelände und in der Schulumgebung nicht mehr mit Tags verunstaltet werden sollten. Mit finanzieller Unterstützung der Eltern und einiger Sponsoren hatten mehrere Klassen einen Großteil der verunzierten Flächen am letzten Wochenende mit großem Arbeitsaufwand von den Schmierereien befreit. Es soll auch eine extra Wandfläche für ein Graffiti-Kunstprojekt im Hof angelegt werden. Erste Vorentwürfe wurden schon ausgestellt.

Als Gitta nun Klaus daraufhin anspricht und meint, das finde sie ganz unmöglich, antwortet ihr Klaus, er brauche den „Kick", das Überschreiten des Verbotenen reize ihn. Und überhaupt, wenn er und seine Crew es nicht machten, dann würden es andere tun. Gerade das Revier, in dem die Schule liegt, sei von mehreren Crews hart umkämpft.
Als Gitta diese Ausreden nicht akzeptiert, reagiert Klaus sauer und sagt energisch, dass sie sich gefälligst um ihre eigenen Sachen kümmern solle.

Gitta fühlt sich nach dem Gespräch sehr unwohl und fragt sich, ob sie mit einem Lehrer oder einer Lehrerin ihres Vertrauens darüber sprechen soll. Auch zwei Mitschüler, denen sie von diesem Problem erzählt – ohne Klaus namentlich zu erwähnen – meinen, in diesem Fall müsse man einen Lehrer hinzuziehen. Gitta ist sich darüber im Klaren, dass ein solcher Schritt sehr unangenehme Folgen für Klaus haben kann.

Sollte Gitta ihren Freund Klaus bei einem Lehrer melden? Warum? Was spricht dafür? Was spricht dagegen?

Was ist schlimmer: Jemanden wegen einer unerlaubten Tat zu verraten und dessen Bestrafung in Kauf zu nehmen, oder die Absprachen der (Schul-)Gemeinschaft zu verletzen und die begonnene Mühe in Frage zu stellen? Was bedeutet überhaupt (Klassen- und) Schulgemeinschaft für dich?

Was würdest du an Stelle von Gitta tun, einen Lehrer deines Vertrauens einbeziehen oder nicht?

Noffiti – Ein Materialangebot für den Sekundarbereich I. U. J. Kledzik, H. Boerner (Hrsg.): Förderverein PluS. Berlin, 1997, S. 21

2/ Diskussionsstufen

Stufe	Ja	Nein
5./6. Stufe	**Ja.** Klaus muss sich vor der Schulgemeinschaft verantworten, weil er der Schulgemeinschaft erheblichen materiellen und ideellen Schaden zugefügt hat.	**Nein.** Eine gute Schulgemeinschaft muss auch einige „Schwarze Schafe“ ertragen. Vielleicht kommt Klaus bald von selbst zur Besinnung.
4. Stufe	**Ja.** Man muss die aufgestellten „Spielregeln“ einhalten. Wie sonst kann Ordnung gehalten werden?	**Nein.** Gitta kann nicht über das Schicksal von Klaus bestimmen. Sie sollte es auch nicht sagen, weil es keine Regelung darüber gibt, wie es dann abläuft.
3. Stufe	**Ja.** Es wäre nicht fair gegenüber den anderen. Die Verdächtigungen, wer es getan hat, würden zunehmen.	**Nein.** Weil Gitta Klaus nicht einem öffentlichen Verhör aussetzen möchte.
2. Stufe	**Ja.** Man sollte es nicht decken, weil es schließlich für alle wichtig ist.	**Nein.** Schließlich hat Klaus ihr doch auch einen Gefallen getan. Eine Hand wäscht die andere. Einmal ist keinmal.
1. Stufe	**Ja.** Man muss es sagen, weil Klaus etwas Falsches gemacht hat.	**Nein.** Klaus würde dies sicherlich herausbekommen und sehr „sauer“ reagieren. Der schreckt vor nichts zurück. Man kennt ihn ja.

ebd.

Die Diskussion eines Dilemmas kann folgendermaßen vonstatten gehen:

1. Lesen der Geschichte, evtl. laut Vortragen und/oder Nachspielen. Klären offener Fragen.

2. Beantworten der Frage: Wie würdest du an Stelle von … entscheiden?

3. Bilden zweier Gruppen, je nach Beantwortung der Entscheidungsfrage.

4. Jede Gruppe kann sich, je nach Größe, noch einmal in Kleingruppen aufteilen. Aufgabe: Sammeln von Gründen und Argumenten für die jeweilige Lösung mit schriftlichen Notizen.

5. Austausch der Argumente zwischen beiden Gruppen. Dabei beginnt eine Gruppe mit einem Argument, die andere entgegnet darauf. Falls das nicht in dieser direkten Aufeinanderfolge gelingt, können auch die Argumentationslinien zunächst vorgetragen werden, um danach in eine Diskussion einzusteigen, in der aufeinander Bezug genommen wird.

6. Feststellen, ob es durch die jeweils überzeugenden Argumente einen Wechsel in der eigenen Auffassung gab. Welche Argumente konnten am meisten überzeugen?

7. Im Anschluss an die Geschichte sind Begründungen und Argumente aufgelistet, die im vorliegenden Beispiel geäußert worden sind. Man kann sie stufenweise anordnen, um die Unterschiede in der Argumentation zu verdeutlichen. Außerdem baut eine Stufe auf der vorhergehenden auf. Versucht, eure Argumente den jeweiligen Stufen passend zuzuordnen.

8. Abschlussbetrachtung: Was fällt euch an den Argumentationsstufen auf? An welche Normen (Regeln) und Werte hält man sich auf der jeweiligen Stufe? Wie wird das Zusammenleben gesehen? Worauf kommt es beim Umgang miteinander an? Beschreibt in Stichworten die jeweilige moralische Orientierung.

Ethisches Argumentieren

Ihr könnt diese Methodenseite immer wieder einmal und zu jeder euch passenden Zeit verwenden. Betrachtet man ethische Argumentationen genauer, dann lassen sich mindestens zehn Denk- und Sprechweisen unterscheiden. Die Beispiele beziehen sich auf Gittas Dilemma, S. 96. Geht die Liste langsam durch und versucht, eure eigenen Argumente zu dem jeweiligen Fall hier einzuordnen. Welche habt ihr verwendet, welche kamen nicht vor?

Nachfragen

1. Einfache Nachfragen oder Verständnisfragen, z. B.: „Was verstehst du unter ‚Verrat'?" „Habe ich es richtig verstanden, wenn du ‚Absprachen' als ‚Versprechen' siehst?"

Gründe und Motive

2. Gründe und Motive werden benannt, die einer Entscheidung vorausgehen oder sie im Nachhinein rechtfertigen sollen. Dabei kann es sich um moralische, unmoralische und außermoralische Gründe bzw. Motive handeln. „Ich muss (oder sollte) das tun, weil …" / „Ich habe das getan, weil …" Man achtet dann darauf, erstens ob der Grund oder das Motiv von jedem eingesehen werden können, und zweitens ob sie in jeder Situation gelten können.

Konsequenzen

3. Es wird nach Konsequenzen gefragt, die aus einer Handlung folgen, sowohl Folgen für den Handelnden selbst als auch für andere. Diese können das Glück, die Zufriedenheit oder den größtmöglichen Nutzen für möglichst viele betreffen. Man fragt: „Welche Folgen wird/kann die Handlung aller Voraussicht nach haben? Und für welche dieser Folgen kann ich Verantwortung übernehmen?" „Welche Alternativen gibt es? Welche Vor- oder Nachteile haben sie?" „Aus welcher Handlung ergibt sich aller Voraussicht nach der größte Nutzen für alle oder möglichst viele?"

Empathie: Fähigkeit, sich in andere einzufühlen; Einfühlungsvermögen

Perspektivwechsel

Die meisten Menschen sehen bei einer Auseinandersetzung nur ihre eigene Meinung, ihre eigenen Interessen und Motive und ihren eigenen Standpunkt. Empathie und ein Wechsel der Perspektive, um den Standpunkt, den Blickwinkel und die Sichtweite des/r anderen kennen zu lernen, können bei der Lösung eines Konfliktes helfen.

Zeichnung: Erhard Müller

Mutter: „Ich finde, du tust zu wenig für die Schule!"

Trainer: „Du musst regelmäßig zum Training kommen!"

Paul

Georg, Pauls Freund: „Wir könnten mal wieder zusammen Mountain-Bike fahren!"

Anja, Pauls Freundin: „Können wir nicht endlich mal wieder zusammen ins Kino gehen?"

Wie müssen hier die Perspektiven gewechselt werden, um Paul bei der Konfliktlösung zu helfen?

4. Ein Wechsel des Standpunkts, ein Perspektivwechsel, wird durchgeführt: „Wie würde ich an Stelle von Klaus denken/fühlen/handeln?" „Wie würde Klaus an meiner Stelle denken/fühlen/handeln?" „Was würde ich tun, wenn ich die Stelle des Schulleiters einnehmen würde?" Die Beantwortung solcher Fragen ergibt sich am leichtesten im Rollenspiel.

Perspektiven-wechsel

5. Man kann in die Perspektive eines Beobachters schlüpfen und von dort möglichst unvoreingenommen die eigene Perspektive betrachten und abwägen. „Wie würde ich die Situation (den Fall, die Handlungsweise) beschreiben, wenn ich nicht beteiligt wäre und sie von außen betrachten könnte? Welche Beurteilung würde ich dann vornehmen?"
Man kann dann z. B. feststellen: „Ich sehe zwar ein, dass die Sache von außen so beurteilt werden kann, aber ich als Betroffener in dieser Situation hier und jetzt muss dennoch Klaus anzeigen, weil …"

Perspektive eines Beobachters

6. Die Perspektive eines Unparteiischen kann eingenommen werden. Er beurteilt die Sache wie ein Richter, dem die unterschiedlichen Sichtweisen und Argumentationen durch eingehende Befragung vertraut sind: „Nach Abwägung aller Umstände sowie der Argumente und Gegenargumente komme ich zu dem Schluss, dass eine Anzeige richtig ist, weil …"

Perspektive eines Unparteiischen

7. Es kann abgewogen werden, welche der Möglichkeiten als wertvoller erscheint. Also: „Was ist in diesem Fall wichtiger – jemanden nicht zu verraten oder Absprachen einzuhalten?" Zugespitzt: „Was ist in diesem Fall wichtiger als alles andere (z. B. weil es um die Rettung von Leben geht)?"

Möglichkeiten

8. Alle möglichen Handlungsalternativen können verallgemeinert werden. Dabei gibt es verschiedene Stufen, die sich auch sprachlich unterscheiden. „Würde ich das wieder tun?" „Würde ich das in jedem Falle unter allen Umständen wieder tun?" „Ist es immer richtig, das zu tun?" „Sollte man das in jedem Fall tun?"
Man kann dabei die Goldene Regel, in der negativen oder positiven Form, zum Maßstab machen: „Was du nicht willst, das man dir tu, das füg auch keinem andern zu." „Tue das, wovon du möchtest, dass es auch die Anderen tun." Oder noch allgemeiner (nach Immanuel Kant): „Kann ich wollen, dass das Andere mir gegenüber tun würden?" „Kann ich wollen, dass das, was ich tue, zum allgemeinen Gesetz, gar zum Naturgesetz werden würde?"

Handlungs-alternativen

9. Es kann auch auf Gefühle eingegangen werden. Also: „Wenn ich Klaus verraten würde, hätte ich ein gutes/schlechtes Gefühl, weil …" Hier kann man weiter überlegen: „Das gute/schlechte Gefühl kommt daher, dass ich dafür gelobt/getadelt/bestraft worden bin / dass andere mich als guten/schlechten Menschen sehen würden / dass ich mich schämen würde / dass ich es bereuen würde / dass ich mich schuldig fühlen würde …"
Es kommt aber darauf an, nicht bloß um guter Gefühle willen etwas zu tun oder zu unterlassen. Es ist kein moralisches Motiv, bestimmte Gefühle vermeiden zu wollen.

auf Gefühle eingehen

10. Die eigene Motivation (der Beweggrund) kann genauer betrachtet werden, d. h. sich über das eigene Wollen zunehmend Klarheit zu verschaffen. „Möchte ich Klaus schützen (oder anzeigen), weil ich dazu Lust habe, oder bin ich davon überzeugt, dass es richtig ist?" „Möchte ich Klaus schützen (oder anzeigen), weil ich damit Schwierigkeiten aus dem Weg gehe, oder tue ich es aus Pflichtbewusstsein und nehme Schwierigkeiten in Kauf?" „Ist das mein Wille, oder lasse ich mich dazu verführen/überreden/von Anderen zwingen?" „Tue ich das, weil alle meine Freunde es tun würden oder aus eigener Überzeugung?" Verschafft man sich hier Klarheit, heißt das, dass man sich den eigenen Willen zunehmend aneignet und weniger auf das angewiesen ist, was andere sagen.

eigene Motivation

Verantwortung

1/ Mutprobe

Medienzentrum Gotha

2/ Fahrerflucht

Thomas, ein guter Freund von dir, kommt eines Tages mit dem Motorrad bei dir vorgefahren. Als er absteigt, merkst du, wie aufgeregt er ist und dass er getrunken hat. Du weißt, er war auf der Party von Sarah. Er erzählt dir, dass er auf dem Rückweg von dieser Party in einer Nebenstraße eine Radfahrerin so knapp überholt hat, dass das Mädchen vom Rad fiel. Es war dunkel und er hat das Mädchen erst sehr spät gesehen. Aber angehalten hätte er nicht, aus Angst, weil er doch ein paar Bier getrunken hatte. Niemand außer ihm wäre zu dieser Zeit auf der Straße gewesen. Thomas ist sich ganz sicher, dass er keine Entdeckung zu befürchten hat. Er fragt dich um Rat, wie er sich verhalten soll.

Nach Robert T. Hall: Unterricht über Werte, Lernhilfen und Unterrichtsmodelle. Übers. v. K.-H. Siber. München, Wien, Baltimore: Urban & Schwarzenberg, 1976, S. 23

3/ Was heißt Verantwortung tragen?

Verantwortung enthält mehrere Komponenten
- jemand verantwortet etwas
- jemand ist einem anderen gegenüber für eine Tat verantwortlich
- einer, der die Verantwortung trägt, und das, wofür er verantwortlich ist, stehen immer in Beziehung

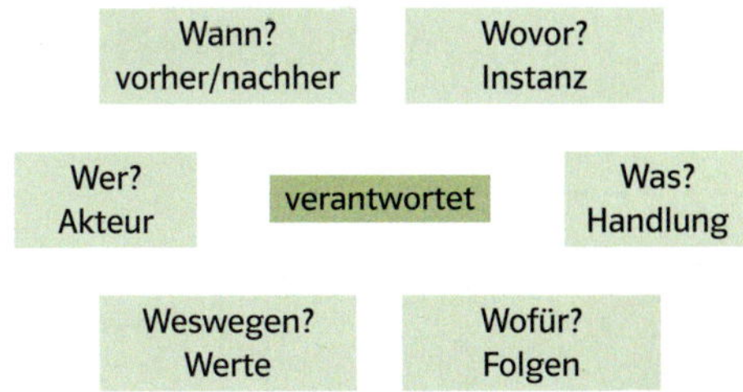

Günter Ropohl

4/ Für welche Bereiche trage ich Verantwortung?

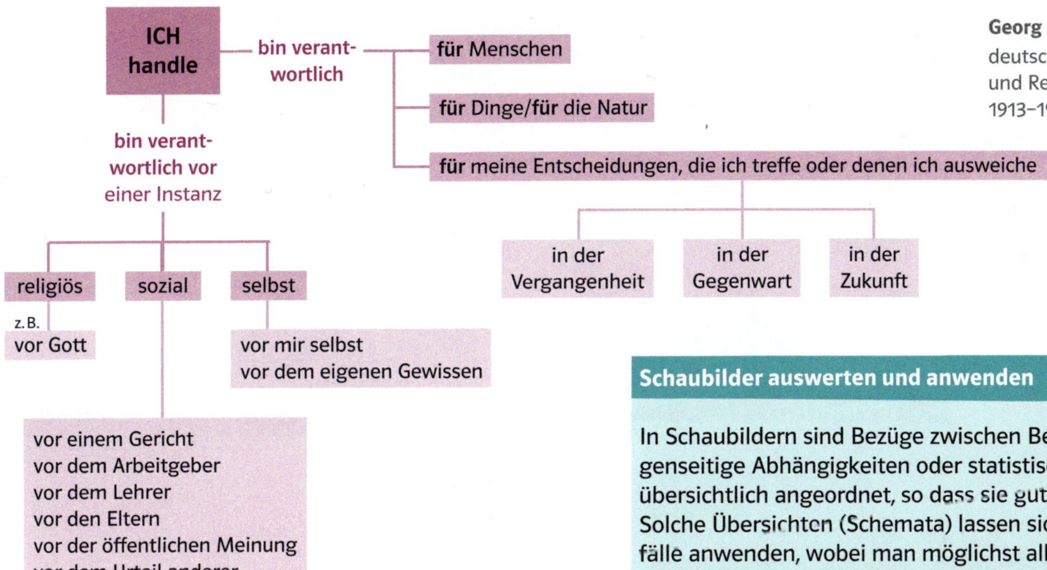

Nach Georg Picht

Georg Picht:
deutscher Pädagoge und Religionsphilosoph
1913–1982

Schaubilder auswerten und anwenden

In Schaubildern sind Bezüge zwischen Begriffen, gegenseitige Abhängigkeiten oder statistische Ergebnisse übersichtlich angeordnet, so dass sie gut ablesbar sind. Solche Übersichten (Schemata) lassen sich auf Einzelfälle anwenden, wobei man möglichst alle Merkmale zu beachten hat. Im Anschluss daran lassen sich weitere Fragen stellen und Probleme sichtbar machen.

1. Gruppenarbeit: Inszeniert den Fall 1/ in mehreren Szenen. Überlegt vorher, worauf es dabei ankommt: Dialoge, Überredungs- und Überzeugungsversuche, Monolog von Max usw.; erarbeitet dazu auch eine Lösung, für die sich Max entscheidet.

2. Besprecht nach den Aufführungen der Szenen die Grundproblematik und die möglichen Lösungen. Beachtet dabei möglichst genau die auf den Methodenseiten (96–99) dargelegten ethischen Argumentationsweisen. Welche sind dabei angemessen, welche eher weniger?

3. Notiere, weshalb Max Schwierigkeiten damit hat, sich den Forderungen der Clique anzuschließen. Beziehe in deine Überlegungen die Begriffe Veranwortung, Gewissen, Schuld und Pflicht mit ein. (Diese Begriffe sollen im Verlauf des Kapitels weiter geklärt werden.)

4. Diskutiert eure Notizen. Beantwortet dabei die Fragen: Wofür trägt Max die Verantwortung, und wem gegenüber? Zu welchen Handlungen ist er verpflichtet und wodurch? Wie könnte sich sein Gewissen melden?

5. Bearbeitet den Fall 2/ nach der Methode „Moralische Dilemmata diskutieren", S. 96 f. Wenn ihr möchtet, könnt ihr auch diesen Fall inszenieren und mit unterschiedlichen Handlungsmöglichkeiten zu Ende spielen.

6. Stellt auch hier die Fragen nach Verantwortung, Pflicht, Schuld und Gewissen. Geht dabei so vor: Vervollständigt in Einzelarbeit folgende Sätze und besprecht sie danach zusammen:
a) Thomas ist verantwortlich für … / Ich (in der Geschichte) bin verantwortlich für … b) Thomas hat(te) die Pflicht … / Ich habe die Pflicht … c) Thomas trägt die Schuld für … / Ich trage Schuld, wenn … d) Thomas hat ein gutes/schlechtes Gewissen, weil … / Ich habe ein gutes/schlechtes Gewissen, wenn …

7. Gruppenarbeit: Erläutert euch gegenseitig jeweils die Schaubilder 3/ und 4/. Jede Gruppe entscheidet sich für einen Fall: a) „Das Problem von Gitta, S. 96", b) „Mutprobe", c) „Fahrerflucht" und wendet ihn dann auf beide Schaubilder an. Welche Fragen tauchen dabei auf? Besprecht eure Ergebnisse im Plenum.

Gewissen

1/

2/

3/ Schülermeinungen

1 Gewissen ist etwas, was sich bemerkbar macht vor oder nach Entscheidungen, wenn man nicht ganz genau weiß, ob man richtig handelt oder gehandelt hat.
Bianka, 14 Jahre

2 Unter Gewissen verstehe ich irgendein Signal im Kopf, das mir sagt, ob ich meiner Meinung nach falsch oder richtig gehandelt habe.
Nicole, 14 Jahre

3 Gewissen ist eine innere Stimme, die manchmal oder in bestimmten Situationen „ruft“. Sie sagt, ob ich etwas falsch gemacht habe. Manchmal ist es mir schon passiert, dass ich mit mir selber in einen Gewissenskonflikt geraten bin.
Melanie, 14 Jahre

4 Ich denke, Gewissen ist wie ein kleines Männchen, das sich einschaltet, wenn man etwas getan hat, was nicht seinen Normen entspricht.
Christian, 14 Jahre

5 Gewissen ist der Widerspruch zwischen eigenen Wertvorstellungen und den Wertvorstellungen anderer. (Ich halte das für gut, andere nicht und umgekehrt.)
Christine, 18 Jahre

6 Gewissen ist eine in uns selbst vorhandene Werteskala, die Gebote und Verbote gegen das abwägt, was wir tun wollen. Es ist eine innere Stimme, die uns hilft, das Richtige oder vermeintlich Richtige zu tun.
Martin, 16 Jahre

4/ Immanuel Kant: Gewissen als Gerichtshof des Menschen

Jeder Mensch hat Gewissen und findet sich durch einen inneren Richter beobachtet, bedroht und überhaupt im Respekt (mit Furcht verbundener Achtung) gehalten, und diese über die Gesetze in ihm wachende Gewalt ist nicht etwas, was er sich selbst (willkürlich) macht, sondern ist seinem Wesen einverleibt. Es folgt ihm wie sein Schatten, wenn er zu entfliehen gedenkt. Er kann sich zwar durch Lüste und Zerstreuungen betäuben oder in Schlaf bringen, aber nicht vermeiden, dann und wann zu sich selbst zu kommen oder zu erwachen, wo er alsbald die furchtbare Stimme desselben vernimmt. Er kann es, in seiner äußersten Verworfenheit, allenfalls dahin bringen, sich daran gar nicht mehr zu kehren, aber sie zu hören, kann es doch nicht vermeiden.

Immanuel Kant: Metaphysik der Sitten. Tugendlehre A37 f., A100 ff. Frankfurt/M: Suhrkamp, 1962, S. 45

5/ Friedrich Nietzsche: Glaube an Autoritäten als Quelle des Gewissens

Der Inhalt unseres Gewissens ist alles, was in den Jahren der Kindheit von uns ohne Grund regelmäßig gefordert wurde durch Personen, die wir verehrten oder fürchteten. Vom Gewissen aus wird also jenes Gefühl des Wesens erregt („dieses muss ich tun, dieses lassen"), welches nicht fragt, warum muss ich? Der Glaube an Autoritäten ist die Quelle des Gewissens: Es ist also nicht die Stimme Gottes in der Brust des Menschen, sondern die Stimme eines Menschen im Menschen.

Friedrich Nietzsche: Werke in 2 Bänden. Bd. 1. München: Hanser, 1990, S. 178

6/ Sigmund Freud: Gewissen als eine besondere Instanz

Als Niederschlag der langen Kindheitsperiode, während der der werdende Mensch in Abhängigkeit von seinen Eltern lebt, bildet sich in seinem Ich eine besondere Instanz heraus, in der sich dieser elterliche Einfluss fortsetzt. Sie hat den Namen des Über-Ichs erhalten. Insoweit dieses Über-Ich sich vom Ich sondert und sich ihm entgegenstellt, ist es eine dritte Macht, der das Ich Rechnung tragen muss.

Sigmund Freud: Abriss der Psychoanalyse. Frankfurt/M: Fischer, 1978, S. 52 ff.

Sigmund Freud: österreichischer Arzt und Psychologe 1856–1939

Friedrich Nietzsche: deutscher Philosoph 1844–1900

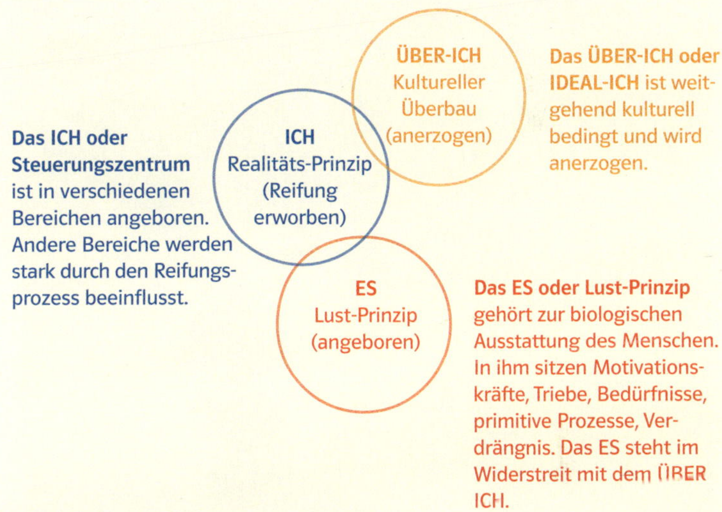

Nach Gisela Aslam-Malik und Walter J. Schraml

Autorität: auf Leistung oder Tradition beruhender maßgebender Einfluss einer Person oder Institution

1. Schaut euch die beiden Cartoons 1/, 2/ an. Welches Thema haben sie gemeinsam? Deutet beide Cartoons und beantwortet dabei die Fragen: Was meint Garfield mit dem „geistreichen Gewissen"? Was hat Reue mit Gewissen zu tun? Wie hängen nach Hägar Sünde und Spaß zusammen? Worüber werden hier überhaupt Witze gemacht?

2. Schreibe zu jeder Schüleräußerung 3/ den darin enthaltenen Kernbegriff bzw. die zusammengehörigen Schlüsselwörter auf. Benutzt diese Kernbegriffe bzw. Schlüsselwörter für eine Mindmap zum „Gewissen", die ihr in Vierer-Gruppen ausarbeitet (vergleiche Kapitel 3, S. 74 f.). Stellt dann im Plenum eine gemeinsame Mindmap her.

3. Schreibe nun selbst einen kurzen Text „Gewissen ist …". Verwerte dabei eigene Erfahrungen und verwende die Begriffe aus eurer Mindmap (z. B. Gewissen ist wie ein Wegweiser).

4. Bildet drei (oder sechs) Gruppen, jede untersucht eine der Aussagen aus Philosophie und Psychologie 4/–6/. „Übersetzt" sie in eigene Worte und bewertet die inhaltliche Richtigkeit. Klärt dabei die Fragen, wie sich das Gewissen bildet, wozu es da ist, wie es funktioniert und welche Fragen offenbleiben.

Anders sein

1/ „Irgendwie anders"

Irgendwie Anders tat alles, um wie die anderen zu sein. Er lächelte wie sie und sagte „hallo". Er malte Bilder. Er spielte, was sie spielten (wenn er durfte). Er brachte sein Mittagessen auch in einer Papiertüte mit. Aber es half nichts. Er sah nicht so aus wie die anderen und er sprach nicht wie sie. Er malte nicht so wie sie. Und er spielte nicht so wie sie. Und was er für komische Sachen aß! „Du gehörst nicht hierher", sagten alle. „Du bist nicht wie wir, du bist irgendwie anders!"
Irgendwie Anders zieht sich zurück und trifft **Etwas.** Der sieht ähnlich merkwürdig aus, aber wiederum anders als **Irgendwie Anders**. Dieser sagt zu ihm: „Tut mir leid, aber jedenfalls bist du nicht **genauso** irgendwie anders wie ich." Dann allerdings ändert er seine Einstellung, erkennt ihr gemeinsames Schicksal, ja: Er erkennt das **Etwas** als sein eigenes Spiegelbild und lässt es eintreten. Am Ende klopft ein Kind an der Tür, das sie nun beide **„sehr** merkwürdig" finden.

Kathryn Cave: Irgendwie anders. Übers. v. Sarah Naoura. Hamburg: Oetinger, 1994, S. 6 f., 18
(Bilder von Chris Riddell)

»Verstehst du denn nicht!« rief das Etwas. »Ich bin genau wie du! Du bist irgendwie anders – und ich auch.«
Und es streckte wieder seine Pfote aus und lächelte.

Um 500 war der babylonische **Talmud**, die Sammlung von überlieferten Auslegungen, Anwendungen und Beispielen zur hebräischen Bibel, abgeschlossen; seit dem 9. Jahrhundert wurde der Talmud kommentiert, so dass umfangreiche Texte entstanden. Eine einzige vollständige Talmudsammlung aus dem Jahre 1343 ist erhalten geblieben.

2/ Den Anderen achten

Ein Komplementärbegriff zum Fremden ist der Begriff des Nächsten. „Du sollst deinen Nächsten lieben wie dich selbst" und „Du sollst deine Feinde lieben", heißt es in der Bibel. In der hebräischen Bibel und in deren Auslegung, dem Talmud, wurde ganz konkret über solche Überlegungen und Forderungen nachgedacht, z. B. in folgendem Text:
„Ein Wahlspruch war's im Munde der Meister von Jawne: Ich bin ein Geschöpf, und mein Gefährte ist ein Geschöpf. Ich habe meine Arbeit in der Stadt, und er hat seine Arbeit auf dem Feld; ich mache mich früh auf an meine Arbeit, und er macht sich früh auf an seine Arbeit. Gleich wie er sich nicht überhebt über meine Arbeit, so überhebe auch ich mich nicht über seine Arbeit. Aber vielleicht sagst du: Ich tue viel, aber er tut wenig, so haben wir gelernt: Ob einer mehr tut oder ob einer weniger tut – wenn er nur sein Herz gen Himmel richtet."

Brachot 17a, aus: Der Talmud. Ausgewählt, übersetzt und erklärt von Reinhold Mayer. München: Orbis, 1999, S. 506 f.

Komplementärbegriffe

Begriffe, die sich als Gegensätze gegenüberstehen und ein Bedeutungsfeld wechselseitig ergänzen (komplettieren), z. B. hell – dunkel, oben – unten.

Maskenspiele entwickeln

In den meisten Kulturen der Welt kennt man Masken, die verwendet werden, um eine Figur darzustellen, die man nicht selber ist. Man kann in deren Rolle als Maskenträger aber umso besser schlüpfen, weil die eigene Person dahinter verschwindet, „unsichtbar" wird (ähnlich wie beim heutigen Karneval/Fasching).

3/ Grafik und Konzept des Plakats: Fritz Arnold und Nora Papajewski. Text „Der Andere ist anders": Walter Dirks

1. Arbeitet zunächst nach der Methode „Ärger-Freude-Säulen": Schreibt ärgerliche und freudvolle Erfahrungen mit dem „Anderssein" oder „Fremdsein" auf Kärtchen. Benutzt je eine Kartenfarbe für Freude und eine für Ärger. (Beispiel für ärgerliche Erfahrung: Beim Urlaub im Ausland verstehe ich kaum etwas, da ich die Sprache nicht spreche. – Beispiel für freudvolle Erfahrung: Beim Urlaub im Ausland wird mir oft geholfen, wenn ich als Fremder nicht zurechtkomme.) Heftet alle Kärtchen an die Wand und sortiert sie nach Gemeinsamkeiten: Welche thematischen Schwerpunkte werden deutlich? Ihr könnt diese Schwerpunkte in Fragen formulieren, die ihr zu dem Thema habt. Versucht am Ende des Themas, diese zu beantworten.

2. Partnerarbeit zu 1/: Welche Ursachen werden hier genannt, damit jemand zu dem wird, der „anders" und fremd ist? Welche kennt ihr außerdem? Sammelt eure Ursachen an der Wandtafel. Nennt zu jeder Ursache mindestens ein Beispiel.

3. Kreatives Schreiben: Schreibe zu einer ausgewählten Erfahrung eine kleine Geschichte und gib ihr einen aussagekräftigen Titel. Lest die Geschichten vor.

4. Gesprächskreis: Welche Schlussfolgerungen ergeben sich für die Begriffe von „Anderssein", und „Fremdsein" aus den Geschichten?

5. Der französische Dichter Francois Rimbaud sagte einmal: „Ich ist ein Anderer." Was könnte damit gemeint sein? Schreibt eure Deutungen auf und vergleicht sie.

6. Probiert aus, was es bedeutet, ein Anderer zu sein: Dazu könnt ihr Masken nach eurer Wahl herstellen und daraus ein Spiel entwickeln, zuerst ohne Worte, dann mit Dialogen, die sich aus dem Maskenspiel ergeben.

7. Partnerarbeit: Erläutert, welche Unterschiede zwischen den Menschen im Talmud-Text 2/ genannt werden anhand heutiger Beispiele. Wie können solche Unterschiede zur gegenseitigen Fremdheit, Ablehnung und dann gar zu Feindschaft führen? Notiert zwei Beispiele.

8. Deutet den Vorschlag, den der Talmud-Text 2/ macht, um die Unterschiede unwichtig werden zu lassen. Macht selbst mindestens zwei Vorschläge für die heutige Zeit.

9. Das Plakat 3/ stellt das Thema „Anderssein" und „Fremdsein" künstlerisch dar. Gestalte selbst ein Plakat dazu.

Verstehen zwischen den Kulturen

Milieu: Umfeld, Umgebung, Lebensumstände

1/ Was ist anders?

Die Gesellschaft ist keine homogene, gleichartige Ansammlung von Menschen. Es gibt unterschiedliche Bereiche in der Gesellschaft, die man je nach Unterscheidungsmerkmal Schichten, Klassen, Milieus oder Kulturen genannt hat bzw. noch nennt. Sie zeigen sich in Lebensformen, die je nach Schicht, Milieu , kultureller Herkunft unterschiedlich geprägt sind. Deshalb spricht man von einer multikulturellen Gesellschaft und davon, dass ein interkulturelles Verstehen, also ein Verständnis zwischen den Trägern der unterschiedlichen Kulturen, notwendig ist.

Essen
Sitzen
Schlafen
Spielen
Frisur
Sport
Schrift
Rechte
Sprache
Schule
Menschenrechte
Kleidung
Gesetze
Strafen
Religion
Musik
Hautfarbe
Ökonomie
Trinken
Wohnen
Feste

2/ Sich begrüßen

Man stelle sich folgende Situation vor: Soeben in einem fremden Land auf dem Flughafen eingetroffen, versucht jede/r seinen bzw. ihren Gastgeber zu finden. Da es sich um eine multikulturelle Gesellschaft handelt, sind die Begrüßungssitten teilweise recht unterschiedlich. Alle Reiseteilnehmer/innen haben jedoch rechtzeitig von ihrer Reiseagentur die entsprechende Zeremonie (auf einem Anweisungskärtchen) mitgeteilt bekommen. Jetzt gilt es, sich zu finden.
Die Gruppe wird je nach Größe in Gastgeber/innen und Gäste aufgeteilt, wobei auf eine/n Gastgeber/in durchaus mehrere Gäste treffen können. Jede/r erhält dann ein Anweisungskärtchen und den Auftrag, sich entsprechend dem jeweiligen Begrüßungszeremoniell zu erkennen zu geben. Worte sollen dazu nicht verwendet werden.

Helga Losche: Interkulturelle Kommunikation. Sammlung praktischer Spiele und Übungen. Alling: Sandmann, 1995, S. 112 f.

Migration

Immer schon sind die Bewohner der Erde auf ihrem Planeten gewandert: ausgewandert (emigriert) und eingewandert (immigriert). Man spricht heute allgemein von Migration; für sie gibt es unterschiedliche Gründe: wirtschaftliche, politische, klimatisch-geographische usw.

Interkulturalität

Im Ergebnis der Migration leben in den meisten Staaten der Erde Menschen unterschiedlicher Herkunft zusammen. Ihr kulturell erworbenes Verhalten und ihre Gewohnheiten sind unterschiedlich. Das stößt manchmal auf Interesse und Faszination bei den jeweils anderen, manchmal auch auf Ablehnung bis hin zur Feindschaft. Kein Weg jedoch führt daran vorbei, dass man mit anderen kulturellen Eigenheiten konfrontiert wird: Es ereignet sich eine Begegnung zwischen den Kulturen, deshalb spricht man von Interkulturalität.

... in Japan

... in Frankreich

Kupfer-Eskimos
Faustschlag gegen Kopf und Schulter

Eipo auf Neuguinea
Schweigen

Dani auf Neuguinea
minutenlanges Umarmen und Tränen der Rührung und Erschütterung

Loango
Händeklatschen

Assyrer
Kleider hergeben

Deutsche
Händeschütteln

Inder
Handflächen aneinanderlegen, vor den Körper halten und sich leicht verbeugen

Lateinamerikaner
Kopf auf die rechte Schulter des Partners, drei Schläge auf den Rücken, dann Kopf auf die linke Schulter des Partners, drei Schläge auf den Rücken

Mongolen
sich gegenseitig die Wangen beriechen und sich mit den Nasen berühren und reiben

Helga Losche, a.a.O.

1. Schreibt die Begriffe 1/ auf Karten und fügt weitere hinzu. Jeder zieht eine Karte und beantwortet die folgenden beiden Fragen: Was ist kulturell bedingt und deshalb in jeder Kultur anders? Was ist in jeder Kultur gleich oder ähnlich? Die Anderen äußern sich dazu.

2. Sammelt Fotos und Bilder zu verschiedenen Lebensbereichen 1/. Vergleicht sie, stellt die Unterschiede und Gemeinsamkeiten fest. Versucht dabei, euch über folgende Fragen klar zu werden: A) Was ist mir fremd? B) Was fasziniert mich an dem, was mir fremd ist? C) Was stößt mich daran ab?

3. Führt das Spiel 2/ durch und unterhaltet euch im Anschluss über eure Erfahrungen. Welche Begrüßungsformen waren angenehm, welche unangenehm? Warum? Was hast du bei ungewohnten Begrüßungen gefühlt? Hättest du gern anders als vorgeschrieben reagiert und wie?

4. Überlegt, wie man mit unterschiedlichen Bräuchen umgehen sollte: Sollte man sich auf einen Brauch einigen? Wenn ja, auf welchen, und warum?

5. Arbeitet in Vierergruppen: Wählt je einen Begriff aus den Karten 1/ aus und bearbeitet ihn ähnlich wie das Grüßen (z.B. Kleidung, Feste, Wohnen). Was stellt ihr fest?

6. Nennt in euren Vierergruppen mindestens vier Voraussetzungen dafür, dass ein Verstehen zwischen Kulturen mit ihren unterschiedlichen Bräuchen, Lebensweisen, Vorstellungen usw. möglich wird (z.B. Wissen erweitern, Zuhören). Besprecht danach all diese Voraussetzungen im Plenum und überlegt dabei, was jeder selbst dazu tun kann, um ein gegenseitigen Verständnis zu erreichen. Bezieht eure Alltagserfahrungen mit möglichst vielen Beispielen ein.

7. **Projekt:** Organisiert ein „Fest der Kulturen". Bietet Mahlzeiten, Musik, Sprache/Literatur, Kalender, Wohnkultur usw. dar, so wie ihr sie aus eurem Lebensumfeld kennt. Bereitet in kleinen Gruppen jeweils die Präsentation einer Kultur vor. Während ein Gruppe präsentiert, notieren die anderen Festteilnehmer Fragen dazu. Diese Fragen können in einer eigenen Unterrichtseinheit nach dem Fest gestellt und beantwortet werden.

Toleranz

1/ Wer ist tolerant, wer intolerant?

Toleranz

Fall 1

Patricia ist evangelisch, findet aber, dass alle Religionen „im Grunde gut" seien und dass es eigentlich darauf ankomme, wie sich der einzelne Gläubige konkret verhalte. Sie lernt eines Tages Muslim Murat kennen, der zur Religion eine ähnliche Einstellung hat. Beide finden sich sehr sympathisch. Trotz der verschiedenen Religionen gehen die beiden eine feste Partnerschaft ein, nach einem Jahr denken sie sogar an Heirat.

Ist Patricia tolerant?

Fall 2

Herr Willmer ärgert sich über die laute Musik von Herrn Hoss in der Nachbarwohnung, die ihn nachts oft nicht schlafen lässt. In einem klärenden Gespräch hat ihm Herr Hoss versichert, dass er rücksichtsvoller sein werde, geändert hat sich aber letztlich nichts. Herr Willmer unternimmt aber nichts, weil Herr Hoss Richter ist und er glaubt, dass er gegen diesen vor Gericht deshalb ohnehin nichts erreichen könne.

Ist Herr Willmer tolerant?

Fall 3

Frau und Herr Schmid sind Eltern der 19-jährigen Tanja, die noch zu Hause lebt. Deren Freund Max übernachtet öfter bei ihr. Schmids können sich nun nicht mehr so frei bewegen, wenn sie z. B. morgens ins Bad gehen. Das stört sie, dennoch verbieten sie Max nicht, in ihrer Wohnung zu übernachten.

Sind Frau und Herr Schmid tolerant?

Intoleranz

Fall 1

Petra ist evangelisch, findet aber, dass alle Religionen „im Grunde gut" seien und dass es darauf ankomme, wie sich der einzelne Gläubige konkret verhalte. Sie lernt eines Tages den sehr charmanten Mehmet kennen, der überzeugter Muslim ist. Nach einigen Monaten möchte sie heiraten und auch Kinder bekommen. Nun fordert Mehmet, dass Petra zum Islam konvertiert, andernfalls käme für ihn eine Familiengründung nicht in Frage.

Ist Mehmet intolerant?

Fall 2

Im Gegensatz zu Deutschland dürfen in Frankreich und der Türkei muslimische Schülerinnen im Unterricht an staatlichen Schulen kein Kopftuch tragen. In diesen Ländern sind Religion und Staat strikt getrennt, und im Unterricht dürfen keine religiösen Symbole öffentlich gezeigt werden. Ein solches sei das Kopftuch aber.

Sind der französische und türkische Staat (in diesem Punkt) intolerant?

Fall 3

Heide ist eine eifrige Schülerin, die im Unterricht gern diskutiert. Zu einem bestimmten Problem im Gemeinschaftskundeunterricht äußert der Lehrer, Herr Grafe, seine Meinung, Heidi äußert eine gegenteilige Ansicht. Daraufhin fragt Herr Grafe verärgert: „Wer ist denn hier der Lehrer? Ich oder du?"

Ist Herr Grafe intolerant?

Michael Raub: „Toleranz" als Thema im Ethikunterricht. In: Ethik & Unterricht, 4/2003, S. 44

2/

3/ Die Queen in Socken

Auch Queen Elisabeth II. und ihr Mann, Prinz Philipp, mussten bei der Eröffnung eines Sikh-Tempels in London ihre königlichen Schuhe vor dem Eingang des Gotteshauses ausziehen. Auf Socken näherten sie sich der Heiligen Schrift, die die Mitte des Tempels bildete. In einen goldenen Schal gehüllt, verneigte sich die Königin tief, während ihr Mann zum Gruß in beide Hände klatschte.

4/ Toleranz

Begründung	Betreff	Grenzen	Definition
grundsätzliche Bejahung der Vielheit von Werten und Lebensstilen	primär Einstellungen und Verhalten von Individuen	bei Verletzung der eigenen Identität	(einschließlich Abgrenzung) (lat. tolerare = dulden)
Respekt vor dem Anderen und seiner Freiheit	sekundär Verhalten und Einstellungen von Gruppen, Organisationen und Staaten	bei Verletzung eigener wichtiger Interessen und Freiheiten	Anerkennung der Tatsache, dass es andere Wertevorstellungen und Lebensstile gibt, aber nicht deren Akzeptanz oder Übernahme
Wissen um die Möglichkeit des eigenen Irrtums		bei Verletzung anderer, konkurrierender Werte und Einstellungen	Toleranz setzt Differenzen zu eigenen Wertvorstellungen und Interessen voraus
		wenn Meinungen und Auffassungen objektiv falsch oder unlogisch sind	

Michael Raub. a. a. O.

1. Entscheidet in kleinen Gruppen, ob in den genannten Fällen 1/und in dem Cartoon 2/ Toleranz oder Intoleranz vorherrscht, oder ob es sich um eine ganz andere Einstellung handelt. Begründet eure Entscheidungen und diskutiert sie im Plenum.

2. Jede Gruppe schildert je einen weiteren Fall von möglicher Toleranz und Intoleranz und stellt ihn dem Plenum vor.

3. Die Queen ist Oberhaupt der anglikanischen Kirche. Hier 3/ hält sie sich an die Regeln der Sikh-Religion. Inwiefern zeugt das Verhalten von Toleranz? Welche Begriffe fallen dir außerdem dazu ein? Beschreibe mindestens einen vergleichbaren Fall.

4. Die Übersicht zu „Toleranz" 4/ gibt mögliche Begründungen, Grenzen, den Betreff und die Definition von Toleranz so an, dass eine gewisse Ordnung zustande kommt. Das hilft bei vielschichtigen Begriffen, sie besser zu verstehen. Diskutiert über die Bereiche. Fügt weitere Begründungen, Grenzen und eventuell Betreffs hinzu und ergänzt die Definition, wenn sich das aus eurem Gespräch ergibt.

5. Sammelt Berichte und Fotos aus Zeitungen zum Thema Toleranz. Fertigt daraus und mit Bezug auf die Übersicht 4/ nach und nach ein großes Schaubild an.

Einen analogen Text schreiben: Mach dir ein schönes Leben

Brian Bagnall

Du willst dir ein schönes Leben machen – wunderbar. Aber du willst auch, dass dieses schöne Leben nicht das eines Blumenkohls oder eines Käfers ist, bei allem Respekt für beide Arten, sondern ein schönes menschliches Leben. Das ist, was dir entspricht, glaube ich. Und ich bin sicher, dass du darauf für nichts auf der Welt verzichten würdest. Mensch zu sein, das haben wir bereits erwähnt, besteht in erster Linie darin, mit den anderen Menschen Beziehungen zu haben. Wenn du einen Haufen Geld haben könntest, ein Haus, viel prächtiger als ein Palast aus Tausendundeiner Nacht, die besten Klamotten, das teuerste Essen, die modernste Elektronik, aber dies alles zu dem Preis, dass du niemals wieder Menschen siehst – wärst du dann glücklich? Wie lange könntest du so leben ohne verrückt zu werden? … Aber wenn genau der Vorzug all dieser Dinge darin besteht, dass sie dir zu erlauben scheinen, eine bessere Beziehung zu den anderen zu haben? Mit Hilfe des Geldes hofft man, die anderen blenden oder kaufen zu können; die Klamotten sollen helfen, dass wir ihnen gefallen oder dass sie uns beneiden; genauso ist es mit dem schönen Haus, den guten Weinen. Ganz zu schweigen von den E-Geräten. … Sehr wenige Sachen aber bewahren ihre Vorzüge in der Einsamkeit; und wenn sie vollständig und endgültig ist, werden alle Sachen unwiderruflich bitter. Das schöne Leben des Menschen ist ein schönes Leben unter Menschen – das Gegenteil könnte auch Leben sein, aber es wird weder schön noch menschlich sein.

Ich glaube, die erste und unerlässliche ethische Bedingung ist die, entschlossen zu sein, nicht auf irgendeine Art leben zu wollen: Davon überzeugt zu sein, dass nicht alles egal ist, auch wenn wir früher oder später sterben werden. Wenn man von „Moral" redet, meinen die Leute gewöhnlich die Befehle und Gewohnheiten, die man zu respektieren pflegt, zumindest anscheinend und manchmal ohne genau zu wissen, warum. Aber vielleicht liegt die wahre Schwierigkeit nicht darin, sich einem Kodex zu unterwerfen oder sich den aufgestellten Regeln zu widersetzen (was ebenfalls bedeutet, sich einem Kodex zu unterwerfen, einem umgekehrten), sondern in dem Versuch zu verstehen. Zu verstehen, warum uns bestimmte Verhaltensweisen gefallen und andere nicht, zu verstehen, woher das Leben kommt und was es für uns Menschen „schön" machen kann.

Kodex: Sammlung von Gesetzen

Ferdinand Savater: Tu was du willst. Ethik für die Erwachsenen von Morgen. Übers. v. Wilfried Hof. Frankfurt a. M.: Campus, 1993, 3. Aufl. 1995, S. 63 f., S. 77

Einzelarbeit und Besprechung im Plenum:

1. Erläutere, was hier unter einem schönen Leben verstanden wird. Inwiefern bist du mit der Beschreibung einverstanden, inwiefern nicht?

2. Savater verwendet am Ende das Wort „Moral". Was versteht er darunter?

3. In diesem Kapitel wurden einige Hauptbegriffe der Moral bzw. Ethik behandelt: Verantwortung, Gewissen, Anderssein, Verstehen und am Ende Toleranz. Wie verhalten sich diese zu dem schönen Leben, das wir führen wollen? Schreibe (ähnlich wie Savater) einen Text in Form von Ratschlägen, in dem jeder dieser Begriffe vorkommt und in den Zusammenhang gestellt wird. Was haben sie mit einem schönen Leben zu tun?

5 Mensch, Natur, Technik

Was ist Natur, was ist Technik?

1/

2/

3/ Natur

Der Begriff „Natur" (lat.: *natura*, von *nasci* = entstehen, geboren werden) wird unterschiedlich und teilweise widersprüchlich verwendet. Unter Natur wird heute im Allgemeinen das bezeichnet, was nicht vom Menschen geschaffen wurde. Man unterscheidet zwischen belebter Natur (z. B. Pflanzen, Tiere) und unbelebter Natur (z. B. Steine, Flüssigkeiten, Gase).

Natur ist nach einer verbreiteten Auffassung das Gegenteil von Kultur, also dem, was der Mensch geschaffen hat. Andererseits ist es offensichtlich, dass Menschen Teil der Natur sind.

Naturereignisse, Naturerscheinungen sind unter anderem Regen oder Gewitter, das Klima insgesamt. Aber auch diese natürlichen Phänomene sind längst nicht mehr von der Kultur des Menschen unbeeinflusst. So wird der menschliche Umgang mit der Natur immer häufiger zum Gegenstand einer Kritik an der Kultur, an Gesellschaftssystemen oder Regierungen. Da die Natur zerstörbar ist und sich in manchen Bereichen nicht aus eigener Kraft erneuern kann, stellen sich in dieser Hinsicht mehr denn je kritische Fragen: Ökologische Probleme wie Rohstoffverknappung und Umweltverschmutzung sind die Folgen eines falschen Umgangs mit der Natur. Andererseits sind Ereignisse, die der Mensch nicht in den Griff bekommt, wie Erdbeben, Vulkanausbrüche und Ähnliches, im menschlichen Maßstab Naturkatastrophen, und hier fordert man Eingriffe in das Naturgeschehen zum Schutz vor solchen Naturgefahren.

Richard Breun

4/ Max Beckmann: Der eiserne Steg, 1922 – Düsseldorf: Kunstsammlung Nordrhein-Westfalen

5/ Technik

Das Wort „Technik“ stammt aus dem Altgriechischen: τέχνη (téchne) und bedeutet „Fähigkeit, Kunstfertigkeit, Handwerk“, wobei der griechische Begriff zwischen den heutigen Kategorien Kunst und Technik nicht unterschied. Heute versteht man unter „Technik“ Verfahren und Fähigkeiten zur praktischen Anwendung der Naturwissenschaften und zur Produktion industrieller, handwerklicher oder künstlerischer Erzeugnisse.

Technik ist grundsätzlich die Anwendung von besonderen Methoden, Prinzipien bzw. Naturgesetzen, einzeln oder in Kombination, um bestimmte Wirkungen zu erzielen. Technik kann als die Fähigkeit des Menschen verstanden werden, Naturgesetze, Kräfte und Rohstoffe zur Sicherung seiner Existenzgrundlage oder zur Befriedigung seines Bedürfnisses zur Selbstverwirklichung sinnvoll einzusetzen oder umzuwandeln. Neben den materiellen Bedürfnissen (Nahrung, Kleidung, Wohnen) werden auch kulturelle Bedürfnisse (Lesen, Schreiben, …) durch die Technik gesichert.

de.wikipedia.org/wiki/Technik (19.02.2007)

Poster gestalten

Auf einem Poster ist eine Thematik in Bild und oft auch Schrift eingängig und eindringlich dargestellt. Die Bilder müssen aussagekräftig sein. Mindestens ein Ziel, das mit dem Poster erreicht werden soll, muss vorher gut überlegt und bestimmt werden.

1. Fertige eine Mindmap für den Begriff „Natur“ an (vergleiche Kapitel 3, S. 74 f.). Schreibe möglichst viele Begriffe auf, die dir spontan einfallen, und versuche, sie zu ordnen. Lass dich dabei von den Bildern 1/ und 2/ anregen. Vergleiche deine Mindmap mit der eines Mitschülers. Wo seht ihr Gemeinsamkeiten und Unterschiede?

2. Einigt euch im Plenum über eine Mindmap „Natur“. Welche Unterteilungen sind wichtig? Was gehört inhaltlich zusammen? Worin liegen die Schwierigkeiten einer solchen Mindmap?

3. Lest den Text zum Begriff „Natur“ 3/ und vergleicht die hier genannten Unterscheidungen und Probleme mit eurer Diskussion. Versucht nun, eine Definition von „Natur“ aufzuschreiben. Fügt drei Hauptfragen hinzu, die ihr zu dem Begriff habt.

4. Führt die Aufgaben 1–3 für den Begriff „Technik“ durch. Verwendet hier die Abbildung 4/ und den Text 5/.

5. Schreibt in Partnerarbeit fünf Beispiele auf, wie der Mensch sich zur Natur verhält. Notiert dann, welche Rolle die Technik dabei spielt. Beispiel: Fleisch essen – Kochen mit Herd und Topf, Küche einrichten, Energienutzung regeln, …

6. Präsentiert und diskutiert alle Beispiele von Aufgabe 5 im Plenum. Was fällt euch auf? Natur und Technik – wie gehören sie zusammen? Und welche Stellung nimmt der Mensch dabei ein?

7. Sammelt und fertigt Fotos an zu den Themen „Natur“ und „Technik“. Gestaltet daraus zwei Poster. Beachtet dabei das, was ihr zu beiden Begriffen diskutiert habt, und versucht, es bildnerisch umzusetzen.

... und was ist der Mensch?

Seit Jahrtausenden denkt der Mensch über seine Stellung in der Welt, im Universum, im Kosmos, in der Natur nach. Schon die Verwendung dieser verschiedenen Begriffe zeigt die Unsicherheit an, mit der die Position des Menschen, sein Ort und dessen Beschreibung behaftet sind.

1/ Der Mensch in der natürlichen Stufenfolge

Aristoteles prägte in der Antike folgenden Naturbegriff:

(1) Der elementare Stoff ist die formlose Materie sowie die vier Grundstoffe Erde – Feuer – Wasser – Luft.

(2) Für die Biologie entwickelte er eine Stufenleiter der Natur (scala naturae). Sie führte vom Unvollkommenen zum Vollkommenen.

Zusammengestellt nach: Ottfried Höffe: Aristoteles. München: C.H. Beck, 1996

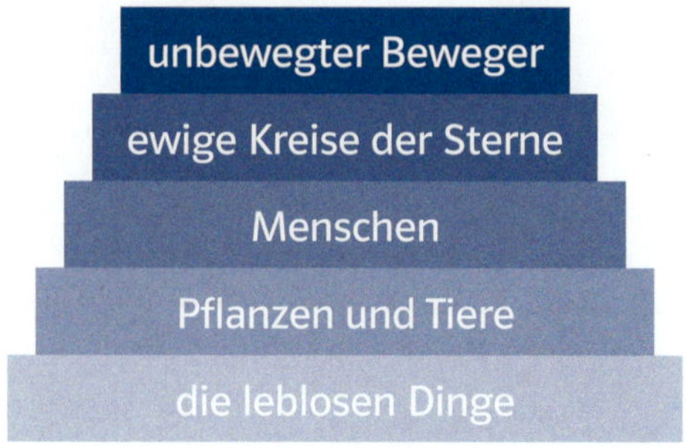

2/ Die Schöpfung

Am Anfang schuf Gott Himmel und Erde. Und die Erde war wüst und leer, und es war finster auf der Tiefe: Und der Geist Gottes schwebte auf dem Wasser.

Und Gott sprach: Es werde Licht! Und es ward Licht.

Und Gott sprach: Es lasse die Erde aufgehen Gras und Kraut, das Samen bringe, und fruchtbare Bäume auf Erden, die ein jeder nach seiner Art Früchte tragen, in denen ihr Same ist. Und es geschah so.

Und Gott sprach: Die Erde bringe hervor lebendiges Getier, ein jedes nach seiner Art: Vieh, Gewürm und Tiere des Feldes, ein jedes nach seiner Art. Und es geschah so.

Und Gott machte die Tiere des Feldes, ein jedes nach seiner Art, und das Vieh nach seiner Art und alles Gewürm des Erdbodens nach seiner Art. Und Gott sah, dass es gut war.

Und Gott sprach: Lasst uns Menschen machen, ein Bild, das uns gleich sei, die da herrschen über die Fische im Meer und über die Vögel unter dem Himmel und über das Vieh und über alle Tiere des Feldes und über alles Gewürm, das auf Erden kriecht.

Und Gott schuf den Menschen zu seinem Bilde, zum Bilde Gottes schuf er ihn; und schuf sie als Mann und Weib.

Und Gott segnete sie und sprach zu ihnen: Seid fruchtbar und mehret euch und füllet die Erde und machet sie euch untertan und herrschet über die Fische im Meer und über die Vögel unter dem Himmel und über das Vieh und über alles Getier, das auf Erden kriecht.

Und Gott sprach: Sehet da, ich habe euch gegeben alle Pflanzen, die Samen bringen, auf der ganzen Erde, und alle Bäume mit Früchten, die Samen bringen, zu eurer Speise.

1 Mose 1–3, 11, 24–29. Lutherbibel. Revidierter Text 1984, durchgesehene Ausgabe in neuer Rechtschreibung © 1999, Deutsche Bibelgesellschaft, Stuttgart, S. 3 f.

Marc Chagall: Die Erschaffung des Menschen, 1956/58

3/ Evolution

Ernstliche Zweifel an der Richtigkeit des christlichen Menschenbildes entstanden nach der Veröffentlichung des Werkes von Charles Darwin: „Die Entstehung der Arten durch natürliche Zuchtwahl" (1859):
„Was die Entstehung der Arten betrifft, so muss ein Naturforscher, der die gegenseitige Verwandtschaft der organischen Wesen, ihre embryonalen Beziehungen, ihre geographische Verbreitung, ihre geologische Aufeinanderfolge und ähnliche Tatsachen erwägt, zu dem Schlusse kommen, dass die Arten nicht unabhängig voneinander erschaffen worden sind, sondern ähnlich den Varietäten von anderen Arten abstammen.
... So dass die Arten durch langsam wirkende, noch fortdauernde Ursachen entstanden und vergangen sind, nicht aber durch wunderbare Schöpfungsakte ...

4/ Homo sapiens

Die Gattung Homo existiert heute nur noch in einer einzigen Art: Homo sapiens. Besonderheiten dieser Art können wir nur in menschheitsübergreifender, evolutionärer Sichtweise erschließen. Sie scheinen schnell gefunden: aufrechter Gang, Nacktheit, großes Hirn, Kultur, Denken, Sprache, Selbstbewusstsein – im Verlauf der Geistesgeschichte wurde mal dieses, mal jenes Attribut als besonders markanter Unterschied zum Tier herausgestellt. Die Besonderheiten des Menschen lassen sich somit sinnvoll nur im Vergleich mit nächstverwandten Tieren, also Primaten, bestimmen und beurteilen.
Heute lehrt die Biologie:
- Der Mensch ist ein Säugetier.
- Der Mensch ist ein Primat. Die Affen sind unsere nächsten Verwandten im Tierreich.

Jürgen Lethmate: Die Besonderheiten des Menschen. In: Vom Affen zum Halbgott: Der Weg des Menschen aus der Natur. Hrsg. v. Wulf Schiefenhövel. Stuttgart: Trias Verlag, 1994, S. 13

Charles Darwin: britischer Naturforscher, 1809–1882

evolutionär: sich allmählich und stufenweise entwickelnd

5/ Nur Affenkinder?

Tatsächlich zögern all jene, die lange eng mit Schimpansen zusammengearbeitet haben, nicht, zu versichern, dass Schimpansen ähnliche Emotionen durchmachen wie die, die wir als Vergnügen, Freude, Trauer, Ärger, Langeweile, usw. kennen. Manchmal ist der Gemütszustand von Schimpansen unserem so deutlich ähnlich, dass selbst ein unerfahrener Beobachter versteht, was da vor sich geht. Ein Kind, das sich schreiend zu Boden wirft und mit verzerrtem Gesicht nach allem schlägt, was in seiner Reichweite ist, ... hat offensichtlich einen Wutanfall. Ein anderes Jungtier, das um seine Mutter herumhüpft und Purzelbäume schießt und Pirouetten tanzt und zwischendurch immer wieder sich zu ihren Schoß stürzt, ... ist offenbar voller Lebensfreude ... Und man kann Schimpansenkinder nicht lange beobachten, ohne sich darüber klar zu werden, dass sie das gleiche emotionale Bedürfnis nach Liebe und Sicherheit haben wie Menschenkinder.

Jane Goodall: Ein Herz für Schimpansen. Übers. v. Ilse Strasmann. Reinbek: Rowohlt, 1996, S. 128

Online-Link: 695210-0115

1. Lies die Texte 1/, 2/ und 3/. Setze die Beschreibungen in je eine Zeichnung um, aus der die Stellung des Menschen hervorgeht. Füge eine vierte Zeichnung hinzu, in der du deine eigene Deutung der menschlichen Stellung darstellst (oder schreibe einen kurzen Text). Denke dabei z. B. an heute oft verwendete Schlagwörter wie Vernetzung, ökologischer Kreislauf. Besprecht alle Deutungen gemeinsam.

2. Lies die Texte 4/, 5/ über die Abgrenzung bzw. die Gemeinsamkeiten von Menschen und Affen. Lege eine Liste an mit Merkmalen, die nur dem Menschen eigen sind, und eine Liste mit den gemeinsamen Merkmalen von Menschen und Affen. Vergleicht eure Listen in kleinen Gruppen. Einigt euch auf je eine Liste, mit der alle in der Gruppe einverstanden sind. Diskutiert alle Listen im Plenum.

3. Neueste Forschungen (von Michael Tomasello) haben einen entscheidenden Unterschied zwischen Menschen und Menschenaffen festgestellt: Nur Menschen können ihre Aufmerksamkeit gemeinsam mit anderen auf eine Sache richten. Sie tun dies, indem sie sich mit eben diesem anderen so identifizieren, dass sie wissen, was dieser meint: Das heißt, sie übernehmen seine Perspektive und ahmen ihn so in seinem Tun und in seiner Absicht nach. Das ist die Grundlage des Spracherwerbs.
Partnerarbeit: Denkt euch Situationen aus, in denen dieser Vorgang deutlich wird (Beispiele aus dem Unterricht und aus dem Alltag). Überlegt, welche Fähigkeiten, Fertigkeiten und welches Wissen daraus weiter entstehen können.

Der Mensch als kulturelles Wesen

Kultur: Begriff aus dem Lateinischen = Bearbeitung, Pflege, Ausbildung. In der Antike war die agricultura, die Pflege des Bodens gemeint.

1/ Zur Begriffsklärung

a/ Vier Typen von Kultur:

1. Kultur als menschliche Tätigkeit überhaupt (u.a. Sprache, Religion, Kunst, Wissenschaft)
2. Kultur als System von Normen einer Gesellschaft
3. Kultur als Stufe der Menschheitsentwicklung
4. Kultur als die verschiedenen Bereiche menschlicher Lebensformen (Sittlichkeit, Bildung, wissenschaftlich-technisches Handeln, …)

Schüler-Duden Philosophie, Redaktion des Bibliografischen Instituts unter Leitung von Gerhard Kwiatkowski (Hrsg.). Mannheim, Zürich, Wien: Duden-Verlag, 1985, S. 239

b/ Wie wir zur Kultur gekommen sind, wissen wir nicht. Vermutlich entstand sie in Verbindung mit der Nahrungsgewinnung …
Wann Kultur entstand, lässt sich ebenfalls nur schätzen. Erste Hinweise sind selbstgeschaffene Werkzeuge. Und Funde von Werkzeugen des afrikanischen Homo habilis, der heute als Vorläufer des Homo sapiens gilt, deuten auf ein Alter von mehr als zwei Millionen Jahren hin. Diese ersten Werkzeuge waren äußerst primitiv, funktionstüchtigere Formen wurden nur sehr allmählich entwickelt …
Wer die besten Werkzeuge und damit auch die besten Waffen besaß, konnte sich sowohl ausreichend Nahrung verschaffen als auch bei kriegerischen Auseinandersetzungen mit anderen Gruppen die Oberhand behalten. Mit Werkzeugen ließ es sich besser und sicherer leben. Und weil das so war, bestimmte die Fähigkeit zur Werkzeugherstellung fortan auch die Selektion.
Was sich aus ihr herausbildete, war der heutige Mensch.

Ernst-Joachim Lampe: Rechtsanthropologie. Bd. 1. Berlin: Duncker & Humblot, 1970

c/ … aber mit der Menschwerdung (ist) etwas ganz eigenartig Neues eingetreten. Mit ihr entstand erstmalig im Leben selbst die Fähigkeit, den eigenen Zustand zu betrachten, die Bedingungen seiner Existenz zu begreifen und künftige Entwicklungen vorauszudenken.

Hubert Markl: Natur als Kulturaufgabe. München, Zürich: Droemer Knaur, 1991

2/ Shashiben und Tanja

Shashiben, 11 Jahre (Gujarat, Indien); sie hat noch nie die Schule besucht, ihr Clan zieht mit seinen Schaf- und Ziegenherden durch die Wüste. Shashiben wird bald selbstproduzierte Wolle in handgewebte Stoffe verwandeln. Sie melkt die Schafe und Ziegen und versorgt das Lager mit Wasser, das sie von weit entfernten Wasserlöchern in schweren Messingbehältern holt.

Tanja, 14 Jahre alt;
Tanja liest in ihrer Freizeit sehr viel und schreibt auch gern selbst Geschichten. Manchmal stellt sie eine Geschichte ins Internet, damit auch andere sie lesen können.

3/ Was den Menschen ausmacht

a/ Der Mensch ist durch seine Vernunft bestimmt, in einer Gesellschaft mit Menschen zu sein und in ihr sich durch Kunst und Wissenschaften zu kultivieren, zu zivilisieren und zu moralisieren …
Immanuel Kant: Werke. Bd. III. Hrsg. v. Ernst Cassirer. Berlin, 1923, S. 219

b/ … ist nämlich der Mensch im Gegensatz zu allen höheren Säugern hauptsächlich durch Mängel bestimmt, … der Mensch wird von den meisten Tieren an Schärfe der Sinne übertroffen, er hat einen geradezu lebensgefährlichen Mangel an echten Instinkten und er unterliegt während der ganzen Säuglings- und Kinderzeit einer ganz unvergleichlich langfristigen Schutzbedürfigkeit.
Arnold Gehlen: Der Mensch. Wiesbaden: Akademische Verlagsgesellschaft, 1978, S. 33

c/ Der Mensch muss „sich **zu dem, was er schon ist, erst machen**". Er „lebt nur, indem er ein Leben führt." So „braucht er ein Komplement nichtnatürlicher, nichtgewachsener Art. Darum ist er von Natur, aus Gründen seiner Existenzform künstlich." In dieser Bedürftigkeit liegt das Movens für alle spezifisch menschliche und mit künstlichen Mitteln arbeitende Tätigkeit, der letzte Grund für das **Werkzeug** und dasjenige, dem es dient: die **Kultur**.
Helmuth Plessner: Die Stufen des Organischen und der Mensch. Berlin, New York: de Gruyter, 1975, S. 309ff.

Komplement: Ergänzung

Movens: Antrieb, Beweggrund

d/ Der Mensch ist von jeher – wenn etwas ihn kennzeichnet – immer der Vorausschauende, der um die Zukunft Besorgte, eben: der Planende.
Adolf Portmann: Vom Lebendigen. Frankfurt a. M.: Suhrkamp, 1979, S. 124

e/ Mit dem Tiere verglichen, das immer Ja zum Wirklichsein sagt – auch da noch, wo es verabscheut und flieht – ist der Mensch der Neinsagenkönner, …
Max Scheler: Die Stellung des Menschen im Kosmos. Bonn: Bouvier, 1991, S. 55

Zitate erschließen

Viele Zitate von Philosophen und Wissenschaftlern müssen gedeutet werden. Zunächst versucht man, die Aussage als Ganzes zu verstehen. Dann werden die Teilaussagen (Sätze) untersucht. Dafür muss man Begriffe und zunächst unverständliche Zusammenhänge klären. Danach bezieht man diese Teile wiederum auf die ganze Aussage und vertieft deren Bedeutung. Außerdem ist es immer von Vorteil, Beispiele zu finden. Schließlich gibt man das Zitat in eigenen Worten wieder.

1. Erarbeitet eine Mindmap zum Begriff „Kultur" (vergleiche Kapitel 3, S. 74 f.) Vergleicht Sie mit den Bestimmungen von Kultur im Material 1/. Was fehlt eventuell noch in der Mindmap? Was ist nach a/ und b/ das Neue, das den Menschen ausmacht? Was ist es für euch?

2. Denkt zuerst über folgende Fragen nach und diskutiert sie dann gemeinsam: Welche kulturellen und technischen Leistungen sind in den Bildern und Kurzbeschreibungen 2/ zu erkennen? Bedenkt, was alles zur Herstellung und Nutzung dessen, was hier jeweils verwendet wird, gehört.

3. Bildet 5 Gruppen. Jede Gruppe beschäftigt sich mit einem der Zitate 3a/–3e/. Denkt euch möglichst viele Beispiele aus, um das Zitat zu erschließen. Arbeitet mit euren Beispielen und weiteren Erläuterungen in eigenen Worten ein Kurzreferat aus.

4. Die Referate kann je ein Gruppenvertreter halten oder ihr teilt sie in der Gruppe auf (vergleiche Arbeitstechniken, S. 266 f.). Für das Plenum wird ein Gesprächsleiter bestimmt. Er leitet im Anschluss an das Referat die Fragerunde der Zuhörer an die jeweilige Gruppe.

5. Jede/r schreibt nun selbst einen kurzen Text: „Der Mensch ist …"

Die Welt der Sanema

Sanema: Ein Stamm, der im Regenwald des Amazonas in Südamerika lebt. Die Sanema gehören zu der Gruppe der Yanomamo. Jeder Stamm dieser Gruppe hat seine eigene Sammlung von Geschichten. Von Generation zu Generation wurden diese Geschichten mündlich weitergegeben. Die Sanema glauben, dass alle Lebewesen im Regenwald aus gemeinsamen Ahnen entstanden sind. Sie sind überzeugt, dass die Geister dieser Ahnen immer noch im Regenwald wohnen.

1/ Die Schöpfungsgeschichte der Sanema

Komm her, setz dich hin und hör die Geschichte von der Curare-Frau und dem ersten Jaguar. Nun, der Jaguar hatte sehr gern Fleisch, und so fing er eines Tages Waipili, den Frosch. Der Jaguar befahl der Curare-Frau, Waipili zu zerschneiden, und er aß den Frosch auf. Aber die Curare-Frau rettete zwei Kaulquappen mit Namen Omao und Soawe. Sie versteckte sie in einem Topf.

Die Curare-Frau beschützte Omao und Soawe vor dem Jaguar. Sie wuchsen schnell. Aber der erste Jaguar war immer noch eine Gefahr für sie. Eines Tages brachte Omao den Jaguar dazu, auf einen Baum zu klettern. Die Ranke einer Schlingpflanze hatte den Baum wie einen Bogen gespannt. Als sie losließ, wurde der Jaguar in die Luft geworfen und getötet.

Nun war Omao hungrig, denn er wusste nicht, wie man Yucca anbaut. Nur Lalagi-gi, die himmlische Anaconda-Schlange, wusste, wie man Pflanzen zieht. Obschon Omao sich sehr vor Lalagi-gi fürchtete, wollte er lernen, wie man Yucca pflanzt. So gab er der Schlange etwas Fleisch. Dafür brachte Lalagi-gi Yucca-Setzlinge, Yams, Mais und andere Dinge.

Es war vor langer, langer Zeit, dass Omao die Vorfahren der Sanema schuf. Er entschloss sich, dafür Bäume aus hartem Holz zu verwenden. Aber Omao hatte große Schwierigkeiten, solche Bäume zu finden. So bat er seinen Bruder Soawe um Hilfe. Soawe war faul. Anstatt Bäume aus Hartholz schlug er solche aus weichem Holz.

Als Omao zurückkam, wurde er sehr zornig. „Ich wollte doch Menschen aus Hartholz machen“, sagte er. „Dann würden sie ewig leben können. Sie müssten nur von Zeit zu Zeit die alte Haut abstreifen. Und ich wollte Anacondas aus weichem Holz machen, so dass sie schwach wären und jung sterben würden.“ Omao war so zornig, dass er die Menschen, die Sanema, aus weichem Holz machte. So kommt es, dass die Menschen schwach sind und nicht ewig leben können. Dann formte er die Anacondas aus der starken Rinde der Hartholzbäume. Deshalb können Anacondas sich häuten, und sie leben sehr lange. Omao war immer noch zornig und verließ die Welt. Ganz, ganz weit, den Fluss hinunter ging er, bis dort, wo der Himmel anfängt.

2/ Die Jungen lernen bereits früh Fischfang und Jagd von den Männern des Stammes.

3/ Was die Geschichte bedeutet

Das Volk der Sanema lebt in den Wäldern von Südamerika, in der Gegend großer Flüsse, die in den Amazonas münden. Da gibt es riesige Bäume, wunderbar farbige Vögel, die laut pfeifen und zwitschern, und wilde Tiere wie den Jaguar. In den Flüssen lebt die riesige Anaconda-Schlange, und da gibt es laut quakende Frösche. So ist es nicht erstaunlich, dass diese Tiere alle in den Geschichten der Sanema vorkommen, als hätte es sie immer gegeben.

Die Geschichte beginnt mit der Curare-Frau und dem ersten Jaguar. Das ist wichtig. Die Sanema glauben, dass in den ersten Tagen der Erde alle Lebewesen Ahnen hatten, die menschenähnlich waren. Nur weil irgendein Unglück geschah, eine Änderung eintrat, wurden diese „menschlichen" Ahnen in die ersten Pflanzen, Vögel, Insekten und all die anderen Tiere verwandelt, die jetzt den Dschungel bewohnen. Zum Beispiel wurde aus der Curare-Frau die Curare-Schlingpflanze.

Die Sanema glauben zwar, dass aus den menschenähnlichen Vorfahren Tiere und Pflanzen des Waldes wurden, sie sind aber überzeugt, dass echte Menschen auf ganz andere Weise geschaffen wurden. Genau wie die mächtige Anaconda-Schlange wurden sie von Omao selbst geschaffen. Sie wurden aus den Bäumen geformt, die die Sanema noch heute im Regenwald finden. Das ist wichtig, denn es zeigt, dass die Sanema meinen, sie seien anders als alle anderen Wesen im Regenwald.

Die Sanema glauben daran, dass im Wald immer noch die Geister der Ahnen aller Tiere und Pflanzen sind. Diese Ahnengeister heißen „Hekula" und sind sehr wichtig. Sie bilden eine natürliche Kraft, über die bestimmte, besonders begabte Menschen unter den Sanema verfügen können. Die Sanema sind überzeugt, dass immer dann, wenn sie ein Tier töten oder eine Pflanze abreißen, die Geister dieser Lebewesen freigelassen werden. Diese Geister, besonders die der getöteten Tiere, möchten sich rächen. Wenn jemand krank wird, so glauben die Sanema, dass dies die Rache heimatloser Geister von Tieren und Pflanzen ist. Jene besonderen Menschen in einem Stamm, die man „Schamanen" nennt, können dann die Macht der „Hekula" rufen, damit sie ihnen hilft, die Krankheiten, die durch die Geister verursacht wurden, zu vertreiben.

Die Vorstellung, dass die Natur eine lebendige und starke Kraft ist, von Ahnen geschaffen und von Geistern bewohnt, zeigt sich in allen Geschichten der Sanema. So drücken die Sanema aus, dass sie sich vom Wald und seinen Lebewesen abhängig fühlen und dass sie Ehrfurcht vor ihm empfinden. In der Geschichte der himmlischen Anaconda-Schlange Lalagi-gi zeigt sich das besonders deutlich. Lalagi-gi wird gefürchtet, sogar von Omao. Aber sie ist es, die Omao und seinen Leuten beibringt, wie man von den Früchten des Waldes leben kann. Der Wald ist eine Welt, die man mit Respekt, Sorgfalt und Vorsicht behandeln soll.

Beide Texte: Esther Bisset, Martin Palmer: Die Regenbogenschlange. Geschichten vom Anfang der Welt. Übers. v. Doris Halter und Hedy Wyss. Bern: Zytglogge und WWF Schweiz, 1994, S. 56 f.

4/ Zwei Schamanen und ihr Gehilfe bitten die Geister um Beistand.

1. Schöpfungsgeschichten sind kulturelle Erzeugnisse. Lies die Geschichte 1/ und deren Deutung 3/. Beantworte dazu schriftlich folgende Fragen:
   a) Wie sehen sich die Sanema selbst?
   b) Wie sehen sie die Natur und ihre eigene Stellung in ihr?
   c) Welche kulturellen Tätigkkeiten kommen in der Schöpfungsgeschichte vor?

2. Besprecht eure Ergebnisse im Plenum. Vergleicht dann diese Schöpfungsgeschichte mit derjenigen aus der Bibel (S. 114, 2/). Beantwortet dazu die Fragen aus Aufgabe 1 für diese Geschichte. (Ihr müsst dabei, statt an die Sanema, an die Angehörigen der Kultur denken, von denen die biblische Schöpfungsgeschichte handelt.) Was fällt euch auf?

3. Schreibe selbst eine Schöpfungsgeschichte. Lest eure Geschichten vor und beantwortet erneut die drei Fragen aus Aufgabe 1.

Vergleiche ziehen, Analogien bilden, Kontrasterfahrungen machen

Für viele Fragestellungen der Philosophie und Ethik ist es hilfreich, wenn man etwas vergleichen kann. Im Vergleich stellen sich nicht bloß Unterschiede und Gemeinsamkeiten heraus, sondern es können auch von einer anderen Sichtweise und Lebensform ausgehend Analogien gebildet, d. h. Entsprechungen gefunden werden. Damit kann man herausarbeiten, was die eigene Sichtweise und Lebensform eigentlich ausmacht. Das Verglichene wird jeweils vor dem Hintergrund des anderen sichtbar, so dass man den Kontrast erfährt. Was auf der jeweiligen Seite des Vergleichs im Dunkeln lag, wird erhellt – durch den Scheinwerfer des Vergleichs bzw. der Analogie. Beispiel: Was entspricht bei uns der Jagd, die die Sanema veranstalten? Was hat dieselbe Funktion? (Mögliche Antwort: das Einkaufen, aber auch das Schlachten, …)

Wie die Sanema leben

Die Sanema sind umgeben von dichtem Urwald mit großen Flüssen und wilden Tieren. Für die Sanema ist das die Welt. Sie können sich nicht vorstellen, dass es einen Ort geben kann, wo es keine Bäume, kein Wasser und nicht so viele verschiedene Tiere gibt.

Die Sanema führen ein gefährliches Leben. Jaguare, Schlangen, Überschwemmungen, ein plötzlicher Erdrutsch, all das kann Lebensgefahr bedeuten. Aber im Regenwald gibt es dafür alles, was man zum täglichen Leben braucht: Holz für die Häuser, Früchte und Tiere zum Essen.

Das ist die Welt, in die die Geschichten der Sanema hineinpassen. In ihnen spiegelt sich all die Verheißung und die Gefahr, die der Wald für die Sanema bereit hat.

Die Gefahr wird symbolisiert durch die rachsüchtigen Geister der Tiere, die getötet worden sind. Der Wald hat zwar Nahrung für die Sanema bereit, aber er gibt sie nicht so willig her, wenn es sich um Tiere und Vögel handelt. Doch wenn die Rachegeister angreifen, zum Beispiel, indem sie jemanden krank machen, so gibt es noch mächtigere Geister, die den Sanema zu Hilfe kommen. Das sind die Hekula-Geister verschiedener Tiere, von Vögeln und Bäumen.

Wenn die Sanema Bäume schlagen, um ihre Dörfer zu bauen, so geraten sie dadurch nicht in Gefahr. In einem Dorf leben verschiedene Familien zusammen. Jede Familie baut einen Teil des Dorfes zusammen mit den andern Familien. Mit der Zeit entsteht ein großes, rundes, mit einem Strohdach bedecktes Gebäude und einem offenen Hof in der Mitte. Das Dorf ist aus Bäumen, Schlingpflanzen und Ästen des Waldes gebaut. Ein schmaler Streifen ums Dorf herum wird gerodet, damit dort ein Garten für Yucca, Yams, Mais und andere Nahrungspflanzen entsteht. Der Wald rächt sich nicht, wenn die Menschen dies tun; denn wenn sie das Dorf wieder verlassen, verfallen die Häuser, das Holz verrottet, wird zu Erde, und der Wald wächst schnell wieder nach.

→

Doch die Jagd ist gefährlich. Wer ein Lebewesen tötet, nimmt es dem Wald, der Natur weg. Wenn die Jäger eines Dorfes ein Tier töten, so glauben sie, dass sie seinen Geist befreit und ihn dazu noch verärgert haben. Er wird sich vielleicht rächen. Deshalb muss der Schamane ganz besondere Rituale durchführen. Sonst werden die Jäger oder jemand, der von dem Fleisch gegessen hat, krank. Die Sanema essen gern Fleisch, aber sie wissen sehr gut, was sie tun müssen, damit sie das können.

Eine andere Vorstellung der Sanema zeigt sehr schön, dass der Wald die Menschen braucht und sie ihn. Die Sanema glauben, dass wenn ein kleiner Knabe geboren wird – genau im selben Augenblick –, auch ein Adler ein Ei legt. Aus diesem Ei schlüpft ein kleiner Adler und wächst heran, genauso, wie der kleine Junge zum Manne wird. Wenn der Knabe oder der Mann krank wird, wird auch der Adler krank. Wenn der Vogel verletzt wird, dann verletzt sich auch der Junge. Wenn einer von beiden stirbt, dann stirbt auch der andere. Vielleicht sehen sie einander nie, aber sie gehören zusammen.

Der „Lebenspartner" eines Mädchens ist ein ganz kleines Tier, ähnlich dem Wiesel. Und genau das, was für den Jungen und den Adler gilt, trifft auch für das Mädchen und dieses Tier zu. So hüten sich denn die Sanema davor, je einen Adler oder eines dieser Wiesel zu töten, denn sie glauben, dass sie damit ein menschliches Wesen töten würden.

Leider ist die Lebensweise der Sanema im Einklang mit dem Wald in Gefahr. Von außen dringen andere Menschen in den Urwald ein. Sie fällen so viele Bäume, dass der Wald sich davon nicht mehr erholt. Sie schießen so viele Tiere, dass einige Arten aussterben. All das bringt Krankheiten, Tod und Zerstörung zu den Indianerstämmen im Wald. Es kann sein, dass in einigen Jahren dieses feine Gleichgewicht, in dem die Menschen hier mit der Natur bis heute leben konnten, für immer zerstört sein wird. Wenn das geschieht, dann werden die Sanema, die den Wald fürchten, ihn achten, von ihm leben und für ihn Sorge tragen, auch verschwunden sein.

Esther Bisset, Martin Palmer: Die Regenbogenschlange. Geschichten vom Anfang der Welt. Übers. Doris Halter und Hedy Wyss. Bern: Zytglogge und WWF Schweiz, 1994, S. 56 f.

Arbeit in kleinen Gruppen

1. Lest den Text „Wie die Sanema leben". Schreibt die Oberbegriffe (Kategorien) heraus, in denen das Leben dargestellt wird, also z. B.: Umgebung, Gefahr, Nahrung, Dorf, … Schildert nochmals zu jedem Oberbegriff, was hier gesagt wird.

2. Verwendet nun diese Begriffe, um euer Leben in der Kultur und Umgebung, in der ihr jetzt lebt, in ähnlicher Weise darzustellen – wie für jemanden, der euch überhaupt nicht kennt.

3. Fügt eine „Analogie" zum letzten Abschnitt hinzu: Woher kommt eine mögliche Bedrohung? Wie steht es mit dem Gleichgewicht zwischen Lebensweise und (natürlicher) Umgebung sowie dessen Gefährdung? Vergesst auch nicht, für die Rolle des Schamanen (eine Art „Zauberer", Heiler) und sein Ritual eine Analogie zu finden.

4. Tragt eure Texte vor und diskutiert sie. Welche Kontrasterfahrungen werden deutlich? Inwiefern und in welchen Punkten unterscheidet sich die eigene Lebensweise von derjenigen der Sanema? Was fällt euch bei beiden besonders auf?

5. Überlegt am Ende, welche Vorteile dieses Verfahren hat, welche Schwierigkeiten ihr seht und wo es angewandt werden kann.

Planspiel entwickeln und durchführen

In einem Planspiel werden zu einer bestimmten Thematik eigene Erfahrungen gesammelt. Das gelingt, indem man eine Planung durchführt, in der die eigenen Vorstellungen so umgesetzt werden, dass sie der Realität entsprechen können. In diesem Planspiel geht es darum, Vorstellungen vom Aufbau einer Stadt und damit auch vom Zusammenleben der Menschen auf begrenztem Raum zu entwickeln.
Der Mensch gestaltet sein Leben in der Natur durch Technik. So konnten die menschlichen Gemeinschaften immer größer werden. Behausungen wurden gebaut, Dörfer entstanden und schließlich Städte, die immer größer werden. Gerade die Entwicklung der Stadt ist ein Beispiel für die Veränderung des Lebens und der alltäglichen Lebensbedingungen. Dieser Wandel hat nicht nur technische Voraussetzungen (z. B. für den Bau von Hochhäusern, Straßen), sondern es werden auch Entscheidungen getroffen für die natürliche Umgebung (z. B. Parkanlagen statt gewachsenem Baumbestand) und für das kulturelle Leben (z. B. große Schulzentren statt kleiner Dorfschulen).

Das Planspiel führt man am besten in **kleinen Gruppen** durch, in welchen weitere Aufgaben verteilt werden können. Zunächst sollte man sich über die eigenen Vorstellungen und über die realen Bedingungen der Stadtplanung klar werden. Dazu dienen die Abbildungen: Hier sind Städte aus verschiedenen Jahrhunderten zu sehen, wie man sie sich vorgestellt hat und wie sie wirklich gebaut wurden.

1. Vergleicht die Stadtansichten und beschreibt sie. Worin unterscheiden sie sich am auffälligsten? An welche Städte oder Stadtteile, die ihr kennt, erinnern sie euch? Wo würdet ihr gern/ungern wohnen und leben? Begründet. Wie muss man sich den Alltag und das Zusammenleben in der jeweiligen Stadt vorstellen? Welche Bedeutung hat die „natürliche Umgebung" für das Leben in dieser Stadt?

2. Wie müsste eure Stadt der Zukunft aussehen? Überlegt zunächst, was dabei alles beachtet werden muss (z. B. Energieversorgung, Nahverkehr, Erholungsräume, Bepflanzung usw.). Was braucht man in einer Stadt, um in ihr leben und sich wohlfühlen zu können? Stellt eine Zeichnung, eine Skizze, ein Modell, einen Plan oder auch eine Collage her und erläutert mit Symbolen die Bauten, Verkehrswege, öffentlichen Gebäude usw.

3. Präsentiert eure Modelle im Plenum. Besprecht nun, welche Rolle Natur und Technik in euren Plänen spielen. Woran habt ihr gedacht, was habt ihr vergessen? Achtet im weiteren Verlauf des Kapitels auf die ökologischen Zusammenhänge und ergänzt euer Modell entsprechend.

1/ 2006 Johannesburg, Südafrika: „Licht und Schatten einer Megastadt"

2/ 1999 Disneyland Paris: „Die Stadt der Sehnsüchte“

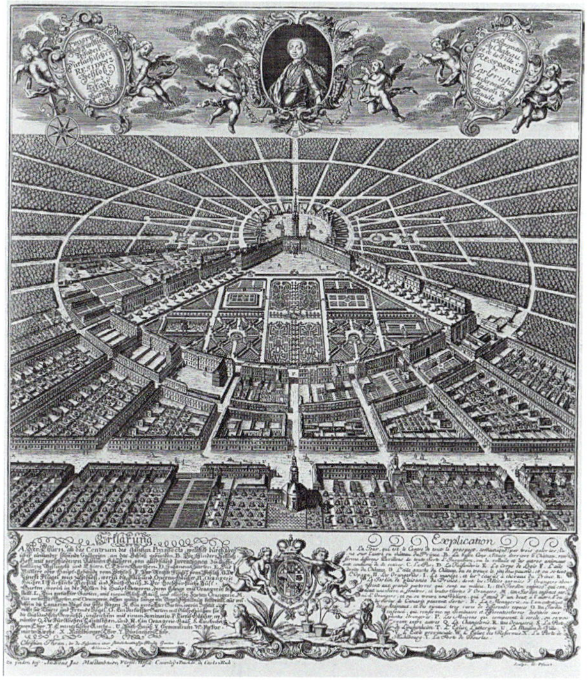

3/ 1715 Karlsruhe: „Die kreisförmige Schloss- und Parkstadt“

4/ 15. Jh.: „Die Idealstadt“

5/ 1924 Hilberseimer: „Der Traum von der rationalen Stadt“

Städte und Dörfer der Zukunft

Ökotop: kleinste ökologische Einheit einer Landschaft

1/ Leben ohne Autos – Die neuen Städte Ökotopias

Sie heißt Alviso und war einst ein verschlafenes Nest am südlichen Ende der San Francisco Bay. Man erreicht sie mit der Stadtbahn und steigt im Untergeschoss eines großen Gebäudekomplexes aus. Zentrum der Anlage ist, wie sich herausstellte, nicht etwa das Rathaus oder der Gerichtshof, sondern eine Fabrik. Sie stellt elektrische Zugmaschinen her – man kann sie kaum in unserem Sinne als Autos oder Lastwagen bezeichnen –, die für den Transport von Menschen und Frachtgütern in Stadt und Land benutzt werden.
Rund um die Fabrik, wo bei uns ein riesiger Parkplatz angelegt wäre, stehen in Alviso in dicht gedrängter Gruppe Gebäude und dazwischen überall Bäume. Es gibt dort Restaurants, eine Bücherei, Bäckereien, einen „Grundbedarfsladen" für Lebensmittel und Kleidung, kleine Geschäfte, ja sogar Fabriken und Betriebe – im bunten Wechsel mit Wohnhäusern, die im Allgemeinen nur drei bis vier Stockwerke hoch sind und einen Innenhof umschließen, wie man ihn in dieser Art aus dem alten Paris kennt. Die Gebäude bestehen fast vollständig aus Holz, das im Zuge des Aufforstungsprogramms zum vorherrschenden Baumaterial in Ökotopia geworden ist, und wirken zwar altmodisch, haben aber hübsche kleine Balkons, Dachgärten und Veranden, die oft mit Pflanzen oder sogar kleinen Bäumen bestanden sind. Die Wohnungen selbst sind nach unseren Maßstäben sehr groß – den Wohngemeinschaften, für die sie gedacht sind, stehen zehn bis fünfzehn Räume zur Verfügung.

2/ Schulen in Ökotopia

Der lockere Stundenplan an den ökotopianischen Schulen (und das mildere Klima) erlaubt es den Kindern, weitaus längere Zeit an der frischen Luft zu verbingen, als bei uns üblich. Das bedeutet, dass die Jugendlichen bereits während ihrer gesamten Schulzeit körperlich überdurchschnittlich aktiv sind. Schulgruppen unternehmen häufig Ausflüge: Es ist nichts Außergewöhnliches, wenn Sechsjährige sich zusammen mit älteren Kindern mit schweren Rucksäcken auf Wanderungen abplagen, die vier oder fünf Tage dauern und durch recht unwegsames Gelände führen können. Wenn die Schüler eine höhere Unterrichtsstufe erreicht haben (der Begriff „Klasse" wird nicht in unserem Sinne gebraucht), beginnt eine Ausbildung in Angeln, Jagen und Überlebenstechniken, die viel Zeit in Anspruch nimmt und auf Kosten der Allgemeinbildung geht. Sie sind gehalten, nicht nur die Grundtechniken, sondern auch die Herstellung ökologisch akzeptabler Hilfsmittel – Angelhaken, Pfeil und Bogen usw. – unter den Bedingungen der Wildnis zu erlernen.

Beide Texte Ernest Callenbach: Ökotopia. Übers. v. Ursula Clemeur u. Reinhard Merker. Berlin: Rotbuch-Verlag, 1990, S. 34 f., 49 f., 53 f.

Thomas More: ca. 1478–1535, englischer Staatsmann und Humanist. In seinen Schriften setzte er sch für ein humanes Miteinander der Menschen ein.

Ökotopia

Das Wort „Ökotopia" ist gemischt aus „Ökotop" (s. Randspalte) und „Utopia"; letzteres war in der Schilderung von Thomas More eine von ihm 1516 erfundene Insel, auf der er das Zusammenleben so beschrieb, wie es seiner Ansicht nach sein sollte. „Utopie" kommt von *u topos* (griech.) = kein Ort, nirgendwo; damit bezeichnet man Idealvorstellungen von einem künftigen Leben.

3/ Die Entwicklung des Dorfes in Deutschland

a/ Mahsdorf 1953

b/ Mahsdorf 1972

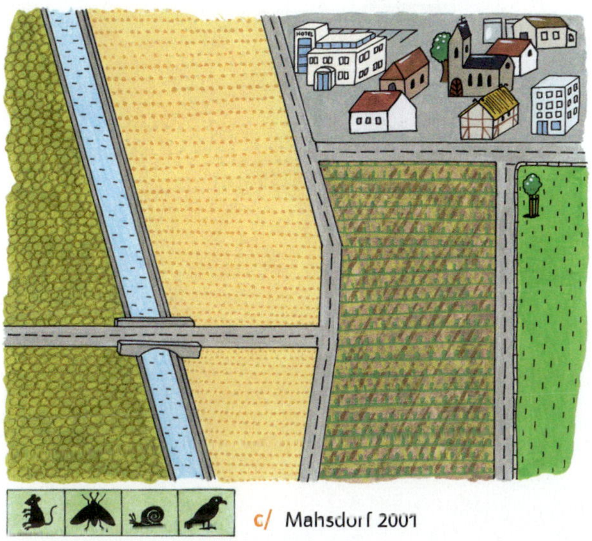

c/ Mahsdorf 2001

Zeichnungen: Katja Wehner

Diskussion im Plenum

Ein Thema muss häufig zunächst allein oder zu zweit oder in kleineren Gruppen bearbeitet werden. Dabei wird es oft in Teilthemen aufgespaltet. Möglich ist es auch, dass jede Kleingruppe zum selben Thema arbeitet. Am Ende aber sollten die erreichten Ergebnisse noch einmal unter allen Teilnehmern diskutiert werden, um alle Gesichtspunkte kennen zu lernen und sich gegebenenfalls zu berichtigen. Die Gesamtheit der Gruppe oder Klasse nennt man dann Plenum.

Online-Link:
695210-0125

Arbeitet in den Planspielgruppen von S. 122 weiter:

1. Vergleicht die Beschreibung Ökotopias 1/, 2/ mit euren Modellen. Inwiefern ist in eurem Plan die „ökotopische" Lebensweise möglich, inwiefern nicht? Wie stellt ihr euch in eurem Modell das Lernen und Schulleben vor? Was muss auf jeden Fall gelernt werden, was ist weniger wichtig? Vergleicht es wieder mit Ökotopia.

2. Betrachtet die Entwicklung 3/ und beantwortet folgende Fragen: Wie haben sich das Dorfbild und das Umfeld in 50 Jahren verändert? Wie hat sich das Leben der Menschen wohl verändert (vor allem technisch und kulturell)? Warum sind solche Veränderungen im ländlichen Bereich erfolgt, und welche Auswirkungen haben sie auf die Tier- und Pflanzenwelt gehabt? Welche Schlussfolgerungen müssten aus der Verminderung der Artenvielfalt gezogen werden? Wie müsste die Landwirtschaft in Ökotopia aussehen?

3. Ergänzt die Reihe um eine Zeichnung „Mahsdorf heute". Erläutert die Verbindung zwischen dem Dorf, der Landwirtschaft und eurem Stadtmodell, also Fragen wie: Woher kommt die Nahrung? Wie wird sie produziert? Worauf achten Verbraucher heute?

4. Diskutiert eure Ergebnisse im Plenum. Beachtet folgende Fragen: Welche realen Bedingungen müssen berücksichtigt werden? Was wird jetzt schon getan? Was muss und kann noch getan werden?

5

Ein Forum veranstalten – „Natur und Technik"

Ein **Forum** ist eine Art Marktplatz. Im alten Rom war das Forum der Treffpunkt, um wichtige Dinge, die alle Bürger angingen, zu besprechen und gemeinsam zu entscheiden (allerdings waren damals nicht alle Einwohner beteiligt, z. B. die Frauen und die Sklaven nicht). Auf einem Forum werden Informationen bereitgestellt und bewertet. Jeder hat das Recht, sich am Informationsaustausch und an der Diskussion zu beteiligen, **erstens** um sich selbst eine Meinung zu bilden, und **zweitens,** um zur Meinungsbildung der anderen und des ganzen Forums beizutragen.

Das Forum ist zugleich eine Gelegenheit, fächerübergreifend zu arbeiten. Das Thema „Natur und Technik" bietet sich u.a. für Fächer wie Biologie und Physik, Wirtschaftslehre und Sozialkunde bzw. Politik an.

Das Thema dieses Forums lässt sich mit einer Aussage des Philosophen Oswald Schwemmer umreißen. Er sagt, dass der Mensch **durch Technik geprägt** sei. Man könne das Wesen des Menschen nur erfassen, wenn man ihn als jemanden ansieht, der **sich selbst durch Technik hervorbringt**. Durch die unterschiedlichen Formen dieser Technik werden unser Handeln, Denken und Fühlen geprägt.

Die Doppelseiten 128/129 bis 134/135 behandeln einige der Bereiche, in denen der Mensch in die Natur eingreift und sich so sein eigenes Leben und sich selbst „schafft". Aus den Texten, Zitaten, Bildern und Schaubildern lassen sich folgende Schwerpunkte erschließen:
1) Der Umgang des Menschen mit natürlichen Ressourcen wie Boden, Luft, Wasser, Pflanzen, Tiere und was er dabei beachten muss
2) Die technischen Erfindungen, die bei der Nutzung und zugleich Schonung der Natur helfen
3) Der Zusammenhang zwischen technischen Möglichkeiten, die einerseits zu Umweltbelastungen führen und solchen, die andererseits zur Umweltschonung beitragen
4) Wie all das die Lebensweise der Menschen beeinflusst

Bildet pro Doppelseite eine Gruppe. Jede der vier Gruppen beschäftigt sich intensiv mit ihrem Thema. Am besten ist es, weitere Literatur und Informationen (aus sachkundlichen Schulbüchern, aus dem Internet, aus Broschüren zuständiger Ministerien, …) zu Rate zu ziehen. Bereitet das Gelesene und Gesehene so auf, dass ihr es auf dem Forum verständlich präsentieren könnt. Legt dabei besonderen Wert auf den Zusammenhang zwischen natürlicher Umwelt und technischem Fortschritt.

Beachtet bei der Bearbeitung eures Themas:
1. Wie beeinflussen sich natürliche Umwelt und technischer Fortschritt gegenseitig?
2. Welche Maßnahmen sollten im jeweiligen Bereich getroffen werden, um einen Ausgleich zwischen den Bedürfnissen der natürlichen Umgebung und dem Ressourcenverbrauch durch den Menschen gerecht zu werden?

Außerdem:

3. Welche Begriffe müssen geklärt werden?
4. An welchen Beispielen wird die Fragestellung besonders deutlich?
5. Wie und wo treffe ich das Problem im Alltag an?

Und schließlich:

6. Was kann jeder selber tun (Vermeiden, Verzichten, Schonen, Einsparen, Lebensgewohnheiten ändern, …)?

Jede Gruppe präsentiert ihr Thema **auf dem Forum**. Dann wird eine **Diskussion im Plenum** veranstaltet zu den Fragen:
1. Wie prägt die Technik unser Handeln, Denken und Fühlen?
2. Wie wollen wir eigentlich leben?
3. Welche Verantwortung trägt der Mensch für Natur und Umwelt?
4. Welche Verantwortung trägt jeder Einzelne?
5. Wie kann man dieser Verantwortung gerecht werden?

Abschließend solltet ihr zu Schlussfolgerungen kommen und überlegen, welche Konsequenzen eure Arbeitsergebnisse für euch selbst haben.

Forum „Natur und Technik“:
1/ Klima und Boden

1/ Klimaveränderung auf der Erde

Die Tatsache, dass das Klima sich derzeit bereits verändert, ergibt sich direkt aus Messungen – die Jahre 1998, 2001, 2002, 2003, 2004 und 2005 waren die sechs wärmsten seit Beginn der Aufzeichnungen im Jahr 1861. Die Gletscher gehen weltweit zurück und Daten zeigen, dass das Klima gegen Ende des 20. Jahrhunderts so warm war wie nie zuvor seit mindestens 1000 Jahren.

Die bislang sichtbare Klimaänderung ist nur ein kleiner Vorbote viel größerer Veränderungen, die bei einem ungebremsten Anstieg der Treibhausgaskonzentration eintreten werden. … Das IPCC rechnet mit einem globalen Temperaturanstieg von 1,4 bis 5,8° C bis zum Jahr 2100.

Dies wird mit Sicherheit einschneidende Folgen für die Biosphäre haben, auch wenn sie noch nicht im Einzelnen vorhersehbar sind. Viele Biologen befürchten daher in diesem Jahrhundert ein Massensterben von Tier- und Pflanzenarten… Zu den ersten betroffenen gehört die alpine Flora und Fauna, die auf den Bergspitzen wie auf kleinen Inseln der Kälte in einem Meer der Wärme die Warmphasen überlebt und auf die nächste Eiszeit wartet.

Der Klimawandel wird zunehmen und droht, wenn er nicht rechtzeitig gestoppt wird, Naturschutzbemühungen an vielen Orten der Erde zunichte zu machen.

Stefan Rahmstorf, Hans Joachim Schellnhuber: Der Klimawandel. München: C.H. Beck, 2006, S. 8, 53, 75f.

2/ Der Wärmehaushalt der Erde

Auf der Erde und in der sie umgebenden Atmosphäre laufen sich ständig wiederholende Prozesse, zum Beispiel Kohlenwasser-Stickstoff-Kreisläufe und Wasserkreisläufe, ab. Diese Kreisläufe werden dann beeinflusst, wenn sich die Bedingungen bzw. Einflussgrößen (z.B. Temperaturen, Stäube usw.) ändern. Äußerst wichtig für solche Prozesse ist das herrschende Klima, welches in der erforschten Erdgeschichte relativ konstant blieb. Selbst zwischen Eiszeiten und Warmzeiten schwankte die Temperatur um maximal 4° C. Nun bedroht der so genannte Treibhauseffekt diese Kreisläufe.

Die „Ozonschicht“ in der Stratosphäre „filtert“ die für das Leben schädlichen Bestandteile der Sonnenstrahlung aus. Wasserdampf und Gase, wie FCKW, Ozon, Lachgas und Methan, entweichen von der Erde in die Atmosphäre und konzentrieren sich dort. Durch eine zu starke Konzentration dieser Gase, besonders des Ozons, in der Troposphäre, verhindern diese die notwendige Wärmeabstrahlung von der Erde in das Weltall beträchtlich. Wissenschaftler befürchten durch diesen Effekt langfristig einen Anstieg der Temperaturen auf der Erde, weil die Wärmeenergie zurückgestrahlt wird. Diese Erscheinung wird als künstlicher Treibhauseffekt bezeichnet.

Manfred Rink

3/ Die Entstehung des Treibhauseffektes

Idee: Manfred Rink
Graphik: Dieter Thärigen

IPCC: Der Zwischenstaatliche Ausschuss für Klimaänderungen, engl.: Intergovernmental Panel on Climate Change, wurde 1988 vom Umweltprogramm der Vereinten Nationen und der Weltorganisation für Meteorologie ins Leben gerufen. Er hat die Hauptaufgabe, Risiken des Klimawandels zu beurteilen und Vermeidungsstrategien zusammenzutragen. Das IPCC betreibt selbst keine Wissenschaft, sondern trägt die Ergebnisse der Forschungen in den verschiedenen Disziplinen zusammen, darunter besonders der Klimatologie.

Stratosphäre: Teil der Atmosphäre (Lufthülle der Erde), der die Schichten zwischen 12 und 50 km Höhe umfasst

Troposphäre: untere Schicht der Atmosphäre

4/ CO_2-Emissionen

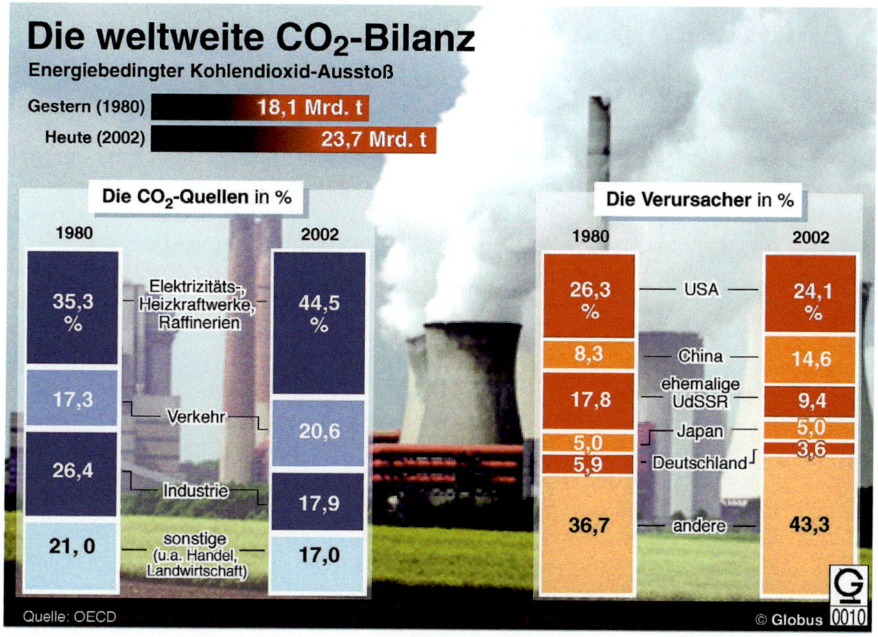

Emission: Ausströmen luftverunreinigender Stoffe in die Außenluft

Online-Link: 695210-0129

5/ Zu viel Vieh, zu wenig Regen

Warum bilden sich Wüsten? Neben natürlichen Ursachen spielt der Einfluss des Menschen eine große Rolle.

Tausende hungernde Menschen auf der Flucht, verendende Tierherden: Anfang der 70er-Jahre schockierten Bilder aus der Sahelzone die Weltöffentlichkeit. „Die Botschaft war offensichtlich: Die größte Wüste der Erde, die Sahara, dehnt sich aus", sagt Professor Konrad Rögner vom Institut für Geo- und Umweltwissenschaften an der Ludwig-Maximilians-Universität München. Die Wüstenbildung, die Fachleute Desertifikation nennen, kann durch Klimaveränderungen verursacht werden – weil beispielsweise Regen ausbleibt – oder durch menschliche Einflüsse. Besonders in Entwicklungsländern ist die Versteppung durch eine falsche Agrarwirtschaft ein riesiges Problem. Dabei vollzieht sich ein Teufelskreis:

(1) Intensive Landwirtschaft mit schweren Maschinen strapaziert den ohnehin kargen Boden.

(2) Als Folge dessen erodiert die fruchtbare Humusschicht, der Boden kann nur noch wenig Wasser aufnehmen, das Land trocknet aus.

(3) Je dürrer die Böden werden, desto weniger Pflanzen trotzen den kargen Verhältnissen – und die Erosion nimmt ihren Lauf.

(4) Große Viehherden zerstören die spärliche Vegetation und treiben die Degradation der Böden voran.

(5) „Darüber hinaus sind Abholzungen und falsche Bewässungstechniken weitere Faktoren, die Böden versalzen lassen", so Konrad Rögner.

H. Charisius; http://focus.msn.de/wissen/wissenschaft/klima/wueste/desertifikation_aid_21570.html… (23.10.2006)

Degradation: Herabsetzung, Verschlechterung

6/ Brennholzsammler im Senegal

Erosion, erodieren: das Abtragen der Erdoberfläche, hier vor allem durch Wind

Forum „Natur und Technik“:
2/ Mobilität und Energie

1/ Mobil um jeden Preis?

Eine Meinungsumfrage bei 98 Schülerinnen im Alter von 14 bis 16 Jahren an einer Thüringer Regelschule ergab: Nur 5 Schülerinnen können sich ein späteres Leben ohne Auto vorstellen.

2/ Transport und Bewegungslust

dominant: beherrschend, vorherrschend

These: hier – zu beweisende Behauptung

Wenn wir über das Auto reden, dann trennen wir primäre und sekundäre Funktionen. Üblicherweise wird unter der ersteren die eigentliche Transportfunktion verstanden, also die Leistung, Menschen und Güter von A nach B zu transportieren. Zu den sekundären Funktionen gehören die Rollen des Autos als Statuszeichen, als Maschine zum Vorzeigen und Schmücken, als faszinierende Bewegungsmaschine oder als rollender Privat- und Kinderraum. Es gibt auch „dunklere Lüste“ um das Auto, etwa Aggressionslust oder die Faszination, Autos im Straßenraum spielerisch zu bewegen.
Die These lautet: Die sekundären Funktionen müssen längst als die eigentlichen Funktionen des Autos verstanden werden; die Transportfunktionen, der Verkehrsmittelcharakter steht im Hintergrund.
Weder Verkehrspolitik noch die meisten Debatten um „nachhaltige Mobilität“ berücksichtigen die Konsequenzen aus dieser These. In der Folge begegnet uns die Auffassung, das Auto biete im Grunde genommen vernünftigen Mobilität, die nur ins Unvernünftige abgeglitten sei. Dieser Weg aber, der aus dem vernünftige Transportmittel einen gesellschaftlich wie umweltmäßig gefährlichen Gegenstand gemacht habe, sei umkehrbar. Durch einen Katalog von Maßnahmen könne man zu einer vernünftigen „Individualmotorisierung“ zurückkehren.
Wenn man akzeptiert, dass die sekundären Faktoren der Automobilnutzung die dominanten sind, dann hat das eine Reihe von Konsequenzen. Die wichtigste ist die für die „nachhaltigere Mobilität“, für Konzepte des Umsteigens auf öffentliche Verkehrsmittel, für „vernünftigere“ Autos und für Ideen zur Abschaffung des Privatautomobils. Welchen Anreiz bieten diese Konzepte, wenn nun aber der Transport gar nicht die im Zentrum stehende Funktion ist? Somit geht es darum, einen Ersatz zu finden für Fahr- und Besitzlust, für Privatheit und Souveränität im Umgang mit Zeit. Doch dieser Suchprozess hat noch gar nicht begonnen.

Nach Kurt Möser. In: Mobilität in der globalisierten Welt. Problemkreise der angewandten Kulturwissenschaft. Heft 11. Hrsg. v. Caroline Y. Robertson-von Trotha. Zentrum für angewandte Kulturwissenschaft, Universität Karlsruhe. Karlsruhe: Universitätsverlag, 2005, S. 29 ff.

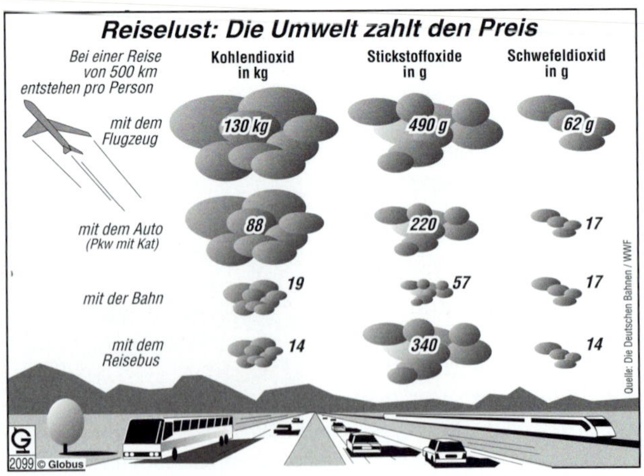

3/

4/ Stromerzeugung – ein Beispiel

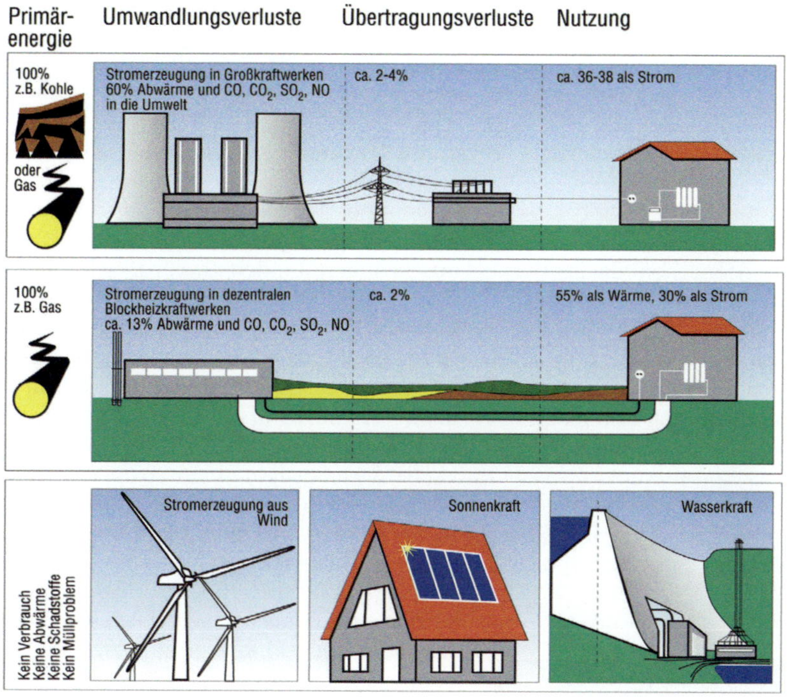

Idee: Bernd Puhl
Zeichnung: Erhard Müller

5/ Nur mit der Windkraft?

Für Fritz Vahrenholt erklären drei Gründe, warum an der Windkraft kein Weg vorbeiführen kann: die Knappheit der klassischen Ressourcen, die Abhängigkeit vom Import und der Klimawandel. Er hat früher im Vorstand von Shell die Interessen der Ölindustrie vertreten. Davor war er Umweltsenator in Hamburg und seit drei Jahren leitet er ein Windkraftunternehmen.
Vahrenholt kann mit drastischen Schaubildern erklären. Viele kleine, mittlere und große Kreise symbolisieren da zum Beispiel das europäische Erdgasvorkommen 1999. Im Jahr 2025 sind auf dieser Landkarte nur noch zwei Kreise zu sehen: ein kleiner in Turkmenistan, ein großer in Russland. Nicht anders bei den Ölressourcen: Irgendwann zwischen 2010 und 2020 zeigt diese Kurve steil bergab.
„2025 ist das Öl weg", sagt Vahrenholt. Noch verschärft werde die Situation durch die explodierende Energienachfrage in Fernost. In China entstehe ja „alle zwei Jahre ein neues Japan". Die klassischen Energien würden damit teurer und knapper, die Windkraft billiger und stärker. Irgendwann kreuzen sich die beiden Trends. „Dann werden wir die Billigmacher im deutschen Stromnetz sein", verspricht er.

Nach Frank Dohmen, Frank Hornig: Die große Luftnummer. In: Der Spiegel, Nr. 14, 29. März 2004, S. 80, 91

Online-Link:
695210-0131

6/ Stromnutzung – ein Beispiel

In einem Kohlekraftwerk wird Kohle verbrannt, um Strom zu erzeugen. Dabei wird Wasser auf ca. 400° C erhitzt. Es entsteht Wasserdampf unter Druck. Der durch diesen Wasserdampf mit Hilfe von Turbinen erzeugte Strom wird über Hochspannungsleitungen in eine 100 km entfernte Stadt transportiert.
Dort wird in einer Wohnung in einem Elektrospeicher Badewasser auf 40° C erhitzt. Die tatsächlich genutzte Energie für das Badewasser beträgt weniger als 10 Prozent der Ausgangsprimärenergie. Hinzu kommt, dass das Wasser nach dem Bad mit fast der gleichen Temperatur in die Kanalisation abgegeben wird.

Forum „Natur und Technik“:
3/ Tiere und Pflanzen

1/ Verantwortung des Menschen für die Mitgeschöpfe

In § 1 des Tierschutzgesetzes heißt es: „Zweck dieses Gesetzes ist es, aus der Verantwortung des Menschen für das Tier als Mitgeschöpf dessen Leben und Wohlbefinden zu schützen.“
Das Bundesverfassungsgericht hat in Folge davon die Käfighaltung von Hühnern in engen Legebatterien untersagt. Dennoch werden in Deutschland noch viele Tiere zur Fleischproduktion in Massen auf engstem Raum gehalten. Artgerechte Haltung ist durchaus möglich, aber das auf diese Weise erzeugte Fleisch hat einen höheren Preis.

2a/ Kühe auf der Weide

2b/ Zuchtanlage für Mastbullen

3/ Die Forderung nach Mitgefühl mit den Tieren

Gegenüber den Geschöpfen der Natur geraten wir unausgesetzt in Situationen, die uns zwingen, Leiden zu verursachen und dem Leben Schaden zu tun. Der Bauer kann nicht alle Tiere leben lassen, die in seiner Herde zur Welt kommen; er kann nur die behalten, für die er Futter hat und deren Aufzucht ihm einen Ertrag verspricht. In vielen Fällen geraten wir sogar in die Zwangslage, Leben zu vernichten, um anderes Leben zu erhalten. Wer einen hilflosen Vogel in Pflege nimmt, sieht sich genötigt, Insekten oder Fische zu töten, um ihn zu füttern. Indem er so handelt, verhält er sich nach freiem Ermessen. Mit welchem Recht opfert er eine Vielzahl lebender Wesen, um ein Einziges zu retten? Und wenn er Tiere ausrottet, die er für schädlich hält, um andere zu schützen, steht er vor der gleichen Gewissensfrage. Die bisherige Ethik ist unvollkommen, weil sie es nur mit dem Verhalten der Menschen zum Menschen zu tun zu haben glaubte. In Wirklichkeit aber handelt es sich darum, wie der Mensch sich zu allem Leben, in seinem Bereich befindlichen Leben, verhält. Ethisch ist er nur, wenn ihm das Leben als solches heilig ist, das der Menschen und das aller Kreatur.

Albert Schweitzer. In: Hans Walter Bähr (Hrsg.): Die Ehrfurcht vor dem Leben. Albert Schweitzer. München: C. H. Beck, 1991, S. 22, 108f.

Albert Schweitzer:
(1875–1965) deutscher Arzt und Philosoph

4/ Kapital und Zinsen

Die Einschränkungen, die wir uns auferlegen müssen, stehen unter dem Grundgedanken, dass die Natur als Bedingung menschlichen Lebens ein Erbe ist, das wir empfangen haben, ein Kapital, von dessen Zinsen wir leben dürfen, das wir aber ohne Angreifen der Substanz, ohne Wertminderung weiterzugeben verpflichtet sind.

Robert Spaemann: Nicht das Kapital angreifen. Technische Eingriffe als Problem der politischen Ethik. Stuttgart: Reclam, 1980

5/ Vielfalt der Arten

6/ Das Artensterben

Die Biologen glauben, dass auf der ganzen Welt drei Millionen verschiedene Tier- und Pflanzenarten leben. Dies bezeichnen wir als Artenvielfalt oder biologische Vielfalt. Sie ist heute stark gefährdet. Das Problem besteht darin, dass eine einzige Art, der Mensch, dabei ist, die restlichen 2999999 Arten auszulöschen. Nicht zuletzt schadet der Mensch damit sich selbst. Wir brauchen viele Produkte von Pflanzen und Tieren. Aus Heilpflanzen werden beispielsweise lebensrettende Medikamente gewonnen. Durch die allgemeine Verschmutzung und durch den Mangel an Ehrfurcht von den Lebewesen zerstören wir nach und nach viele Ökosysteme mit den vielen Arten, die darin leben, und damit auch unsere eigene Lebensgrundlage.

Nach: Rettungsaktion Planet Erde. Übers. v. Marcus Würmli. Leipzig: Meyers Lexikonverlag, 1994, S. 28

Online-Link: 695210-0133

7/ Waldbestand 2000

Region	insgesamt	davon Tropenwald in %	Veränderung pro Jahr in % (Durchschnitt 1990–2000)
Afrika	649,9	98	−0,8
Asien	547,8	61	−0,1
Ozeanien	197,6	62	−0,2
Nord- und Zentralamerika	549,3	15	−0,1
Südamerika	885,6	96	−0,4
Europa	1039,3	0	+0,1

FAO, Weltwaldbericht 2003

Forum „Natur und Technik":
4/ Ideen, die in die Zukunft weisen

1/ Ein wegweisendes Konzept

Wegweisend ist sicherlich auch das Engagement der Aachener Stadtwerke (Stawag), die in diesem Jahr in die eigene Produktion von Strom und Gas aus Biomasse einsteigt. Sie baut derzeit mit einem Investitionsvolumen von zehn Millionen Euro ein fünf Megawatt großes Biogaskraftwerk in der Nähe von Kerpen. Es wird das erste in Deutschland sein, das mit einer Aufmethanisierungsanlage ausgestattet ist. Diese trennt den Kohlendioxidanteil im so genannten Druckwechselverfahren ab, so dass das erzeugte Biogas in Erdgasqualität ins vorhandene Gasnetz eingespeist werden kann. Während man nun das eigene Biogas ins Erdgasnetz des Versorgers einspeist, verwandeln mehrere auf das Aachener Stadtgebiet verteilte Blockheizkraftwerke, mit einer jeweiligen Leistung von einem Megawatt, das Biogas-Äquivalent wieder in Strom und Wärme. Und zwar verlustfrei am Ort des Verbrauchs.

Dierk Jensen: Stadtwerke erzeugen Biogas. die tageszeitung, 21./22. Oktober 2006, S. 33

2/ Ökobilanzen

Milch gibt es in verschiedensten Verpackungen zu kaufen, in der Mehrweg-Glasflasche, in der Karton-Verpackung und in der Kunststoff-Schlauch-Verpackung. Welche ist unter dem Gesichtspunkt der Rohstoff- und der Energieeinsparung die beste Verpackung? Vom Verbraucher ist das kaum abzuschätzen. Man kann es feststellen, indem man für jede Verpackung eine eigene Ökobilanz erstellt. Darin werden alle Rohstoffe und die für ihre Gewinnung benötigte Energie, die Energie zur Herstellung der Verpackung, für ihren Transport und für ihr Recycling oder ihre Entsorgung bilanziert. Stellt man die Ergebnisse für diese drei Verpackungen gegenüber, sieht man sofort, welches die aus Sicht der Rohstoff- und Energieeinsparung beste ist. Hier schneidet die Kunststoff-Schlauch-Verpackung am günstigsten ab. Zwar wird sie nicht recycelt, aber sie benötigt am wenigsten Rohstoffe und Energie für Herstellung und Transport. Wird sie im Müllheizkraftwerk verbrannt, gibt sie sogar noch einen Teil der eingesetzten Energie wieder ab.

3/ Geothermisches Heizkraftwerk in Island

In der Hauptstadt Reykjavik stößt man immer mal wieder unversehens auf kleine Holzhäuser, aus denen der Wind eine leichte Dampffahne verweht. Knapp 260000 Einwohner hat die Insel. Gut 145000 von ihnen leben in der Hauptstadt und ihren sechs Nachbargemeinden. 99,7% der Bevölkerung beliefert Hitaveita Reykjaviker, der kommunale Betawärmeversorger, mit jährlich rund 57,8 Mio m^3 heißem Wasser von ca. 75° C für die Heizkörper und die Duschen. 56 Bohrungen, 640 Megawatt installierte Wärmeleistungen bilden ein System, das weltweit seinesgleichen sucht. Dazu gehören auch 250000 m^2 Bürgersteige und Parkplätze, unter denen Rohrsysteme mit 35° C heißem Wasser verlaufen. Wintertags bleiben die Flächen schnee- und eisfrei.

Manfred Rink

4/ Ein cleverer Dreh

Der „Mercedes“ unter den Öko-Häusern: Das „Heliotrop“ dreht sich stets mit der Sonne, kann so mit der Fotovoltaik-Anlage und der passiven Sonnennutzung der Glasfassade mehr Energie produzieren, als die Bewohner verbrauchen. Der Regenwasser-Sammler (für die Waschmaschine) und die Kompost-Toilette sparen Wasser. Die runde Holzkonstruktion bietet reichlich Wohnraum. Dabei ist der Flächenverbrauch denkbar gering: Der zierliche Drehsockel versiegelt nur rund 9 m^2 Boden. Wohnfläche: 180–240 m^2 (3 oder 4 Geschosse)

Manfred Rink

Online-Link: 695210-0135

5/ Solarcar

Der Deutsche Energiesparmeister des Jahres 2004 heißt Hans, genau gesagt „HansGo!“ und ist das SolarCar der Fachhochschule Bochum. Aus Anlass der 8. „World Solar Car Challenge“ vom 25. bis 28. September 2005 durchquerte „HansGo!“ auf dem über 3000 Kilometer langen Stuart Highway einmal Australien von Norden nach Süden, von Darwin nach Adelaide.

Ohne einen Tropfen Brennstoff, versteht sich. Der Elektromotor läuft allein mit der Kraft der Sonne, eingefangen mit modernsten Solarzellen. Die damit im Rennen erreichte Durchschnittsgeschwindigkeit betrug bezogen auf die gesamte Renndistanz 72,99 km/h, die Höchstgeschwindigkeit über 100 km/h.

Am Ende belegte das Studententeam mit HansGo im über zwanzig Teilnehmer starken Feld trotz harter internationaler Konkurrenz den 8. Rang.

Hans-Ullrich Kötteritzsch

6/ Im Trend

Kleine Heizkraftwerke liegen im Trend. „Die Energiepreise wirken sich deutlich aus, das Geschäft boomt“, sagt Michael Mark, Marketingleiter der Senertec Kraft-Wärme-Energiesysteme GmbH aus Schweinfurt, nach eigenen Angaben Marktführer bei kleinen **Kraft-Wärme-Kopplungsanlagen**. „In Zeiten steigender Energiepreise sind Effizienztechnologien stärker gefragt“, sagt Mark. Die 80 Mitarbeiter der Firma, deren Umsatz jährlich um 30 Prozent zulegt, stellen den so genannten Dachs her. Das ist ein kleines Blockheizkraftwerk, das sowohl Strom wie Wärme produziert und dabei rund die Hälfte der fossilen Energie spart. 12500 solcher Anlagen sind bereits in Betrieb. 2006 soll der Dachs auch mit Pflanzenöl laufen.

http://www.baukinks.de/links/1archiv.php4?urlb=http://www.baulinks.de/portale/heizung-und-klima.php4&urla=http://www.baulinks.de/webplug-in/2005/0385.php4

Der Gedanke vom Paradies – eine Utopie?

Paradies: biblischer Name für den Garten Eden, in dem Adam und Eva noch sorglos, unschuldig, ohne die Bedrohung durch Krankheit und Tod (und im „Einklang mit der Natur") leben konnten; von griech. **parádeisos**, eigentlich Tiergarten, Park, kommt ursprünglich vom mittelpersischen Wort **pardez**, das Einzäunung bedeutet.

1/ Das Paradies

Es war zu der Zeit, da Gott der Herr Erde und Himmel machte.
Da machte Gott der Herr den Menschen aus Erde vom Acker und blies ihm den Odem des Lebens in seine Nase. Und so ward der Mensch ein lebendiges Wesen.
Und Gott der Herr pflanzte einen Garten in Eden gegen Osten hin und setzte den Menschen hinein, den er gemacht hatte.
Und Gott der Herr nahm den Menschen und setzte ihn in den Garten Eden, dass er ihn bebaute und bewahrte.

1 Mose 2. Lutherbibel. Revidierter Text 1984, durchgesehene Ausgabe in neuer Rechtschreibung © 1999, Deutsche Bibelgesellschaft, Stuttgart

Kuratel: Vormundschaft; auch Aufsicht, Kontrolle

Hubert Markl: geb. 1938, Verhaltensbiologe

2/ Die Erde, doch hoffentlich ein Garten

A) Die Natürlichkeit und das kulturelle Wesen des Menschen

Die Ausbreitung der Kultur heißt also immer Ausrodung natürlicher Lebensräume und somit Ausrottung dort eingenischter Arten.
Unsere Kultur ist ein Bombenerfolg, der auf die Natur eine Bombenwirkung entfaltet. Wenn etwas explodiert, dann ist es schwer, sich daran anzupassen.

B) Natur unter Kuratel

Für Jahrhunderttausende war die Natur des Menschen Umwelt, künftig ist der Mensch die Umwelt der Natur. Der Lohn des Sieges ist Verantwortung für das Besatzungsregime, das wir der unterworfenen Natur auferlegen.
Natur wird künftig fast ohne Ausnahme gehegte, behütete, verwaltete, gestaltete Natur sein, so sehr dies auch wie ein Widerspruch in sich selbst klingen mag: Natur nur noch als Natur unter Kuratel. Naturvormund Mensch.
Wenn wir es uns nicht zur Aufgabe machen und wenn es uns nicht gelingt, den gesamten bewirtschafteten Kulturraum dieser Erde mit einem fein geknüpften Netzwerk kleinerer und größerer Lebensräume für eine Vielfalt – wenn auch nicht die ursprüngliche Fülle – von Pflanzen und Tieren zu durchwirken, die es ertragen, mit uns zusammenzuleben, so wäre am Ende sicher auch der Reservatschutz vergebens gewesen. Am Gelingen dieser Natur-Kultur-Symbiose wird sich unsere Verantwortung für das Leben bewähren müssen. Das uns allen wohlvertraute Symbol und Beispiel solcher Symbiose ist der Garten als eine Form der Landnutzung, die mehr ist als ertragsmaximierende Biotechnologie. Wir brauchen Garten-Denken gegenüber der von uns genutzten Erde als human-verantwortliche Ergänzung zur berechnenden Rationalität ökonomischen Planens. Garten-Denken heißt, aus dem Land mehr als nur das Letzte herauszuholen.

C) Kann ein zweiter Garten Eden entstehen?

Wir sind aus einem Garten Eden ausgewiesen worden, weil wir alles zu genau wissen wollten. Das hat uns frei gesetzt, uns Land und Meere untertan zu machen. Wenn es uns nicht gelingt, die endlich unterworfene Erde als unseren Garten zu behandeln, als Chance für ein neues Eden, das wir selber schaffen müssen, so droht mit der Zerstörung der Natur uns dann auch noch die Ausweisung aus ihr. Es heißt, im ersten Garten Eden hätten alle Lebewesen in Frieden mit uns Platz gehabt. So wird ein zweites Eden niemals werden können, darüber sollte man sich nicht belügen. Keine Heimkehr ins Paradies also, so viel ist ganz gewiss, aber vielleicht doch wenigstens in einen Garten, in dem unsere Kultur mit einer anderen Art Natur zu einem Ausgleich finden kann. Erst wenn wir dies im Ernst versuchen, wird „Verantwortung für das Leben" mehr als ein leeres Wort in Feierreden sein.

Hubert Markl: Natur als Kulturaufgabe: Über die Beziehung des Menschen zur lebendigen Natur. München, Zürich: Droemer Knauer, 1991

3/ Hans Jonas: Das Prinzip Verantwortung

Jonas fordert die Menschen in seinem philosophischen Werk auf, Verantwortung „für die Sache" Natur zu übernehmen. Die Erhaltung müsste „zu einem moralischen Interesse" der Menschen gemacht werden, weil des Menschen künftiges Schicksal vom Zustand der Natur abhänge. Er fragt, ob es nicht einfach die Klugheit ist, die gebietet, nicht die Gans zu schlachten, die die goldenen Eier legt, oder gar den Ast abzusägen, auf dem man sitzt.

4/ Jupp Wolter

Hans Jonas:
1903–1993, jüdischer Religionsphilosoph und Ethiker

5/ Aus einem ehemaligen Braunkohlentagebau wird eine Seenlandschaft

Hier ist ein Auszug aus der zweiten Variante des biblischen Schöpfungsberichts über das Paradies abgedruckt 1/, den Garten Eden, in dem der Mensch gut und behütet lebte, bis er „ungehorsam" wurde. Dann folgen einige Abschnitte aus einem Aufsatz von Hubert Markl 2/ über die Frage, ob wir nun selbst einen Garten Eden schaffen können, wenn wir uns als gute Gärtner betätigen. Zum Schluss 3/ findet sich ein kurzer Abschnitt des Philosophen Hans Jonas, in dem er das moralische Interesse des Menschen an der Erhaltung der Natur auf den Punkt bringt.

Lies die Texte im Zusammenhang. Die Auswertung der Texte erfolgt durch die nachstehenden Aufgaben.

1. Mache dir Notizen zu folgenden Fragen:
   a) Wie stellst du dir ein Paradies vor?
   b) Was fehlt auf Erden zu einem solchen Paradies, und wie gleicht der Mensch diesen Mangel aus?
   c) Wie stellst du dir einen Garten Eden vor, den der Mensch selber zustande bringt, hegt und pflegt?
2. Stelle einen Katalog von Regeln auf, nach denen sich der Gärtner Mensch (also jeder von uns) richten müsste, um dieses Ziel zu erreichen und dauerhaft zu sichern. Betrachte dazu auch 4/ und 5/.
3. Formuliere in einem bis höchstens drei Sätzen eine dazu passende Ethik.
4. Stellt eure Arbeitsergebnisse im Plenum vor.
5. Einigt euch im Plenum über eure Regeln und die dazu gehörige Ethik.

Rettungsaktion Planet Erde

Das folgende Bild stammt aus dem Buch „Rettungsaktion Planet Erde" und hier findet sich folgender Tipp: „Wenn du uns schreibst, erhältst du von uns eine Übersicht, was in Zusammenhang mit der ‚Rettungsaktion Planet Erde' (Rescue Mission) geschieht und welche Gruppen sich daran beteiligen. Oder du erhältst Informationsmaterial darüber, wie du selbst mit deinen Freunden ein Rettungsteam gründen kannst. Gib deinen Namen, deine Adresse, dein Alter sowie Telefon- und Faxnummer an, sofern vorhanden."

Die Adresse lautet:
Children For A Better World, Nikolaistraße 7, 80802 München, Tel. 089/3243609
www.children.de
info@children.de

Wang Schuchi (China), 7 Jahre alt: Rettungsaktion Planet Erde

1. Besprecht gemeinsam, ob ihr das Angebot annehmen wollt. Sammelt dann konkrete Ideen, welche Möglichkeiten ihr in die Tat umsetzen könnt.

2. Gestaltet dazu eine große Wandzeitung, die ihr nach und nach mit der Dokumentation eurer Aktionen ergänzt.

6 Leben in der einen Welt

Familien in verschiedenen Ländern
Ein Portfolio anlegen (Methode)
Die Welt – ein Dorf?
Gleichzeitigkeit
Unterschiede
Arm und reich
Kinderarbeit und Wohlstand
Was Bildung bedeutet – ein Beispiel aus dem Senegal
Die Verantwortung der Reichen
Armut in Deutschland
Was man selbst tun kann

Familien in verschiedenen Ländern

1/ Familie Yader aus Indien

2/ Familie Natomo aus Mali

3/ Familie Pfitzner aus Deutschland

4/ Familie Kalnazan aus Usbekistan

Bearbeitet die Aufgaben 1 bis 3 zu zweit.

1. Vergleicht die Fotos 1/ bis 4/ – Familien und ihr Besitz. Beachtet dabei Kleidung und Umgebung. Wo seht ihr die größten Unterschiede, wo Gemeinsamkeiten?

2. Notiert mindestens zwei Ursachen für die Unterschiede und zwei Ursachen für Gemeinsamkeiten.

3. Seht im Atlas oder auf dem Globus nach, wo die Länder sich befinden, in welchen Klimazonen sie liegen und wie ihre geographische Oberfläche gestaltet ist.

4. Diskutiert gemeinsam eure Eindrücke und Ergebnisse. Beantwortet dabei auch die Fragen: Was ist eigentlich ein Globus? Was verbindet die Menschen auf der Welt, auch wenn sie nicht daran denken?

Ein Portfolio anlegen

Die Frage, wie die Menschen in der einen Welt leben, eignet sich dafür, ein Portfolio anzulegen.

Beispiel für ein Deckblatt

Was ist ein Portfolio?

Ein Portfolio ist eine Mappe, in ihr wird zu einem bestimmten Thema und zu einer Fragestellung eine Sammlung von Arbeiten angelegt.

Was sollte ein Portfolio enthalten?

- was man zu dem Thema/der Fragestellung in Zeitungen, Zeitschriften und anderen Informationsträgern findet;
- was ihr selbst herausgefunden habt, z. B. in Interviews.

Welche Form sollte ein Portfolio haben?

- Ihr solltet ein Deckblatt anlegen mit dem Thema und der Fragestellung. Jeder sollte sich über die Fragestellung, die er bearbeitet, völlig im Klaren sein und sie entsprechend deutlich formulieren.
  Beispiel: Leben in der einen Welt. Globalisierung – ihre Möglichkeiten und Probleme. Dazu gehört auch eine Festlegung von begründeten Zielen, die man mit dem Portfolio erreichen möchte.
  Beispiel: „Globalisierung" verstehen, Ursachen und Zusammenhänge zwischen Armut und Reichtum kennen.
- Stellt ein Inhaltsverzeichnis zusammen, das die wachsende Sammlung auflistet und strukturiert. Dabei sollte festgehalten werden, welche Teile man wieder entfernt und welche man (stattdessen) neu hinzugefügt hat.
- In gewissen zeitlichen Abständen und je nach Abschluss eines Teils der Fragestellung erfolgt eine Zusammenfassung zu den erworbenen Kenntnissen und Einsichten, die man sich zu einem bestimmten Teilgebiet der Fragestellung angeeignet hat (Zwischenbilanz), kurz: Was ich gelernt habe.
- Ein Schlussbericht mit Bezug auf die anfangs gewählte Fragestellung darf nicht fehlen. Er sollte auch enthalten: Was mir schwerfiel, was ich gern noch einmal tun würde, was ich geleistet habe, was für mich einen wesentlichen Lernschritt ausgelöst hat. Nebenstehendes Formular kann dabei helfen.

Woran ihr immer wieder denken solltet!

Das Wichtigste ist, dass ihr euch immer wieder klarmacht – und es auch aufschreibt –, warum ihr eine bestimmte Spur verfolgt, was euch an einem Text oder Bild gefällt oder nicht gefällt; womit ihr Schwierigkeiten habt. Hier noch einige Punkte, die euch dabei helfen sollen:

- eine Begründung der jeweiligen Auswahl des aufgenommenen Materials, denn es sollte nicht wahllos alles gesammelt werden;
- Notizen über die Eindrücke, den Informationsgehalt, die Erkenntnis, die man dabei gewonnen hat – was einem daran wichtig ist und was das Interesse geweckt hat;
- möglicherweise Kriterien (Maßstäbe) für eine Bewertung durch euch selbst und durch euren Lehrer/eurer Lehrerin.

Falls ihr euch entschließt, nicht mit einem Portfolio zu arbeiten, könnt ihr das Kapitel dennoch Schritt für Schritt durchgehen.

Über meine Arbeit

Folgende Fragen helfen mir, die Auswahl jeder Teilarbeit
für mein Portfolio zu begründen:

Welche Teilschritte waren notwendig, während ich die Arbeit erstellte?

___

___

Wer oder was hat mich zuerst veranlasst, diese Arbeit anzufertigen?

___

___

Welche Hindernisse musste ich überwinden?

___

___

Welche neuen Erkenntnisse habe ich gewonnen?

___

___

Worin bestand die Herausforderung für mich bei dieser Arbeit?
Was habe ich daran gelernt?

___

___

Weshalb habe ich diese Einzelarbeit/Komponente für mein Portfolio ausgewählt?

___

___

Welche Fragen sind für mich bei dieser Arbeit noch offen?

___

___

Wenn ich diese Aufgabe noch einmal zu lösen hätte, was würde ich anders machen?

___

___

Michael Schallies, Anneliese Wellensiek, Anja Lembens: Portfolio als Lehr- und Lerninstrument im problemorientierten Unterricht. In: Ethik & Unterricht 3/2000, S. 30–34, hier S. 33

Die Welt – ein Dorf?

1/ Was ist Globalisierung?

a/ Mit dem Satz „Die Welt ist ein Dorf" fasst man häufig die Erscheinungen des weltweiten Austauschs, der **Globalisierung,** zusammen; und wie im Dorf kommt es dabei zu Streitigkeiten.

Interessanterweise stammt der Begriff aus dem Gebiet des internationalen Rechts. Denn hier kam es zu einer globalen Erweiterung: Die Prinzipien des Völkerrechts gelten weltweit.

Der technische Fortschritt führte allmählich zu einer „Schrumpfung" der Welt, worauf schließlich das Zusammenwachsen durch wirtschaftliche und soziale Globalisierung beruht.

b/ Die **Globalisierung** ist kein neues Phänomen. Globalisierung ist bloß ein modernes Wort, das eine uralte menschliche Bewegung beschreibt. Es ist ein Wort für das Streben der Menschheit nach Besserung der eigenen Lage durch Austausch. Es ist ein Wort für die weltumspannende Ausdehnung der Spezialisierung. Es ist ein friedvolles Wort – ganz nach dem weisen Ausspruch des französischen Ökonomen und Journalisten Frédéric Bastiat (1801 bis 1850): „Wenn nicht Waren die Grenzen überschreiten, werden Soldaten dies tun."

Vernon Smith: Kein Wohlstand ohne Handel. Übers. v. Karen Horn. In: FAZ, 8.6.2006, S. 13

2/

3/ Interview mit Coca-Cola-Chef Douglas Daft: Coke – going local

Zeit: *Globalisierungsgegner zerschlagen heutzutage die Fenster von McDonald's-Restaurants. Haben Sie Angst, dass die Demonstranten eines Tages auch Colaflaschen zerschmettern?*

Daft: Das ist die Reaktion von Menschen, die mit der Globalisierung eine Bedrohung ihres persönlichen Lebensstils verbinden und nicht ihren klaren Nutzen sehen – zum Beispiel sinkende Kosten von Gütern und Diensten, ihre Verfügbarkeit und ihre bessere Qualität. Außerdem fürchten sie die Geschwindigkeit, mit der sich die Dinge heute wandeln. Und weil Demonstranten nun mal auf ihre Sache aufmerksam machen wollen, gibt es manchmal Scherben.

Zeit: *Aber die Globalisierungsgegner nehmen sich multinationale Unternehmen vor. … Coca-Cola ist für manche Kritiker ein Symbol für die Macht, die Arroganz und die Konsumkultur Amerikas.*

Daft: Wenn wir so wahrgenommen werden, dann haben wir etwas falsch gemacht. … Bis in die sechziger Jahre standen wir zunächst einmal für all das, was gut an Amerika ist. Danach wurde unser Image das eines internationalen Unternehmens. Wir arbeiten in 200 Ländern, im Konzern werden 126 Sprachen gesprochen. Wenn mich jemand fragt, wo mein Büro ist, lautet meine Antwort: dort, wo ich gerade bin.

Zeit: *Auch das macht den Globalisierungskritikern Angst: Sie fürchten Weltkonzerne wegen ihrer Macht, ihrer weltweiten Präsenz und ihres Einflusses auf das Leben der Menschen rund um den Globus.*

Daft: Deshalb sagen wir, dass wir zum Bestandteil des lokalen Gemeinwesens werden müssen. Unser Ziel ist: Coca-Cola soll überall erhältlich sein. Gleichzeitig muss aber unsere Marke bei jedem Einzelnen für etwas stehen, das für ihn relevant ist. …

Zeit: *Going global, haben Sie einmal gesagt, heiße für Sie going local. Das klingt widersprüchlich.*

Daft: „Vom Globalen zum Lokalen" beschreibt es vielleicht besser. Wenn die Menschen ihren Lebensstil von der Globalisierung bedroht sehen, müssen wir versuchen, mit unseren Kunden von Angesicht zu Angesicht zu kommunizieren. Deutsche, Briten oder Franzosen denken und handeln verschieden. Menschen genießen diese Unterschiede. Sie wollen sie. Also: Wir nutzen das Wissen, das wir als globaler Konzern haben, aber wir entscheiden vor Ort durch Mitarbeiter, die den lokalen Konsumenten kennen. … Unsere zentral geführten Werbekampagnen gingen davon aus, dass sich die Menschen dieser Welt ähnlich sind. Das kann beim Betrachter aber dazu führen, dass Coke arrogant erscheint – nach dem Motto: Die wollen mir vorschreiben, wer ich bin. Wir wollen nicht ändern, wofür unsere Marke steht – wir verkaufen Erlebnis, Unterhaltung, Spaß und Erfrischung. Aber die Methode, in der wir dies kommunizieren, soll anders werden. Also: keine globalen Kampagnen mehr.

Interview mit Douglas Daft, Local Coke. Nach einer Pannenserie setzt Coca-Cola auf Neuanfang. „Die Zeit", 34/2000 (Christian Tenbrock, www.zeit.de/2000/34/200034_cola_daft.xml)

Online-Link: 695210-0145

1. Erläutere den Begriff „Globalisierung" in eigenen Worten 1/. Schreibe deine Erläuterung auf ein kleines Plakat. Vergleicht eure Beschreibungen und findet eine gemeinsame „Definition" (vergleiche Arbeitstechniken, S. 266 f.).

2. Was bedeutet der Satz, dass die Welt ein Dorf ist 1/? Und wie kam es dazu?

3. Betrachtet die Fotos 2/. Was ist auf allen gleich oder ähnlich? Findet eine Überschrift für die drei Bilder.

4. Partnerarbeit: Globalisierung gibt es auf vielen Gebieten. Nennt jeweils zwei Beispiele, ein positives und ein negatives, für
- ökonomische (Stichwort „Welthandel"),
- ökologische (Stichwort „Klimawandel"),
- wissenschaftliche (Stichwort „Medizin"),
- technologische (Stichwort „Autos"),
- soziale (Stichwort „Arbeitslosigkeit"),
- rechtliche (Stichwort „Internationaler Strafgerichtshof"),
- ethische (Stichwort „Verantwortung") und
- sprachliche (Stichwort „Weltsprache") Globalisierung.

Findet dazu weitere Markenartikel oder sonstige „Produkte" (es können auch weltweit tätige Organisationen sein), von denen man ähnliche Fotos machen könnte. Jede Zweiergruppe trägt ihre Beispiele für den jeweiligen Bereich vor, die anderen stellen Fragen dazu, bis geklärt ist, ob Zuordnung und Bewertung haltbar sind.

5. Bildet Vierergruppen und analysiert das Gespräch der Wochenzeitung „Die Zeit" mit dem Coca-Cola-Chef Douglas Daft 3/. Welche Probleme werden angesprochen? Wie geht Daft darauf ein? Was sind die Interessen des Konzerns? Was wird von den Gegnern einer solchen Globalisierung von Konzernen kritisiert? – Was würdet ihr den Konzernleiter fragen? Was könnte er antworten? Führt den Dialog ein Stück weiter und präsentiert eure Ergebnisse im Plenum.

Portfolio-Vorschlag: Dokumentation eurer Ergebnisse der Aufgaben 1 bis 5 unter dem Titel „Die Welt – ein Dorf?" Dazu: Informative Artikel zum Stichwort „Globalisierung", Sammlung zu weltweit auftretenden Konzernen und Markenartikeln, Informationen zu Globalisierungsgegnern.

Gleichzeitigkeit

1/ Juli 2006

Dieses Fieber ist ansteckend: Hinduistische Asketen am Ufer des Ganges in Allahabad, Indien

Auf dem „Bolzplatz" von Mbezi Luisi, Tansania

Während der Fußball-WM in Deutschland

Megastadt: riesige Stadt mit vielen Millionen Einwohnern

2/ Der Anfang eines gemeinsamen Zeitalters

Wir wissen, dass alles, was in der massiv vernetzten Welt der Gegenwart geschieht, gleichzeitig geschieht. Die neue Epoche zeichnet sich dadurch aus, dass sie alle Menschen und Nationen, Regionen und Kulturen in einer Zivilisation verbindet. Was in den letzten fünfzig Jahren begonnen hat, geht demnächst nicht zu Ende. Im Gegenteil. Was wir gegenwärtig mit etwas mehr Verständnis als zuvor erleben, ist der Anfang eines **gemeinsamen Zeitalters** für alle Zeitgenossen auf dem dritten Planeten von der Sonne. Zum ersten Mal in der menschlichen Geschichte. Dazu ein Beispiel aus der Wirtschaft: Brasiliens Megastadt São Paulo ist nach Angaben des Auswärtigen Amtes mit über tausend bundesrepublikanischen Unternehmen die größte deutsche Industriestadt.

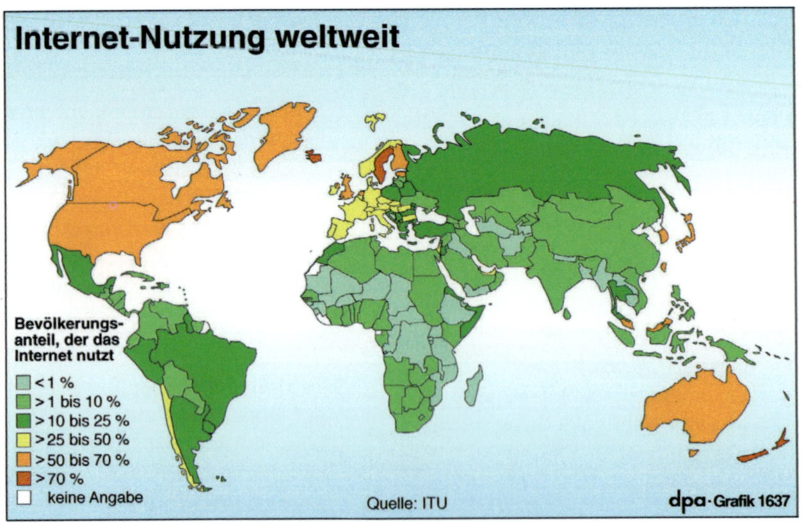

3/

4/ In „Echtzeit“ rund um den Globus

In einer Hütte im hintersten Winkel eines Elendsquartiers: kein fließendes Wasser, kein Strom, aber ein Handy, das gerade an einem Solarzellengenerator aufgeladen wird. Warum wird ein solches Modespielzeug so wichtig genommen, wo so viele andere Bedrüfnisse nicht befriedigt sind? Vielleicht weil Kommunikation angesichts der massiven Urbanisierung und der zunehmend unsicheren Lebensverhältnisse für die meisten Menschen auch ein Überlebensmittel darstellt, ökonomisch wie psychisch.

Telefon, Internet und andere Kommunikationsnetze zeichnen sich dadurch aus, dass ihr Nutzen für alle mit jedem neuen Teilnehmer wächst ... Das „Weltgehirn“, von dem H. G. Wells vor 65 Jahren träumte, ist mit der Möglichkeit, in Echtzeit rund um den Globus zu kommunizieren und Informationen abzufragen, Realität geworden.

... Hervorgegangen aus der militärischen und akademischen Forschung, hat das Internet den Zugang zu Informationen ganz allgemein verändert. Jede Gruppe und jede Einzelperson kann sich des neuen Mediums bedienen oder die Hoffnung hegen, mit seiner Hilfe die internationale Solidarität voranzubringen ...

Doch Technologie geht nicht einher mit Gleichheit. Der Preis für einen Internetanschluss steigt – mit der Entfernung von den Zentren der vernetzten Gesellschaft. Die geographische Verteilung der Highspeed-Zugänge, der Fernsehsender und der innovativsten Industrien deckt sich mit der Verteilung der Einkommen und des Zugangs zu Bildung und Gesundheitsleistungen.

Le Monde diplomatique: Atlas der Globalisierung. Berlin: taz Verlags- u. Vertriebs GmbH, 2003

Urbanisierung: Verstädterung des Lebens

Solidarität: eines der Grundprinzipien menschlichen Zusammenlebens; Zusammengehörigkeitsgefühl von Menschen (oder Gruppen), ihr Einstehen füreinander und ihre Bereitschaft, einander zu helfen

Kreatives Schreiben

Es soll ein Text produziert werden, der keine festen formalen Ansprüche hat. Den vorgegebenen Fragen oder Themen folgend bringt man seine Gedanken zu Papier. Tipp: Lege zuvor eine Stichwortsammlung an. Mache dazu ein „Brainstorming“, in dem du alle spontanen Einfälle sammelst. Das könnt ihr auch gemeinsam tun.

Gleichheit

Ausgehend von dem Gedanken, dass alle Menschen von Natur aus gleich sind, entstand die Idee, dass sie es auch politisch, vor allem vor dem Gesetz sein sollten. Die Idee der politischen Gleichheit aller findet sich in den Verfassungen vieler Staaten. Eine Ausweitung dieses Gedankens beinhaltet z. B. die Chancengleichheit.

1. Kreatives Schreiben zu folgenden Fragen:
   - Ziehe in Gedanken Kreise um dich. Welche Ereignisse, die für dich wichtig sind, gehören in den engeren Gesichtskreis deiner eigenen Person, welche in den weiteren der Familie, des Ortes, des Landes, der Welt?
   - Stelle dir den Horizont vor, wie er dein alltägliches Leben begrenzt. Lass ihn immer weiter werden und schreibe für jede Erweiterung mindestens ein Ereignis auf.
   - Auf welche unterschiedliche Weise erfährst du davon (eigenes Erleben, Fernsehen usw.)?

   Tragt eure Texte vor, stellt Fragen dazu und beantwortet sie im Gespräch.

2. Betrachtet die Fotos 1/. Woran erkennt man das Gemeinsame des Zeitalters? Ergänzt die Fotosammlung durch ähnliche Bildreihen und fertigt daraus eine kleine Ausstellung. Findet einen passenden Titel dafür.

3. Wodurch kommt es zur wirtschaftlichen Zusammenarbeit in der Welt 2/? Welche Auswirkungen könnte das Beispiel São Paulo für das eigene Land (Brasilien) und das andere Land (Deutschland) haben?

4. Erkundet die Zusammenhänge, die in Schaubild 3/ und Text 4/ zur Internetnutzung deutlich werden. Formuliert mindestens drei Sätze dazu. Formuliert außerdem mindestens drei Fragen, die sich euch dabei stellen.

5. Diskutiert eure Sätze und Fragen im Plenum. Dabei sollten auch Begriffe bzw. Aussagen geklärt werden, die in den Texten vorkommen, z. B.: Inwiefern kann Kommunikation ein „Überlebensmittel“ sein? Weshalb wird die Hoffnung gehegt, dass mit Hilfe des Internets die „internationale Solidarität“ vorangebracht werden kann? Welches könnten Gründe dafür sein, dass Technologie doch nicht einhergeht mit „Gleichheit“? Was bedeuten „Gleichheit“ und „Solidarität“ im weltweiten Maßstab? (Beispiele)

Portfolio-Vorschlag: „Gleichzeitig überall“ – Dokumentation der Ergebnisse von Aufgabe 1 bis 5.

Unterschiede

1/ Die großen Wirtschaftsmächte nach ihrem BSP

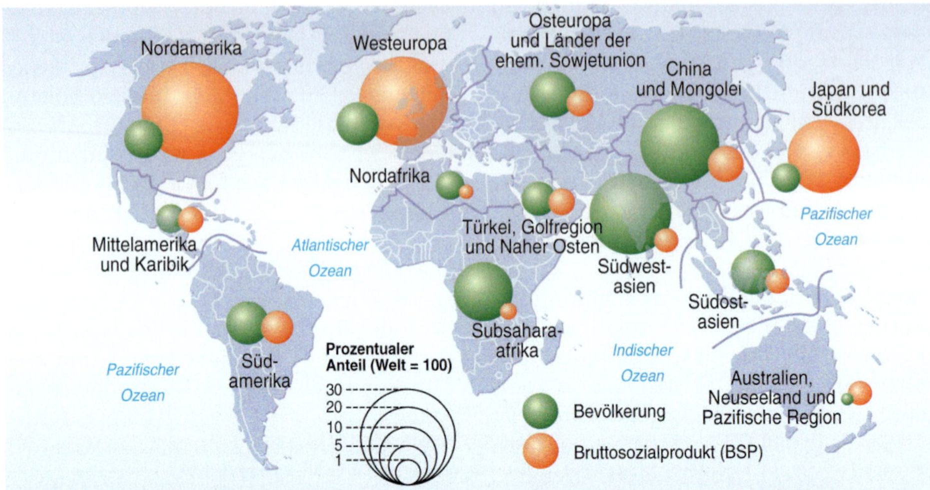

Quellen, Weltbank, Washington DC, 2001; *Historiens et géographes*, Nr. 329, Oktober-November 1990 (aktualisiert im Januar 2002), Association des professeurs d'histoire et de géographie (APHG); Images économiques du monde 2002, Paris (Sedes) 2002.

Schlüsselindikatoren: hier – etwas, woran man ein Problem besonders deutlich ablesen kann

Noch nie waren die weltweiten Einkommensunterschiede so groß wie heute. Dieser Sachverhalt zeigt sich auf allen Ebenen, zumal beim „Reichtum der Nationen". Bemessen wird das Wohlstandgefälle zwischen den Nationen nach zwei Schlüsselindikatoren: dem Bruttosozialprodukt (BSP) der jeweiligen Länder und dem BSP pro Kopf.

Das Bruttosozialprodukt (BSP) entspricht dem Wert aller im Laufe eines Jahres produzierten Waren und Dienstleistungen, zuzüglich der aus dem Ausland empfangenen Erwerbs- und Vermögenseinkommen und abzüglich der von Ausländern im Inland erzielten Einkommen. Die Bewertung erfolgt zu Marktpreisen. Für Vergleichszwecke rechnet die Weltbank die Länderangaben (zum im Berichtsjahr gültigen Wechselkurs) in US-Dollar um.

In den reichsten Ländern lag das BSP pro Kopf im Jahr 2000 vielfach über der 24 000-Dollar-Marke. Das gilt für die führenden Wirtschaftsmächte (USA, Japan, Deutschland), für die Bankzentren (Schweiz, Luxemburg) sowie für die reichsten neuen Industrieländer Asiens (Singapur). Demgegenüber lag das BSP pro Kopf in den am wenigsten entwickelten Ländern, vor allem in Schwarzafrika, häufig unter 1000 Dollar.

Le Monde diplomatique: Atlas der Globalisierung. Berlin: taz Verlags- u. Vertriebs GmbH, 2003, S. 46 f.

2/ Beispiel Philippinen

Filipino: Bewohner der Philippinen

Imitation: Nachahmung

Lizenz: (eigentlich) Erlaubnis, Genehmigung

„Uns gehört nichts und wir sind auch noch stolz darauf", sagt ein Filipino. Wer im Bus über Land fährt, fährt an Hunderten von Sari Sari Stores vorbei, an Bruchbuden, die das Nötigste zum Überleben anbieten: Soft Drinks und Junk Food, die Imitation der Imitation vom Essen. „Wir malen dir ein schönes Schild mit deinem Namen", locken Vertriebsagenten die kleinen Händler, „und wenn du schwörst, nie mehr eine andere Sorte von Getränken zu verkaufen, kriegst du auch noch eine Eisbox." So kommt einem die Reklame-Landschaft in den Kurven entgegen, verstellt Palmen und Buchten, verdeckt Reisfelder und Bananenstauden. Viele Länder der „Dritten Welt" stehen **under licence of,** gehören nicht sich selbst, liefern ihre Qualität nach draußen und erhalten im Gegenzug Billigwaren angeschwemmt.

Nach Günter Faltin, Jürgen Zimmer: Reichtum von unten. Berlin: Aufbau-Verlag, 2. Aufl. 1996, S. 95

3/ Beispiel Kolumbien

Emilio, 11 Jahre alt, berichtet: „Manche können nicht in die Schule gehen. Gehen Sie mal in die Häuser. Da werden Sie nirgends einen Vater finden, denn alle müssen abends bis zehn oder elf arbeiten, damit sie etwas verdienen. Die Kleider der Kinder sind alt. Wer uns hilft, ist nicht die Regierung, sondern unsere Eltern. Ich gehe in die Schule. Da haben die Kinder wohl zerschlissene, aber saubere Kleidung an. Heute haben wir keine Schule. Die Lehrer streiken. Die Regierung zahlt nämlich nicht. Für uns ist der Streik schlimm, denn wir verlieren Unterrichtsstunden. Wir wollen Unterricht haben, denn es geht um unsere Zukunft. Ich wohne gern in diesem Barrio. Da fühle ich mich wohl. Aber die Kinder in Kolumbien sind nicht so viel wert. Nur die Kinder der Reichen sind viel wert. Sie leben gut und haben alle Möglichkeiten. Wenn ich viel Geld hätte, dann würde ich armen Kindern helfen."

Nach: Günther Faltin, Jürgen Zimmer, a. a. O., S. 109

Barrio: Armenviertel

Online-Link: 695210-0149

Ethische Fragestellung

Jedes Thema enthält eine Fülle von sachlichen Fragestellungen, in welchen es um die Zusammenhänge und Beziehungen zwischen den Dingen geht. Zu den meisten Themen kann aber auch eine ethische Frage (oder mehrere ethische Fragen) gestellt werden. In ihnen geht es darum, welchen Bezug die Sache zum Leben der Menschen hat. Wird es dadurch eher gefördert oder eher beeinträchtigt? Welche Folgen ergeben sich aus einer bestimmten Sachlage oder Entscheidung für das Zusammenleben der Menschen, für das Leben der nächsten Generationen, ...? Was bedeutet die jeweilige Sache für die davon Betroffenen?

4/ Ferienparadies Angola – Paradies für wen?

1. Bearbeitet die folgenden Aufgaben zunächst in Gruppen. Besprecht eure Ergebnisse im Plenum.
   a) Schaut euch eine Weltkarte an. Tauscht euch über eure Kenntnisse aus: Welche Länder zählt man heute zu den entwickelten, reichen Industrieländern, welche gehören zu den unterentwickelten, armen Ländern, und welches sind die so genannten Schwellenländer, die in der Entwicklung aufholen? Stellt Vermutungen darüber an, woran das jeweils liegt (ihr könnt dazu in den Fächern Geschichte und Geographie etwas erfahren). Zählt mindestens drei Unterschiede zwischen „reichen" und „armen" Ländern auf.
   b) In der Weltkarte 1/ ist das Verhältnis von Bruttosozialprodukt zur Größe der Bevölkerung in den Regionen der Welt dargestellt. Was lässt sich daraus ablesen? Schreibt mindestens drei Sätze auf.
   c) Lest den Text 1/. Notiert nun drei Fragen, Probleme oder Aufgaben, die ihr als ethisch bezeichnen würdet. Fügt eine Begründung hinzu, weshalb es für euch ethische Probleme (Aufgaben, Fragen) sind.
2. Bearbeitet folgende Aufgabe jeweils zu zweit: Worauf sind die philippinischen Händler stolz 2/? Entwickelt und spielt einen Dialog zwischen einem Händler und einem Vertreter eines westlichen Industrielandes, der ihn dazu überreden will, statt landeseigener Produkte Erzeugnisse seines Konzerns zu verkaufen. Achtet dabei auf die Unterscheidung von Qualität und Billigwaren.
3. Lest Text 3/ und schaut euch das Foto 4/ an. Schreibt möglichst schnell und spontan eure Gedanken dazu auf je einen Zettel. Unterstreicht dabei den Einfall, der euch der wichtigste ist.
4. Heftet alle Zettel an die Wandtafel. Benennt nacheinander den Gedanken, der euch am stärksten zusagt, oder den Einfall, der euch am meisten widerstrebt. Begründet eure Auswahl. Welche Fragestellungen ergeben sich dabei für die anderen?
5. „Wenn ich viel Geld hätte, dann würde ich armen Kindern helfen", sagt Emilio 3/. Notiere mindestens drei Ideen, wie eine solche Hilfe aussehen könnte.

Portfolio-Vorschlag: „Nichts ist wirklich gleich" – Informationen und Hintergründe zur Lage ausgewählter Länder, Wirtschaftszweige (z. B. Kaffee, Baumwollproduktion) sammeln und bewerten.

Arm und reich

1/ Was heißt „absolut arm"?

Nahrungsmangel ist nicht die einzige Not der Armen. Um ein vollständiges Bild zu ermöglichen, hat Robert McNamara, als er Präsident der Weltbank war, den Begriff „absolute Armut" vorgeschlagen. Die Armut, mit der wir in den Industrienationen vertraut sind, ist eine relative Armut – was bedeutet, dass einige Bürger im Vergleich zu ihren reichen Nachbarn arm sind. Menschen, die in Australien in relativer Armut leben, dürften ganz gut dran sein im Vergleich zu Rentnern in Großbritannien, und britische Rentner sind nicht arm, bedenkt man die Armut, die in Mali oder Äthiopien herrscht … In McNamaras Worten: „Armut auf absolutem Niveau … ist Leben am äußersten Rand der Existenz. Die absolut Armen sind Menschen, die unter schlimmen Entbehrungen und in einem Zustand von Verwahrlosung und Entwürdigung ums Überleben kämpfen, der unsere durch intellektuelle Phantasie und privilegierte Ver-hältnisse geprägte Vorstellungskraft übersteigt. Verglichen mit denen, die das Glück haben, in entwickelten Ländern zu leben, gilt für die Individuen in den ärmsten Nationen:

- eine achtmal höhere Rate der Kindersterblichkeit;
- eine dreimal geringere Lebenserwartung;
- eine 60% niedrigere Quote von Erwachsenen, die lesen und schreiben können;
- ein Grad der Ernährung, der für jeden zweiten aus der Bevölkerung unter den akzeptablen Maßstäben liegt;
- und für Millionen von Säuglingen zu wenig Proteine für eine optimale Entwicklung des Gehirns."

McNamara hat absolute Armut zusammengefasst als „Lebensbedingungen, die sich jenseits jeder vernünftigen Definition von menschlicher Würde befinden."

intellektuell: hier – verkopft

privilegiert: bevorzugt

2/ Was heißt „absolut wohlhabend"?

Das Kennzeichen absoluten Wohlstands ist ein Einkommen, das deutlich über dem Niveau liegt, welches notwendig ist, um für die eigenen Grundbedürfnisse und die der Angehörigen zu sorgen. An diesem Maßstab gemessen ist die Mehrheit der Bürger in Westeuropa, Nordamerika, Japan, Australien, Neuseeland und in den Erdölländern des Mittleren Ostens absolut wohlhabend. Um McNamara noch einmal zu zitieren: „Der Durchschnittsbürger eines entwickelten Landes genießt einen Reichtum, der die ausschweifendsten Träume jener einen Milliarde Menschen übersteigt, die in Ländern mit einem Pro-Kopf-Einkommen von unter 200 Dollar leben. Dies sind also die Länder – und Individuen –, die über einen Wohlstand verfügen, den sie auf die absolut Armen übertragen könnten, ohne die Grundlage ihres Wohlergehens zu gefährden."

Warum leiden … Menschen Hunger? Arme Leute können es sich nicht leisten, Getreide zu kaufen, das von Landwirten der reicheren Länder angebaut worden ist. Arme Bauern können es sich nicht leisten, besseres Saatgut, Dünger oder Maschinen zu kaufen, die man braucht, um Brunnenschächte zu bohren und Wasser heraufzupumpen. Nur wenn etwas vom Reichtum der entwickelten Nationen den Armen der unterentwickelten Nationen zugute kommt, kann die Situation verändert werden.

Beide Texte Peter Singer: Praktische Ethik. Übers. v. Jean-Claude Wolf. Stuttgart: Reclam, 1984, S. 278 f., 281 f.

Gerechtigkeit

… ist eine grundlegende Tugend und ein Grundprinzip des Rechts und des moralisch guten Handelns. In Anlehnung an Aristoteles kann man drei Arten von Gerechtigkeit unterscheiden:

politische/vergeltende/gesetzliche – Gesamtheit aller Tugenden und Prinzip des Zusammenlebens der Menschen in einer Gemeinschaft bzw. im Staat; regelt die Pflichten und Aufgaben der Menschen, meistens durch Gesetze

austeilende – regelt die Zuteilung von Gütern nach Würdigkeit und Verdiensten

ausgleichende – regelt ebenfalls die Zuteilung von Gütern entweder nach dem Tauschprinzip oder nach Regeln der Wiederherstellung (z. B. nach Verlust)

3/ Luisa aus Peru erzählt über ihr Leben

Ich heiße Luisa und wohne in einem Dorf in den Anden Perus. Unser Dorf liegt höher als die Spitze des höchsten Berges in Deutschland. Deshalb ist es nachts meist sehr kalt. Aber tagsüber scheint oft und sehr kräftig die Sonne. Deshalb tragen bei uns fast alle einen Hut.

Meine Muttersprache ist Ketschua, aber in der Schule habe ich Spanisch gelernt. Deshalb habe ich keine Mühe mich zu verständigen, wenn ich einmal in die Stadt komme. Unsere vielen alten Geschichten, die mir meine Eltern und Großeltern erzählen, höre ich aber lieber auf Ketschua. Ich finde mein Dorf sehr schön mit den drei kleinen Flüsschen und den alten Brücken darüber. In jedem Hof gibt es einen Wasserhahn, wo wir unser Wasser zum Waschen und Kochen holen.

Hier seht ihr meine Schulkameradinnen vor unserer Schule. Sie haben ihre Festtagstracht an, denn sie werden auf dem Schulfest tanzen.

Auch Dorffeste werden bei uns viel gefeiert. Manche dauern drei Tage lang. Oft tragen die Tänzer auch Masken vor dem Gesicht. Bei den Festen gibt es immer ein besonders gutes Essen.

Bei keiner Mahlzeit fehlen Kartoffeln, die hier oben besonders gut gedeihen. Sie werden auf den Feldern angebaut, die rings um das Dorf auf den Hängen der Berge liegen. Die geernteten Kartoffeln werden in Säcke gefüllt und Lamas tragen sie hinunter ins Dorf. Die Berge und die „Mutter Erde" sind den Ketschua-Indianern heilig. Die Berge beschützen die Menschen und die Erde gibt ihnen Nahrung.

Foto und Text: Dr. Margit Gutmann

Gespräche führen

Wählt einen Gesprächsleiter. Formuliert eine klare Fragestellung. Vereinbart Regeln, damit ein gutes Gespräch zustande kommt. Beispiele für solche **Regeln:**
1. Ich melde mich, wenn ich etwas sagen möchte. Oder: Der Gesprächsleiter führt eine Rednerliste in der Reihenfolge der Meldungen. 2. Nur einer spricht. 3. Ich höre zu, wenn ein anderer spricht. 4. Im Gespräch sehen wir uns an. 5. Ich rede nicht dazwischen, wenn ein anderer spricht. 6. Ich gebe das Wort an … weiter. Oder: Der Gesprächsleiter teilt das Wort gemäß der Rednerliste zu. 7. Ich knüpfe an das an, was der/die Vorredner/in gesagt hat bzw. was bislang gesagt worden ist. 8. Mein Beitrag gehört direkt zum Thema, ich möchte dringend etwas sagen oder fragen. 9. Ich bleibe beim Thema. 10. Ich sage und begründe meine Meinung. 11. Ich akzeptiere die Meinung anderer. 12. Als Gesprächsleiter achte ich vor allem auf das Thema. – Ihr könnt zu jeder Regel ein Piktogramm zeichnen. Stellt daraus Kärtchen her, die sich an die Wand heften und bei Bedarf (zur Erinnerung) vorzeigen lassen. Welche Regeln müssten noch ergänzt, welche können ersatzlos gestrichen oder durch eine andere ersetzt werden?

Online-Link: 695210-0151

1. Was ist aus den Texten 1/ und 2/ des Philosophen Peter Singer zu erfahren? Mache dir Notizen zu den Begriffen „absolute Armut" und „absoluter Wohlstand". Ergänze die Notizen um einige Sätze zu dem, was sich aus Singers Darstellung über die darin enthaltene Auffassung von Gerechtigkeit und Verantwortung im weltweiten Maßstab erschließen lässt. Notiere mindestens zwei Vorschläge, die sich daraus ergeben. (Singers Vorschlag ist, dass jeder Wohlhabende mindestens zehn Prozent seines Einkommens für eine Verbesserung der Lage der Armen einsetzt.)

2. Luisa kommt aus Peru (Südamerika) 3/. Inwiefern hältst du sie für arm, inwiefern für reich? Wie kommst du zu deinem Urteil? Welche Maßstäbe legst du an? Notiere deine Antworten. Besprich sie zunächst mit deinem Nachbarn/deiner Nachbarin, diskutiert dann gemeinsam.

Portfolio-Vorschlag: Stelle dein Leben ähnlich wie Luisa für ein Buch mit dem Titel „Kinder aus aller Welt" dar. Ihr könnt Kontakt zu Schulklassen in anderen Städten oder Ländern aufnehmen, bittet sie um ebensolche Beschreibungen und ergänzt eure Mappe.

Kinderarbeit und Bildung

1/ Mit zwölf Jahren in die Fabrik

Ein kleines Haus am Wegesrand, es ist gerade dunkel geworden, durch die Tür fällt Licht nach draußen. Maschinenlärm dröhnt. Innen hängen überall Elektrokabel von der niedrigen Decke, es ist heiß und staubig, keine Fenster. Links an einem Tisch stehen zwei Mädchen und falten Unterhosen, rechts sitzen Kinder und einige sehr junge Frauen an Industrienähmaschinen. Alle lächeln uns freundlich an, der Chef eilt herbei. Die Unterhosen gehen an ein Kaufhaus in Neu Delhi, dies ist ein Betrieb, der für den indischen Markt produziert. Wir müssen Nähte begutachten, die Stoffqualität prüfen – der Chef hält uns für Einkäufer. Bereitwillig stellt er uns die Arbeiterinnen vor. Die beiden Mädchen am Tisch sind zwölf Jahre alt, an den Nähmaschinen sind sie 13, 14 und 16. Alle sind einmal zur Schule gegangen, ja und dann war Hochsaison und der Chef hat Leute gesucht. Jetzt verdienen sie zwischen 40 und 60 Rupien am Tag (0,61 bis 1,12 Euro). Sie arbeiten hier jeden Tag von halb neun morgens bis neun Uhr abends. Der Chef ist sehr stolz, selbst noch jung, dies sei nur seine erste Firma. Eines Tages werde er ein ganz Großer sein in Tirupur. Die Kinder hier hätten mit ihm eine Chance, er sei stolz auf sie.

Barbara Kuppers: Mit Geld und guten Worten. In: Kinderarbeit – kein Kinderspiel. terre des hommes Deutschland e.V., Osnabrück, 2005, S. 8

2/ Kinderarbeit in Indien

Die indische Kampagne gegen ausbeuterische Kinderarbeit (Campaign Against Child Labour, CACL) schätzt die Zahl der Kinderarbeiter auf mindestens 70 Millionen, davon 40 Millionen Mädchen. Diese Kinder gehen nicht zur Schule. 40 Prozent der eingeschulten Kinder verlassen die Schule vor dem fünften Schuljahr. Das in der Verfassung verankerte Recht auf Grundbildung ist bis heute nicht umgesetzt. Laut UNESCO fehlen 100 000 Grundschulen.

48 Prozent der Bevölkerung sind Analphabeten, ein Viertel der Menschen hat keinen Zugang zu sauberem Wasser. 35 Prozent der Kinder sind unterernährt.

CACL setzt sich für das Ende der Ausbeutung von Kindern und für die sofortige Umsetzung der Schulpflicht für alle Kinder ein.

ebenda

3/ Ein guter Anfang

Schule statt schuften: Das Recht auf Bildung muss für alle Kinder durchgesetzt werden.

Pater John vom Orden der Salesianer/Don Bosco leitet die Berufsschule. Er berichtet von den Anfangsschwierigkeiten der Schule: „Wir Salesianer machen viel Arbeit für Straßenkinder. Da eröffnet man ein Schutzzentrum und die Kinder kommen. Als wir die Schule eröffnet haben, kam niemand. Die Kinder und ihre Familien waren sehr skeptisch: Wieso soll man ein halbes Jahr lang auf das Einkommen der Kinder verzichten? Wer weiß, ob sie in der Schule etwas Nützliches lernen?" Die Salesianer haben begonnen, in den Dörfern für die Schule zu werben. Die Schüler bekommen ein kleines Stipendium, 40 Cent am Tag. Jetzt lernen auch einige ältere Kinder aus den Abendschulen im Zentrum weiter.

ebenda

4/ Armut bekämpfen

Damit Kinderarbeiter wirklich eine Alternative haben, reicht es nicht, ihnen die Arbeit zu verbieten oder sie aus Fabriken zu entlassen. Dann würden sie woanders, vielleicht unter noch schlimmeren Arbeitsbedingungen weiter schuften. Deshalb bauen die meisten Projekte, die sich für Kinderarbeiter engagieren, Schulen oder Berufsschulen auf und setzen sich für geregelte Arbeitsbedingungen für Kinder und Erwachsene ein.

Kinder, die einer Form der Sklaverei unterliegen oder missbraucht und geschunden wurden, brauchen medizinische und psychologische Hilfe. Familien und Dorfgemeinschaften müssen gemeinsam so viel erwirtschaften können, dass Schule und Ausbildung keine Luxusgüter mehr sind.

Unternehmen können in ihren Produktionsstätten oder bei Zulieferern für Veränderungen sorgen – und Verbraucher können sie drängen, entschieden gegen Kinderarbeit vorzugehen. Doch vor allem die Regierungen sind gefordert, Maßnahmen zum Schutz von Kindern zu treffen. Deshalb unterstützt terre des hommes … einheimische Initiativen, die den politisch Verantwortlichen in ihren Städten, Regionen und Ländern Druck machen, damit zum Beispiel der kostenlose Schulbesuch für alle Kinder durchgesetzt wird. Auch die Industriestaaten tragen Verantwortung: Die Europäische Union muss Entwicklungsländern gleichen Zugang zu ihren Märkten gewähren! Schutzzölle auf landwirtschaftliche Produkte zum Beispiel zwingen Produzenten, die Kosten extrem niedrig zu halten. Entwicklungshilfe muss vorrangig auf die Bekämpfung der Armut und auf die Förderung der Grundbildung ausgerichtet sein. National und international muss entschieden und wirksam gegen organisierte Kriminalität und Menschenhandel vorgegangen werden.

Wer sich gegen die Ausbeutung von Kindern engagiert, kämpft damit auch gegen Armut: Kinderarbeit ist nicht nur eine Folge von Armut, sondern verursacht sie auch. Wo Kinder zu Hungerlöhnen schuften, finden Erwachsene keinen Arbeitsplatz. Kinder, die nie zur Schule gegangen sind, werden ihr Leben als Tagelöhner fristen und ihre Kinder später auch zur Arbeit schicken.

ebenda, S. 6

5/ Jugendliche erhalten in Natwange Youth Village in Ndola, Sambia im Werkunterricht eine Vorbereitung auf die Berufsausbildung. Gründerin dieser Schule ist Schwester Gloria aus Wuppertal. Nur so haben diese Kinder eine Chance auf ein selbstbestimmtes Leben.

1. Inszeniert die in Text 1/ beschriebene Geschichte in Gruppen (Rollen: Reporterin, Fabrikbesitzer, zwei Kinder). Lasst die Kinderarbeiterinnen zu Wort kommen: Warum sind sie hier? Was sagen ihre Eltern dazu? Welche Vorstellungen von ihrem weiteren Leben haben sie?

2. Lest die Texte 2/ und 3/. Kommt dann wieder in „Theatergruppen“ zusammen und entwickelt eine Fortsetzung eures Rollenspiels, ohne Reporterin. Nun muss die Rolle des Paters besetzt werden. Er überzeugt den Fabrikbesitzer, die Kinder für den Schulbesuch frei zu stellen. Welche Argumente hat er? Wie reagiert der Fabrikbesitzer? Was sagen die Kinder dazu?

3. Diskutiert abschließend die Rolle der Organisation CACL 2/ in Indien. Warum ist Schulbildung wichtig für die Bekämpfung von Armut?

4. Was erfährst du aus dem Text 4/ über die Möglichkeiten, Kindern zu helfen, die arbeiten müssen? Armut ist eine Ursache für Kinderarbeit, aber auch eine Folge davon. Was erfährst du aus dem Text dazu? Notiere mindestens zwei Vorschläge zur Verbesserung der Lebensverhältnisse, die sich daraus ergeben. Nehmt eure Notizen (auch die zu Aufgabe 1, S. 151) als Grundlage für ein Gespräch im Plenum. (Gesprächsregeln siehe S. 151)

Portfolio-Vorschlag: „Gegen Kinderarbeit – für mehr Kinderrechte“; Materialien von UNICEF und anderen Hilfsorganisationen, z. B. terres des hommes, sammeln und dokumentieren.

Was Bildung bedeutet – ein Beispiel aus dem Senegal

Wenn Kinder zu Lehrern werden

Fatu ist Lehrerin. Sie lebt in Sibassor, einem kleinen Dorf im Senegal. Zwischen hier und Sibassor liegen das weite Mittelmeer und die noch weitere Sahara-Wüste. Fatu hat eine dunkelbraune, fast schwarze Hautfarbe. Aber das ist nicht ungewöhnlich, denn alle Menschen dort sind schwarz. Und doch hat es mit der Lehrerin etwas Besonderes auf sich.

Fatu ist erst neun Jahre alt. Aber das ist noch nicht genug der Merkwürdigkeiten. Ihre Schüler sind fünfundzwanzig Jahre älter als sie selbst. Genauer gesagt, es sind ihre Eltern. Aber gleichzeitig sind Vater und Mutter Diop auch Lehrer. Eine ihrer besten Schülerinnen ist Fatu, denn Fatu geht noch zur Schule, jetzt bereits im dritten Jahr.

Das hört sich alles sehr verwirrend an. Und dabei ist es doch so einfach: Jeder in Sibassor hat nämlich eine Schule, die ganz anders ist als die anderen Schulen im Land. In dieser Schule sollen die Schüler nicht Dinge lernen, für deren Wissen sie später zwar ein Zeugnis erhalten, aber mit dem sie im Dorf nicht viel anfangen können. Sie müssen nicht den Namen der Seine-Brücken in Paris auswendig lernen oder die Reihenfolge der früheren französischen Könige. Stattdessen soll die Schule helfen, das Leben in Sibassor einfacher und lebenswerter zu machen. Die Schüler sollen lernen, was sie auch wirklich im Dorfalltag brauchen.

So zeigen die Mütter in der Schule den Kindern, wie man näht. Und umgekehrt helfen die Kinder ihren Eltern dabei, Schreiben und Lesen zu lernen. Denn früher hatten die Eltern in dieser Gegend keine Gelegenheit gehabt, eine Schule zu besuchen. Für die meisten ist es das erste Mal, dass sie auf einer Schulbank sitzen, wenn sie in der Schule drei Monate lang von den Lehrern unterrichtet werden. Doch wenn diese drei Monate vorbei sind, übernehmen die Kinder die Arbeit der Lehrer. Was sie in der Schule gelernt haben, zeigen sie zu Hause ihren Eltern. Fatu ist stolz darauf, ihrer Mutter und ihrem Vater Wörter vorzuschreiben und zu erklären. Sie ist eine sehr gewissenhafte Lehrerin.

Zunächst war es Fatus Eltern schwer gefallen, dass ihre Tochter die Buchstaben und Wörter besser beherrschte, als sie selbst. Doch sie waren ja nicht nur Schüler, sondern auch Lehrer. Sie wissen in so vielen Dingen Bescheid, die Fatu und die anderen Schülerinnen und Schüler ihrer Klasse nicht können. Vater Diop kennt sich ausgezeichnet im Ackerbau und in der Viehzucht aus und Mutter Diop ist eine geschickte Näherin. In dem Schulraum, dessen schmale Fenster ein dumpfes Licht in die Klasse fallen lassen, sitzt sie mit einigen ihrer Nachbarinnen und zeigt den Kindern die ersten Handgriffe zum Stricken und Häkeln und erklärt ihnen den Schnitt ihres Kleides.

Weil diese Schule so ganz anders ist, als alle anderen, haben die Schüler dieses Projekt stolz „Schulkooperative" genannt. Es begann von ein paar Jahren, als bei den Jungen und Mädchen der Schule der Wunsch nach einer Schülerzeitung und einer kleinen Leihbücherei laut wurde. Mamadou Sarr, der Leiter der Schule, machte ihnen klar, dass man dazu Geld benötigte. Und für so etwas hat man in Sibassor keinen Franc übrig. So machten sich die Schüler Gedanken, wie sie an Geld kommen könnten. Schließlich hatten sie eine Idee. Oder besser: Es waren gleich drei auf einmal. Sie bauten einen Stall für Hühner, deren Eier sie verkaufen konnten. Dann entstand die Nähwerkstatt. Und schließlich legten sie in der Nähe der Dorfpumpe einen Garten an, dessen Gemüse sie verkauften.

Doch der Garten bereitet ihnen auch große Sorgen. Das Dorf hat nur einen einzigen Brunnen. Und der muss auch noch vier weitere Dörfer mit Wasser für Mensch und Vieh versorgen. Da reicht manchmal das Wasser einfach nicht aus, um alle Beete genügend zu gießen.

Heute sind die Schüler von Sibassor stolz auf ihre kleine, selbst angelegte Bücherei. Sie verwalten sie eigenständig und führen über alles genau Buch. Eine andere Schülergruppe erstellt eine eigene Zeitung. Ihr Problem sind die hohen Kosten für das Tippen und Abziehen der Seiten. Im Augenblick reicht das Geld nicht, um Papier für die nächste Ausgabe zu besorgen. Aber durch den Verkauf der Eier und des Gemüses hoffen Fatu und ihre Freunde, das nötige Geld bald zusammenzubekommen.

Mittags kochen die Schüler ihr Essen selbst. Dazu wollen sie sich einen neuen Ofen bauen, mit dem man Holz sparen kann. Denn Brennholz ist im trockenen Senegal sehr knapp.

Jeder ist Lehrer in Sibassor. Und jeder ist Schüler. Jeder zeigt dem anderern, was er kann, ob er nun klein oder groß ist. „So wird das Dorf zur Schule", sagt Leiter Mamadou Sarr. „Und die Schule ist ein Teil des Dorfes."

Hans-Martin Große-Oetringhaus: Kein Platz für Tränen – Geschichten von Kindern in der Dritten Welt. Wuppertal: Peter Hammer Verlag, 1986, S. 55 ff.

1. Lege jeweils eine Liste mit Stichpunkten zu folgenden Fragen an:
   a) Was wird in Sibassor gelernt? Notiere dazu, wer von wem was lernt.
   b) Wie ist das bei uns? Was können Kinder/Jugendliche von Erwachsenen lernen? Und was können Erwachsene von Kindern/Jugendlichen lernen?
   c) Was kannst du anderen beibringen?
   d) Was möchtest du von anderen lernen?

2. Sucht gemeinsam Antworten auf die Fragen: Wie hängen Leben und Lernen zusammen? Was muss man lernen, um gut leben zu können? Wie könnt ihr in eurer Umgebung das Lernen so organisieren, dass ihr euch gegenseitig viel beibringen könnt?

Portfolio-Vorschlag: „Leben und Lernen" – Dokumentation der Ergebnisse eurer Überlegungen, angereichert mit Fotos vom Lernen in unterschiedlichen Umgebungen. Es sollte deutlich werden, dass man nicht bloß in der Schule lernt und dass nicht nur Kinder und Jugendliche lernen.

Armut in Deutschland

1/ Ein Beispiel

Vom Reichwerden hat Astrid Dorka nie geträumt. Aber dass sie sich einmal so bitterarm fühlt, das hat sie sich auch nie vorgestellt. Wenn man sie fragt, was das Schlimmste ist an ihrer Armut, muss sie lange überlegen.

Jedenfalls nicht, dass sie selbst so wenig hat, so wenig Kleidung, so wenig Annehmlichkeiten, so wenig Abwechslung. Ist es, dass sie ihrem Sohn über Essen und Wohnen hinaus fast nichts ermöglichen kann? Dass sie sich so nutzlos fühlt und so verkannt in ihren Fähigkeiten? Diese ständige Heimlichkeit, damit möglichst niemand merkt, wie es ihr wirklich geht. … Der Kleinkrieg mit Behörden, Vermietern, Schulvereinen, die endlosen Formulare und Anträge, nur um das bisschen Leben zusammenzuhalten, was sie noch hat. Ein paar Euro für die Klassenreise, damit Raffael nicht noch mehr zum Außenseiter wird. Oder dieses ständige Gefühl des Ausgeschlossenseins. Ausgesperrt von allem, was den normalen Alltag der Hamburger um sie herum ausmacht. Einkaufsbummel, Kaffeetrinken an der Alster, frühstücken gehen mit Freunden, eine Bootsfahrt, Urlaub. Aber auch der Arbeitsalltag, Konferenzen, Kollegen, Lob für ein gelungenes Projekt …

Raffael ist ein schwieriges Kind geblieben. In der Schule weiß er oft nicht, wohin mit seiner überschüssigen Kraft. Er braust schnell auf und schlägt dann um sich. Die Großeltern bezahlen den Beitrag zum Fußball- und zum Judoverein, damit der Junge wenigstens etwas hat. Mehr können sie nicht geben, denn sie haben selbst kaum Geld. Der Sport ist Raffaels ein und alles. Aber auch das wird nicht mehr lange gutgehen. „Der Junge wächst so schnell. Zweimal im Jahr braucht er neue Fußballschuhe. Im Sommer passen die aus dem letzten Jahr nicht mehr, und für die Halle braucht er dann andere, das ist Vorschrift", sagt seine Mutter. Dieses Jahr muss es trotzdem erst mal so gehen, mit den zu kleinen. Neue sind im Moment einfach nicht drin. …

Am wehsten tut es, wenn die Mutter merkt, wie sehr der kleine Junge versucht, sich zurückzunehmen. „Nike-Turnschuhe, Marken-Sweatshirts, die die Jungs aus seiner Klasse tragen, danach fragt er gar nicht erst."

Frauke Hunfeld: „Und plötzlich bist du arm". Geschichten aus dem neuen Deutschland. Reinbek: Rowohlt, 1998, S. 22 ff., 31

2/ „Und plötzlich bist du arm …"

3/ Ein Interview

Wer ist denn schuld an der steigenden Armut? Sind es die Armen selbst? Oder sind es die Verhältnisse?

Ich halte die Frage nach der Schuld für verfehlt. Sie ist eine moralische Frage. Armut hat aber nichts mit Moral zu tun. Man muss korrekterweise nach der Ursache fragen. Wenn beispielsweise ein Mensch, sagen wir ein Mann, sich scheiden lässt, dadurch seinen Halt verliert, dadurch seine Arbeitsstelle verliert, dann beginnt zu trinken, dann Schulden macht … wenn dieser Mensch irgendwann in eine Armutssituation kommt, wer um Himmels willen will da die Schuldfrage aufwerfen.

Die Menschen selber stellen sich doch die Schuldfrage. Sie denken: Hätte ich doch damals dies oder jenes anders oder besser gemacht, dann würde es mir heute nicht so gehen, wie es mir geht. Alle Welt spricht doch von der Eigenverantwortung, die gestärkt werden soll. Also suchen die Leute auch die Gründe des Scheiterns bei sich selbst.

Es kann grundsätzlich nicht schaden, wenn ein Mensch die Schuld bei sich selber sucht. Aber wenn man mit solchen Menschen zu tun hat, etwa in Beratungssituationen, kann man nur versuchen, darauf hinzuwirken, dass sie sich mit dieser Schuldfrage nicht weiter belasten. Es geht darum, Einsichten zu gewinnen. Zu lernen, vielleicht auch, wo man versagt hat, um etwas anders machen zu können. Aber man darf sich um Himmels willen nicht so in der Schuldfrage verstricken, dass man den Blick nach vorne verliert, und das erleben wir auch häufig.

Leute, die sich nur wenig vorzuwerfen haben, und sogar solche, die alles richtig gemacht haben, werden aber auch arm.

Das ist wohl wahr, und es ist ein weiterer Aspekt dieser „Schuldfrage". Der Einzelne hat immer weniger Spielraum, um seine Situation zu gestalten. Wenn heute ein großer Betrieb in Konkurs geht und deshalb Entlassungen vornimmt, dann stellt sich natürlich für den Einzelnen die Schuldfrage nicht. Gleichwohl kann es passieren, dass er in Armut gerät. Er kann aber sein Schicksal kaum noch selbst in die Hand nehmen. Das Fatale daran ist, dass seitens der Politik immer wieder so getan wird, als habe in Deutschland jeder nach wie vor sein Schicksal in der Hand … Wer dies immer wieder in der Presse liest, fragt sich dann: Mache ich eigentlich alles falsch? Bin ich eigentlich etwas blöd? Warum schaffe ich das nicht, wie soll ich das meinen Kindern erklären?

Frauke Hunfeld, a. a. O., Interview mit Ulrich Schneider, S. 179 f.

Online-Link: 695210-0159

1. Welchen Bedarf hat man als Bürger der Bundesrepublik Deutschland jeden Tag zu decken? Zähle die notwendigen Dinge auf (wie Nahrung, Kleidung, …) und ordne ihnen ungefähre Durchschnittspreise zu. Rechne die Summe für die Ausgaben pro Monat aus.

2. Vergleicht eure Ergebnisse und filtert aus allen euren Angaben die heraus, bei denen jeder zustimmen kann, dass es zum notwendigen Bedarf gehört. Erzielt daraus eine monatliche Summe.

3. Findet heraus, was heute als „Existenzminimum" gilt, also das, was jeder auf jeden Fall verbraucht, um leben zu können, und erkundigt euch nach den aktuellen Sozialgeldsätzen (Sozialamt, Internet). Vergleicht diese Angaben mit eurem Resultat. Was ist dabei an Unterschieden und Übereinstimmungen festzustellen?

4. Gesprächsrunde: Erörtert anhand des Beispiels 1/, in welche Schwierigkeiten man durch Armut geraten kann. Stellt Bedingungen (Schicksalsschläge, eigene Fehler, …) zusammen, durch die man arm werden kann. Was kann man selbst vorbeugend dagegen tun? Was tut der Staat, um das Schlimmste zu verhindern 2/?

5. Lest und diskutiert den Interviewausschnitt 3/. Nehmt das Interview zum Anlass, selbst Interviews zu führen mit Menschen, die sich in den Fragen und Problemen auskennen, die in diesem Kapitel behandelt worden sind. Erarbeitet dazu einen Fragenkatalog; geht von eurer Neugier und eurem Interesse aus. (vergleiche Arbeitstechniken, S. 266 f.) Vergesst aber nicht, wen ihr befragt, wofür er kompetent ist. Stellt Fragen, über die ihr mehr wissen wollt.

6. Informiert euch (bei Verwaltung und Kirchen) über die Armut in eurer Gemeinde und darüber, was von Seiten des Staates und von Hilfsorganisationen sowie von privater Seite dagegen getan wird.

Portfolio-Vorschlag: „Armut in Deutschland" – Materialsammlung zum Thema; eigene Bewertung der Sachlage und der Gegenmaßnahmen. Außerdem: Ausarbeitung eigener Ideen dazu. Dokumentiert eure Aktion(en), auch die auf der Schlussseite vorgeschlagenen.

Was man selbst tun kann

Lasst euch von den Ideen anregen, selbst etwas für die Unterstützung von Projekten zu tun, mit denen anderen geholfen werden kann.

Schüler malen Karten

Das Dürener Rathaus war fest in Schülerhand, als junge Vertreterinnen und Vertreter von 17 Schulen aus dem ganzen Kreisgebiet dem Bürgermeister etwa tausend von ihnen und ihren Mitschülern selbst gemalte Karten übergaben. Der Bürgermeister verwendete sie für die Weihnachtsgrüße, die er zu verschicken hatte und zahlte für jede Karte 55 Cent. Der gesamte Betrag ging an terre des hommes, um Kindern in Kriegsgebieten zu helfen. Seit zwölf Jahren ist das schon Tradition in Düren. Wer kennt weitere Traditionen in seinem Ort, die zu eigenen Aktionen anregen können?

Theaterspiel und indisches Essen

„In unserem Projekt behandelten wir das Thema Kinder der Welt", berichtet die Klasse 6b der IGS-Mutterstadt. „Dazu übten wir das Stück **Shelter** ein. Mit viel Spaß und Fleiß probten wir über einen Monat, bis wir es vorführten. Dann war es so weit: Wir spielten unser Stück vor einem richtigen Publikum. Gegen Abend luden wir alle unsere Eltern, Omas und Opas ein. Nach der Vorstellung gab es noch ein indisches Essen, zu dem unsere Eltern etwas Leckeres mitgebracht hatten. Außerdem sammelten wir Spenden für das Projekt Shelter."

Blitzende Fenster

Die Schüler der Rudolf-Steiner-Schule in Nürnberg beschlossen, dass die gesamte Oberstufe sechs Stunden für mindestens fünf Euro pro Stunde in Betrieben und Haushalten arbeiten sollte. „Wir gingen auf die Suche und organisierten Arbeitsplätze hauptsächlich im Elternkreis. Fenster sollten geputzt, abgeschliffen oder gestrichen werden, Keller entrümpelt, Gärten umgegraben und Böden gewischt werden. Manch einer durfte sich in diversen Büros an Akten wagen oder auf einem Bauernhof den Stall ausmisten."

Zeitung über Kinderarbeit

Eine Zeitung. Selbst gemacht von Schülerinnen und Schülern der Klasse 4a der Grundschule Südwest in Eschborn. Thema: Kinderarbeit. So werden zum Beispiel Kinder aus Indien vorgestellt, die Teppiche knüpfen müssen. Aber die Grundschüler wollten nicht nur informieren, sondern auch helfen. Darum haben sie eine Spendenaktion für arbeitende Kinder in Peru gestartet.

Fair gehandelte Produkte bekannt machen

Einen Orangenbaum in Position gebracht, einen Webrahmen aufgestellt, einen Kaffeeparcours aufgebaut. Dazu Plakate aufgehängt und Dias gezeigt. Das alles hat die Religionsgruppe der Freien Waldorfschule Gütersloh auf dem Herbstmarkt ihres Schulfestes gemacht. Damit wollte sie auf fair gehandelte Produkte und auf das Thema Kinderarbeit aufmerksam machen. Zuvor hatte sie sich im Unterricht gründlich mit dem Thema auseinandergesetzt.

Alle Beispiele aus Aktion Schülersolidarität: Dabeisein. Terre des hommes e.V., 2003

Weitere Informationen unter www.tdh.de

7 Islam – Glauben und Leben

Es gibt keine Gottheit außer Gott
Und Mohammed ist sein Prophet
Und verrichtet das Gebet und betet zusammen mit den Betenden
Und wer sein Geld, mag es einem noch so lieb sein, den Waisen und Armen gibt
Ihr Gläubigen, euch ist vorgeschrieben zu fasten
Führt die Wallfahrt im Dienste Gottes durch
Wer einen Menschen tötet, ist wie einer, der die ganze Menschheit tötet, und wer einen Menschen am Leben erhält, ist wie einer, der die ganze Menschheit am Leben erhält
Begriffe bilden, Wortgebrauch verstehen, kritische Analyse der Wortverwendung (Methode)
Wer aber Rechtes tut, ob Mann oder Frau, wird kein Unrecht zu leiden haben
Informationen auswerten und Erkundungen einholen

Es gibt keine Gottheit außer Gott

Gottesbild:
Moschee, Islamisches Wohnhaus, Familie Amin, Wohnzimmer; Familie Yusefi, Mädchenzimmer; Bibliothek (Quellentexte)

1/ Woran wir glauben

Ich heiße Fatima und bin zwölf Jahre alt. Ich wohne schon lange in Deutschland. Geboren bin ich in der Türkei. Meine Religion ist der Islam. In der Schule fragen meine Freundinnen mich manchmal, woran wir denn glauben. Da habe ich gesagt: Besonders wichtig ist für uns der Glaube an einen einzigen Gott; denn als der Islam im siebten Jahrhundert in Arabien entstand, glaubten viele Menschen an mehrere Götter. Aber Mohammed war überzeugt: Es gibt keine andere Gottheit außer Allah. Allah heißt auf Arabisch „der Gott". Und Allah ist barmherzig zu allen Menschen. Im Koran steht auch: Allah ist der Mächtige und Weise. Er hat die Herrschaft über Himmel und Erde. Er macht lebendig und lässt sterben und hat zu allem die Macht. Er ist der Erste und der Letzte, deutlich erkennbar und zugleich verborgen. Er weiß über alles Bescheid. Doch Gott ist dem Menschen näher als seine eigene Halsschlagader.

2/ Im Koran, unserem heiligen Buch steht:

Im Namen Gottes des Barmherzigen,
des Erbarmers!
Sag: Er ist der eine Gott,
der ewige Gott.
Er zeugt nicht und wurde nicht gezeugt,
und kein Wesen ist ihm gleich.

3/ So beten Muslime zu Gott, damit er sie richtig leitet:

Im Namen Gottes, des Barmherzigen, des Erbarmers!
Lob sei Gott,
dem Herrn der Welten,
dem Barmherzigen, dem Erbarmer,
dem Herrn des Gerichtstages.
Dir dienen wir und Dich bitten wir um Hilfe:
Führe uns den geraden Weg,
den Weg derer, denen Du Gnade erwiesen hast,
nicht derer, denen Du zürnst,
noch derer, die in die Irre gehen.

4/ Allah, der Name Gottes in arabischer Schrift

5/ Rashid erzählt eine Geschichte

Ich heiße Rashid und bin 13 Jahre alt. Ich komme aus Ägypten und gehe in die gleiche Klasse wie Fatima, in die 7c. Ich bin auch Muslim. Das heißt: Ich bekenne mich zum Islam. Islam bedeutet Hingabe an den einen Gott. Muslime sind also Menschen, die sich zum Islam bekennen und Gott hingeben. Mein Freund Sven hat gesagt: „Hingabe, das klingt ja so wie Unterwerfung, als ob ihr Sklaven seid!" Da habe ich ihm folgende Geschichte aus unserem Koran erzählt:

Ein reicher Bauer besaß zwei Weingärten, die von Palmen umgeben waren, und mehrere große Getreidefelder. Eines Tages unterhielt er sich mit seinem Nachbarn, der weit weniger besaß und sagte prahlerisch: „Ich bin reicher als du. Wenn einst mein letztes Stündlein schlägt, wird mich Gott im Himmel wohl mit einem noch größeren Besitz belohnen. Aber das wird noch lange dauern." Der Nachbar war über diese Angeberei entsetzt und sagte: „Wie kannst du nur deinen Besitz so zum Mittelpunkt deines Lebens machen. Du merkst gar nicht, dass dein Vermögen zu deinem Gott geworden ist. Aber ich glaube an Gott und vertraue auf ihn."

Kurze Zeit später wachte der reiche Bauer auf und traute seinen Augen nicht: Starke Regenfälle hatten die Weingärten mit ihren Reben und die Getreidefelder samt Ernte zerstört. Der Bauer rang die Hände und klagte: „Oh hätte ich doch meinen Reichtum nicht so wichtig genommen!"

Alle Texte dieses Kapitels stammen von Monika Tworuschka, sofern die Quelle nicht anders ausgewiesen ist.

1. Schaut euch die Auftaktseite an und beschreibt, was ihr seht. Sprecht gemeinsam darüber
2. Was weißt du bis jetzt über den Islam? Schreibe auf eine Karte jeweils eine Behauptung über den Islam, die du für richtig hältst.
3. Sammelt alle Karten ein. Nun zieht jeder eine Karte, liest die Behauptung vor und äußert sich, ob er sie für richtig oder falsch hält. Jeder begründet seine Ansicht. Dazu kann sich jeder andere äußern, der möchte.
4. Stellt nun gemeinsam fest, wie viel ihr wirklich wisst, und was ihr noch nicht wisst. Schreibt gemeinsam auf (an die Tafel und ins Heft), was ihr über den Islam wissen möchtet.
5. Aus den Texten 1/, 2/ und 3/ erfährst du einiges über Gott. Liste alle Merkmale auf und schreibe die entsprechenden Eigenschaften des Menschen daneben, also z. B. ewig – sterblich.
6. Aus Text 5/ erfahrt ihr, was Islam bedeutet: Hingabe. Sprecht zunächst über das Gleichnis. Jeder schreibt folgenden Satz zu Ende: „Das Gleichnis bedeutet, dass …" Heftet eure Sätze an die Wand. Jeder wählt den Satz aus, den er für den besten hält, und begründet seine Auswahl.
7. Erfinde eine ähnliche Geschichte, die heute spielt. Was muss darin vorkommen? Worin liegt der Reichtum? Wodurch kann er zerstört werden? Wodurch kann man versklavt werden?
8. Was also bedeutet das Gleichnis? Diskutiert darüber, ob eure Geschichten ebenfalls Gleichnisse dieser Art sind und was sie bedeuten.

Und Mohammed ist sein Prophet

Prophet: der etwas „hervorsagt", durch den sich also Gott offenbart, auch: der etwas „vorhersagt", die zukünftige Entwicklung kennt

Mohammed:
Moschee; Bibliothek, Fahrstuhl in die Geschichte; Mekka im Jahr 622; Islamische Familie Yusefi, Wohnung, Mädchenzimmer

1/ Rashid berichtet über den Propheten Mohammed

Unser Prophet Mohammed wurde 570 in Mekka geboren. Das liegt heute in Saudi-Arabien. Schon früh verlor er seine Eltern. Erst lebte er bei seinem Großvater und dann bei seinem Onkel. Er war sehr beliebt. Wenn er etwas versprach, dann hielt er es auch. Deshalb nannten die Menschen ihn auch „al-Amin", den Zuverlässigen. Mekka war eine große Handelsstadt. Daher wurde Mohammed später Kaufmann. Er trat in die Firma der Geschäftsfrau Khadidja ein, die von seiner Ehrlichkeit und Zuverlässigkeit beeindruckt war. Später verliebte sie sich in ihn und die beiden heirateten. Mohammed ärgerte sich oft darüber, dass manche Händler in Mekka ihre Kunden betrogen und nicht freundlich zu den Armen waren.
Nachts ging er manchmal zum Berg Hira, um zu beten und nachzudenken. Da passierte es: Eines Nachts hörte er eine Stimme aus dem Himmel, die ihn rief. Es war der Erzengel Gabriel. Der verkündete: „Mohammed, du bist der Gesandte Gottes und ich bin Gabriel." Dann sagte der Engel zu ihm: „Geh zu den Menschen und sage ihnen, dass es nur einen Gott gibt. Und dieser Gott ist barmherzig. Aber die Menschen sollen mehr Rücksicht auf die Armen nehmen und niemanden belügen und betrügen."
Den reichen Leuten in Mekka gefiel nicht, was Mohammed sagte. Sie fürchteten, dass die Anzahl der Pilger abnehmen könnte, die nach Mekka kamen, um hier drei ihrer Götter zu verehren. Die Leute in Mekka verfolgten und verspotteten Mohammed und seine Freunde. Manche wurden auch gequält und misshandelt. Zunächst schützte ihn sein Onkel Mohammed. Aber als der starb, wurde es immer schlimmer. Mohammed wanderte nach Medina aus, wo die Menschen einen Schiedsrichter für ihre Streitigkeiten brauchten. Dies geschah im Jahr 622 der christlichen Zeitrechnung. Dieses Jahr ist für uns Muslime das Jahr 1.
In Medina erzählte Mohammed den Menschen, dass alle Gläubigen Brüder sind, egal aus welchem Stamm sie kommen.
Die Leute in Mekka und Mohammed und seine Anhänger in Medina haben sich dann noch eine Zeit lang bekämpft. Schließlich hat Mohammed Mekka erobert. Aber die meisten seiner Gegner behandelte er großzügig. Er starb im Jahr 632.

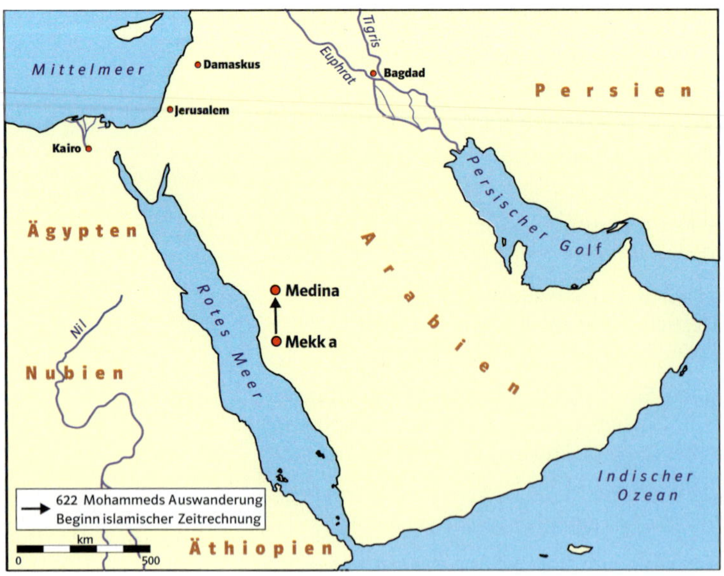

2/

Prophet

Muslime glauben, dass Gott zu verschiedenen Zeiten Propheten zu den Menschen schickte, um sie auf den rechten Weg zu bringen. Manche dieser Propheten werden auch Gesandte genannt, weil sie ein Buch brachten: Moses die Thora, Jesus das Evangelium und Mohammed den Koran.

Propheten:
Islamisches Wohnhaus, Familie Amin, Zimmer Hassan

Mekka und Medina:
Islamisches Wohnhaus, Hauswand, Basar Yusefi, Nebenzimmer, Koranschule (über Moschee erreichbar)

3/ Rashid erklärt den Koran

Die Worte, die Mohammed von Gott durch den Engel Gabriel hörte, wurden später aufgeschrieben und im Koran zusammengefasst. Wir Muslime glauben, dass der Koran schon vor der Erschaffung der Welt bei Gott war. Das Wort Koran ist Arabisch und bedeutet Lesung. Im Koran stehen Geschichten über frühere Propheten und Verse über Gottes wunderbare Schöpfung. Ebenso sagt uns der Koran, wie wir beten und fasten und uns zu Hause und in der Gemeinschaft richtig verhalten sollen. Die Kapitel des Koran heißen Suren, die aus Versen (Aya) bestehen. Die erste Sure heißt Fatiha. Sie ist für uns ungefähr so wichtig wie für Christen das Vaterunser. Wir glauben, dass man den Koran nur richtig auf Arabisch verstehen kann. Für uns ist Arabisch eine heilige Sprache. Viele Muslime lesen jeden Tag einen Abschnitt aus dem Koran. Es gibt Muslime, die den ganzen Koran auswendig können. Solch ein Muslim heißt Hafiz. Viele Kinder gehen in die Koranschule. Dort lernen sie den Koran auf Arabisch. Die Nacht, in der Mohammed zum ersten Mal Verse aus dem Koran hörte, heißt „Nacht der Bestimmung". Sie wird auch im Koran beschrieben:

Wir ließen IHN niedersteigen zur Herrlichen Nacht.
Siehe, diese Herrliche Nacht ist besser als tausend Monde.
Da stiegen die Engel herab und der Geist
auf ihres Herrn Geheiß mit der Ganzheit des Wortes.
Heilbringend war sie bis zum Aufstieg des Morgenrots.

4/ Fatima erzählt, was Mohammed den Muslimen bedeutet

Bis heute ist Mohammed für uns ein großes Vorbild. Deshalb werden viele Kinder Mohammed genannt. Wir feiern auch den Geburtstag unseres Propheten mit Fackelzügen und Süßigkeiten. Wenn jemand Mohammed beleidigt, tut uns das weh! Wir hören gern Geschichten darüber, was Mohammed gesagt oder getan hat.

Koran:
Moschee, Koranschule (über Bibliothek – Moschee erreichbar); Islamisches Wohnhaus, Familie Amin, Wohnzimmer

5/ So wurde Mohammeds Geburt später in der islamischen Kunst dargestellt. (M. D. Erzeni, 1368)

Online-Link: 695210-0165

Teilt euch in drei Gruppen auf, jede bearbeitet eine der folgenden Aufgaben:

1. Beschäftigt euch mit Mohammed und seinem Leben 1/, 4/. Notiert die wichtigsten Daten aus seinem Lebenslauf und die dazugehörigen Ereignisse. Beschreibt seine Eigenschaften. Nehmt auch ein Geschichtsbuch oder Lexikon zu Hilfe, oder recherchiert im Internet. Sucht auch eine Antwort auf die Frage, weshalb Mohammed nicht im Bild gezeigt werden darf 5/.

2. Die zweite Gruppe befasst sich mit der Geographie. Sucht im Atlas das Gebiet, in dem Mohammed lebte 2/. Um welchen Staat handelt es sich heute? Wo liegen Mekka und Medina? Wo hat sich der Islam von dort aus ausgebreitet? Das lässt sich leicht in einem Geschichtsatlas herausfinden. In welchen Staaten leben heute die meisten Muslime?

3. Schaut euch den Koran näher an 3/. Wie ist er aufgebaut? Wie viele Suren hat er? Welche Themen werden behandelt? Lest einige der wichtigsten Suren nach und fasst den Inhalt zusammen, z. B. zu den Stichworten Paradies, Ehe, Schöpfung.

Nach der Gruppenarbeit stellt jede Gruppe ihre Ergebnisse dem Plenum vor. Zwischenfragen werden nach Möglichkeit beantwortet. Beantwortet dann gemeinsam die Frage: Was ist das Wichtigste, was man sich merken sollte? Haltet es schriftlich fest.

Und verrichtet das Gebet und betet zusammen mit den Betenden

Gebet:
Moschee, Islamisches Wohnhaus, Basar Yusefi

1/ Rashid erzählt, wie Muslime beten

Das Gebet gehört zu unseren fünf Grundpflichten. Alle Erwachsenen müssen das Pflichtgebet fünfmal am Tag beten. Ich bete mit, seit ich sieben Jahre alt bin. Kranke, alte Menschen und Reisende dürfen das Gebet verschieben oder abkürzen. Einmal in der Woche beten alle zusammen in der Moschee das Gemeinschaftsgebet.
Wenn wir beten, wollen wir sagen, dass wir Gott vertrauen, weil er barmherzig und immer für uns da ist. Die Gläubigen werden vom Gebetsrufer, dem Muezzin, vom Minarett der Moschee zum Gebet gerufen:

„Gott ist am größten, Gott ist am größten.
Ich bezeuge, dass es keine Gottheit außer Gott gibt.
Ich bezeuge, dass Mohammed der Gesandte Gottes ist.
Auf zum Gebet.
Auf zum heilen Leben!
Gott ist am größten.
Es gibt keine Gottheit außer Gott."

2/ Ein Gespräch über das Beten

Sven: „Ihr habt so viele Vorschriften! Fünfmal am Tag beten, das wäre mir zu viel."
Rashid: „Irgendwie sehe ich das anders. Wenn es keine bestimmten Gebetszeiten gäbe, würde ich mich nicht fünfmal am Tag zu einer Pause vom Alltag aufraffen. Und außerdem: Hier sind die meisten Menschen keine Muslime. Wenn ich bete, denke ich an all die anderen Muslime überall auf der Welt, die auch beten. Und das finde ich irgendwie schön."
Sven: „Trotzdem sieht es irgendwie komisch aus, wie ihr da so Schulter an Schulter dasteht und alle die gleichen Verbeugungen macht."
Rashid: „Ja beim Gebet sind alle gleich. Da ist es egal, ob jemand reich oder arm ist. Vor Gott sind alle Menschen gleich, aber wie du weißt, im wirklichen Leben oft nicht. Deshalb ermahnt uns das Gebet, dass die Menschen sich auch im Alltag um mehr Gleichheit bemühen sollen."

3a/ Opferfestgebet in der großen türkischen Moschee in Dortmund

3b/ Freitagsgebet vor einer Moschee in Karoon (Marokko)

4/ Wie ich das Beten lernte

Die Frau des ehemaligen ägyptischen Präsidenten Jehan Sadat beschreibt, wie sie in ihrer Kindheit in Ägypten betete:

Es war Tante Nimat, die Tante meiner Freundin Raga, die mich in die Gemeinde der Gläubigen einführte und als Erstes das Beten lehrte. Zuerst lernten wir von Tante Nimat Reinlichkeit, denn von einem Menschen, der unrein und schmutzig ist, nimmt Allah keine Gebete an …

An jenem Nachmittag gingen Raga und ich zunächst mit Tante Nimat ins Bad und sahen zu, wie sie sich dreimal die Hände wusch, sich dreimal mit Wasser aus der rechten Hand den Mund spülte, die Nase reinigte, das Gesicht, die Arme bis zu den Ellenbogen, den Kopf, die Ohren, den Hals und zuletzt die Füße.

Als wir all diese Körperteile dreimal gewaschen hatten, ging Tante Nimat mit uns in ihr Schlafzimmer, wo wir barfuß und mit dem Gesicht nach Mekka zu beten anfingen. Wir beide standen stets ein paar Schritte hinter ihr. Aufgrund ihres Alters und ihrer Kenntnisse war sie der Imam, der Vorbeter, und verantwortlich für den Ablauf der Bewegungen der übrigen Gläubigen, in diesem Fall zweier kleiner Schulmädchen in grünen Pullovern. Die flachen Hände rechts und links ans Gesicht gelegt, riefen wir gemeinsam „Allahu Akbar" – „Allah ist groß" und begannen mit dem Nachmittagsgebet.

Die übrigen Gebete wurden kurz nach Sonnenuntergang, bei Einbruch der Nacht, unmittelbar vor Tagesanbruch und kurz nach zwölf mittags gesprochen. Indem der Muslim sich nach Mekka wendet und mit der Stirn den Boden berührt, bezeugt der Gläubige symbolisch seine Verpflichtung, sich Allah hinzugeben. Ganz ähnlich symbolisieren die Waschungen vor dem Gebet unser Bedürfnis, im Dienste Allahs sauber und rein zu bleiben. Die Häufigkeit des Gebets mahnt uns überdies daran, dass wir den Glauben niemals aus den Gedanken verlieren dürfen, denn dadurch, dass wir alle drei bis vier Stunden innehalten und Allahs Worte sprechen müssen, sorgen wir dafür, dass wir uns niemals davon entfernen.

Wie einfach sahen bei Tante Nimat die Niederwerfungen aus! Mit einer einzigen geschmeidigen Bewegung verneigte sie sich aus der Hüfte, richtete sich auf, glitt auf die Knie und berührte mit Nase und Stirn den Boden, während sie zugleich in jeder Stellung dreimal betete: „Allah ist der Größte, ich preise die Vollkommenheit meines Herrn, des Höchsten."

Wir beendeten das Gebet, indem wir erst zur rechten und dann zur linken Schulter blickten und dabei jeweils zu den Schutzengeln sagten, die über uns wachen: „Friede sei mit dir und die Gnade Allahs."

1. Stellt gemeinsam eine Mindmap zum Thema „Beten" her. Tragt zunächst auf diese Weise alles zusammen, was ihr mit diesem Begriff verbindet.

2. Teilt die Klasse in drei Gruppen. Jede Gruppe liest einen der Texte 1/, 2/ und 4/. Stellt in der Gruppe eine Stichwortliste zusammen, in der ihr alles erfasst, was ihr zum Beten erfahren habt.

3. Wie müsste die Mindmap aus Sicht der muslimischen Gläubigen aussehen 2/? Legt eine solche Mindmap an.

4. Vergleicht nun die beiden Mindmaps. Wo seht ihr die größten Unterschiede?

5. Vervollständige die beiden Sätze: Beten bedeutet für mich … / Beten bedeutet für einen muslimischen Gläubigen …

6. Arbeitet nun paarweise und führt jeweils ein Gespräch über das vorgeschriebene muslimische Gebet. Ein Gesprächspartner übernimmt dabei die Rolle des Muslims oder der Muslima, der andere vertritt eine nichtislamische Sicht (wie Sven in Text 2/).

7. Diskutiert abschließend folgende Fragen: Was kann man dabei lernen, wenn man solche Rollen einnimmt? Wie lässt sich ein gegenseitiges Verständnis erzielen?

Und wer sein Geld, mag es einem noch so lieb sein, den Waisen und Armen gibt

Pflichtabgabe:
Islamisches Wohnhaus, Familie Amin, Wohnzimmer (Telefon)

1/ Fatima erklärt die Pflichtabgabe

Unser heiliger Koran lobt die Menschen, die anderen etwas abgeben. Deshalb müssen wir eine bestimmte Pflichtabgabe für die Armen zahlen. Früher haben die Menschen meistens Vieh, Korn oder Obst gespendet, heute geben wir Geld. Wenn wir 100 Euro haben, sollen wir ungefähr 3 Euro abgeben. Diese Abgabe heißt Zakat. Im Koran steht, für wen das Geld gedacht ist: „Die Pflichtabgabe ist nur für die Armen und Bedürftigen bestimmt, ferner für diejenigen, die damit zu tun haben, für diejenigen, die für die Sache des Islam gewonnen werden sollen, für den Loskauf vom Sklaven, für die, die verschuldet sind, für die, die sich für die Sache Gottes einsetzen und für den, der unterwegs ist. Dies gilt als Verpflichtung von seiten Gottes. Gott weiß Bescheid und ist weise."

(Sure 9,60)

2/ Für wen die Zakat bestimmt ist

In manchen islamischen Ländern spielt die Zakat auch heute eine wichtige Rolle. Eine Partei in Pakistan schlägt vor, wem die Pflichtabgabe zugute kommen soll:

1. Finanzielle Unterstützung für Alte, Arbeitsunfähige und Bedürftige usw.
2. Erziehung und Ausgaben für Waisen und die Kinder der Armen.
3. Unterstützung von Arbeitslosen, bis sie Arbeit finden.
4. Hilfe für solche Personen, die mit geringer finanzieller Hilfe auf eigenen Füßen stehen könnten.
5. Zinsfreie Darlehen für diejenigen, die es verdienen und nötig haben.
6. Medizinische Behandlung für die Armen.
7. Hilfe für Reisende, die während der Reise bedürftig werden.
8. Zur Verbesserung des Zustands von Moscheen und bestehender religiöser Einrichtungen und Schulen.
9. Stipendien für diejenigen, die sich um den Erwerb von Wissen bemühen.

3/ Bettler in Damaskus

4/ Rashid erklärt, was Großzügigkeit bedeutet

Neben der Zakat gibt es noch das freiwillige Almosen, die Sadaqa. Damit ist jede Form von Großzügigkeit, Hilfe oder Almosen gemeint.

Mohammed hat einmal gesagt:

„Jeder Mensch muss jeden Tag, an dem die Sonne aufgeht, ein Almosen geben. Ein Almosen kann darin bestehen, zwischen zwei Menschen Gerechtigkeit herzustellen. Ein Almosen kann darin bestehen, einem Mann mit seinem Reittier zu helfen, ihn darauf zu heben oder sein Gepäck aufzuladen. Das gute Wort ist ein Almosen. Jeder Schritt, den man zum Gebet geht, ist ein Almosen. Ein Hindernis aus dem Weg zu räumen, stellt auch ein Almosen dar."

5/ Georg besucht Frau Müller regelmäßig im Altenheim. Er bringt ihr Zeitschriften mit und kann vor allem gut zuhören.

6/ Fatima erzählt über das Verhältnis zu den Nachbarn

Hier in Deutschland sind viele Leute anders als bei uns zu Hause. Die meisten haben keine Zeit. Wenn man jemanden besuchen will, muss man vorher Bescheid sagen. Bei uns kann man einfach kommen und die Türen sind nie abgeschlossen.
Für uns ist es sehr wichtig, dass alle zusammenhalten und dass wir freundlich zu den Nachbarn sind. Unser Prophet Muhammed hat dazu gesagt:

Weißt du, was das Recht des Nachbarn ist:
Wenn er dich um Hilfe bittet, hilfst du ihm.
Wenn er von dir borgen will, leihst du ihm etwas.
Wenn er krank ist, besuchst du ihn.
Wenn ihm Gutes widerfährt, gratulierst du ihm.
Wenn ihm ein Unglück passiert, tröstest du ihn.
Wenn du Obst gekauft hast, gib ihm davon ab.
Setze ihn nicht dem Geruch deines Kochtopfes aus, ohne ihm eine Kelle abzugeben.

1. Klärt im Gespräch den Unterschied zwischen Pflichtabgabe (Zakat) 1/, 2/, 3/ und freiwilligem Almosen (Sadaqa) 4/, 5/. Zählt jeweils Beispiele dazu auf.

2. Schreibe ein Kurzreferat zu der Frage: Wie kann man andere, die es nötig haben, unterstützen? Das Referat sollte nicht länger als fünf Minuten dauern und konkrete Inhalte haben.

3. Während einige Referate vorgetragen werden, notieren die Zuhörer Stichpunkte zu den Fragen:
Weche Themen und Probleme kamen zur Sprache?
Welche Möglichkeiten wurden vorgeschlagen?

4. Gestaltet nun gemeinsam eine Tabelle mit zwei Spalten: Pflichtabgabe – freiwilliges Almosen (Spende, Unterstützung). Schreibt darunter auf, was ihr in unserer Gesellschaft und in der Gemeinschaft, in der ihr lebt, dazu zählt (z. B. Lohnsteuer – Spende für ein SOS-Kinderdorf). Vergleicht auch Abbildungen 3/ und 5/.

5. Vergleicht das Ergebnis mit dem, was jeweils für Pflichtabgabe 1/, 2/ und freiwillige Abgabe 4/, 6/ gefordert wird. Welche Gemeinsamkeiten und Unterschiede gibt es?

6. Beende den Satz: „Solidarität heißt für mich …" Ein Schüler liest seinen Satz vor. Der nächste begründet den Satz des Vorgängers, dann liest er seinen Satz. So wird reihum verfahren, bis alle Sätze vorgelesen und begründet sind.

Ihr Gläubigen, euch ist vorgeschrieben zu fasten

Fasten:
Islamisches Wohnhaus, Familie Amin, Wohnzimmer und Küche; Bibliothek (Quellentexte) und Zimmer Hassan

1/ Rashid und Fatima erzählen über das Fasten im Monat Ramadan

Rashid: Hier in Deutschland ist es nicht immer leicht, unsere Pflichten zu erfüllen, zum Beispiel im Monat Ramadan. Denn dann darf keiner von uns etwas essen, trinken oder rauchen, auch Sex ist nicht erlaubt. Und das gilt von morgens ganz früh, wenn man einen schwarzen Faden von einem weißen unterscheiden kann, bis zum Einbruch der Nacht. Alte, Kranke, Reisende, Schwerstarbeiter und Frauen, die ein Baby erwarten, müssen nicht fasten. Sie sollen stattdessen einem Armen etwas zu Essen geben oder das Fasten später nachholen. Dieses Jahr habe ich zum ersten Mal richtig mitgefastet. Sven hat mal wieder gelästert: „Ich weiß nicht, was das soll!" Klar, das würde der auch nicht durchhalten, so wie der auf Fritten und Cola steht. Mir fällt es auch nicht leicht. Aber ich fühle mich auch erwachsen, weil ich schon richtig mitfaste.

Fatima: Dieses Jahr esse ich im Ramadan nur keine Süßigkeiten. Meine Eltern wollen nicht, dass ich hier faste wegen der Klassenarbeiten und so. Aber letztes Jahr waren wir zur Fastenzeit bei meiner Kusine in Istanbul. Es war eine tolle Stimmung. Da habe ich auch mitgefastet. Abends wollten wir nie ins Bett aus Angst, dass wir den Weckruf nicht hören. Dann ganz früh morgens kam der Trommler, der die Leute weckt, damit sie vor dem Fastentag noch etwas essen können. Aber es genügt nicht, einfach zu fasten. Wir denken daran, dass Gott uns den Koran geschenkt hat. Man soll auch zu niemandem etwas Böses sagen und sich mit denen versöhnen, mit denen man Streit hat. Das fällt mir vor allem bei meinem Bruder Özgür schwer, denn der nervt oft total. Abends lädt man dann Freunde und Verwandte ein und feiert bis tief in die Nacht. Die Moscheen sind festlich erleuchtet.

2/ Ramadan-Gebet

„O Gott, dies ist der Monat Ramadan, indem Du den Koran als Richtschnur der Menschen herniedergesandt hast. Dies ist der Monat des Fastens, der Monat der Übung. Dies ist der Monat der Rückkehr zu Dir, der Buße, der Vergebung und des Erbarmens. Dies ist der Monat der Bewahrung vor dem Feuer und (der Monat) der Gewinnung des Paradieses …

O Gott, mache mich gewissenhaft im Fasten und seiner Einhaltung … Stehe mir mit Deiner gnädigen Hilfe bei und leite mich dadurch zum Gehorsam gegenüber Dir, Deinem Propheten und denen, die Du begnadet hast. Lass mich in diesem Monat von Sorgen frei sein, damit ich Dich verehren, anrufen und Dein Buch lesen kann. Lass es mir zum großem Segen gereichen. Gewähre mir die Gaben dieses Monats und bewahre mich in der Buße. Gib mir Gesundheit des Leibes. Lass meinen Reichtum zunehmen. Setze Du alledem ein Ziel, das mich bedrängt. Höre mich in diesem Monat, wenn ich zu Dir rufe, damit ich dessen teilhaftig werde, worauf ich hoffe."

Gedankenexperiment

Darunter versteht man eine Art von Versuchsanordnung, die sich nicht in der Wirklichkeit, sondern im Kopf abspielt. Man möchte etwas herausfinden, was in der Realität nicht ausprobiert werden kann oder darf. Dabei geht man von einer Annahme aus: Was wäre, wenn/Stell dir vor … Man formuliert eine oder mehrere Fragen, z. B.: Was würdest du dann tun? Was würde passieren? Manche Gedankenexperimente können auch in der Wirklichkeit ausprobiert werden.

3/ Islamisches Fasten

Das Ziel des islamischen Fastens ist also die Intensivierung des Bewusstseins von der ständigen Gegenwart Gottes. Der Mensch, der sich immer satt essen kann, vergisst allzu leicht, wie relativ und vergänglich er doch im Grunde ist. Dabei sind alle Dinge, die er besitzt, Geschenke Gottes, die ihm nur für eine begrenzte Zeit zur Verfügung stehen, damit er sich vervollkommne. Der freiwillige Verzicht auf Nahrung schenkt dem Fastenden innere Sicherheit und macht ihn wach für die tieferen Zusammenhänge des Seins. Dadurch gewinnt er die Geisteshaltung der aufrichtigen Dankbarkeit gegenüber seinem Schöpfer und Erhalter zurück.
Das Fasten im Islam bezieht sich auf alle Organe. Deshalb sollte gerade in dieser Zeit der Gläubige sein Auge, Ohr und Herz von negativen Dingen fernhalten. Durch Lügen, üble Nachrede und schimpfende Worte gegenüber anderen Menschen würde der Muslim sein Fasten brechen.

Fasten und Welthunger

Gerade für Menschen, denen es materiell recht gut geht, ist das Fasten eine wichtige Erfahrung. Sie spüren am eigenen Leib ein wenig von dem, was für andere, die ständig in Armut leben, Hunger bedeutet. Eine solche Erfahrung auf breiter Ebene würde sicherlich dazu führen, dass die Menschen sich um eine gerechtere Verteilung der Weltnahrung und eine gerechtere Weltwirtschaftsordnung bemühen.

Fasten in der Gemeinschaft

Wer einmal in der Gruppe gefastet hat, weiß, wie Fasten das Gemeinschaftsgefühl stärkt. In einer Fastengemeinschaft vervielfachen sich die Erfahrungen, verdichten sich die zwischenmenschlichen Beziehungen und gedeiht gegenseitige Hilfsbereitschaft und Zuneigung.

Michael Klöcker, Udo Tworuschka (Hrsg.): Ethik der Religionen. Bd. 3. München: Kösel, 1985, S. 90

Intensivierung: Vertiefung, Stärkung

4/ Gemeinsames Abendessen einer Familie während des Ramadan

1. Während des Fastens kann man auf unterschiedliche Dinge verzichten. Worauf müssen islamische Gläubige verzichten? Und in welchem Zeitraum ? 1/, 3/
2. Liste schriftlich alle Ziele des Fastens auf, die du aus den Texten 1/, 2/ und 3/ erfahren kannst. Schreibe zu jedem Ziel eine Begründung auf.
3. Diskutiert die Ziele des Fastens und die Begründungen.
4. Gedankenexperiment: Stelle dir vor, du müsstest für eine gewisse Zeit (etwa vier Wochen) auf etwas verzichten, was dir wichtig ist. Was könnte das sein? Wie würde dann der Alltag ablaufen? Was könnte positiv dabei herauskommen? Wenn du darüber nachgedacht hast, mache dir Notizen mit den Ergebnissen des Gedankenexperimentes.
5. Tragt eure Ergebnisse vor und beurteilt jeweils den „Wert“ des vorgeschlagenen Fastens. Beantwortet gemeinsam die Frage: Gibt es etwas, auf das ich verzichten kann, wodurch es mir sogar gut oder besser gehen würde?

Wer aber Rechtes tut, ob Mann oder Frau, wird kein Unrecht zu leiden haben

Wer hätte das gedacht: Im Osmanischen Reich und im Deutschen Kaiserreich wurden Frauen im selben Jahr erstmalig zum Medizinstudium zugelassen, nämlich 1899.

Stellung der Frau: Islamisches Wohnhaus, Familie Yusefi, Wohnzimmer, Mädchenzimmer; Basar Yusefi; Fahrstuhl in die Geschichte: Bild 7: Frauen heute; Familie Amin, Diele; Moschee, Koranschule (über Moschee erreichbar)

1/ Das Recht auf Ausbildung

Der Islam gewährt der Frau das Recht auf Ausbildung, denn sie hat dieselben Pflichten zu erfüllen wie der Mann. Der Islam fordert die Frau auf, ihren Kräften und Fähigkeiten entsprechend mit den Männern am Aufbau der Gesellschaft mitzuwirken. Gott, der Erhabene, sagt: „Die gläubigen Männer und gläubigen Frauen unterstützen sich gegenseitig. Sie gebieten nur, was recht ist, und verbieten, was unrecht ist und verrichten das Gebet, geben Almosen und gehorchen Allah und seinen Gesandten. Ihnen ist Allah gnädig; denn Allah ist barmherzig und weise." (9.71)

Der Islam macht es der Frau zur Pflicht, sich zu bilden und sich auf allen Gebieten der Wissenschaft, der Künste und der Literatur, die für sie geeignet sind und denen sie gewachsen ist, das nötige Rüstzeug des Wissens anzueignen, so dass sie alle Tätigkeiten des Lebens und die Dinge, mit denen sie sich darüber hinaus beschäftigt, bestens ausführen kann.

2/ Fatima erzählt vom Unterschied in der Erziehung von Mädchen und Jungen

Im Sommer wollen wir eine Klassenfahrt in ein Landschulheim an die Nordsee machen. „Ich glaube nicht, dass meine Eltern mir erlauben werden, mitzufahren", sagte ich zu meinen Freundinnen. „Warum denn nicht?", wunderte sich Julia. „Weil ich nachmittags auf meine Geschwister aufpassen muss, während meine Mutter arbeitet." – „Kann denn dein Bruder nicht für eine Woche auf die Kleinen aufpassen?" Ich schüttelte den Kopf. „So etwas tun Jungen bei uns nicht. Außerdem haben meine Eltern Angst, dass ich auf der Fahrt ohne Aufsicht bin und etwas mit einem Jungen anfange. Meine Kusine hat ständig Krach mit ihren Eltern, weil sie sich mit ihrem Freund trifft. Sie bekommt sogar Schläge." „Was?", riefen Julia uund Anne gleichzeitig ganz erschrocken. „Bei uns ist es eben nicht üblich, dass Mädchen allein ausgehen oder gar wegfahren. Außerdem finden meine Eltern die Badeanzüge und Bikinis, mit denen viele aus der Klasse rumlaufen, viel zu unanständig." „Aber es gibt doch auch andere Badeanzüge. Vertrauen deine Eltern dir nicht?", fragte Anne. Da musste ich überlegen. „Das hat mit Vertrauen nichts zu tun. Die Nachbarn würden meinen Eltern vorwerfen, sie achten nicht auf die Familienehre. Manche erzählen es vielleicht auch dem Lehrer in der Koranschule und der glaubt dann, dass meine Eltern mich nicht richtig erziehen." Julia schüttelte verständnislos den Kopf. „Dein Bruder durfte doch vor zwei Jahren auch mitfahren. Sind denn Jungen bei euch verantwortungsbewusster als Mädchen?" Da habe ich gelacht. „Nee. Wir Mädchen haben die Verantwortung für die Familie und die kleinen Geschwister. Aber man glaubt trotzdem, dass wir ständig in Gefahr sind. Wenn ich mal ausgehe, achtet mein Bruder darauf, wo ich hingehe." „Du meine Güte, das würde mich aber nerven, wenn mein Bruder ständig den Aufpasser spielt!", rief Anne. Ich erklärte: „Er schützt meinen guten Ruf und die Familienehre. Sonst bekomme ich keinen Mann, wenn wir in die Türkei zurückkehren." „Wer denkt denn jetzt schon ans Heiraten?", lachte Anne. „Meine Eltern schon", sagte ich und lachte auch.

3/ Fatima erzählt vom Streit um das Kopftuch

Neulich kam eine neue Schülerin in unsere Klasse. Sie heißt Özlem und trägt ein Kopftuch. Ich muss in der Schule kein Kopftuch mehr tragen, aber viele türkische Eltern wollen, dass ihre Töchter das tun. Sofort haben ein paar über das Kopftuch gelästert. „Warum kommt die nicht gleich mit Schleier", meint Sven und machte dazu so Bewegungen, die er für Bauchtanz hielt. „Irgendwie komisch finde ich das Kopftuch auch", meinte Julia. „Warum tragt ihr das eigentlich?" Da konnt ich dann erzählen, was unser Lehrer in der Koranschule erklärt hat (dort habe ich übrigens auch immer ein Kopftuch auf): „Im Koran steht, dass muslimische Mädchen und Frauen →

sich außerhalb des Hauses anständig kleiden sollen. Damals, zur Zeit Mohammeds, haben sich manche Frauen ziemlich freizügig angezogen. Und unser Prophet wollte, dass die Musliminnen fremden Männern nicht so viel von ihrem Körper zeigen sollen." „Aber deshalb muss man sich doch nicht von Kopf bis Fuß einhüllen", meinte Anne. „Das tut doch heute keiner mehr!" „Nee, tun wir ja auch nicht", sagte Özlem da. „Aber genauso wenig muss jeder heute mit nacktem Bauch und tiefem Ausschnitt rumlaufen, wie es hier viele tun! Wir finden das schamlos!" „Das ist doch Blödsinn!", ereiferte sich Julia. „Wir sind doch nicht schamlos, nur weil wir uns schick anziehen und nicht hinter so'nem doofen Tuch verstecken wollen." „Moment", habe ich dann gesagt. „Ich finde, keiner soll dem anderen vorschreiben, was er tun soll. In Frankreich, habe ich gehört, da hat man zwei muslimischen Mädchen verboten, in der Schule ein Kopftuch zu tragen. Das finde ich total unfair!" „Vielleicht waren die sogar froh, dass sie kein Kopftuch mehr tragen mussten", meinte Anne. „Das glaube ich nicht", sagte Özlem. „Mit dem Kopftuch zeigt man schließlich auch, dass man stolz ist, eine Muslimin zu sein." Anne war immer noch skeptisch: „Bedeuten Schleier oder Kopftuch denn nicht, dass die Frauen unterdrückt werden?" „Genau! Bei uns in Ägypten hat deshalb Huda Shaarawi – das war eine berühmte Frau – schon 1923 ihren Schleier aus Protest ins Meer geworfen, nachdem sie aus Europa zurückgekehrt war", mischte sich Rashid ein. „Aber nicht alle fühlen sich unterdrückt, wenn sei ein Kopftuch tragen!", rief Özlem. „Wenn man uns nicht erlaubt, ein Kopftuch zu tragen, weil das bedeutet, dass man zum Islam gehört, dann könnte man einigen von euch verbieten, dass sie einen Anhänger mit 'nem Kreuz tragen, denn das Kreuz bedeutet Christentum." „Darüber muss ich nachdenken", meinte da Anne.

Frauen im Straßenbild von Berlin

Führt zum Thema „Kopftuch" eine **Pro-und-Contra-Diskussion**. Folgt den Arbeitsschritten, Arbeitstechniken, S. 267.

Online-Link: 695210-0179

Beispielthesen:

1: Kopftuch oder Schleier tragen bedeutet eine Unterdrückung der Frau.

2: Kopftuch oder Schleier tragen schützt und befreit die Frau.

Die Regeln für den Diskussionsverlauf von S. 267 können natürlich geändert werden. Die Beobachtergruppe kann auch den Auftrag erhalten, das Verhalten der Diskussionsteilnehmer zu beobachten. Die Auswertung von Fragen wie: Wer war fair? Wer hat sich durchgesetzt? Welchen Einfluss hatten Gestik/Mimik? helfen euch in künftigen Diskussionen.

Zur Vorbereitung werden gemeinsam Informationen aus den vorstehenden Texten zu Rechten und Stellung der Frau im Islam sowie zu den Auffassungen in den Familien von Fatima und Özlem gesammelt. Daraus lassen sich Argumente für These 1 oder 2 gewinnen. Weitere Argumente, die man aus der öffentlichen Diskussion kennt, können bereits notiert werden. Falls notwendig kann zu dem Thema auch im Internet recherchiert werden. Folgende Suren können außerdem benutzt werden: 2:228–240, 4:19–21/128–130, 65:1/2/6/7; zur Verhüllung: 24:31/61, 33:60.

Informationen auswerten und Erkundungen einholen

1. Sammelt alle Zeitungsartikel, die sich mit dem Thema Islam und islamische Länder beschäftigen.

2. Vergleicht diese Zeitungsartikel mit dem, was ihr in diesem Kapitel erfahren habt. Über welche Themen wird in den Zeitungen berichtet? Welche Themen vermisst ihr? Wenn ihr muslimische Mitschüler habt, fragt sie, ob sie ihre Religion in unseren Medien richtig dargestellt finden oder nicht.

3. Erkundigt euch, ob es in eurer Nähe eine Moschee gibt und vereinbart einen Termin, um sie zu besichtigen und mit Muslimen dort zu sprechen.

Folgende Adressen können euch helfen, eine Moschee oder eine islamische Gemeinde in eurer Nähe zu finden:

Zentralrat der Muslime in Deutschland
Vogelsangerstraße 290
50825 Köln

Islamrat für die Bundesrepublik Deutschland
Am Kuhß 8
59494 Soest-Deiringsen

www.islam.de

Online-Link:
695210-0180

Moschee aus der CD-ROM „Religiopolis“

8 Drei Religionen in einer Welt – Juden, Christen, Muslime

Verbreitungsgebiete der großen Religionen
Die Gemeinschaft der Juden, Christen und Muslime
Wo Juden, Christen und Muslime beten
Wer die Gebete und die Gemeinde leitet
Wer zur Gemeinschaft gehört
Was Juden, Christen und Muslime glauben
Texte vergleichend lesen und deuten (Methode)
Leben in der zukünftigen Welt
Wie Juden, Christen und Muslime miteinander umgehen
Jerusalem – Stadt des Friedens?
Miteinander leben
Ein Resümee zum Abschluss des Jugendcamps
Ein fairer Wettstreit zwischen den Religionen

Verbreitungsgebiete der großen Religionen

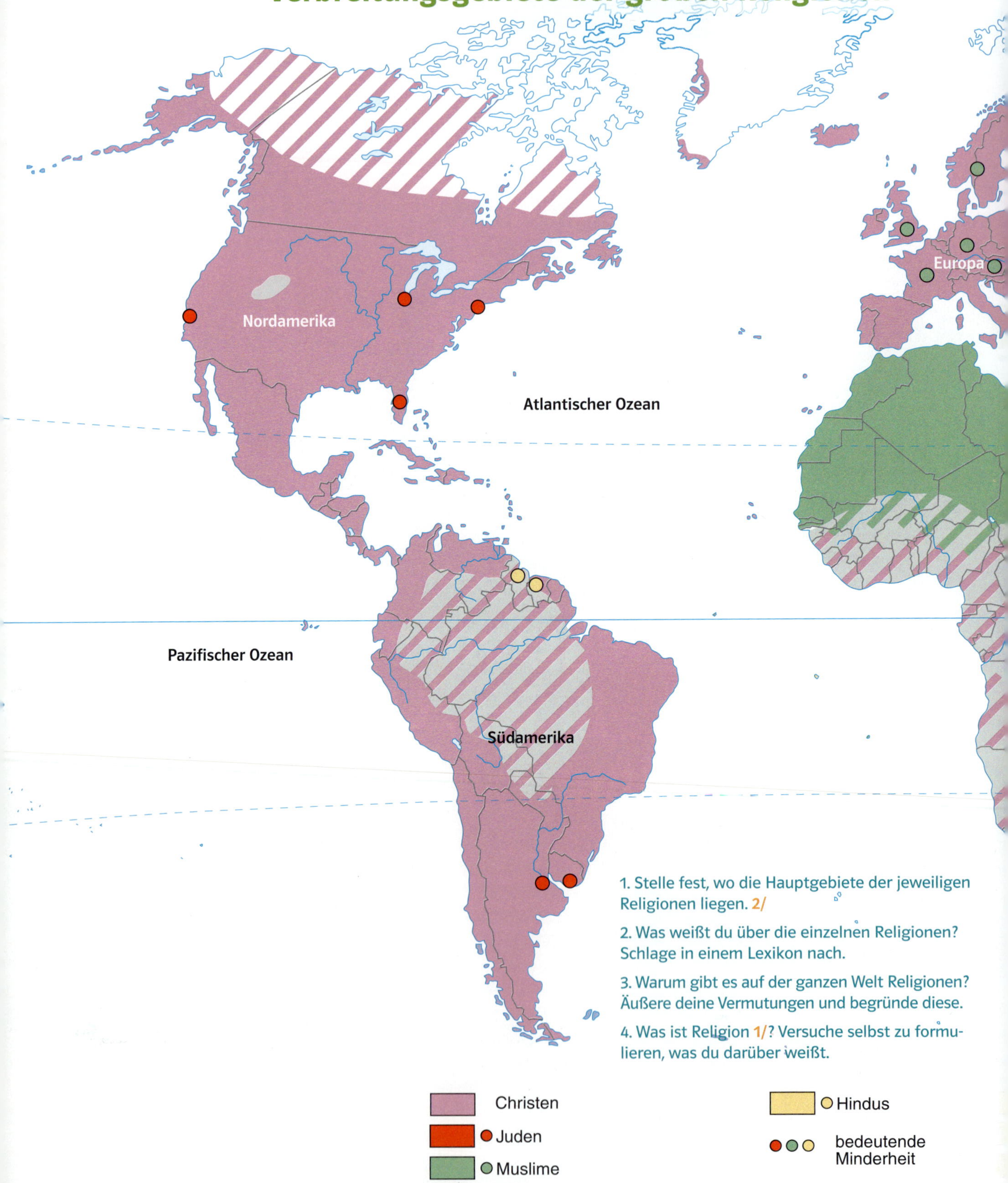

1. Stelle fest, wo die Hauptgebiete der jeweiligen Religionen liegen. 2/
2. Was weißt du über die einzelnen Religionen? Schlage in einem Lexikon nach.
3. Warum gibt es auf der ganzen Welt Religionen? Äußere deine Vermutungen und begründe diese.
4. Was ist Religion 1/? Versuche selbst zu formulieren, was du darüber weißt.

1/ Was bedeutet Religion?

Das Wort „Religion“ stammt aus dem Lateinischen; herleitbar ist es entweder von **relegere:** nachdenken, sehen, andächtig gegenüber höheren Mächten oder von **religare:** anbinden, sich festhalten. Im Handbuch der Weltreligionen findet sich folgende Definition: „Religion ist die Form des Glaubens und des Gottesdienstes einer Gemeinschaft, die in Mythen, Lehre, Verhaltensregeln, Riten und Festen ihren Ausdruck findet.“

Neben dem Gottesdienst wird in dieser Definition der Glauben als Kernstück einer Religion dargestellt, von dem alle anderen religiösen Bereiche (Riten, Feste, ...) abgeleitet werden können. Viele andere Bestimmungen von Religion haben eine ähnliche Grundaussage, z. B.:

- Religion bedeutet Glauben an ein höheres Wesen,
- Religion umfasst ein einheitliches Glaubenssystem zu Fragen von Leben und Tod,
- Religion ist ein System aus religiösen Ideen und Gefühlen.

Alle Texte in diesem Kapitel stammen von Andreas Christmann, sofern die Quelle nicht anders ausgewiesen ist.

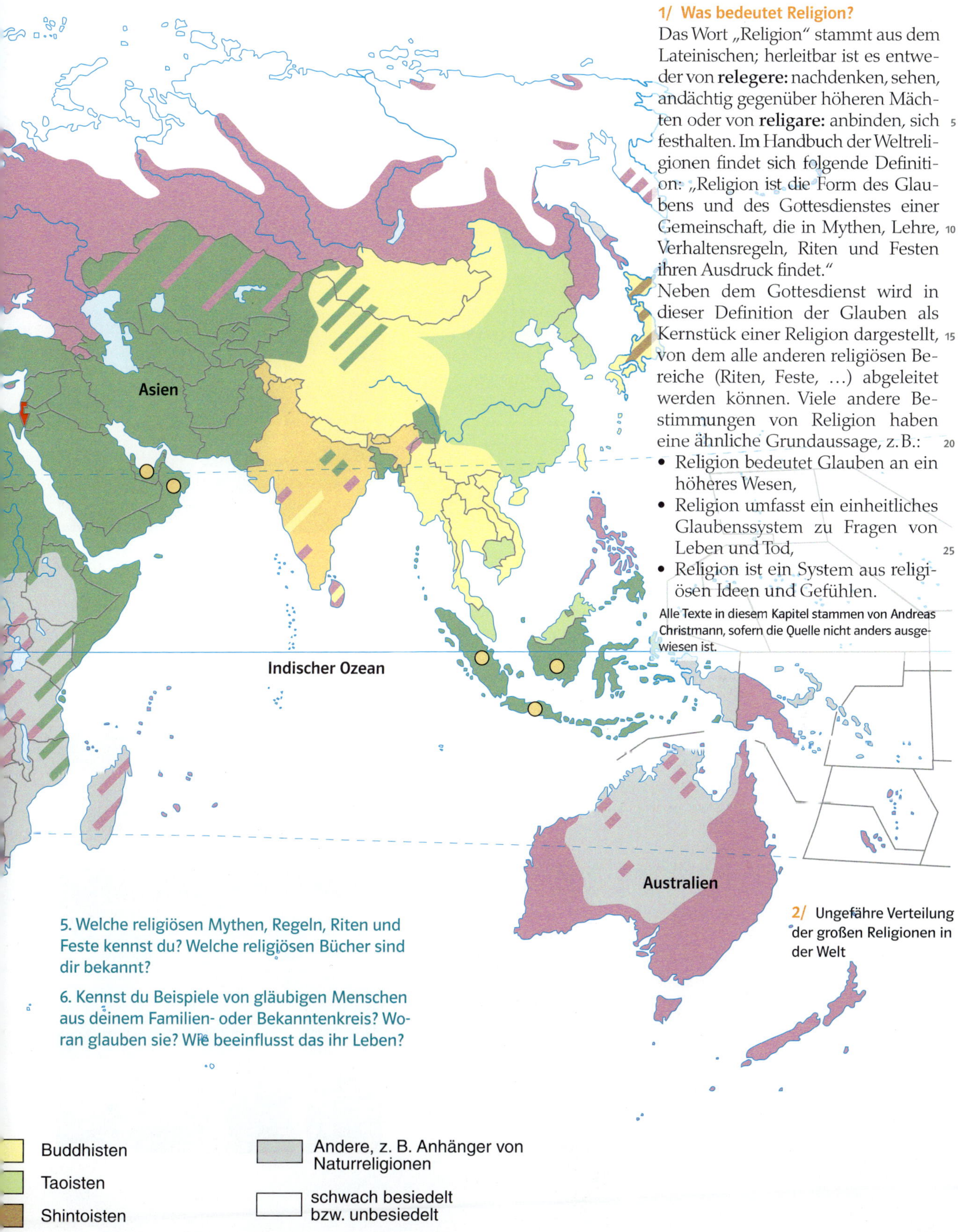

2/ Ungefähre Verteilung der großen Religionen in der Welt

5. Welche religiösen Mythen, Regeln, Riten und Feste kennst du? Welche religiösen Bücher sind dir bekannt?

6. Kennst du Beispiele von gläubigen Menschen aus deinem Familien- oder Bekanntenkreis? Woran glauben sie? Wie beeinflusst das ihr Leben?

Die Gemeinschaft der Juden, Christen und Muslime

1/ Juden, Christen und Muslime begegnen sich im Jugendcamp

Es war eine Weltpremiere im August 1997 in Tirol. Dreißig Jugendliche – Juden, Christen, Muslime – wollten die Idee des Projekts Weltethos in die Tat umsetzen. Sie wollten sich besser kennen lernen und über ihr religiöses Leben berichten, um dabei Gemeinsamkeiten und Unterschiede zwischen den drei Religionen herausfinden zu können. Mirjam, Eva und Nusaiba waren bei diesem Treffen dabei und erzählen uns auf den folgenden Seiten davon:

2/ Mirjam

„Ich heiße Mirjam und komme aus Berlin. Das Foto entstand bei einem Besuch in Jerusalem. Ich bin als Jüdin mit der Erwartung in dieses Camp gefahren, hier Leute zu finden, die füreinander offen sind, denn man fährt nicht zu so einem Camp, wenn man von vornherein alles abblocken möchte. Was ich gut finde, dass wir hier nicht nur über unsere Religionen reden, sondern uns dabei auch kennen lernen, also direkt persönlich."

3/ Eva

„Hallo, ich heiße Eva und und wohne in Meißen. Ich kam mit meinen Erwartungen hierher, weil ich nicht wusste, was passieren würde. In der Christengruppe hatten wir uns schon vorher kennen gelernt, da haben wir uns gut verstanden. Nun warteten wir auf die Juden und Muslime und waren ganz gespannt auf ihr Auftreten. Über die anderen Religionen wusste ich bis dahin eigentlich recht wenig. Das Camp war die Chance, das zu ändern."

4/ Nusaiba

„Mein Name ist Nusaiba. Auf dem Foto seht ihr mich mit meiner Freundin Hatifa. Sie trägt kein Kopftuch. Ich bin Araberin und Muslima, doch lebe ich schon seit meiner Kindheit in Köln. Meine Eltern kommen aus Syrien, aus Damaskus. Für mich als Muslima war das Camp ein Test, ob das funktionieren würde, ob ein Dialog mit Christen und Juden entstehen könnte. Denn wann reden die Anhänger unterschiedlicher Religionen schon einmal miteinander. Jeder spricht nur über sich selbst und hat von den anderen Religionen vor allem viele Vorurteile im Kopf!"

5/ Beten

Der erste Tag im Camp begann mit einem gemeinsamen Frühstück. Es wurde entschieden, dass Juden, Christen und Muslime nicht gleichzeitig, sondern nacheinander beten.

Mirjam betete das Kaddish der Juden:
Erhöht und geheiligt sei Sein großer Name in der Welt, die Er nach seinem Willen geschaffen hat:
Sein Königreich komme während eures Lebens und eurer Tage und des Lebens des ganzen Hauses Israel, bald in naher Zeit …
Möge das Flehen und das Gebet ganz Israels von seinem Vater im Himmel angenommen werden … ihnen und euch werde Fülle des Friedens, Gunst, Gnade, Erbarmen, langes Leben, reichlicher Lebensunterhalt und Erlösung.
… Und sprechet Amen

Eva sprach das Vaterunser der Christen:
Vater unser im Himmel,
geheiligt werde Dein Name, Dein Reich komme,
Dein Wille geschehe – wie im Himmel so auf Erden;
Unser tägliches Brot gib uns heute und vergib uns unsere Schuld wie auch wir vergeben unseren Schuldigern;
Und führe uns nicht in Versuchung, sondern erlöse uns von dem Bösen;
Denn Dein ist das Reich und die Kraft und die Herrlichkeit,
in Ewigkeit
Amen

Nusaiba rief die al-Fatiha der Muslime:
Im Namen des barmherzigen und gütigen Gottes;
Lob sei Allah, dem Herren der Menschen in allen Welten, dem Barmherzigen und Gütigen, der am Tag des Gerichts regiert!
Dir dienen wir und Dich bitten wir um Hilfe;
Führe uns den geraden Weg, den Weg derer, denen Du Gnade erwiesen hast, und die nicht dem Zorn
(Gottes) verfallen sind und nicht irregehen.
Amin

Kaddish:
Synagoge und jüdischer Friedhof

Vaterunser:
Christliches Wohnhaus, Kirche (Dachboden)

al-Fatiha:
Islamisches Wohnhaus, Familie Amin, Wohnzimmer, Moschee

1. Testet euer bisheriges Wissen über die drei monotheistischen Religionen. Dazu schreibt jeder eine Wissenfrage auf je einen Zettel (so viele Zettel, wie euch Fragen einfallen), z. B. Wie heißt das christliche Gotteshaus? Reihum werden die Zettel gezogen und beantwortet oder weitergegeben, wenn man die Antwort nicht weiß. Ihr könnt auch ein Quiz daraus machen, in dem zwei Gruppen gegeneinander antreten.

2. Gesprächskreis: Diskutiert die Gründe der Mädchen 2/–4/, an dem Camp teilzunehmen. Was erfährt man über das Zusammenleben der drei Religionen außerhalb des Camps? Sprecht darüber, was ihr über das Verhältnis der drei Religionen (über gegenseitige Vorurteile, geschichtliche Ereignisse, …) wisst.

3. Kaddish, Vaterunser und al-Fatiha sind Gebete, die zu fast allen Gebetszeiten von Juden, Christen bzw. Muslimen gesprochen werden 5/. Arbeitet in Gruppen und findet Unterschiede und Gemeinsamkeiten unter folgenden Fragestellungen heraus:
- Wer wird in den Gebeten angerufen?
- Wie wird er benannt und charakterisiert?
- Worum bitten Juden, Christen und Muslime in ihren Gebeten? Wie wird dabei das Verhältnis zwischen den Gläubigen und dem Angerufenen ausgedrückt?
- Für welche Gruppe von Menschen wird gebetet, wer ist von der Erfüllung der Bitten ausgeschlossen?
- Wie werden die Gebete eingeleitet und beendet?
- Könnten die drei Religionsgemeinschaften ihre Hauptgebete ohne weiteres miteinander austauschen? Bei welchen Passagen könnte es zu Konflikten kommen?

Wo Juden, Christen und Muslime beten

1/ Gottesdienst

Mirjam:
Der Gottesdienst in der Synagoge bedeutet für uns, Gott zu verehren. Es werden Gebete gesprochen und Worte der Danksagung rezitiert. Viermal in der Woche wird aus der Thora gelesen, doch unser Hauptgottesdienst ist am Sonnabend, dem Sabbat. Stets erfolgt eine kleine Prozession mit der Thorarolle durch die Synagoge. Dabei spüre ich den Stolz und die Freude der Juden, dass Gott ihnen die heilige Schrift gegeben hat.

Eva:
Jeden Tag wird in unserer Kirche ein Gottesdienst gefeiert, der Hauptgottesdienst ist jedoch am Sonntagmorgen. Während des Gottesdienstes nehmen wir vor dem Altartisch geweihtes Brot in Erinnerung an das letzte Abendmahl von Jesus zu uns. Dann spüre ich ganz besonders die Nähe zu Jesus Christus. Es wird aus der Bibel vorgelesen und darüber gepredigt. Den Abschluss bilden dann Kirchenlieder und der Segen des Priesters.

Nusaiba:
Uns Muslimen wurde von dem Propheten Mohammed geraten, gemeinsam zu beten, wann immer wir es ermöglichen können. Ein gemeinsamer Gottesdienst findet aber nur am Freitag in der Moschee statt. Wir verneigen uns mehrmals vor Allah und hören zwei Predigten. Viele haben ihren eigenen Koran bei sich und lesen vor und nach dem Gebet darin. Am Ende des Gebetes grüßen wir uns gegenseitig mit einem Kopfnicken.

2/ Drei Religionen, drei Gebäude

Mirjam:
Jede **Synagoge** hat einen zentralen Innenraum, wo sich die Gläubigen versammeln. Ein wichtiges Element des Gottesdienstes ist das Lesen der Thora: Daher steht das Lesepult für unsere heilige Schrift zumeist in der Mitte der Synagoge. Dort stehen Kerzen und auch der siebenarmige Menora-Leuchter. Im Thoraschrank bewahren wir die heilige Schrift auf. Über dem Thoraschrein sind die zehn Gebote Gottes angebracht. Dieser Schrein zeigt stets in Richtung Jerusalem. Wir blicken von unseren Sitzen in diese Richtung. In orthodoxen Synagogen sitzen wir Mädchen und Frauen getrennt von den Jungen und Männern, zumeist in der oberen Galerie. Wir tragen Kopftücher, die Männer kleine Kappen.

orthodox: streng gläubig, der herkömmlichen Anschauung folgend; im Judentum wird damit eine besondere Glaubensrichtung bezeichnet.

Eva:
In jeder **Kirche** gibt es eine Orgel, eine Predigtkanzel, ein Taufbecken und einen Glockenturm. In unseren katholischen Kirchen bildet der Altar das Zentrum, auf den alles ausgerichtet ist und der nach Osten zeigt. Der Altar symbolisiert den Tisch für das letzte Abendmahl, das Jesus vor seinem Tod mit seinen Jüngern eingenommen hat. Auf vielen Bildern wird das Leben von Jesus erzählt. Sie hängen meist an den Seitenwänden. In jedem Gottesdienst werden Kerzen und Weihrauch angezündet. Frauen und Männer sitzen zusammen.

Jünger: Schüler, Anhänger

Nusaiba:
Moschee bedeutet im Arabischen „Ort des Gebetes" und ist der Treffpunkt für unsere Gebete und für den Freitagsgottesdienst. Keine Moschee sieht wie die andere aus, doch alle haben ein Minarett, eine Predigtkanzel und einen großen Gebetssaal mit Teppichen oder Bastmatten, keine Stühle. Eine der vier Wände hat eine kleine Nische. Sie weist in Richtung Mekka und gibt uns unsere Gebetsrichtung vor. Wir Mädchen und Frauen beten getrennt von den Männern in einem separaten Raum oder in der oberen Galerie. Wir tragen Kopftücher, die Männer kleine Wollkappen, und alle lassen die Schuhe in Regalen am Eingang der Moschee. Den Innenraum der Moschee können wir nur in äußerer und innerer Reinheit betreten, deswegen gibt es in jeder Moschee Waschräume, in den älteren sogar einen Brunnen in der Mitte des Moscheevorhofes.

Minarett: Turm der Moschee, von dem die Gebetsstunden ausgerufen werden

Synagoge, Kirche, Moschee:
Synagoge, Kirchen, Orthodoxe Kirche, Moschee, Islamisches Wohnhaus, Bazar Yusefi

Bearbeitet die Aufgaben 1–5 zunächst einzeln, vergleicht dann im Plenum:

1. Was weißt du bereits über die Gebete bei Juden, Christen und Muslimen? In welcher Religion beten die Gläubigen fünfmal am Tag?

2. Warum gehen Mirjam, Eva und Nusaiba in den Gottesdienst 1/?

3. Drei Religionen, drei Gebäude: Nenne die Elemente, die bei allen drei Gebetshäusern vorkommen 2/.

4. Finde Gemeinsamkeiten und Unterschiede unter folgenden Stichpunkten heraus: Kopfbedeckung, Aufteilung zwischen Männern und Frauen, Gebetsrichtung, Vorschriften. Nimm dazu die Texte 2/ zu Hilfe.

5. In Synagogen, Kirchen und Moscheen gibt es heilige Objekte und Symbole. Gläubige ehren diese Objekte mit besonderen Formen der Gestik, Sprache, Kleidung und mit Zeremonien. Wodurch erkennst du, dass Juden, Christen und Muslime bestimmte Dinge als heilig betrachten? Erstelle eine Liste dieser Dinge.

6. Zeichne einen Grundriss von einer Kirche, einer Synagoge und einer Moschee und statte sie entsprechend den Vorstellungen von Christen, Juden und Muslimen aus. Nimm die Fotos zu Hilfe. Vergleicht eure Zeichnungen. Sammelt Fotos und Ansichtskarten anderer Kirchen, Synagogen und Moscheen. Organisiert eine Ausstellung über Synagogen, Kirchen und Moscheen in Deutschland oder in eurem Bundesland.

7. Für die Gebete von Juden, Christen und Muslimen wurde ein leeres Gebäude ausgesucht. Nun soll es eingerichtet werden. Welche Bestandteile sollte dieses Gebäude unbedingt haben, damit jede Religion ihr Gebet auf ihre Weise vollziehen kann? Bildet mehrere Gruppen und bestimmt einen von euch zum Architekten, der die Vorschläge entgegennimmt.

Wer die Gebete und die Gemeinde leitet

1/ Rabbiner, Priester und Imame

Aufgaben eines Rabbiners

Im Gottesdienst:
- Vorbeten der Gebete
- Öffnen des Thoraschreins, Herausnahme und Umgang mit der Thorarolle
- Segnen der Gemeinde mit der Thorarolle im Arm
- Predigen

In der Gemeinde:
- Betreuen und Beraten der Gemeindemitglieder
- Trauen und Segnen von Brautpaaren
- Begräbnisse
- Unterweisen in Thora und Talmud sowie Beratung über die Vorschriften des jüdischen Gesetzes

Aufgaben eines Priesters

Im Gottesdienst:
- Vorbeten im Gottesdienst
- Gestalten des Abendmahles
- Segnen der Gemeinde am Ende des Gottesdienstes
- Predigen

In der Gemeinde:
- Betreuen und Beraten der Gemeindemitglieder
- Abnehmen der Beichte
- Durchführen von Trauung, Taufe, Kommunion, Einölung und Segnung von Kranken und Sterbenden
- Begräbnisse
- Leitung des Bibelunterrichts

Aufgaben eines Imams

Im Gottesdienst:
- Vorbeten bei den gemeinschaftlichen Gebeten
- Predigen

In der Gemeinde:
- seelsorgerische Betreuung der Gemeinde
- Unterweisung in Koran und Sunna sowie Beratung über die Vorschriften des islamischen Gesetzes, der Schari'a

Rabbiner im Gespräch

Vorbereitung auf die erste Beichte

Sunnitischer Imam mit einem Gläubigen

2/ Wie muss ein guter Rabbiner sein?

Ich würde sagen: Ein guter Rabbiner muss ein Mensch sein, der sozusagen in jeden Menschen verliebt ist. In gute Menschen sind viele verliebt. Man muss ein Herz haben für den größten Dieb, für den ärmsten „Untergrundmenschen". Ein Rabbiner muss Augen haben, die durch alle Masken und die nicht so guten Seiten in das Innere des Menschen sehen können. Heute gibt es Laser-Maschinen, die Operationen im Inneren des Körpers vornehmen können, die sofort tief hineingehen. Ein Rabbiner muss Worte haben, die sofort ins Innerste gehen … die große Gabe Gottes, den Menschen das Richtige zu sagen, im richtigen Moment.

Ephraim Carlebach Stiftung Leipzig (Hrsg.): Die Carlebachs. Eine Rabbinerfamilie aus Deutschland. Leipzig: Dölling und Galitz, 1995, S. 126

3/ Frauen als Geistliche?

Eine Muslima als Schari'a-Gelehrte

Nusaiba möchte später Islamwissenschaft und Religionspädagogik studieren, zuerst in Köln und danach am Islamischen Institut in London. In Tirol wird sie von einem Journalisten interviewt:

Wie kommt eine junge Frau dazu, Fächer studieren zu wollen, die in der islamischen Tradition immer eine Sache der Männer waren?
Aber das war doch hier im Westen nicht anders! Nein, das ist kein Widerspruch. Das Wissen und die Wissenschaft kann man nicht nach Männern und Frauen trennen. Ich habe an meiner Koranschule in Köln eine sehr gute Religionslehrerin, die mir erklärt, dass unser Prophet Mohammed Bildung für Frauen in religiösen Dingen ausdrücklich guthieß, daher mein Interesse für islamisches Recht und Theologie.
Gibt es Widerstände gegen deinen Studienwunsch?
Nicht jeder in meiner Verwandtschaft ist begeistert davon. Mein Onkel behauptet, dass Frauen in keinem öffentlichen Beruf arbeiten sollten, damit sie sich auf die Erziehung der Kinder und den Haushalt konzentrieren können. Andere meinen, dass die Schari'a-Wissenschaften eine komplizierte Sache seien und bisher nur von männlichen Gelehrten gemeistert wurde. Ich werde ihnen beweisen, dass sie Unrecht haben!
Was willst du später beruflich machen?
Ich möchte in London mein Studium beenden und dann nach Deutschland zurückgehen. Ich könnte als Religionslehrerin an einer Koranschule bzw. als Lehrerin in einer islamischen Grundschule lehren oder bei einer Behörde in der muslimischen Armenfürsorge arbeiten.

Religiöse Ämter:
Synagoge, Jüdisches Gemeindehaus, Moschee, Islamisches Wohnhaus, Familie Yusefi, Wohnzimmer

Eine Jüdin als Rabbinerin

Regina Jonas war die erste Frau, die zur Rabbinerin ordiniert wurde. Mit 28 Jahren hatte sie 1930 ihr Examen als Religionslehrerin in Berlin abgelegt und erhielt 1935 nach vielen Kontroversen die Lehrerlaubnis. Sie arbeitete als Seelsorgerin, predigte in Krankenhäusern und Seniorenheimen und hielt in Berlin Gottesdienste in der Jüdischen Gemeinde ab. Orthodoxe Rabbiner sagten, dass in der heiligen Schrift keine Frauen als Gesetzesgelehrte genannt werden, so dass ihre Berufung gegen den Willen Gottes verstoße. Andere meinten, dass sich die Situation der Frauen heute verändert habe und nicht mehr der Zeit entspräche, in der die heilige Schrift entstanden war. 1942 wurde Regina Jonas nach Theresienstadt deportiert. Überlebende berichteten, dass sie bis zu ihrem Transport nach Auschwitz unermüdlich als Rabbinerin gearbeitet habe.

Eine christliche Frau als Pfarrerin

Gerhard Mester

1. Führt in Dreiergruppen ein Rollengespräch zwischen einem Rabbiner, einem Pfarrer und einem Imam. Zuvor muss jeder Mitspieler die Rolle lernen, d. h. sich die Aufgaben, die in 1/ aufgelistet sind, zu eigen machen. Setzt euch im Gespräch mit euren Aufgaben und was sie im Alltagsleben bedeuten auseinander; beantwortet dazu die Fragen a bis c:
   a) Wer hat die meisten Funktionen zu erfüllen? In welcher Religion übernimmt die Gemeinde viele Aufgaben? Welche?
   b) Welche Eigenschaften eines guten Rabbiners werden genannt 2/? An welche Aufgaben und Funktionen sind sie gebunden?
   c) Wie könnte man diese auch für den Priester und den Imam anwenden?

2. Lest die Texte 3/. Im orthodoxen Judentum, katholischen Christentum und im Islam ist es keiner Frau erlaubt, Rabbiner, Priester oder Imam zu werden. Dagegen werden heute im Reformjudentum und im protestantischen Christentum Frauen für diese Tätigkeiten berufen. Ebenso gibt es in muslimischen Gemeinden mehr und mehr Frauen, die als Vorbeterinnen, Lehrerinnen und Predigerinnen für Frauen arbeiten.
Warum hat eine solche Entwicklung wohl stattgefunden? Welche Gründe und Argumente für oder gegen Frauen in diesen Berufen werden dabei verwendet?

3. Sprecht mit einer Pfarrerin über ihre Erfahrungen in ihrem Beruf. Erarbeitet dazu einen Fragenkatalog über Motive und Gründe für ihre berufliche Entscheidung. (vergleiche Arbeitstechniken, S. 266 f.)

Wer zur Gemeinschaft gehört

1/ Von Anfang an dazugehören

Eva: In die Kirche wird man durch die Taufe aufgenommen. Das ist ein feierlicher Akt, bei dem der Pfarrer ein wenig Wasser über den Kopf des Täuflings gießt und dabei dessen Namen ausspricht. Dann sagt er: „Ich taufe dich im Namen des Vaters und des Sohnes und des Heiligen Geistes."

Nusaiba: Nach unserem Glauben ist jeder Mensch zur Hingabe an Gott berufen, also von Geburt her ein Muslim. Wenn er dem Ruf folgt, gehört er zur Gemeinschaft der Muslime. Eigentlich braucht es daher keine Zeremonie, um ein Kind in die muslimische Gemeinschaft aufzunehmen. Wird aber in einer Familie ein Kind geboren, so spricht der Vater, die Hebamme oder ein Verwandter dem Säugling den Gebetsruf in das linke Ohr.

Mirjam: Wie bei euch Muslimen, Nusaiba, ist man im Judentum bereits mit der Geburt in die Gemeinschaft der Juden aufgenommen. Vorausgesetzt, die Mutter ist eine Jüdin. Dennoch gibt es für die Jungen acht Tage nach der Geburt eine Zeremonie, die das Jüdischsein auch äußerlich verdeutlicht: die Beschneidung.

Nusaiba: Das gibt es bei uns auch. Doch kann man sich damit Zeit lassen. Meistens werden die muslimischen Jungen zwischen dem ersten und 15. Lebensjahr beschnitten. Wie ist es denn bei euch mit der Aufnahme von Erwachsenen?

Eva: Auch Erwachsene, die in die Kirche aufgenommen werden wollen, werden getauft.

Nusaiba: Erwachsene, die Muslime werden möchten, sprechen das Glaubenszeugnis vor vier Zeugen: Damit haben sie alle Rechte eines Muslims erworben und alle Pflichten auf sich genommen.

Mirjam: Das ist bei uns nicht so einfach. Neben der ehrlichen Absicht, Jude werden zu wollen, muss man vorher viel lernen: die Grundlehren, religiöse Vorschriften und unsere ganze Geschichte. Dann erst erfolgt bei einem Mann die Beschneidung, daraufhin eine Prüfung durch drei Rabbiner, schließlich das Untertauchen in einem rituellen Tauchbad. Frauen werden nach Prüfung und Untertauchen aufgenommen. Das alles dauert oft über ein Jahr!

2/ Religiös mündig werden

Nusaiba:

Im Islam gelten Jungen und Mädchen mit dem Erreichen der Geschlechtsreife als „mündig" und vor Gott verantwortlich für ihre Handlungen, nicht mehr die Eltern. Dann sollen sie auch den Koran vollständig erlernt haben. Die Koranschüler lesen ihren Eltern und der Gemeinde einen Abschnitt aus der heiligen Schrift vor, woraufhin ein großes Fest gefeiert wird.

Geburt, Beschneidung im Islam:
Familie Yasefi, Wohnzimmer; Familie Amin, Küche

Koranrezitation

Eva:

Ich kann mich noch gut daran erinnern, ab wann ich in unserer Kirche als „erwachsen" angesehen wurde. Das war nach meiner Firmung, als ich 14 Jahre alt war. Da gab es nach dem Gottesdienst ein großes Familienfest mit viel Essen und Süßigkeiten. Von der Gemeinde habe ich eine Bibel und ein Gebetsbuch geschenkt bekommen, von meinen Eltern ein neues Kleid. Richtig ernst mit dem Christsein wurde es aber schon, als ich neun Jahre alt war. Da wurde ich zum ersten Mal zur Beichte eingeladen, d.h. ich konnte offen aussprechen, wo ich Fehler gemacht habe und lieblos gewesen bin. Unser Priester gab mir dann das Verzeihen Gottes dafür.

Vor der Feier der Heiligen Kommunion

Konfirmation, Kommunion:
Kirchen, christliches Wohnhaus, Diele, Wohnzimmer

Mirjam:

Bei mir gab es auch dieses „erste Mal". Das war, als ich mit zwölf Jahren Bat-Mitzwa wurde, d.h. „Tochter des Gebotes", also religiös mündig. So etwas gibt es erst seit einigen Jahren, vorher wurden bei strenggläubigen Juden nur die Jungen Bar-Mitzwa, „Sohn des Gebotes". Ich war damals sehr aufgeregt. Als die Thora aus dem Schrank genommen wurde, wusste ich, dass ich gleich dran war, einen Abschnitt daraus auf Hebräisch zu lesen. Es ging aber alles gut. Danach gab es eine große Feier. Alle umarmten und beglückwünschten mich. Nun war ich berechtigt, zu Beginn des Sabbats und der Feiertage die Kerzen anzuzünden.

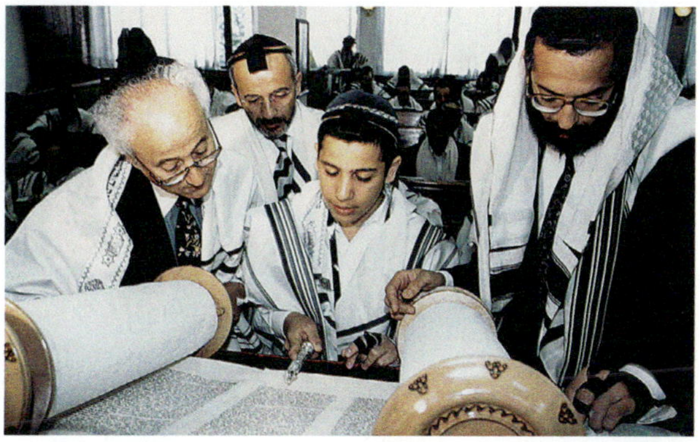

Bar-Mitzwa-Zeremonie

Bar-Mitzwa, Beschneidung:
Synagoge; jüdisches Wohnhaus, Familie Cohn, Esthers Zimmer; Familie Akiva, Küche (Beschneidung)

Gestaltet eine Expertenrunde zum Thema „Aufnahme in die Gemeinschaft der Gläubigen". Je ein Drittel eurer Ethik-Gruppe widmet sich hauptsächlich einer Religion; lest aber den ganzen Text durch. Merkt euch die Einzelheiten „eurer" Religion. Stellt euch dann als Experten zur Verfügung, um folgende Fragen zu beantworten:

1. Was ist mit der Bezeichnung „Vater, Sohn und Heiliger Geist" gemeint? Warum wird in deren Namen die Aufnahmehandlung vollzogen? 1/

2. Welche Bedeutung hat das Flüstern des Gebetsrufes in das Ohr des neugeborenen Muslims? Inwiefern wird hier die Sicht der Muslime auf die Erziehung von Kindern verdeutlicht? 1/

3. Wie lautet der islamische Gebetsruf? Welche Bestandteile hat das islamische Glaubenszeugnis? Sieh noch einmal im Kapitel 7, S. 162, 166 nach.

4. Warum muss jemand, der Jude werden will, sich mit der Geschichte des Judentums befassen? Reicht nicht die Kenntnis der religiösen Vorschriften?

5. Was heißt religiös mündig werden 2/? Inwiefern werden Jungen und Mädchen durch diese Zeremonien religiös mündig bzw. „erwachsen"? Glaubst du, dass man im Alter von 12–14 Jahren noch zu jung dafür ist?

6. Warum gibt es solche feierlichen Einführungen oder Übergänge? Was würde passieren, wenn es sie nicht gäbe? Welche anderen Übergangsfeiern kennt ihr? Vergleiche Kapitel 1.

7. Woran kann man bei diesen Aufnahmehandlungen erkennen, welche Dinge für die jeweilige Religion besonders wichtig sind? Nenne Gemeinsamkeiten und Unterschiede.

Was Juden, Christen und Muslime glauben

1/ Der eine Gott

Mirjam, Eva und Nusaiba haben ihre Vorstellungen von Gott aufgeschrieben und im Versammlungsraum ausgehängt:

2/ Aus den Glaubensbekenntnissen von

Judentum
Ich glaube daran, dass Gott der Schöpfer aller Wesen ist, dass Gott einzig und unser Gott ist, dass Gott keinen Körper hat und keinerlei Eigenschaften an sich hat …, dass Gott der Alleinige ist, dem Anbetung gebührt …

Christentum
Ich glaube an Gott, den allmächtigen Vater, den Schöpfer des Himmels und der Erde …

Islam
Ich bezeuge, es gibt keine Gottheit außer Gott (Allah) …

Glaubensbekenntnis:
Synagoge, christliche Kirchen, Moschee

Thora:
Jüdisches Gemeindehaus (über Synagoge)

Thorarolle

3/ Gottes Worte

Mirjam:
Im Judentum sind Gottes Worte in der **Thora** enthalten. Thora bedeutet Weisung oder Lehre, die Anfänge der jüdischen Religion.
Wir behandeln die Thora mit großem Respekt. Wenn ich die Thorarolle in die Hand nehme und wieder weglege, küsse ich sie. Bei uns zu Hause steht sie in einem besonderen Schrank und darf nicht jederzeit berührt werden. Sogar eine defekte Thorarolle darf nicht weggeworfen werden, sondern wird wie ein Mensch in der Erde begraben. Wenn ich mich einmal verlese, muss ich den ganzen Satz noch einmal wiederholen, so wichtig ist der richtige Wortlaut!

Eva:
Christen glauben, dass Gott durch die Texte der **Bibel** zu ihnen spricht. Bibel heißt einfach „Buch", in dem spannende Geschichten, Erzählungen, Lieder, Gebete, Predigten und Briefe enthalten sind. Die Bibel wird in zwei große Teile unterteilt, die für uns Christen aber eng zusammengehören: in das Alte Testament und das Neue Testament. Testament ist lateinisch und bedeutet Bund. Im Gottesdienst stehen wir beim Lesen der Bibel auf, die Priester verneigen sich vor ihr. In Russland küssen sie sogar die Bibel und tragen sie in einer Prozession durch die Kirche!

Nusaiba:
Für uns ist der **Koran** Gottes Wort. Koran bedeutet Lesung oder Vortrag. Er enthält Aussagen über den Glauben, Anweisungen für den Gottesdienst, ebenso Gesetze, Gebete und viele Geschichten. Wenn ich den Koran berühre, müssen meine Hände sauber sein, die einzelnen Seiten darf ich nur mit der rechten Hand umblättern, da die linke Hand bei uns als unrein gilt. Zur Zeit meiner Regel darf ich das Buch nicht berühren! Während des Lesens darf keiner sprechen, essen oder trinken. Nichts darf auf dem Koran liegen. Deswegen steht der Koran bei uns zu Hause ganz oben im Regal an einem besonderen Platz.

Anfangsseite des Matthäusevangeliums aus dem Neuen Testament

Koranhandschrift (ägyptisch 16. Jh.)

Bibel:
Evangelische Kirche

Koran:
Moschee, Koranschule (über Moschee)

1. Bearbeitet zu zweit die Fragen a bis f zu den Texten 1/ und 2/. Versucht sie möglichst genau zu beantworten, auch wenn es z.T. schwierige Fragen sind:
   a) Formuliere mit eigenen Worten, was die Eigenschaften gütig, gnädig, allmächtig und gerecht bedeuten.
   b) Warum glauben viele Menschen, dass Gott unbestechlich und nicht korrupt ist? Wie können sie sich so sicher sein?
   c) Welche Formulierungen deuten darauf hin, dass Juden, Christen und Muslime den gleichen Gott meinen?
   d) Was bedeutet Schöpfer aller Wesen? Wer und was gehört zur Schöpfung? Vergleiche dazu noch einmal in Kapitel 5, S. 112, 144 die Vorstellungen über das Verhältnis zwischen den Menschen und der Natur.
   e) Welche Aspekte betonen die jeweiligen Glaubensbekenntnisse?
   f) Vergleicht die Darstellungen von Gott in den drei Religionen. Kennt ihr andere Gottesdarstellungen im Christen-tum?
2. Formuliert dann mindestens drei Fragen, die sich für euch durch die Beschäftigung mit dem Thema ergeben. Schreibt sie auf und stellt sie nach Beendigung der Partnerarbeit im Plenum vor. Welche Hauptfragen bilden sich aus allen euren Fragen heraus? Sind sie beantwortbar oder nicht?
3. Lest im Gesprächskreis die Äußerungen zu den Worten Gottes 3/ und diskutiert die folgenden Fragen:
   - Was weißt du über die Suren des Korans? Wie heißt die erste Sure?
   - Kennst du den Unterschied zwischen dem Alten und Neuen Testament?
   - Auf welche Weise gehen Juden, Christen und Muslime mit dem Wort Gottes um? Worin liegen die Unterschiede?
   - Gibt es etwas in deinem Zimmer, bei euch zu Hause, das einen besonderen Platz dort hat? Welche Dinge fasst du besonders vorsichtig und respektvoll an? Welche Gründe gibt es dafür?

Texte vergleichend lesen und deuten

monotheistisch: an einen einzigen Gott glaubend

Die drei monotheistischen Religionen beziehen sich auf das Wort Gottes, das in Texten festgehalten wurde. Texte müssen gelesen (oder verkündet) und verstanden werden. Das enthält immer einen Vorgang, den man „Deuten" oder „Interpretieren" nennt. Das kann man am besten üben, wenn man es nachvollzieht. Lest die folgenden Texte und deutet sie vergleichend anhand der Fragen und Aufgaben. Achtet in den Gesprächen, die ihr danach über eure Antworten führt, auf Unterschiede und Gemeinsamkeiten in euren Deutungen. Meinungsverschiedenheiten können geklärt werden, indem man erneut auf die Texte zurückgeht und sie zur Beantwortung der auftauchenden Fragen zu Hilfe nimmt.
Viele Aussagen und Gebote in den heiligen Schriften sind nicht immer eindeutig zu verstehen. Sie können mehrdeutig oder auch unverständlich sein. Deshalb sind Kommentare, also Erklärungen notwendig. Diese Erläuterungen finden Juden im Talmud, Christen in den Schriften ihrer Kirchen, Muslime in den Aussprüchen des Propheten Mohammed.

1/ Drei Erklärungen, um Gottes Worte zu verstehen

Rabbi Awira erklärte die Schrift: Was bedeutet es, dass geschrieben steht: **„Gut ist es um den Menschen, der anderen Menschen freizügig gibt und seine Sache nach dem Recht besorgt?"**
Das bedeutet: Immerdar esse und trinke ein Mensch weniger, als er hat, kleide und umhülle sich mit dem, was er hat, und ehre seine Frau und seine Kinder mit mehr, als er hat, denn sie hängen von ihm ab, und er hängt von dem ab, der sprach und die Welt schuf.
Talmud

Jüdische Studenten in einer Talmudschule in Hebron (Israel)

Wie soll man es verstehen, wenn Jesus sagt: **„Was ihr für einen meiner geringsten Brüder getan habt, das habt ihr mir getan?"**
Das heißt, je größer die Hilflosigkeit eines Menschen in irgendeinem Lebensbereich ist, desto dringender ist die Pflicht, sich ihm durch tätigen Beistand als Nächster zu erweisen. Diese Pflicht bezieht sich auch auf jene, die anders denken oder handeln als wir.
Katechismus der katholischen Kirche

Christen in der Bibelstunde

Der Prophet sagte über die Worte Gottes **„O Sohn Adams, spende, dann spende auch ich dir"**: Jeder Muslim hat ein Almosen zu geben, und die rechte Hand Gottes ist dann voll und ergiebig; nichts erschöpft sie Nacht und Tag. Habt ihr gesehen, was Gott gespendet hat, seitdem er Himmel und Erde erschaffen hat? All das hat aber immer noch nicht erschöpft, was in seiner Rechten ist.
Hadith

Muslimische Jungen in einer Koranschule in Bangladesch

2/ Gebote

Die heiligen Schriften sind für Juden, Christen und Muslime deshalb so wichtig, weil Gott ihnen darin Gebote auferlegt hat, d.h. Anordnungen oder Gesetze, die ein Mensch in seinem Leben erfüllen sollte. Juden, Christen und Muslime haben sehr unterschiedliche Gebote einzuhalten. Allen drei Religionen gemeinsam sind jedoch die Zehn Gebote Gottes für die Juden in der Hebräischen Bibel, da auch Christen und Muslime sich grundsätzlich an ihre Erfüllung halten, obwohl sie diese manchmal anders nennen oder gewichten. **Fünf von den zehn Geboten könnt ihr hier vergleichen:**

Die Zehn Gebote in der hebräischen Bibel	Die Zehn Gebote im Christentum	Die Entsprechung der Zehn Gebote im Islam
Du sollst neben mir keine Götter haben. (Ex 20, 2–3)	Deinem Gott sollst du dich niederwerfen und ihm allein dienen. (Mt 4, 10)	Setze neben Allah nicht einen anderen Gott, auf dass du nicht mit Schimpf bedeckt und verlassen dasitzt. (17, 22)
Gedenke des Sabbat: Halte ihn heilig! (Ex 20, 8–10)	Der Sonntag ist als Feiertag zu halten. Haltet euch von Tätigkeiten fern, die Gottesdienst, Freude und Erholung behindern. (CIC. can 1247)	Wenn einer dem Freitagsgebet dreimal aus Nachlässigkeit fernbleibt, versiegelt Gott sein Herz. (Abu Dâwûd)
Ehre deinen Vater und deine Mutter, damit du lange lebst in dem Land, das Gott dir gibt. (Ex 20, 12)	Ihr Kinder, gehorcht euren Eltern, wie es vor dem Herrn recht ist. (Eph 6, 1–3)	Verehret keinen außer ihn, und erweist Güte den Eltern. (17, 23)
Du sollst nicht morden. (Ex 20, 13)	Jeder, der seinen Bruder auch nur zürnt, soll dem Gericht verfallen sein. (Mt 5, 21–23)	Und tötet nicht das Leben, das Allah unverletzlich gemacht hat, es sei denn mit Recht. (17, 33)
Du sollst nicht stehlen. (Ex 20, 15)	Wenn ich von jemandem zu viel gefordert habe, gebe ich ihm das Vierfache zurück. (Lk 19, 8)	Und hackt dem Dieb und der Diebin die Hände ab zur Vergeltung für das, was sie erworben haben. (5, 38)

Ethik allgemein:
Jüdisches Wohnhaus, Familie Cohn, Wohnzimmer, Diele, Esthers Zimmer; Familie Akiva, Diele, Wohnzimmer; Gemeindehaus (über Synagoge)

Ethik allgemein:
christliches Wohnhaus, Wohnzimmer; Kirchen

Ethik allgemein:
Familie Yusefi, Wohnzimmer; Koranschule (über Moschee); Familie Amin, Zimmer Hasan

1. In den drei Texten 1/ werden Aussagen aus Thora, Neuem Testament und Koran zu dem Thema gerechtes Handeln und Mitmenschlichkeit erklärt und den Gläubigen verständlich gemacht. Worin unterscheiden sich die Erklärungen? Worin sind sie sich gleich?
2. Warum sind solche Erklärungen notwendig?
3. Erläutere die hervorgehobenen Zitate aus den heiligen Schriften mit eigenen Worten. Vergleicht eure Erläuterungen untereinander und mit denen von Rabbi Awira, dem Papst und dem Propheten Mohammed.
4. Lest in der Bibel und im Koran die angegebenen Zitate 2/ in ihrem vollständigen Wortlaut. Beschreibt den Sinn der Gebote mit eigenen Worten.
5. Was ist gemeint mit Verehrung anderer Götter?
6. Was bedeutet der Freitag für die Muslime? Worin besteht der Unterschied zum Sabbat der Juden und dem Sonntag der Christen? Was sollten Menschen, die mit Muslimen zu tun haben, an diesem Tag beachten?
7. Lies im Anhang, S. 262 f. alle zehn Gebote. Nenne Gemeinsamkeiten und Unterschiede in der Sicht von Juden, Christen und Muslimen auf Tötung eines Menschen, Respekt vor den Eltern, Sexualität und Achtung des Besitzes.

Leben in der zukünftigen Welt

1/ Zu Gott zurückkehren

Mirjam:
Darüber, was nach dem Tod kommt, gibt es bei den Juden stets eine große Diskussion. Die einen glauben, dass es eine Auferstehung der Toten geben wird, andere sagen, dass in der Thora nichts über ein Leben nach dem Tod steht. Die Mehrzahl meint, dass der Körper zu Staub wird, während die Seele zu ihrem Ursprung zurückkehrt, der bei Gott ist.

Eva:
Auch Christen glauben, dass mit dem Tod nicht alles aus ist. Wie dieses Leben aussehen mag, weiß ich allerdings nicht. Jesus sagte, das Leben mit Gott sei wie ein großes Hochzeitsfest! Eine andere Geschichte sagt, dass es nach dem Tod so etwas wie eine Gerichtsverhandlung geben wird. Bei dieser muss sich der Mensch zu seinen schlechten Taten bekennen.

Nusaiba:
Nach unserem Glauben erwartet einen verstorbenen Menschen das Gericht des barmherzigen Gottes. Hat er sich während seines Lebens an die Regeln des Islam gehalten, darf er in Gottes Nähe sein: im Paradies voller Freude und Frieden. War ihm Gott jedoch während seines Lebens gleichgültig, muss er von Gott fern in Dunkelheit leben und wird für seine Sünden bestraft.

2/ Der Tod aus der Sicht …

des Talmuds
Als Gott sein Schöpfungswerk prüfend überblickte, rief er aus: „Und siehe es war gut!“, mit „Es war gut“ war auch der Tod gemeint.
(Bereshit Raaba 9,5)

des Neuen Testamentes
So könnt ihr euch auch ein Bild von der Auferstehung der Toten machen. Was in die Erde gelegt wird, ist vergänglich, aber was zum neuen Leben erweckt wird, ist unvergänglich. Was in die Erde gelegt wird, ist schwach und hässlich, aber was zum neuen Leben erweckt wird, ist stark und schön.
(1 Korinther 15, 42)

des Koran
Sag: Der Tod, vor dem ihr flieht, wird euch begegnen. Hierauf werdet ihr vor den gebracht werden, der über das, was verborgen und was allgemein bekannt ist, Bescheid weiß. Dann wird er euch Kunde geben über das, was ihr getan habt.
(62,8)

3/ Den Toten auf Gott vorbereiten

Mirjam:
Wenn ein Jude stirbt, ist sein Begräbnis sehr einfach und ohne große Zeremonien. Es gibt keine Blumen oder Kränze. Dafür legen wir kleine Steine auf das Grab. Sie sind Zeichen der Verbundenheit mit dem Toten, Zeichen dafür, dass er nicht vergessen ist. Während der sieben Trauertage werden die Spiegel mit Tüchern verhangen und Trauernde machen zum Zeichen der Trauer einen kleinen Riss in die Kleidung. Ein Jahr nach dem Tod wird die „Jahrzeit“-Kerze in Erinnerung an den Toten angezündet.

Sterben, Tod:
Jüdischer Grabstein

Eva:
Wenn ein Christ gestorben ist, findet ein paar Tage nach dem Tod ein Gottesdienst statt, in dem für den Verstorbenen gebetet wird. Auf dem Friedhof wird bei der Beerdigung noch einmal gebetet, dann wird der Sarg in einer Prozession zum Grab geleitet. Der Priester spricht seinen Segen und wirft Erde über das Grab. In das offene Grab werfen wir Blumen oder eine Schaufel Sand. Später werden die Gräber schön bepflanzt. Beim Besuch des Grabes bringen Familienangehörige frische Blumen und stellen eine brennende Kerze auf.

Sterben, Tod:
Christlicher Friedhof

Nusaiba:
Bei uns finden Begräbnisse ohne großen Aufwand statt. Die Gräber sollen sehr einfach gestaltet sein und nur wenig über die Erdoberfläche hinausragen. Wir binden an bestimmten Tagen im Jahr Myrte-Zweige an die Grabsteine. Nach dem Begräbnis sitzt man drei Tage zusammen, hört den Koran, spricht viele Gebete und trinkt ungesüßten Kaffee oder Tee. 40 Tage lang tragen die engsten Verwandten Trauerkleidung in dunklen Farben. Ein Jahr nach dem Begräbnis veranstaltet die Familie eine Trauerfeier, bei der Opfergaben an Notleidende verteilt werden.

Sterben, Tod:
Islamischer Friedhof

Die Fragen 1 bis 5 sollte jeder zunächst einmal für sich selbst beantworten. Danach könnt ihr die Fragen, die ihr selbst zum Tod habt und die sich aus eurer Beschäftigung mit den Fragen und den Texten ergeben haben, sammeln und gemeinsam beantworten.

1. Für viele Menschen ist ein Leben nach dem Tod schwer vorstellbar. Schreibt eure Fragen und Zweifel auf und überlegt, warum die Menschen an einem solchen Glauben festhalten.

2. Vergleiche die Antworten der Juden, Christen und Muslime auf die Frage, was nach dem Tode kommt 1/ mit den Vorstellungen anderer Glaubensrichtungen (vergleiche auch Kapitel 9) und mit deinen eigenen Ansichten.

3. Nenne die Antworten, die jeweils ein Jude, Christ und Muslim auf die Frage über das Leben nach dem Tod geben könnten 2/.

4. Die Bibel und der Koran lehren, dass „Gott gibt und wieder nimmt", so auch das Leben. Wie beeinflusst dieser Glauben die Haltung eines Menschen zu Leben und Tod?

5. Die christliche und die islamische Tradition verkünden den Tag der Auferstehung. Auch Juden erwarten die Zeit, in der überall Gerechtigkeit und Frieden herrschen werden. Diese Zeit wird auch das „messianische Zeitalter" genannt. Ist es gut, sich solchen Erwartungen hinzugeben? Worauf hoffst du? Wie wirken sich diese Erwartungen auf dein Handeln aus?

6. Bildet einen Gesprächskreis zu folgenden Fragen:
a) Juden, Christen und Muslime drücken ihre Trauer über den Tod eines Verwandten auf unterschiedliche Weise aus 3/. Welche Trauerrituale laufen auf ähnliche Weise ab?
b) Wieso drückt wohl zerrissene Kleidung bei Juden den Trauerschmerz aus? Was könnten verhangene Spiegel bewirken? Warum trinken Muslime in der Trauerzeit wohl keinen gesüßten Tee? Warum lindert das Schmücken des Grabes den Trauerschmerz der Christen?
c) Welche Möglichkeiten, Trauer und Schmerz auszudrücken, gibt es noch? Welche anderen Formen der Bestattung kennst du außerdem?

Wie Juden, Christen und Muslime miteinander umgehen

Geschichtliche Hintergünde:

Fahrstuhl in die Geschichte; Judenviertel in Speyer, Das Anne-Frank-Haus, Maarenherrschaft in al-Andalus, Einwanderung nach Palästina 1923

1/ Juden über Christen und Muslime

Mirjam:

Das Judentum ist die älteste der drei Religionen. Das Christentum ist direkt aus ihm entstanden, und auch der Islam kam danach und hängt in seiner Entstehung vom Judentum ab. Deshalb kommen weder das Christentum noch der Islam in der jüdischen Bibel vor. Das Judentum hat also unabhängig von den beiden anderen Religionen existiert, während sich Christen und Muslime von Anfang an mit den bereits vorhandenen Juden auseinandersetzen mussten. Wenn sich ein Christ oder ein Muslim mit seiner Religion beschäftigt, begegnet er zwangsläufig dem Judentum. Wenn sich aber ein Jude mit dem Judentum beschäftigt, dann stößt er nicht notwendigerweise auf Christentum und Islam.

2/ Muslime über Juden und Christen

Nusaiba:

Es stimmt: Der Islam knüpft ganz konkret an den jüdischen und christlichen Glauben an, der vor ihm da war. Er versteht sich aber als Vollendung der beiden vorangegangenen Religionen. Der Prophet Mohammed sah sich in einer langen Reihe von biblischen Propheten, die bis auf Adam, den ersten Menschen zurückreichen. Zu diesen gehören auch Moses und Jesus, die im Islam besonders hervorgehoben und verehrt werden. Juden und Christen sind für Muslime diejenigen, die ihnen im Glauben vorangegangen sind, aber der Koran als letzte Offenbarung vollendet und ersetzt die Thora der Juden und das Evangelium der Christen.

3/ Christen über Juden und Muslime

Eva:

Das Verhältnis zwischen uns Christen und den beiden anderen Religionen war stets schwierig. Lange Zeit lehrte die Kirche, dass das Christentum das Judentum „enterbt" habe. Weil die Juden Jesus nicht als den Erlöser angenommen hätten, sei nun das Christentum das neue Volk Gottes, das Judentum aber von Gott verworfen. Solche Lehren schufen und schaffen auch heute noch Vorurteile und Hass gegenüber den Juden. Sie dienten in der Geschichte als Rechtfertigung, sie zu verfolgen, und heute, um sie zu kränken. Auch der Islam wurde lange Zeit als gefährliche Sekte und Mohammed als Scharlatan und Betrüger angesehen. Es hat lange gedauert, bis Christen den Islam überhaupt als eigenständige Religion anerkannt haben.

4/ Vorurteile haben

Das oftmals schwierige Zusammenleben von Christen, Juden und Muslimen hat Vorurteile und Feindbilder geschaffen, die auf allen Seiten bis heute nachwirken:

Vorurteile

Muslime sind fanatisch
Juden sind geizig
Muslime sind lasterhaft
Christen sind ausschweifend
Christen sind moralisch schwach
Muslime sind ganz fromm
Juden sind stinkreich
Muslime sind intolerant
Christen sind humorlos
Juden sind alle verbohrt gläubig
Muslime sind streng und ernst
Christen sind Fremden gegenüber verschlossen
Juden sind besonders witzig
Muslime sind frauenfeindlich
Juden sind hochmütig
Christen sind überheblich

Online-Link: 695210-0199

Die Beziehungen zwischen Juden, Christen und Muslimen sind immer wieder von Vorurteilen, konfliktreichen Auseinandersetzungen und Gewalt geprägt. Geht folgendermaßen vor (und nehmt bei Bedarf die Seiten 66/67, 72/73 des Kapitels 3 über Vorurteile zu Hilfe):

1. Lest die Texte 1/–3/ und bearbeitet dazu zunächst einzeln die folgenden Aufgaben:
   - Welche Rolle spielt das Alter der jeweiligen Religion für die Art und Weise des Umgangs mit anderen Religionen?
   - Welchen Vor- und Nachteil hat es, die ältere Religion zu sein? Vergleiche die Aussage Mirjams mit der von Nusaiba.
   - Was meint Eva, wenn sie von dem „Enterben" des Judentums durch das Christentum redet? Wende dein Wissen über das Alte und Neue Testament hier an.
2. Vorurteile haben ihre Wurzeln in der Geschichte. Nenne historische Ereignisse, die zur Entstehung solcher Vorurteile 4/ geführt haben könnten.
3. Wie werden aus Vorurteilen falsche Urteile? Was kann man dagegen tun? Als zweiten Schritt kann man die „sowohl-als-auch" Formel verwenden und Belege dafür bringen. Beispiel: Es gibt sowohl Muslime, die fanatisch sind, als auch Muslime, die sehr tolerant sind; Mohammad Atta, einer der Selbstmordattentäter des 11. September war fanatisch, aber mein Freund Hasan ist es nicht. Versucht, alle anderen Vorurteile aufzubrechen.
4. Bildet Paare, die sich gegenseitig folgende Fragestellungen zum Thema der Doppelseite beantworten:
   a) Was weißt du zu diesem Thema?
   b) Welche Fragen, Probleme, Vermutungen (Hypothesen) fallen dir dazu ein?
   c) Welche konkreten Situationen und Ereignisse erscheinen dir zu diesem Thema wichtig?
   d) Wie können verschiedene Ansichten zum Thema in Form von Thesen (kernhaften Aussagen) formuliert werden?
   e) Was möchtest du zu diesem Thema noch wissen?
5. Arbeitet zu zweit zu Hause weiter: Welche religiösen Minderheiten in Deutschland kennst du? Trage Informationen über ihre Anhängerzahl, Verbreitung und ihre Geschichte zusammen.

Jerusalem – Stadt des Friedens?

Das Zusammenleben zwischen Juden, Christen und Muslimen war in der Geschichte nicht einfach. Auch heute ist das Verhältnis wieder stark von Spannungen und Konflikten belastet. Jerusalem, das eigentlich „Stadt des Friedens" heißt, ist solch ein Beispiel spannungsreichen Mit- und Nebeneinanders der drei Religionen. Jerusalem hatte 2006 rund 730 000 Einwohner, davon waren etwa 80 Prozent Juden, 15 Prozent Muslime und 2 Prozent Christen. Die Besonderheit Jerusalems besteht darin, dass alle drei Religionen Jerusalem als ihre „heilige Stadt" betrachten.

Jerusalem:
Islamisches Wohnhaus, Familie Yusefi, Wohnzimmer; Jüdischer Friedhof; Synagoge; Jüdisches Wohnhaus, Familie Cohn, Wohnzimmer; christliches Wohnhaus, Salon; Fahrstuhl in die Geschichte: Kreuzzüge

Muslimische Kinder lesen den Koran

Christliche Kinder bei einer Messfeier

Jüdische Kinder feiern den Sabbat

Miteinander leben

1/ Jerusalem – die heilige Stadt

Mirjam:
In Jerusalem stand vor langer Zeit unser erster Tempel. Später, als der Tempel zerstört, die Juden vertrieben, die Gemeinden zerstreut worden waren, galt Jerusalem als Ort der Hoffnung und Zuversicht. Unser wichtigstes Heiligtum ist hier die „Klagemauer"; d.h. die übrig gebliebene Westmauer des damals zerstörten Tempels. Überall in der Welt, wo Juden beten, blicken sie stets in Richtung Jerusalem, zu dieser Mauer.

Eva:
Jerusalem ist für uns eine heilige Stadt, weil hier Jesus gelebt hat und gestorben ist. Wenn Christen in Jerusalem sind, gehen sie die Via Dolorosa entlang. Das ist die Straße, auf der Jesus zur Kreuzigung geführt wurde. In der Grabeskirche erinnern wir uns an seinen Tod und denken an die Zeit, als unsere Religion hier in Jerusalem begann. Auch wenn wir das Evangelium lesen, ist ja immer von dieser Stadt die Rede!

Nusaiba:
Jerusalem ist für Muslime die drittheiligste Stadt auf der Welt, gleich nach Mekka und Medina in Saudi-Arabien. Unser Prophet Mohammed hat diese Stadt sehr verehrt. Der Koran spricht davon, dass Mohammed auf einer Nachtreise mit seinem Pferd Buraq auf dem Felsen gelandet sei, wo heute der Felsendom steht. Heilig ist auch für uns die Al-Aqsa-Moschee in der Nähe des Felsendoms.

Geschichte Jerusalems:
Fahrstuhl in die Geschichte: Bau des ersten jüdischen Tempels 969, die Kreuzzüge 1096–1279, jüdische Einwanderung nach Palästina; Bibliothek (Quellentexte)

Atheist: jemand, der nicht an Gott glaubt

2/ Juden, Christen und Muslime wollen etwas gemeinsam unternehmen

Farid Boudjellal

3/ Hindernis Nahostkonflikt – und ein Projekt zur Dialogförderung

„Open House" will das Zusammenleben von Israelis und Palästinensern, von Juden, Christen und Muslimen fördern. Es wurde 1991 kurz nach dem zweiten Golfkrieg in Ramle/Israel gegründet. Ramle hat 65000 Einwohner, davon 20 % israelische Araber und 80 % israelische Juden. Dies entspricht der durchschnittlichen Bevölkerungsstruktur Israels.

Heute ist „Open House" ein Ort, an dem sich arabische und israelische Jugendliche kennen lernen können und die Möglichkeit haben, über den Konflikt in ihrem Land, über ihren Glauben und über ihre Gefühle zu sprechen …

Sie leben in einem Land, das allen heilig ist. Juden, Christen und Muslimen. Frieden kennt dieses Land nicht. Der tödliche Konflikt zwischen Israelis und Palästinensern, die Bilder von Leichenteilen, zerstörten Häusern und Buswracks gehören zum Alltag. Der Konflikt betrifft die Jugendlichen in Ramle hautnah. So war für den jüdischen Jungen namens Tal, 16, das Open House zu einer festen Anlaufstelle geworden. Als seine Großmutter aber vor zwei Jahren bei einem Attentat in Netanya so schwer verletzt wurde, dass sie wochenlang mit dem Tod rang, kam er nicht mehr. Dann vermisste er seine Freunde, auch die arabischen. Und es gelang ihm, zwischen denen zu unterscheiden, die Bomben legen, und denen, die sprechen wollen.

„Das macht Open House einzigartig", sagt Rachel Zini, 24, eine der Betreuerinnen. „Wir setzen uns hier zusammen und packen heiße Eisen an: Wem gehört das Land? Hat Gott es einem Volk gegeben oder allen? Machen unsere verschiedenen Religionszugehörigkeiten es wirklich unmöglich, zusammenzuleben? Oder müssen die, die an Gott glauben, zum friedlichen Zusammenleben fähig sein?" Friedliches Zusammenleben – was verbirgt sich nicht alles hinter diesem Begriff? Für Sama und Nadine bedeutet er, dass sie zu einer Minderheit gehören. Acht von zehn Einwohnern in Ramle sind Juden. „Meine Familie wohnt in einem arabischen Viertel von Ramle. Juden kommen da selten hin", erzählt Sama. Schwierig, ihren muslimischen Freunden zu erklären, warum sie sich an Mittwochnachmittagen mit Juden und Christen im Open House trifft: „Sie sagen, ich bin verrückt. Ich gebe das Recht auf meine Heimat auf und setze mich mit denen zusammen, die sie uns weggenommen haben!" Ähnlich geht es Nastia, der Jüdin.

Im Bekanntenkreis ihrer Eltern gibt es einige, die fragen, wie es wohl um Vaterlandsliebe und Glauben einer Familie bestellt ist, die ihre Tochter zu „Araber-Treffen" schickt. Und dennoch kommen die Jugendlichen hierher. Sie kommen, obwohl die Stimmung in ihrer Stadt nicht gerade versöhnlich ist. Ramle ist bekannt dafür, ein Hort der Konservativen zu sein. „Die meisten Israelis wählen hier ganz rechts", erklärt Rachel Zini und fährt fort: „Das drängt die arabische Bevölkerung noch weiter ins Abseits und schürt Wut und Hass." Unter den Arabern wiederum sind die Christen die Minderheit. „Wir sitzen zwischen allen Stühlen", erzählt ein Junge. „Für die Moslems sind wir keine richtigen Araber, für die Juden aber trotzdem!"

Dass diese Jugendlichen hier zusammensitzen, ist schon etwas wie ein kleines Wunder. Bei einem Sommer-Camp, das die Einrichtung alljährlich veranstaltet, sind sie zu Freunden geworden. Nun versuchen sie, mit Worten das zu lösen, woran die Erwachsenen Tag für Tag scheitern. „Wir brauchen Versöhnung", sagt Nadine und fasst mit der Hand an das Kreuz, das an dem Kettchen um ihren Hals baumelt. „Wir brauchen endlich Frieden!"

Barbara Kraupa: Open House. Eine Reportage. In: Dialogo. Jugendaktion 2004. Hrsg. v. Internationales Kathol. Missionswerk München, S. 3–5

Online-Link: 695210-0203

1. Suche in einem Atlas oder Geschichtsatlas Jerusalem. Beschreibe die Lage. Aus welchen Gründen ist Jerusalem für die drei Religionen eine heilige Stadt?

2. Nenne andere Orte, die für die drei Religionen als heilige Stätten gelten. Weshalb sind es heilige Stätten?

3. Inszeniert das Gespräch aus 2/ als Rollenspiel. Führt es weiter. Welche Lösungen sind möglich? Lasst einen Atheisten dazu kommen. Wie geht das Gespräch nun weiter? Führt es mit verschiedenen Rollenspielern durch und achtet auf die inhaltliche Entwicklung des Gesprächs.

4. Was weißt du über den Nahostkonflikt?
Projekt-Vorschlag: Sammelt einige Wochen lang die neuesten Nachrichten über den Nahostkonflikt und legt eine Mappe dazu an. Welche Informationen erhält man? Was ergibt sich daraus für den Zusammenhang zwischen religiösen und politischen Anteilen an dem Konflikt? Fasst eure Erkenntnisse am Ende zu einem Bericht zusammen.

5. Das Projekt des „Open House" in Ramle 3/ wird als einzigartig beschrieben. Was ist das Einzigartige daran? Versucht zu erklären, warum die Jugendlichen in dieses Haus kommen, trotz der beschriebenen Widerstände.

Ein Resümee zum Abschluss des Jugendcamps

1/ Aber, meine Herren ...

Gerhard Mester

Weltethos

Am 4. 9. 1993 traf sich in Chicago das Parlament der Weltreligionen. Gemeinsam dachten die Vertreter der Religionen über ihre Wertvorstellungen nach. Zum Abschluss verabschiedeten sie eine „Erklärung zum Weltethos", d. h. einen Aufruf an alle Menschen, Lebensformen zu finden, die auf Verständnis füreinander beruhen und deshalb sozialverträglich, friedensfördernd und naturfreundlich sind.
Die Idee wird in zahlreichen Projekten, Publikationen und der Wanderausstellung „Weltreligionen – Weltfrieden – Weltethos" weitergetragen.

www.schule-weltethos.de

2/ Gedanken der Campteilnehmerinnen

Nusaiba:
Für mich war dieses Treffen erst der Anfang, sozusagen die Urzelle für Weltethos universal. Vor allem sehe ich es auch als Urzelle für eine Basisbewegung. Dass nicht nur die hohen Politiker und bekannten Professoren die Promis um sich versammeln, sondern dass eben auch interessierte Jugendliche sich für diese Idee begeistern.

Eva:
Ich denke als Christin, bei Weltethos muss man unterscheiden, dass es bei den drei Religionen nicht darum geht, dass man eine Einheitsreligion daraus bildet, sondern darum, dass wir uns untereinander verständigen. Es geht doch um einen Dialog oder Trialog, und nicht um Vermischung. Das ist für mich Weltethos.

Mirjam:
Ich finde, es gibt überhaupt keine Alternative zu Weltethos, denn genauso, wie wir hier auf dem Treffen in einem Haus gelebt haben, leben wir ja auch in einer Welt, aus der wir nicht rauskommen. Auch in Jerusalem ist das nun mal so: Da steht die Grabeskirche und die Al-Aqsa-Moschee, und die Al-Aqsa-Moschee steht genau auf dem jüdischen Tempelberg. Es gibt keinen anderen Ausweg aus so einer Situation, als dass man miteinander redet und sich besser kennen lernt.

Nusaiba:
Ich glaube, in diesem kleinen Kreis innerhalb des Jugendforums wird es auf jeden Fall klappen, dass sich die Weltreligionen gut untereinander austauschen. Ich habe mir jedoch schon öfter die Frage gestellt: Was passiert eigentlich nach diesem Ferienlager? Ich meine, wenn jede in ihre Stadt zurückfährt, wird sie dann diese Erfahrungen weitergeben an ihre Freundinnen, wird sie versuchen, die andere Religion zu suchen? Vielleicht wollen Christen mal eine Synagoge besuchen, Juden eine Moschee, Muslime eine Kirche, um zu sehen, wie es dort aussieht, wie das da vor sich geht. Das sind alles Fragen, die ich mir selber stelle: Was mache ich jetzt eigentlich damit? Wie gehe ich in Zukunft mit meiner und der anderen Religion um?

3/ Eine Idee zum „Mitnehmen“

Eva und Mirjam haben Nusaibas Frage aufgenommen und sich etwas ausgedacht.

Vorurteile oder Unwissenheit halten uns davon ab, auf andere zuzugehen und miteinander zu reden. Es ist nicht so leicht, fremde Menschen anzusprechen. Doch gerade gegenseitiges Kennenlernen und Verstehen sind wichtig, um miteinander leben zu können und unnötige Schwierigkeiten und Streit zu vermeiden.

Sie schlagen allen Teilnehmern vor, mit Menschen aus einer anderen Kultur, aus einem anderen Land oder einer anderen Religion Kontakt aufzunehmen, ins Gespräch zu kommen und sie damit besser verstehen zu lernen.

Wenn er nach Hause zurückkehrt, soll sich jeder Fragen überlegen unter dem Motto: „Was muss ich wissen, um dich zu verstehen?“

Eva:

Stellt diese Fragen Menschen in eurer Umgebung, z. B. dem türkischen Mann aus dem Gemüseladen oder der Döner-Bude um die Ecke, dem Besitzer des vietnamesischen Klamottenladens im Viertel, der Familie aus dem Nachbarhaus, die vor ein paar Jahren aus Russland nach Deutschland gekommen ist oder dem muslimischen Mädchen aus der Nachbarklasse.

Die aufgezeichneten Interviews und ein Foto der Interviewpartner können zu einer kleinen Ausstellung zusammengetragen werden. Sie sollte an einem Ort gezeigt werden, den möglichst viele Leute eurer Umgebung aufsuchen, zum Beispiel das Bürgeramt.

Idee nach Dialogo. Jugendaktion 2004. a. a. O., S. 15

Zeichnung: Katja Wehner

1. Welche Erfahrungen haben Mirjam, Eva und Nusaiba gemacht? Sind sie zufrieden mit dem Test? Welche positiven Dinge betonen sie? 2/

2. Das Jugendcamp fand 1997 statt – drückt die Karikatur 1/ die Entwicklung davor oder danach aus? Recherchiert die aktuellen Entwicklungen zum Thema „Verständigung der Religionen“ auf der Ebene der Kirchenvertreter.

Online-Link: 695210-0205

3. Berichtet von euren Erfahrungen, als ihr mit fremden Menschen zusammenleben solltet. Welche Probleme und Konflikte ergaben sich daraus? Wie habt ihr sie gelöst?

4. Sammelt Nachrichten über Jerusalem. Worin unterscheidet sich das Leben in einer solchen Stadt vom Leben in einem Jugendcamp? Welche Sorge drückt die letzte Antwort von Nusaiba 2/ aus?

5. Recherchiert im Internet, welche Aktivitäten es zur Förderung von Begegnungen zwischen Jugendlichen unterschiedlicher Religionen gibt.

6. Setzt Evas und Mirjams Idee 3/ in kleinen Gruppen in die Tat um. Geht dazu folgendermaßen vor:
   - Überlegt, wen ihr gerne interviewen wollt.
   - Entwickelt maximal sieben Fragen, die ihr wichtig findet, um das Leben der ausgewählten Person, ihre Religion, ihre Kultur usw. besser zu verstehen. (vergleiche Arbeitstechniken, S. 266 f.)
   - Führt das Interview durch (am besten mit einem Recorder oder Diktiergerät; ansonsten könnt ihr die Fragen und Antworten auch aufschreiben).
   - Vergesst nicht, ein Foto von euch und eurem Interviewpartner zu machen.

Ein fairer Wettstreit zwischen den Religionen

Im Diesseits wollte Gott nicht eine einzige, er wollte verschiedene Religionsgemeinschaften. Der Grund hierfür ist: Es soll ein Wettstreit unter den Religionen sein – nicht darum, wer die meisten Anhänger hat oder welche die beste oder die menschlichste oder die göttlichste ist, sondern: „Wetteifert nun nach den guten Dingen!" Am Ende der Tage wird Gott „Kunde geben über das, worüber ihr im Diesseits uneins waret". Wird Gott dann sagen, welche die wahre Religion ist? Nein, er wird sagen, dass es nicht um die Wahrheit einer Religion gegangen sei, sondern allein um den Wettstreit, um das Gute. Die wahre Religion ist nicht die, welche die erste oder die letzte bzw. das Original für die anderen war, sondern die, die sich als die beste im Wettstreit erwiesen hat.

Friedrich Niewöhner: Ein fairer Wettstreit. Frankfurter Allgemeine Zeitung, 5. Juni 1996

Diskussion

Veranstaltet eine Diskussion zur Interpretation von Friedrich Niewöhner unter folgenden Aspekten:
- Warum gibt es verschiedene Religionen?
- Wozu soll der Wettstreit zwischen den Religionen dienen?
- Was soll dabei herausgefunden werden? Auf welche Weise?

Gruppenarbeit

Wenn ein Wettstreit über die Wahrhaftigkeit einer Religion entscheiden soll, wie soll dieser Wettkampf aussehen? Sammelt gruppenweise Fakten aus den Kapiteln 7 und 8 über die einzelnen Religionen. Welche „guten Dinge" sind es, um die Juden, Christen und Muslime wetteifern sollen? Welche Handlungen bedeuten eine Disqualifizierung bzw. einen Ausschluss aus dem Wettbewerb? Tragt die Fakten in Wort und Bild zu einer Übersicht zusammen.

Materialsammlung

Legt eine Materialsammlung über Juden, Christen und Muslime in Deutschland an. Wie viele von ihnen leben hier, wo sind ihre Zentren, wie berichten die Zeitungen über ihre Aktivitäten? Sammelt Berichte über Kontakte, Konflikte oder Gespräche zwischen Vertretern der drei Religionen.

Online-Link: 695210-0206

Zeichnung: Katja Wehner

9 Buddhismus – auf dem Weg zur Erleuchtung

Religionen in Indien – Wurzel des Buddhismus

1/ Das göttliche Eine

a/ Alles ist eins. Jedes Einzelne hat Teil am Göttlichen. Und das Göttliche verkörpert sich in unzähligen Gestalten, aber in ihnen ist immer das Eine, Göttliche gemeint. Hier sind einige der wichtigsten Göttergestalten:

Shiva

Vishnu und Lakshmi

Begrüßung:
Wohnhaus Hinduismus, Familie Nayakar, Diele

c/ „Namaste" – „Verehrung dir", sagen die Inder, wenn sie sich begrüßen. Dabei legen sie die Handflächen zusammen, halten sie in der Herzgegend vor die Brust und verneigen sich leicht. Damit unterstreichen sie, was sie eigentlich ihrem Gegenüber sagen wollen: „Ich grüße das Göttliche in dir". „Was uns trennt", – so soll die Geste zum Ausdruck bringen – „sind nur Äußerlichkeiten. Tief im Innern sind wir eins, denn das Göttliche findet sich überall: in jedem Menschen, in jeder Pflanze, in jedem Tier."

d/ Zwei Menschen stritten sich über die Farbe des Chamäleons. Der eine sagte: „Das Chamäleon auf diesem Baum ist wunderschön rot." Der andere widersprach und sagte: „Du irrst, das Chamäleon ist nicht rot, sondern blau." Da keiner seine Meinung beweisen konnte, gingen sie zusammen zu einem Menschen, der unter jenem Baum lebte und lange beobachtet hatte, wie das Chamäleon seine Farbe beständig wechselt. Einer der Streitenden sagte: „Ist das Chamäleon auf jenem Baum rot?" Der Mann entgegnete: „Ja, Herr." Der andere Streitende sagte: „Was? Wie ist das möglich? Bestimmt ist es nicht rot, sondern blau!" Der Mann gab gemütlich zur Antwort: „Ja, Herr, es ist blau." Er wusste, dass das Chamäleon beständig die Farbe wechselt, deshalb beantwortete er beide Fragen mit „Ja". So ist auch das Göttliche verschieden gestaltet. Der Fromme, der es nur in einer Gestalt sieht, kennt allein diese. Nur wer ihn in vielfältigen Gestalten wahrnimmt, kann sagen: „All diese Formen sind die des vielgestaltigen Einen Göttlichen."

Monika u. Udo Tworuschka (Hrsg.): Vorlesebuch Fremde Religionen. Bd. 2. Lahr, Düsseldorf: Kaufmann/Patmos, 1994, S. 256 f.

1. Die Vielfalt der Religionen und religiösen Lebensformen in Indien fasst man unter dem Begriff des **Hinduismus** zusammen. Er stammt von den Eroberern (zunächst islamische Völker, dann die Engländer), die nichts mit der unüberschaubaren Vielgestaltigkeit der indischen Religiosität anfangen konnten. Auf dieser Doppelseite ist das Wichtigste zusammengefasst. Wenn du mehr darüber wissen willst, forsche im Internet oder auf der CD-ROM „Religiopolis" nach bzw. besorge dir ein Buch zu Indien, das auch Informationen über die Religionen enthält.

2. Fasse mit deinen Worten zusammen, in welchem Verhältnis die vielen indischen Gottheiten und das „göttliche Eine" zueinander stehen 1a–d/.

3. Beschreibt die Götterbilder 1a/. Worin liegt ihre Wirkung?

Ganesha

Sarasvati

b/ Kühe gelten den Hindus als heilig. Ein Hindu würde eher verhungern als Rindfleisch zu essen.

2/ Der Weg der höchsten Erkenntnis

Einige der religiösen Lehren sind in den Upanishaden festgehalten. Der Sanskrit-Begriff 'upanishad' bedeutet: „nahe bei jemandem sitzen". Der Begriff spielt auf das Verhältnis zwischen einem Guru und seinen Schülern an, die zu den Füßen des Meisters sitzen und sich von ihm belehren lassen. Es folgt ein Lehrgespräch zwischen dem Seher Uddalaka und seinem Schüler Shvetaketu:

„Hole eine Frucht des Feigenbaumes!" – „Hier, Ehrwürdiger!" – „Zerteile sie!" – „Ich habe sie zerteilt, Ehrwürdiger." – „Was siehst du darin?" – „Diese ganz winzigen Körner, Ehrwürdiger." – „Zerteile eines von ihnen, mein Guter!" „Ich habe es zerteilt, Ehrwürdiger." – „Was siehst du darin?" – „Gar nichts, Ehrwürdiger."

Da sprach er zu ihm: „Diese Winzigkeit, die du nicht wahrnimmst, mein Lieber – wahrlich dieser Winzigkeit entstammend steht dieser Feigenbaum so groß da. Glaube, mein Lieber: Was diese Winzigkeit ist, das ist das Selbst dieses Universums (die Weltseele). Das ist die Wahrheit. Das ist das individuelle Selbst (die Einzelseele). Das bist du, Shvetaketu."

„Der Ehrwürdige möge es mich noch besser begreifen lassen." – „Lege dieses Salz in Wasser. Dann setz dich morgen früh zur Belehrung wieder zu meinen Füßen nieder." – „Das Salz, das du gestern Abend ins Wasser gelegt hast, mein Guter, das bring her." – Da fühlte Shvetaketu danach und fand es nicht. – „Mein Guter, schlürfe vom Rand dieses Wassers! Wie ist es?" – „Salzig." – „Schlürfe von der Mitte. Wie ist es?" – „Salzig." – „Schlürfe vom anderen Rand! Wie ist es?" – „Salzig."

Da sprach Uddalaka zu Shvetaketu: „Wahrlich, was tatsächlich in diesem Wasser ist, mein Lieber, kannst du nicht greifen: Tatsächlich ist es doch darin. Was diese Winzigkeit ist, das ist das Selbst dieses des Universums. Das ist die Wahrheit. Das ist das individuelle Selbst. Das bist du, Shvetaketu."

Upanishaden: Altindische Weisheit aus Brahmanas und Upanishaden. Übertr. u. eingel. v. Alfred Hillebrand. Düsseldorf, Köln: Diederichs, 1998, S. 104 f.

Online-Link: 695210-0209

4. Im ersten Teil des Gleichnisses 1d/ spielt das „Sehen" die entscheidende Rolle. Welche Sinneswahrnehmungen sind im zweiten Teil des Gleichnisses angesprochen?

5. Bringt eine Frucht mit weichen Kernen eurer Wahl mit in die Schule und führt das „Kern"-Experiment durch 2/. Führt auch das „Salz"-Experiment durch 2/, indem ihr im ersten Schritt das Salzwasser trinkt und im zweiten Schritt das Wasser schlürft. Bemerkt ihr einen Unterschied? Könnt ihr euch denken, warum Uddalaka auf das „Schlürfen" ausdrücklichen Wert legte?

6. Was könnte mit den Worten „Weltseele" und „Einzelseele" (Sanskrit: Brahman = „Weltseele", Atman = „Einzelseele") gemeint sein? In welchem Verhältnis stehen sie zueinander?

7. Fasst zusammen: Welche Erkenntnis soll Shvetaketu erlangen?

Stationenlernen

Der **Buddhismus** ist eine Religion, die gerade auch in westlichen Ländern (Europa und USA) viel Aufmerksamkeit erlangt hat. Wenn man sich näher mit ihm beschäftigt, versteht man vielleicht, warum das so ist. Es gibt inzwischen nicht wenige Christen, die auf buddhistische Art meditieren.
Eine Religion wie den Buddhismus kann man am besten kennen lernen, wenn man sich auf die Stationen begibt, an denen man seine wichtigsten historischen Entwicklungsschritte, Merkmale, Prinzipien, Lebensregeln antreffen kann. Deshalb wird hier ein **Stationenlernen** vorgeschlagen. Ihr wandert von Station zu Station, sammelt Informationen, löst die Aufgaben und führt ein Stationenbuch, in dem eure Schritte festgehalten sind. Jeder von euch muss jede Station durchlaufen haben, um am Ende die Religion des Buddhismus besser zu kennen als zuvor. Geführt werdet ihr immer wieder durch die Reiseführerin Kalayani aus Burma.

Die Methode des Stationenlernens könnt ihr auch bei anderen Themen verwenden, wobei ihr selbst solche Stationen, an denen Verschiedenes ausprobiert, gelernt und geübt werden kann, entwickeln könnt.

Folgende zwölf Stationen, die den Doppelseiten des Kapitels entsprechen, sind zu bearbeiten:

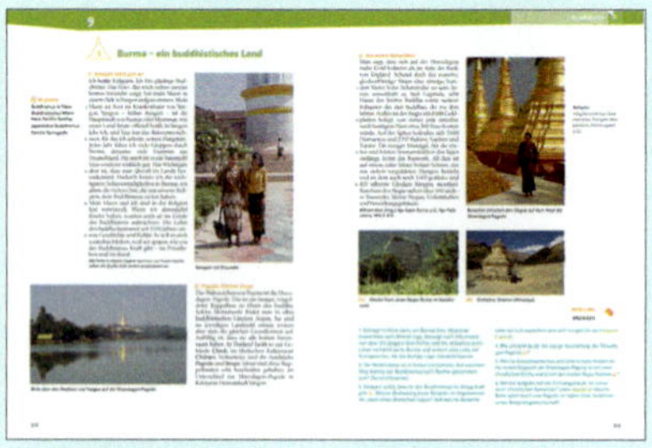

1

2

3

4

5

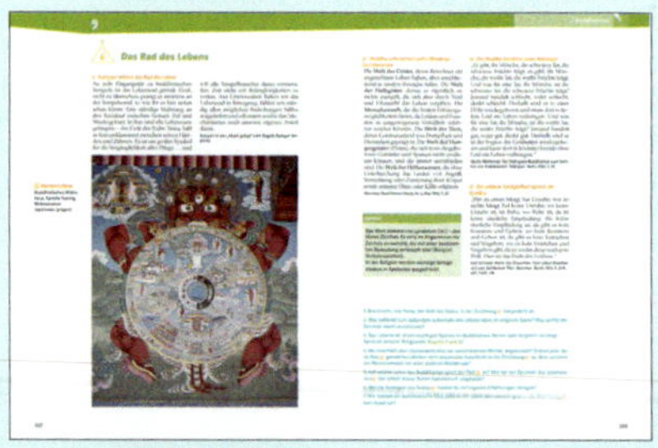

6

Ablauf und Organisation:

Normalerweise werden die Stationen an Tischen des Klassenzimmers bzw. Ethikraums aufgebaut. Hier befinden sich die Stationen im Buch. Ihr könnt euch zunächst einmal alle Stationen anschauen, indem ihr das Kapitel durchblättert. Dann solltet ihr euch dafür entscheiden, womit ihr beginnt. Am besten, ihr arbeitet an jeder Station in Zweier- bis Vierergruppen zusammen. Die Gruppenzusammensetzung kann bei jeder Station gewechselt werden.

Zu jeder Station werdet ihr Fragen finden, die die wichtigsten Stichworte enthalten. Diese müsst ihr am Ende verstanden haben und erklären können (z. B. Erleuchtung, Wiedergeburt). Ihr könnt die Fragen im Gruppengespräch klären und beantworten. Wer möchte, kann jeweils auch allein arbeiten. Einige Aufgaben machen gezielte Nachforschungen erforderlich.

Wichtig: Jeder muss in seinem **Stationenbuch** das, was an der Station gelernt wurde, schriftlich festhalten; möglichst sollte zu jeder Station auch etwas gezeichnet oder eingeklebt werden, so dass man selbst eine Anschauung von der jeweiligen Sache gewinnt, die man dann anderen auch zeigen und mitteilen kann. Legt gemeinsam fest, wie viele Ethikstunden ihr für die gesamte Stationenarbeit verwenden wollt und wie lange ihr für jede Station durchschnittlich Zeit habt; beachtet dabei die notwendigen Nachforschungen. Wenn ihr euch mit einem bestimmten Teilthema, einer Station also, beschäftigt, solltet ihr außerdem darauf achten, ob ihr weitere Informationen, Nachrichten, Bilder dazu findet, z. B. in Zeitungen und Zeitschriften, Fernsehen und Internet. Damit könnt ihr euer Stationenbuch ergänzen und erweitern.

Siddhartha Gautama – Kindheit und Jugend

7

Siddhartha Gautama – die vier Ausfahrten

8

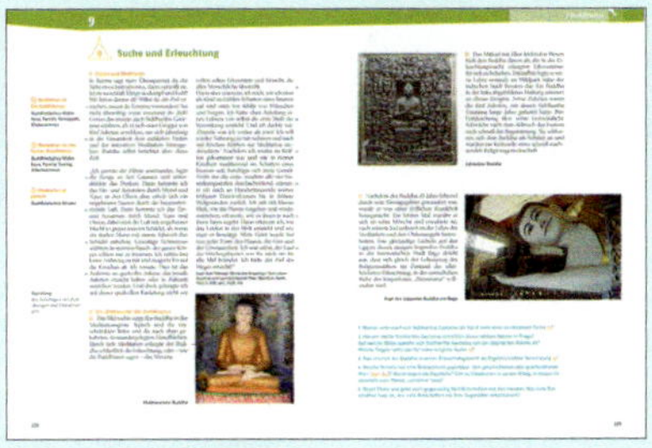
Suche und Erleuchtung

9

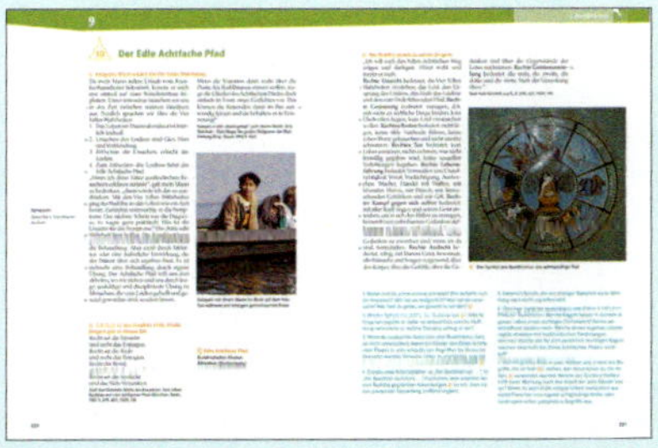
Der Edle Achtfache Pfad

10

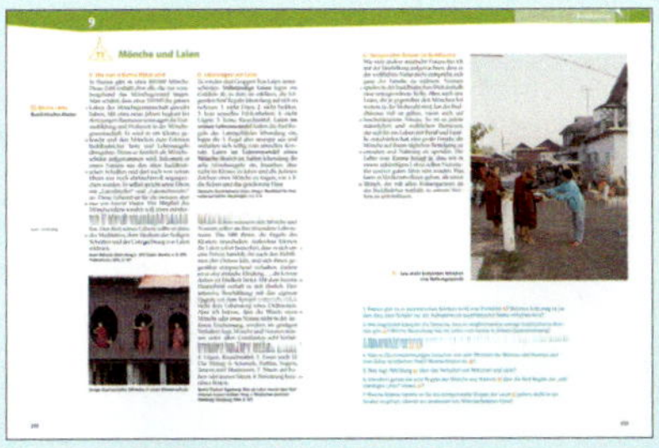
Mönche und Laien

11

Meditation – Vorgeschmack auf das Nirvana

12

Schreibt außerdem **Fragen** auf, die sich euch während der Arbeit stellen.

Am Ende besprecht ihr die Themen im **Plenum.** Ihr könnt das im gewohnten Gesprächskreis machen oder ein **Frage-Antwort-Spiel** veranstalten. Dazu schreibt ihr möglichst viele Wissensfragen auf Karten (z. B. Was bedeutet Karma?). Alle Karten werden vom Spielleiter eingesammelt, der die Fragen nach und nach stellt. Zwei Gruppen treten gegeneinander an. Meldet sich jemand als erster aus einer Gruppe, darf er antworten. Für die richtige Antwort gibt es einen Punkt, bei einer falschen Antwort erhält die andere Gruppe die Chance.
Stellt außerdem die **Fragen**, die ihr während der Arbeit aufgeschrieben habt und beantwortet sie gemeinsam.

Weiterer Vorschlag: Verteilt Referate über den Buddhismus, die an die Themen der Stationen anschließen.

1 Burma – ein buddhistisches Land

Vergleiche:
Buddhismus in Tibet: Buddhistisches Wohnhaus, Familie Tsering;
Japanischer Buddhismus: Familie Yamagachi

1/ Kalayani stellt sich vor

Ich heiße Kalayani. Ich bin gläubige Buddhistin. Das Foto, das mich neben meiner besten Freundin zeigt, hat mein Mann in einem Park in Yangon aufgenommen. Mein Mann ist Arzt im Krankenhaus von Yangon. Yangon – früher Rangun – ist die Hauptstadt von Burma oder Myanmar, wie unser Land heute offiziell heißt. In Yangon lebe ich, und hier hat das Reiseunternehmen, für das ich arbeite, seinen Hauptsitz. Jedes Jahr führe ich viele Gruppen durch Burma, darunter viele Touristen aus Deutschland. Für mich ist es ein Traumjob! Man verdient wirklich gut. Das Wichtigste aber ist, dass man überall im Lande herumkommt. Dadurch kenne ich die wichtigsten Sehenswürdigkeiten in Burma, vor allem die vielen Orte, die mit unserer Religion, dem Buddhismus zu tun haben. Mein Mann und ich sind in der Religion fest verwurzelt. Wenn wir demnächst Kinder haben, werden auch sie im Geiste des Buddhismus aufwachsen. Die Lehre des Buddha bestimmt seit 1 000 Jahren unsere Geschichte und Kultur. So soll es auch weiterhin bleiben, weil wir spüren, wie uns der Buddhismus Kraft gibt – im Privatleben und im Beruf.

Alle Texte in diesem Kapitel stammen von Frank Usarski, sofern die Quelle nicht anders ausgewiesen ist.

Kalayani mit Freundin

Blick über den Stadtsee von Yangon auf die Shwedagon-Pagode

2/ Pagode, Chörten, Stupa

Das Wahrzeichen von Burma ist die Shwedagon-Pagode. Das ist ein riesiger, vergoldeter Kuppelbau zu Ehren des Buddha. Solche Monumente findet man in allen buddhistischen Ländern Asiens. Sie sind im jeweiligen Landesstil erbaut, weisen aber stets die gleichen Grundformen auf. Auffällig ist, dass sie alle keinen Innenraum haben. In Thailand heißt so ein Gebäude **Chedi**, im tibetischen Kulturraum **Chörten**. Verbreiteter sind die Ausdrücke **Pagode** und **Stupa**. Meist sind diese Kuppelbauten sehr bescheiden gehalten, im Unterschied zur Shwedagon-Pagode in Kalayanis Heimatstadt Yangon.

3/ Aus einem Reiseführer

Man sagt, dass sich auf der Shwedagon mehr Gold befindet als im Safe der Bank von England. Scheint doch der massive, glockenförmige Stupa eine einzige, hundert Meter hohe Schatztruhe zu sein. Innen umschließt er, laut Legende, acht Haare des letzten Buddha sowie weitere Reliquien der drei Buddhas, die vor ihm lebten. Außen ist der Stupa mit 8688 Goldplatten belegt, von denen jede einzelne nach heutigem Wert etwa 500 Euro kosten würde. Auf der Spitze befinden sich 5448 Diamanten und 2317 Rubine, Saphire und Topase. Ein riesiger Smaragd, der die ersten und letzten Sonnenstrahlen des Tages einfängt, krönt das Bauwerk. All dies ist auf einem zehn Meter hohen Schirm, der aus sieben vergoldeten Stangen besteht und an dem auch noch 1065 goldene und 420 silberne Glocken hängen, montiert. Rund um den Stupa stehen über 100 andere Bauwerke, kleine Stupas, Gebetshallen und Verwaltungsgebäude.

Wilhelm Klein (Hrsg.): Apa Guide. Burma. o. O.: Apa Publications, 1994, S. 81 ff.

Besucher zwischen den Stupas auf dem Areal der Shwedagon-Pagode

Reliquie: religiös verehrter Überrest eines Heiligen (Körperstück, Kleidungsteil o. Ä.)

4a/ Älteste Form eines Stupa (Ruine im Karakorum)

4b/ Einfacher Chörten (Himalaya)

Online-Link: 695210-0213

1. Schlagt im Atlas nach, wo Burma bzw. Myanmar (manchmal auch Birma) liegt. Besorgt euch Informationen über die jüngere Geschichte und die aktuellen politischen Verhältnisse in Burma und erstellt eine Liste mit Schlagworten, die die dortige Lage charakterisieren.

2. Der Buddhismus ist in Indien entstanden. Auf welchem Weg könnte der Buddhismus nach Burma gekommen sein? (Geschichtsatlas)

3. Kalayani spürt, dass ihr der Buddhismus im Alltag Kraft gibt 1/. Welche Bedeutung kann Religion im Allgemeinen im Leben eines Menschen haben? Auf welche Bereiche kann sie sich auswirken und wie? (vergleiche auch Kapitel 7 und 8)

4. Wie erklärst du dir die üppige Ausstattung der Shwedagon-Pagode 3/?

5. Welche Gemeinsamkeiten und Unterschiede findest du bei einem Vergleich der Shwedagon-Pagode a) mit einer christlichen Kirche und b) mit den beiden Stupa-Formen 4/?

6. Welche Aufgabe hat ein Kirchengebäude im Leben einer christlichen Gemeinde? (siehe Kapitel 8) Welche Rolle spielt wohl eine Pagode im Leben einer buddhistischen Religionsgemeinschaft?

2 Buddhisten in Deutschland

Buddhistische Lehre:
Buddhistisches Kloster, Bibliothek: Quellentexte

1/ Kalayani berichtet über ihre Erfahrungen in Deutschland

Um auch deutsche Reisegruppen durch Burma führen zu können, habe ich einen Sprachkurs in München besucht. Anfangs fühlte ich mich ziemlich einsam in Deutschland. Dann aber erfuhr ich, dass es etwa 130000 deutsche Buddhisten gibt und etwa 120000 asiatische Buddhisten in Deutschland leben. Viele haben sich in Vereinen organisiert, es gibt derzeit 56. Sie wiederum sind der Deutschen Buddhistischen Union angeschlossen.

Ich habe daraufhin, die Buddhistische Gesellschaft München aufgesucht. Im Flur hing ein großes Plakat. Abgedruckt war ein Buddhistisches Bekenntnis, dem alle Gruppen, die der Deutschen Buddhistischen Union angeschlossen sind, zustimmen. Jeder einzelne Satz sprach mir aus der Seele. Besser hätten es auch asiatische Buddhisten nicht ausdrücken können!

Der Vortrag am ersten Abend war allerdings eher an Personen gerichtet, die sich erst einmal grundsätzlich über den Buddhismus informieren wollten. Zusammengefasst ging der Vortrag auf die folgenden Punkte ein:

„Buddha" ist ein Ehrentitel und meint „der Erleuchtete". Seine Lehre beruht auf der Erkenntnis, dass alle Wesen dem ewigen Wechsel von Geburt, Tod und Wiedergeburt unterworfen sind und im tiefsten Innern darunter leiden, dass alles vergänglich ist. Nichts hat Bestand. Auf Gewinn folgt Verlust, auf die Jugend das Alter, irgendwann der Tod – immer wieder der gleiche Kreislauf! Wer dem Lebensrad verhaftet ist, dem ist dauerhaftes Glück verwehrt. Buddhisten sind ihrem Religionsstifter unendlich dankbar, weil er der Welt diese Tatsache vor Augen geführt und einen Ausweg aus dem Leiden gewiesen hat! Dem Buddha nachzufolgen ist eine große Freude, auch wenn es den Buddhisten einige Disziplin abverlangt. Das Ziel ist die endgültige Befreiung vom Leiden, – die „Erleuchtung" bzw. mit einem buddhistischen Fachbegriff bezeichnet – das Nirvana.

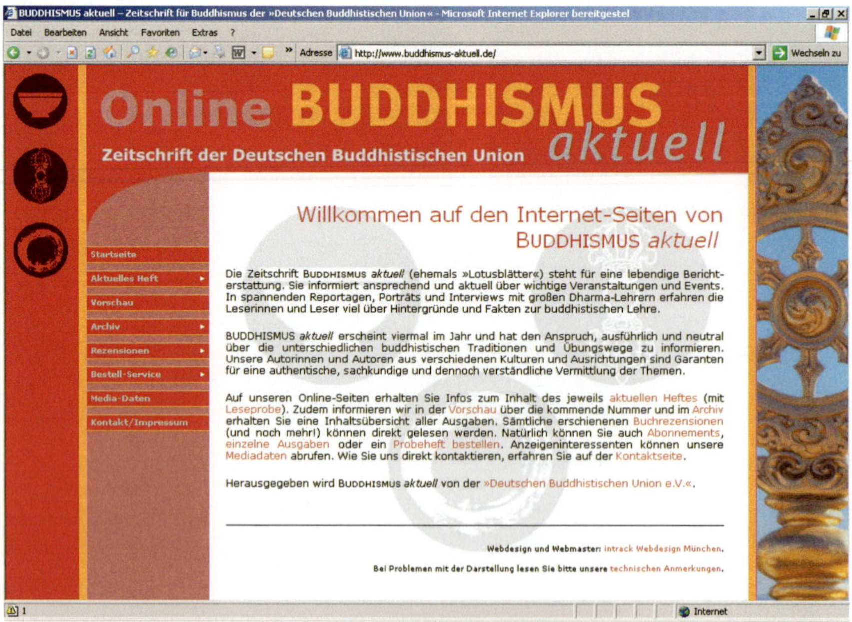

2/ Online Buddhismus aktuell – hier kann man sich über die Aktivitäten der Deutschen Buddhistischen Union und zu vielen Themen des Buddhismus allgemein informieren.

3/ Buddhistisches Bekenntnis

Ich bekenne mich zum Buddha, meinem unübertroffenen Lehrer.
Er hat die Vollkommenheiten verwirklicht und ist aus eigener Kraft den Weg zur Befreiung und Erleuchtung gegangen. Aus dieser Erfahrung hat er die Lehre dargelegt, damit auch wir endgültig frei von Leid werden.

Ich bekenne mich zum Dharma, der Lehre des Buddha.
Sie ist klar, zeitlos und lädt alle ein, sie zu prüfen, sie anzuwenden und zu verwirklichen.

Ich bekenne mich zum Sangha,
der Gemeinschaft derer, die den Weg des Buddha gehen und die verschiedenen Stufen der inneren Erfahrung und des Erwachens verwirklichen.

Ich habe festes Vertrauen zu den vier edlen Wahrheiten:
Das Leben im Daseinskreislauf ist letztlich leidvoll.
Ursachen des Leidens sind Gier, Hass und Verblendung.
Erlöschen die Ursachen, erlischt das Leiden.
Zum Erlöschen des Leidens führt der Edle Achtfache Pfad.

Ich habe festes Vertrauen in die Lehre des Buddha:
Alles Bedingte ist unbeständig.
Alles Bedingte ist leidvoll.
Alles ist ohne eigenständiges Selbst.
Nirvana ist Frieden.

Ich bekenne mich zur Einheit aller Buddhisten
und begegne allen Mitgliedern dieser Gemeinschaft mit Achtung und Offenheit. Wir folgen dem Buddha, unserem gemeinsamen Lehrer, und sind bestrebt, seine Lehre zu verwirklichen. Ethisches Verhalten, Sammlung und Weisheit führen zur Befreiung und Erleuchtung.

Ich übe mich darin, keine Lebewesen zu töten oder zu verletzen, Nichtgegebenes nicht zu nehmen, keine unheilsamen sexuellen Handlungen zu begehen, nicht unwahr oder unheilsam zu reden, mir nicht durch berauschende Mittel das Bewusstsein zu trüben.

Zu allen Lebewesen will ich unbegrenzte Liebe, Mitgefühl, Mitfreude und Gleichmut entfalten, im Wissen um das Streben aller Lebewesen nach Glück.

Deutsche Buddhistische Union e.V.

Lest Text 1/ und beantwortet die Fragen 1–5:

1. Was verstehst du unter dem Begriff „Bekenntnis"? Welche Bedeutung hat ein religiöses Bekenntnis für Angehörige einer Religionsgemeinschaft? (vergleiche auch Kapitel 8)
2. Was verstehst du unter dem Begriff „Wiedergeburt"? Welche Auffassung vom Leben und Sterben ist demgegenüber in Europa verbreitet?
3. Der Buddhismus verwendet das Bild des „Lebensrades" (vergleiche die Abbildung auf S. 222). Welches Bild könnte der in Europa verbreiteten Auffassung vom Leben und Sterben entsprechen?
4. Was heißt es aus buddhistischer Sicht für die Lebewesen, in den Kreislauf der Wiedergeburten verstrickt zu sein? Was verdanken die Buddhisten ihrem Religionsstifter in diesem Zusammenhang?
5. Welche Vorstellung verbindest du mit dem Begriff „Erleuchtung"?
6. Gib mit deinen Worten wieder, wozu sich ein deutscher Buddhist bekennt 3/ und was seine Religion von ihm fordert.
7. Ein viel kürzeres buddhistisches Bekenntnis geht bis in die Anfänge des Buddhismus zurück. Es lautet: „Ich nehme meine Zuflucht beim Buddha. Ich nehme meine Zuflucht in der Lehre. Ich nehme meine Zuflucht in der Gemeinde."
Welche Stellen des Bekenntnisses der deutschen Buddhisten greifen die dreifache „Zufluchtsformel" auf? Was könnte mit dem Begriff „Zuflucht" gemeint sein? Welche Begriffe innerhalb des Bekenntnisses der deutschen Buddhisten könnten Ähnliches ausdrücken?

3 Der Buddhismus – eine Weltreligion

Dalai Lama:
Fahrstuhl in die Geschichte: Die Flucht des Dalai Lama aus Tibet

1/ Buddhismus in der Region des Himalaya

Es ist mein größter Wunsch, einmal mit meinem Mann im Himalaya Urlaub zu machen. Leider fehlt uns im Moment das Geld für eine solche Reise. Wenn mich mal wieder das Fernweh packt, nehme ich mein Briefmarkenalbum vor und betrachte meine Lieblingsmarken. Sie stammen aus Bhutan, einem kleinen abgeschlossenen Königreich im Himalaya. Ich mag die Briefmarken, weil sie zeigen, wie religiös die Bhutanesen sind. Auch die Menschen in anderen Ländern der Himalayaregion nehmen den Buddhismus sehr ernst. Vielleicht habt ihr schon einmal vom Dalai Lama, dem religiösen Oberhaupt der Tibeter gehört. Er ist eine international angesehene Persönlichkeit, erhielt 1989 den Friedensnobelpreis und besucht im Juli 2007 Deutschland zum vierten Mal.

2/ Briefmarken aus Bhutan

3/ Für den Dalai Lama reservierter Platz in einem tibetischen Kloster

4/ Anhänger in aller Welt

Der Buddhismus ist eine „Weltreligion". Er wendet sich nicht nur an alle Menschen, sondern hat auch in fast allen Teilen der Welt Anhänger gefunden. Aus seinem Ursprungsland Indien wurde seine Lehre im Laufe der Geschichte verdrängt. Schon früh gelangte der Buddhismus in alle Nachbarländer Indiens. Zwar ist er in den westlich von Indien gelegenen Gebieten und in großen Teilen Zentralasiens infolge der Ausbreitung des Islam wieder erloschen, doch hat er bei den Tibetern, in großen Teilen Ostasiens bis nach Japan und Korea, im nördlichen Asien bei mongolischen Völkern, in mehreren Ländern Südostasiens und auf der Insel Sri Lanka eine dauernde Heimstätte gefunden. Der Buddhismus ist Weltreligion auch in dem Sinne, dass er sich verschiedenen Gesellschaftsordnungen anzupassen vermochte. So finden wir ihn heute in einer modernen Industriegesellschaft wie in Japan ebenso wie in den bäuerlichen Gesellschaften Südostasiens. Auch ist seine Missionskraft heute keineswegs erlahmt. Schon um die Jahrhundertwende fand er Anhänger in Europa und Nordamerika.

Richard Gombrich (Hrsg.): Der Buddhismus. Geschichte und Gegenwart. München: C.H. Beck, 1989, S. 9

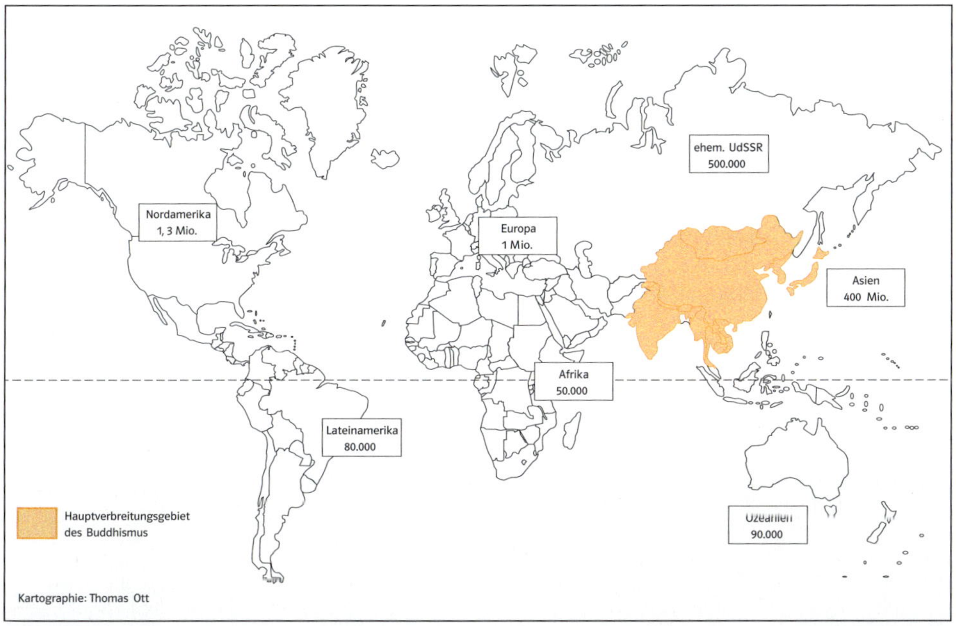

5/ Buddhismus als Weltreligion – Genaue Zahlen lassen sich nicht ermitteln, geschätzt werden weltweit 350 bis 500 Millionen Anhänger.

1. Nimm einen Atlas zur Hand und erstelle eine Liste der Länder, die zur Himalayaregion gehören 1/.
2. In welchem indischen Bundesstaat liegt Dharamsala, Sitz der tibetischen Exilregierung und des Exilklosters des Dalai Lama? Erkundet, warum der Dalai Lama im Exil lebt und welche Ziele und Ideen er verfolgt. 1/, 3/
3. Besorgt euch einen internationalen Briefmarkenkatalog. Sucht darin nach Briefmarken mit religiösen Inhalten und vergleicht diese mit den abgebildeten bhutanesischen Marken 2/.
4. Welche Merkmale einer „Weltreligion" werden im Text 4/ angegeben? Nenne andere Weltreligionen.
5. Kennst du Religionen, die nicht als „Weltreligionen" eingestuft werden können? Welche? (vergleiche auch Kapitel 10) Worin unterscheiden sie sich von einer „Weltreligion"? Welche Überbegriffe könnten auf sie zutreffen?

Online-Link:
695210-0217

4 Der Kreislauf der Wiedergeburten

1/ Kalayani über einen anderen Umgang mit der Zeit

Es ist immer wieder ein interessantes Erlebnis, ausländische Reisende in Burma zu begleiten. Woran ich mich allerdings wohl nie gewöhnen werde, ist das Tempo, das europäische Touristen hier und da an den Tag legen. Kann es sein, dass die westliche Vorstellung, dass jedes Lebewesen nur ein einziges Mal zur Welt kommt, irgendwie auch die Einstellung beeinflusst, mit der viele europäische Menschen reisen? Manchmal denke ich, sie stehen deshalb ganz tief im Inneren irgendwie unter Druck.

Wir Burmesen sind da anders. Ihr wisst bereits, dass Buddhisten daran glauben, dass die Welt als Ganzes einen riesigen Kreislauf des Werdens und Vergehens durchläuft. Zwar sehnen wir uns nach Frieden außerhalb dieses ermüdenden Kreislaufes. Deshalb ist aber im Alltag noch längst keine Eile geboten. Vielmehr gehen Buddhisten mit Zeit im Allgemeinen eher großzügig um.

2/ Wie lang ist ein Weltalter?

„Wie lang, Herr, ist ein Weltalter?“, fragte ein Mönch den Buddha. „Ein Weltalter ist lang, o Mönch! Es ist nicht leicht zu zählen; so und so viele Jahre sind es oder so und so viele Jahrtausende oder so und so viele Jahrhunderttausende.“ – „Kann man aber ein Gleichnis dafür geben, Herr?“ – „Das kann man, o Mönch!“, sprach der Erhabene. „Wenn da ein mächtiger Felsberg wäre, o Mönch, einen Kilometer lang, einen Kilometer breit und einen Kilometer hoch, ohne Spalt, ohne Höhle, eine einzige feste Masse, und es käme immer nach einem Jahrhundert ein Mann und wischte immer ein einziges Mal mit einem Tuch aus feinem Stoff um ihn herum: Eher würde, o Mönch, dieser mächtige Felsberg dadurch aufgerieben werden, als dass das Weltalter abliefe. So lang ist das Weltalter, o Mönch. Von so langen Weltaltern, o Mönch, hat sich durch viele, und durch viele Hunderte, und durch viele Tausende und durch viele Hunderttausende die Wanderung der Wesen bewegt.“

Reden des Buddha. Lehre, Verse, Erzählungen. Übers. u. eingel. v. Hermann Oldenberg. München: Kurt Wolff Verlag, 1922, S. 155

3/ Symbolische Darstellung des Weltenverlaufs (Bhutan)

4/ Auf beiden Bildern ist das Denkmal der vier Buddhas in Burma zu sehen (jeweils aus einer anderen Perspektive).

5/ Großvater ist tot

Sugath konnte kaum Schritt halten, so rasch trugen die Männer den Sarg zum Friedhof. Einer der erwachsenen Söhne seines Onkels ging zwei Schritte voran. Hinter dem Sarg folgte die Trauergemeinde, erst die Männer, dann die Frauen und Kinder. Sugath ging mit den Männern. Er musste an die Gespräche denken, die er mit seinem Großvater geführt hatte, auch an das Gespräch über die Wiedergeburt. Jetzt war Großvater tot. Wusste er davon? War er schon ein anderes Wesen?

Sie kamen durchs Dorf und an einem Gasthaus vorbei. Es hatte ein kleines Vordach aus Ziegeln. Darüber war eine große Tafel angebracht mit singhalesischer und englischer Inschrift: „Hotel Paradies. Mittag- und Abendessen." Sugath musste lächeln. Ob Großvater wieder ein Mensch wird? Sicherlich kein böser Geist. Viele Menschen fürchten sich vor diesen schlotternden Gespenstern, die an Hunger und Durst leiden müssen. Aber das geschah nur mit Menschen, die nach Besitz gierten und sich an das Leben klammerten. So ein zerlumptes, stinkendes Gespenst würde Großvater nicht werden. Was hatte er damals gesagt? „Wenn ich sterbe, muss der Geist ausziehen, der in mir wohnt. Er muss einen neuen Körper finden. Der Geist ist wie ein Lied. Das Lied braucht ein Instrument, um zu erklingen."

Kurt Bernhard Schmaltz: Der Kindermönch. Würzburg: Arena Verlag, 1983, S. 193 f.

Sterben und Tod:
Buddhistischer Friedhof; Bibliothek (Quellentexte)

1. Welchen Zusammenhang sieht Kalayani zwischen dem Reisetempo europäischer Touristen und der Vorstellung vom Leben und Sterben 1/? Könnte Kalayani Recht haben? Begründe deine Ansicht.

2. Schreibe einen einzigen Satz auf, der die zentrale Aussage des buddhistischen Gleichnisses 2/ „auf den Punkt bringt". Welche Erklärung liefert das Gleichnis dafür, dass asiatische Buddhisten mit Zeit oft großzügiger umgehen als Europäer?

3. Nenne Unterschiede und Übereinstimmungen zwischen den Buddhas auf den beiden Bildern 4/. Was hat sich der Erbauer des Denkmals wohl dabei gedacht? Welchen Zweck erfüllen solche Darstellungen?

4. Drücke mit eigenen Worten aus, was der Großvater Sugath mit dem Gleichnis vom Instrument und dem Lied sagen wollte 5/. Warum glaubt Sugath wohl, dass sein verstorbener Großvater nicht als Hungergeist wiedergeboren wird? Was könnte in einem deutschen Jungen oder Mädchen bei der Beerdigung der/des Großmutter/Großvaters vorgehen?

5 Das Karmagesetz

1/ In der Mai-La-Mu-Pagode in Yangon hängt dieses Gemälde, das eine Szene aus einem Vorleben des Buddha Siddhartha Gautama zeigt. Das Bild veranschaulicht zugleich die Lehre vom Karma. Diese besagt, dass die Gegenwart das Ergebnis unserer vergangenen Handlungen und Gedanken ist. Für unsere momentanen Lebensbedingungen sind wir also selbst verantwortlich, wie dafür, was aus uns in zukünftigen Existenzen wird.

2/ Die Geschichte zum Gemälde

Vor vielen Weltaltern, zur Zeit des Buddha Dîpankara wurde das Wesen, das viele Weltalter später als Siddhartha Gautama selber die Buddhaschaft erlangen sollte, als Sumedha in einer hochstehenden indischen Familie geboren. Sumedha entwickelte sich zu einem religiösen Sucher, verschenkte all seinen Besitz und zog sich zurück, um in der Abgeschiedenheit zu meditieren. Eines Tages kamen fremde Leute vorbei. Ihre Gesichter strahlten vor Glück und sie riefen Sumedha zu: „Wir haben den Buddha dieses Weltalters Dîpankara eingeladen, uns zu predigen. Jetzt wollen wir ihm den Weg bereiten und ihn würdig empfangen." Sumedha dachte: „Jetzt ist die Zeit gekommen, gute Saat zu legen für zukünftige Leben", und schloss sich dem Zug an. Kaum war der Weg bereitet, da näherte sich Dîpankara mit einer riesigen Anhängerschar. Das Volk begrüßte den mächtigen Weisen mit Freudenrufen und Trommelschlägen. In diesem Moment entdeckte Dîpankara eine Schlammpfütze auf dem Weg. „Wenn ich nur den Schmutz von ihm fernhalten könnte", dachte Sumedha, „so wäre mir großer Verdienst in späteren Leben sicher!" Er legte sich mit dem Gesicht nach unten in den Schlamm und rief: „Mögen der Buddha und all seine Jünger über mich schreiten!" Während →

predigen: das Halten einer Ansprache durch einen Geistlichen über religiöse Inhalte

Sumedha so am Boden lag, schoss es ihm durch den Kopf: „Vielleicht verhilft mir diese gute Tat ja zur sofortigen Erleuchtung!" „Aber kann es mich denn wirklich freuen", so überlegte Sumedha weiter, „für mich allein die Erleuchtung zu erlangen? Ich will lieber selber ein Buddha werden, um auch anderen leidenden Wesen den Weg zum Heil weisen zu können!"

Genau in diesem Moment näherte sich Dîpankara, hielt vor dem auf dem Boden liegenden Sumedha inne und rief aus: „Dieser fromme Asket, der erst an andere leidende Wesen und dann an sich denkt, wird einst selber ein Buddha werden und das Rad der Lehre in der Welt drehen, so wie ich es heute tue!"

Robert Allen Mitchell: Buddha, Prinz, Asket, Erleuchteter. Übers. v. Ingrid Hampel. München: Kösel, 1992, S. 18 f.

Asket: enthaltsam lebender Mensch

3/ Die buddhistische Fabel vom Rebhuhn

Ein Vogelfänger hatte ein gefangenes Rebhuhn dressiert und benutzte es nun als Lockvogel. Stieß das Rebhuhn einen Schrei aus, so kamen andere Rebhühner herbei und gingen dem Vogelfänger ins Netz. Da dachte das Rebhuhn: „Viele meiner Verwandten gehen durch mich zugrunde. Ich handle böse", und es beschloss, nie wieder einen Laut von sich zu geben. Der Jäger aber schlug dem Rebhuhn auf den Kopf, so dass dieses vor Schmerzen aufschrie. Und wieder kamen andere Rebhühner herbei und liefen in die Falle. Das Rebhuhn hatte furchtbare Schuldgefühle. „Würde ich nicht schreien, so könnte der Jäger keine anderen Rebhühner fangen und sie töten", dachte das Rebhuhn bei sich. Eines Tages kam der Jäger an der Hütte eines Weisen vorbei. Er stellte den Korb mit dem Lockvogel ab, um am nahe gelegenen Bach seinen Durst zu stillen. Da dachte das Rebhuhn: „Ich werde diesem Asketen von meinen Sorgen erzählen!" Und aus seinem Käfig heraus rief es dem Weisen, der gerade aus seiner Hütte kam, zu: „Recht sorglos lebe ich fürwahr, das Essen geht mir niemals aus. Doch quält der Zweifel mich gar sehr. Was wird mit mir in Zukunft sein?"

Der Weise antwortete: „Wenn du in deinem Herzen nicht zu bösen Taten bist geneigt, dann haftet dir kein Böses an, denn du willst ja nichts Böses tun. Die böse Tat geht nicht auf dich, denn deine Absicht war nicht schlecht. Dem Guten, der nicht schaden will, haftet die Böstat auch nicht an."

Johannes von Mehlig (Hrsg.): Buddhistische Märchen. Leipzig: Insel, 1982, S. 122 f.

1. Worin besteht die Lehre vom Karma 1/, 2/? Was haben das Gemälde und die dazugehörige Geschichte mit dem Karmagesetz zu tun?

2. Wie ist es aus Sicht der Karmalehre zu erklären, dass Dîpankara Sumedha erst in dem Moment zu einem zukünftigen Buddha ausruft, als der vor ihm liegende Asket nicht nur an seine eigene Erleuchtung, sondern zuerst an das Heil anderer denkt 2/?

3. In der Fabel 3/ ist eine wichtige Information über das Karmagesetz enthalten. Welche? Was macht dem Rebhuhn am meisten zu schaffen? Welcher Punkt in der Antwort des Weisen beruhigt das Rebhuhn schließlich?

4. In einer Ausgabe der deutsch-buddhistischen Vereinszeitschrift „Der Mittlere Weg" war folgende Kleinanzeige abgedruckt:

Buddhist für Gespräche gesucht!
Ein in der Justizvollzugsanstalt einsitzender Buddhist sucht Kontakt und Gespräche mit Buddhisten.
Bitte im Verein melden!

Überlegt euch mögliche Gesprächsthemen, die der Gefangene – der an das Karmagesetz glaubt – gern besprechen möchte. Wie könnte man ihm Mut zusprechen?

Karma:
Bibliothek; Buddhistisches Wohnhaus, Familie Tsering, Wohnzimmer und Arbeitszimmer; Buddhistisches Kloster

6 Das Rad des Lebens

1/ Kalayani erklärt das Rad des Leben

An jede Eingangstür zu buddhistischen Tempeln ist das Lebensrad gemalt. Groß, nicht zu übersehen, prangt es meistens an der Tempelwand, so wie ihr es hier unten sehen könnt. Eine ständige Mahnung an den Kreislauf zwischen Geburt, Tod und Wiedergeburt. In ihm sind alle Lebewesen gefangen – der Gott des Todes, Yama, hält es fest umklammert zwischen seinen Händen und Zähnen. Es ist ein großes Symbol für die Vergänglichkeit aller Dinge … und soll alle Tempelbesucher daran erinnern, ihre Zeit nicht mit Belanglosigkeiten zu vertun. Aus Unwissenheit halten wir das Lebensrad in Bewegung, fühlen uns ständig allen möglichen Bedrohungen hilflos ausgeliefert und erkennen weder den Mechanismus noch unseren eigenen Anteil daran.

Kalayani in den „Mund gelegt" nach Dagyab Kyabgon Rinpoche

Rad des Lebens: Buddhistisches Wohnhaus, Familie Tsering, Wohnzimmer (spielende Jungen)

2/ Buddha unterschied sechs Wiedergeburtsbereiche

Die **Welt der Götter,** deren Bewohner ein angenehmes Leben haben, aber anschließend in niedere Bereiche fallen. Die **Welt der Halbgötter**, denen es eigentlich an nichts mangelt, die sich aber durch Neid und Eifersucht das Leben vergiften. Die **Menschenwelt,** die die besten Erlösungsmöglichkeiten bietet, da Leiden und Freuden in ausgewogenem Verhältnis erfahren werden können. Die **Welt der Tiere,** deren Geisteszustand von Dumpfheit und Dummheit geprägt ist. Die **Welt der Hungergeister** (Pretas), die sich trotz dargebotener Getränke und Speisen nicht ernähren können, und die immer unzufrieden sind. Die **Welt der Höllenwesen,** die ohne Unterbrechung das Leiden von Angriff, Vernichtung oder Zerstörung ihrer Körper sowie extreme Hitze oder Kälte erfahren.

Mandala: Buddhismus Heute, Nr. 4, Mai 1996, S. 21

Symbol

Das Wort stammt von *symbolum* (lat.) = das (Kenn-)Zeichen. Es wird im Allgemeinen für Zeichen verwendet, die mit einer bestimmten Bedeutung verknüpft sind (Beispiel: Verkehrszeichen).
In der Religion werden wichtige Kerngedanken in Symbolen ausgedrückt.

3/ Der Buddha belehrte seine Anhänger

„Es gibt, ihr Mönche, die schwarze Tat, die schwarze Früchte trägt; es gibt, ihr Mönche, die weiße Tat, die weiße Früchte trägt. Und was für eine Tat, ihr Mönche, ist die schwarze Tat, die schwarze Früchte trägt? Jemand handelt schlecht, redet schlecht, denkt schlecht. Deshalb wird er in einer Hölle wiedergeboren und muss dort in tiefem Leid ein Leben verbringen. Und was für eine Tat, ihr Mönche, ist die weiße Tat, die weiße Früchte trägt? Jemand handelt gut, redet gut, denkt gut. Deshalb wird er in der Region der Gottheiten wiedergeboren und kann dort in höchster Freude ohne Leid ein Leben verbringen."

Moritz Winternitz: Der Mahayana-Buddhismus nach Sanskrit und Praktiktexten. Tübingen: Mohr, 1930, S. 99

4/ Bei anderer Gelegenheit sprach der Buddha

„Wer an etwas hängt, hat Unruhe; wer an nichts hängt, hat keine Unruhe; wo keine Unruhe ist, ist Ruhe; wo Ruhe ist, da ist keine sinnliche Empfindung. Wo keine sinnliche Empfindung ist, da gibt es kein Kommen und Gehen; wo kein Kommen und Gehen ist, da gibt es kein Entstehen und Vergehen; wo es kein Entstehen und Vergehen gibt, da ist weder diese noch jene Welt: Dies ist das Ende des Leidens."

Kurt Schmidt: Worte des Erwachten. Vom Leben Buddhas und vom Achtfachen Pfad. München: Barth, 1951, S. 21 ff., 65 f., 112 ff., 176

1. Beschreibe, wie Yama, der Gott des Todes, in der Zeichnung 1/ dargestellt ist.
2. Was befindet sich außerdem außerhalb des Lebensrades im engeren Sinne? Was wollte der Zeichner damit ausdrücken?
3. Das Lebensrad ist ein wichtiges Symbol im Buddhismus. Nenne zum Vergleich wichtige Symbole anderer Religionen. (Kapitel 7 und 8)
4. Wo innerhalb des Lebensrades sind die verschiedenen Welten angesiedelt? Ordnet jede der im Text 2/ genannten Welten dem passenden Ausschnitt in der Zeichnung 1/ zu. Was zeichnet die Menschenwelt vor allen anderen Welten aus?
5. Auf welche Lehre des Buddhismus spielt der Text 3/ an? Wie hat der Zeichner des Lebensrades 1/ den Inhalt dieses Textes künstlerisch umgesetzt?
6. Welche Aussagen des Textes 4/ kannst du mit eigenen Erfahrungen belegen?
7. Wie kommt die buddhistische Idee, dass es ein „Ende des Leidens" gibt, in der Zeichnung 1/ zum Ausdruck?

7 Siddhartha Gautama – Kindheit und Jugend

1/ Kalayani berichtet, was sie weiß

Als bislang letzter Buddha ist uns Siddhartha Gautama geschichtlich am nächsten. Mit den Legenden von seiner Geburt, seiner Jugend, seiner Erleuchtung und seinem Wirken als Religionsstifter sind wir aufgewachsen

Die Lebensdaten des Siddhartha Gautama sind umstritten. In vielen Büchern wird die Zeit von ca. 560 bis 460 vor unserer Zeitrechnung angenommen. Andere Autoren favorisieren das vierte Jahrhundert vor unserer Zeitrechnung.

Der Legende nach wurde Siddhartha Gautama als Sohn eines Königs geboren. Außerdem wird Folgendes erzählt:

„In der Nähe des Heimatortes des Siddhartha Gautama lebte unter den vielen heiligen Männern der alte Asket Asita. Als er hörte, dass der König nun einen kleinen Sohn hatte, kam er, um das Kind zu sehen. Als ihm das Kind gezeigt wurde, setzte sich der alte Mann schweigend nieder und lächelte glücklich in sich hinein. Doch dann begann er zu weinen. ‚Ist etwas Schlimmes, siehst du Unheil auf meinen Sohn zukommen?', fragte der König bestürzt. ‚Ich weine', sagte der Asket, ‚weil ich daran denke, dass ich jetzt so alt bin und bald sterben muss, so dass ich es nicht mehr erleben werde, deinen Sohn als den großen Heilslehrer zu sehen, der er – das weiß ich – eines Tages sein wird. Deshalb muss ich weinen.'"

Silacara: Die Geburt. In: Monika und Udo Tworuschka: Vorlesebuch Fremde Religionen, a. a. O., S. 19

2/ Kopf des Siddhartha Gautama: Im Bild wird er oft mit übergroßen Ohrläppchen dargestellt, in Erinnerung an seine adlige Herkunft und das Tragen von schwerem Ohrschmuck.

Siddharta Gautama: Fahrstuhl in die Geschichte: Aus dem Leben des Siddharta Gautama; Bibliothek (Quellentexte)

3/ Aus der Geburtslegende

Kaum war Siddhartha Gautama geboren, da stand er schon mit beiden Füßen auf dem Boden. Sofort spaltete sich die Erde und eine große Lotusblüte kam zum Vorschein. Und zwei Schlangenkönige, Nanda und Upananda, zeigten sich mit halbem Körper in der Luft, brachten zwei Wasserströme hervor, einen kalten und einen warmen, und badeten den zukünftigen Buddha. Auch Indra, Brahman, die Welthüter und alle anderen hunderttausend Götter wuschen mit verschiedenen wohlriechenden Wassern den eben geborenen Siddhartha Gautama und überstreuten ihn mit frischen Blumen.

Der zukünftige Buddha aber blickte, auf dem großen Lotus stehend, in alle vier Himmelsgegenden und überschaute sie mit dem Blick des Löwen, mit dem Blick des großen Mannes.

Hans-Joachim Klimkeit: Der Buddha: Leben und Lehre. Stuttgart, Berlin: Kohlhammer, 1990, S. 205

4/ Eine Gruppe indischer Schlangengottheiten

5/ Buddha erzählt seinen Mönchen von seiner Jugend

„Ich war zart, o Mönche, außerordentlich zart. Um meines Vaters Haus waren Lotusteiche angelegt, einer mit blauen Lotussen, ein anderer mit roten, ein anderer mit weißen, alles um meinetwillen. Ich genoss den Duft der teuersten Sandelholzräucherstäbchen, meine Kleidung war aus dem teuersten Stoff hergestellt. Tag und Nacht wurde ein weißer Ehrenschirm über mich gehalten, so dass weder Hitze noch Kälte, weder Staub noch Tau mich berührten. Ich hatte drei Paläste, einen für die kalte Jahreszeit, einen für die heiße, einen für die Regenzeit. In den Regenmonaten verblieb ich im Palast, von Musikantinnen unterhalten. Und so wie in den Behausungen anderer reicher Familien den Sklaven und Dienern Speisen aus den Hülsen des Reises gereicht werden, zusammen mit saurem Haferschleim, so wurde den Sklaven und Dienern in meines Vaters Haus voller Reis und Fleisch gereicht."

Hans-Joachim Klimkeit, a. a. O., S. 298

1. Was erwarten Buddhisten wohl von einem Heilslehrer 1/?

2. Welche Unterschiede könnten zwischen einem Asketen, einem heiligen Mann und einem Heilslehrer bestehen 1/?

3. Wisst ihr, in welche Verhältnisse Jesus, der Stifter des Christentums, hineingeboren wurde? Beschreibe die Unterschiede.

4. Wie stellst du dir die in 3/ beschriebene Szene vor? Male die Geburtslegende. Achte darauf, dass dein Bild jede Einzelheit der Geburtslegende wiedergibt. Lass dich zum Beispiel dadurch anregen, dass du in einem Pflanzenbuch nachschlägst, wie eine Lotusblume aussieht. Nutze auch Abbildung 4/.

5. Worauf könnten die Architekten des Königs beim Entwurf der drei Paläste besonderen Wert gelegt haben 5/?

6. Inwiefern unterschied sich die Haushaltsführung in der Familie des Siddhartha Gautama von der anderer reicher Familien 5/?

7. Zeige anhand von Beispielen auf, was heutzutage Luxus bedeutet.

8. Warum wohl erzählt der Buddha seinen Mönchen in solchen Einzelheiten von seiner Jugend?

8 Siddhartha Gautama – die vier Ausfahrten

1/ Gemälde eines asiatischen Königspalastes

2/ Heimliche Ausflüge

Siddhartha Gautama wuchs unter der Obhut des Vaters auf, der in seinem Sohn einen Nachfolger für das Amt des Königs sah. Wie es der Weise Asita prophezeit hatte, ließ der Junge jedoch schon früh religiöse Neigungen erkennen. Der König sah das mit Sorge und tat alles, um den Sohn von tiefsinnigen Gedanken abzubringen. Er überhäufte Siddhartha Gautama mit Luxus und hielt aus dem Palast alles fern, was an Leid und Kummer erinnerte.

Aber Siddhartha Gautamas innerer Drang nach geistiger Vollendung war so groß, dass er sich in Begleitung eines treuen Dieners schließlich in vier Nächten hintereinander heimlich in die Stadt außerhalb des wohl behüteten Palastbezirkes aufmachte.

Bisher war Siddhartha Gautama selber noch nie krank. Er war bei den Hofdamen beliebt, ein vortrefflicher Bogenschütze und stets von schönen, gesunden, wohlgelaunten Menschen umgeben gewesen. Draußen aber wartete das „wirkliche" Leben. Entsetzen packt Siddhartha Gautama nach der Begegnung mit einem aschfahlen, erbärmlich wirkenden Kranken in der ersten Nacht. Abscheu empfindet er beim Anblick eines runzligen, buckligen, uralten Mannes in der zweiten Nacht. Als er während der dritten nächtlichen Ausfahrt schließlich Zeuge eines Leichenzuges wird, gerät er völlig aus dem Gleichgewicht.

Angesichts dieser erschreckenden Begegnungen fragt sich der völlig verzweifelte Siddhartha Gautama, wie er jemals Frieden finden kann. Gibt es denn keinen Ausweg aus dem unerbittlichen Kreislauf von Geburt, Verfall, Schmerz, Trauer, Tod?

3/ Begegnung mit einem ausgemergelten Kranken, Holzstatue in einem burmesischen Tempel

4/ Das entscheidende Erlebnis

Hätte es nach den ersten drei niederschmetternden Ausfahrten nicht noch eine weitere heimliche Begegnung mit einem Wandermönch gegeben, wäre aus Siddhartha Gautama kein Buddha geworden. So aber kam es für den verzweifelten Prinzensohn in der vierten Nacht zu einer hoffnungsvollen Wende. Grund dafür war der überwältigende Eindruck, den ein einsamer Asket auf Siddhartha Gautama machte.

So wie dieser Mann, der Familie und Haus verlassen, allen Besitz aufgegeben und sich sozusagen aus der Gesellschaft verabschiedet hatte, wollte auch Siddhartha Gautama werden. Ein so einfaches, karges Leben wie der Asket mit seiner schwer beschreibbaren Ausstrahlung wollte er von nun an führen, voller Entbehrungen zwar, aber dafür nur noch ausgerichtet auf das eine und von nun an wichtigste Ziel: für immer frei zu werden vom Leiden, das ihm in den drei vorausgehenden Nächten so schmerzlich vor Augen geführt worden war; aussteigen aus dem Kreislauf von Geburt, Leiden, Schmerz, Trauer, Tod, Wiedergeburt; vollendete Ruhe finden!

Mit diesen Gedanken und fest entschlossen zu einem radikalen Bruch mit seinem bisherigen Dasein, kehrte Siddhartha Gautama in den Palast mit seinen schlafenden Bewohnern zurück. Er brauchte ja nun nichts mehr, konnte den Luxus leichten Herzens zurücklassen. Schwer fiel ihm dagegen der Abschied von seiner schlafenden Frau und dem gerade geborenen Sohn. Ein letzter Blick auf die beiden geliebten Menschen, denen es im Palast auch ohne ihn an nichts mangeln würde.

Alles streifte Siddhartha Gautama von sich ab, jedweden Besitz, alle Bindungen. Die Hoffnungen seines königlichen Vaters, in ihm einen würdigen Nachfolger zu finden, hatten sich für immer zerschlagen. Schon morgen früh, nachdem sich Siddhartha Gautama den Kopf kahl geschoren und er die reichen Kleider gegen das einfache Gewand eines Bettelmönchs getauscht haben sollte, würde ihn niemand mehr erkennen.

5/ Begegnung mit einem Wandermönch

1. Beschreibt mit euren Worten, was Siddhartha Gautama während seiner heimlichen Ausfahrten erkennt 2/.

2. Was will die buddhistische Erzählung zum Ausdruck bringen, wenn sie Siddhartha Gautama bei seinen Ausfahrten auf einen Kranken, Alten und Toten treffen lässt? Gibt es etwas, was das Schicksal des Kranken, des Alten und des Toten verhindert? 2/

3. Was ist es genau, was dem werdenden Buddha einen Schock versetzt, und warum erfährt er diesen Schock mit solcher Heftigkeit 1/, 2/? Bedenke auch, was er über sein Leben im Hause seines Vaters berichtet. (vergleiche S. 225, Text 5/)

4. Worin unterscheidet sich die vierte Ausfahrt von den drei vorangegangenen 4/? Warum war Siddhartha Gautama von dem einsamen Asketen wohl so fasziniert 5/?

5. Stellt in einem Rollenspiel dar, wie Siddhartha Gautamas Frau, der König und der Diener, der Siddhartha Gautama bei seinen Ausfahrten begleitet hat, auf die Nachricht reagieren, der Prinz habe für immer auf den Luxus und die zukünftige Königswürde verzichtet, um sich von nun an als Asket der religiösen Suche zu widmen.

6. Zeige anhand von Beispielen auf, was Askese bedeutet.

9 Suche und Erleuchtung

Meditation im Zen-Buddhismus:
Buddhistisches Wohnhaus, Familie Yamagachi, Kinderzimmer

Meditation im tibetischen Buddhismus:
Buddhistisches Wohnhaus, Familie Tsering, Arbeitszimmer

Meditation allgemein:
Buddhistisches Kloster

1/ Fasten und Meditieren

In Burma sagt man: Überspannst du die Saite eines Instrumentes, dann zerreißt sie. Ist sie zu schlaff, klingt sie dumpf und hohl! Wir leiten daraus ab: Willst du ein Ziel erreichen, musst du Extreme vermeiden! Sei nicht übereifrig, sonst verrennst du dich! Genau das musste auch Siddhartha Gautama erfahren, als er sich einer Gruppe von fünf Asketen anschloss, um sich jahrelang in der Einsamkeit dem radikalen Fasten und der intensiven Meditation hinzugeben. Buddha selbst berichtet über diese Zeit:

„Ich presste die Zähne aneinander, legte die Zunge an den Gaumen und unterdrückte das Denken. Dann hemmte ich das Ein- und Ausatmen durch Mund und Nase; in den Ohren aber erhob sich ein ungeheures Sausen durch die herausströmende Luft. Dann hemmte ich das Ein- und Ausatmen durch Mund, Nase und Ohren, dabei stieß die Luft mit ungeheurer Wucht so gegen meinen Schädel, als wenn ein starker Mann mit einem Schwert den Schädel anbohrte. Gewaltige Schmerzen wühlten in meinem Bauch, der ganze Körper schien mir zu brennen. Ich nahm fast keine Nahrung zu mir und magerte bis auf die Knochen ab. Ich wusste: Dies ist das Äußerste an qualvoller Askese, das jemals Asketen erreicht haben oder in Zukunft erreichen werden. Und doch gelangte ich mit dieser qualvollen Kasteiung nicht zur vollen edlen Erkenntnis und Einsicht, die alles Menschliche übertrifft.

Dann aber erinnerte ich mich, wie ich einst als Kind im kühlen Schatten eines Baumes saß und mich frei fühlte von Wünschen und Sorgen. Ich hatte ohne Anleitung eines Lehrers von selbst die erste Stufe der Versenkung erreicht. Und ich dachte mir: ‚Damals war ich weiter als jetzt! Ich will wieder Nahrung zu mir nehmen und mich mit frischen Kräften zur Meditation niedersetzen.' Nachdem ich wieder zu Kräften gekommen war und wie in meiner Kindheit meditierend im Schatten eines Baumes saß, beruhigte sich mein Gemüt. Nicht nur die erste, sondern alle vier Versenkungsstufen durchschreitend, erinnerte ich mich an Hunderttausende meiner früheren Daseinsformen bis in frühere Weltperioden zurück. Ich sah mit klarem Blick, wie die Wesen vergehen und wieder entstehen, erkannte, wie es ihnen je nach ihren Taten ergeht. Dann erkannte ich, wie das Leiden in der Welt entsteht und wie man es beseitigt. Mein Geist wurde frei von jeder Form des Hasses, der Gier und der Unwissenheit. Ich war erlöst, der Lauf der Wiedergeburten war für mich ein für alle Mal beendet. Ich hatte das Ziel des Weges erreicht!"

Nach Kurt Schmidt: Worte des Erwachten. Vom Leben Buddhas und vom Achtfachen Pfad. München: Barth, 1951, S. 21 ff., 65 f., 112 ff., 176

Kasteiung: das Auferlegen von Bußübungen und Entbehrungen

2/ Die „Bildsprache" des Buddhismus

a/ Das Bild rechts zeigt den Buddha in der Meditationsgeste. Typisch sind die verschränkten Beine und die nach oben gekehrten, ineinandergelegten Handflächen. Durch tiefe Meditation erlangte der Buddha schließlich die Erleuchtung, oder – wie die Buddhisten sagen – das Nirvana.

Meditierender Buddha

b/ Das Mitleid mit allen leidenden Wesen hielt den Buddha davon ab, die in der Erleuchtungsnacht erlangten Erkenntnisse für sich zu behalten. Daraufhin legte er seine Lehre erstmals im Wildpark nahe der indischen Stadt Benares dar. Ein Buddha in der links abgebildeten Haltung erinnert an dieses Ereignis. Seine Zuhörer waren die fünf Asketen, mit denen Siddhartha Gautama lange Jahre gefastet hatte. Ihre Enttäuschung über seine vermeintliche Schwäche nach dem Abbruch des Fastens wich schnell der Begeisterung. Sie schlossen sich dem Buddha als Schüler an und wurden zur Keimzelle einer schnell wachsenden Religionsgemeinschaft.

Lehrender Buddha

c/ Nachdem der Buddha 45 Jahre lehrend durch sein Einzugsgebiet gewandert war, wurde er von einer tödlichen Krankheit heimgesucht. Ein letztes Mal wandte er sich an seine Mönche und ermahnte sie, nach seinem Tod unbeirrt an der Lehre der Meditation und den Ordensregeln festzuhalten. Das glückselige Lächeln auf den Lippen dieses riesigen liegenden Buddha in der burmesischen Stadt Bago drückt aus, dass sich gleich der Lebensweg des Religionsstifters im Zustand der allerhöchsten Erleuchtung, in der unendlichen Ruhe des körperlosen „Parinirvana“ vollenden wird.

Kopf des liegenden Buddha von Bago

1. Warum unterwarf sich Siddhartha Gautama als Asket wohl einer so extremen Tortur 1/?

2. Warum stellte Siddhartha Gautama schließlich diese radikale Askese in Frage? Auf welche Weise wandte sich Siddhartha Gautama von der überharten Askese ab? Welche Folgen hatte das für seine religiöse Suche 1/?

3. Was erkennt der Buddha in seiner Erleuchtungsnacht als Ergebnis tiefster Versenkung 1/?

4. Welche Vorteile hat eine Bildsymbolik gegenüber dem gesprochenen oder geschriebenen Wort (2a/–2c/)? Worin liegen die Nachteile? Gibt es Situationen in eurem Alltag, in denen ihr ebenfalls eure Hände „sprechen“ lasst?

5. Bildet Paare und gebt euch gegenseitig fünf Botschaften mit den Händen. Wie viele Botschaften hast du, wie viele Botschaften hat dein Gegenüber entschlüsselt?

10 Der Edle Achtfache Pfad

1/ Kalayanis Mann erklärt die Vier Edlen Wahrheiten

Da mein Mann selten Urlaub vom Krankenhausdienst bekommt, konnte er mich erst einmal auf einer Reiseleitertour begleiten. Umso intensiver tauschen wir uns in der Zeit zwischen meinen Einsätzen aus. Neulich sprachen wir über die Vier Edlen Wahrheiten:

1. Das Leben im Daseinskreislauf ist letztlich leidvoll.
2. Ursachen des Leidens sind Gier, Hass und Verblendung.
3. Erlöschen die Ursachen, erlischt das Leiden.
4. Zum Erlöschen des Leidens führt der Edle Achtfache Pfad.

„Wenn ich diese Sätze ausländischen Besuchern erklären müsste", gab mein Mann zu bedenken, „dann würde ich das so ausdrücken: Mit den Vier Edlen Wahrheiten ging der Buddha an das Leben wie ein Arzt heran. Zunächst untersuchte er die Symptome. Der nächste Schritt war die Diagnose. Er fragte ganz praktisch: Was ist die Ursache für die Symptome? Die dritte edle Wahrheit lässt hoffen: Die Krankheit kann geheilt werden. Die vierte edle Wahrheit ist die Behandlung. Aber nicht durch Tabletten oder eine äußerliche Einwirkung, die der Patient über sich ergehen lässt. Es ist vielmehr eine Behandlung durch eigene Übung. Der Achtfache Pfad will uns dort abholen, wo wir stehen und uns durch lange, geduldige und disziplinierte Übung zu Menschen, die vom Leiden geheilt und gesund geworden sind, werden lassen. Wenn die Touristen dann mehr über die Praxis des Buddhismus wissen wollen, trage die Glieder des Achtfachen Pfades doch einfach in Form eines Gedichtes vor. Das können die Reisenden dann im Bus auswendig lernen und sie behalten es in Erinnerung!"

Symptom: Anzeichen, Krankheitszeichen

Kalayani in den „Mund gelegt" nach Huston Smith: Eine Wahrheit – Viele Wege. Die großen Religionen der Welt. Freiburg/Brsg.: Bauer, 1993, S. 140 f.

Kalayani mit ihrem Mann im Boot auf dem Inle-See während der einzigen gemeinsamen Reise

2/ Achtfach ist des Buddhas Pfad, seinen Jüngern gab er diesen Rat:

Recht sei die Einsicht
und recht das Entsagen.
Recht sei die Rede
und recht das Betragen.
Recht der Beruf,
recht die Schulung im Denken.
Recht sei die Andacht
und das Sich-Versenken.

Nach Kurt Schmidt: Worte des Erwachten. Vom Leben Buddhas und vom Achtfachen Pfad. München: Barth, 1951, S. 21 ff., 65 f., 112 ff., 176

Edler Achtfacher Pfad:
Buddhistisches Kloster; Bibliothek (Quellentexte)

3/ Der Buddha sprach zu seinen Jüngern:

„Ich will euch den Edlen Achtfachen Weg zeigen und darlegen. Höret wohl und merkt es euch:

Rechte Einsicht bedeutet; die Vier Edlen Wahrheiten verstehen; das Leid, den Ursprung des Leidens, das Ende des Leidens und den zum Ende führenden Pfad. **Rechte Gesinnung** bedeutet: entsagen, d.h. sich nicht an weltliche Dinge binden; kein Übelwollen hegen, kein Leid verursachen wollen. **Rechtes Reden** bedeutet: nicht lügen, keine üble Nachrede führen, keine rohen Worte gebrauchen und nicht unnütz schwatzen. **Rechtes Tun** bedeutet: kein Leben zerstören, nichts nehmen, was nicht freiwillig gegeben wird, keine sexuellen Verfehlungen begehen. **Rechte Lebensführung** bedeutet: Vermeiden von Unaufrichtigkeit, Verrat, Verdächtigung, Aushorchen, Wucher, Handel mit Waffen, mit lebenden Wesen, mit Fleisch, mit berauschenden Getränken und mit Gift. **Rechter Kampf gegen sich selber** bedeutet: mit aller Kraft ringen und seinen Geist antreiben, um in sich den Willen zu erzeugen, keinen bösen unheilsamen Gedanken aufkommen zu lassen, vorhandene böse unheilsame Gedanken zu vertreiben, rechte Gedanken zu erwecken und, wenn sie da sind, festzuhalten. **Rechte Andacht** bedeutet: eifrig, mit klarem Geist, besonnen, alle Wünsche und Sorgen vergessend, über den Körper, über die Gefühle, über die Gedanken und über die Gegenstände der Lehre nachsinnen. **Rechte Geistessammlung** bedeutet: die erste, die zweite, die dritte und die vierte Stufe der Versenkung üben."

Nach Kurt Schmidt, a.a.O., S. 21ff., 65f., 112ff., 176

4/ Das Symbol des Buddhismus: das achtspeichige Rad

1. Woran bist du schon einmal erkrankt? Wie äußerte sich die Krankheit? Wer hat sie festgestellt? Was hat sie verursacht? Was hast du getan, um gesund zu werden? 1/

2. Welche Symptome stellte der Buddha fest 1/? Welche Ursachen machte er dafür verantwortlich, welche Hoffnung verbreitete er, welche Therapie schlug er vor?

3. Wenn du zusätzliche Texte über den Buddhismus liest, sei nicht verunsichert, wenn die Glieder des Edlen Achtfachen Pfades in unterschiedlichen Begriffen ins Deutsche übersetzt wurden. Versuche lieber zu ergründen, was die Buddhisten im Einzelnen mit den Gliedern verbinden 3/.

4. Erstelle zwei Arbeitsblätter: a) „Der Buddhist soll …", b) „Der Buddhist darf nicht …" Formuliere jede einzelne der vom Buddha gegebenen Anweisungen 3/ so um, dass sie den passenden Satzanfang treffend ergänzt.

5. Sammelt Berufe, die ein strenger Buddhist eurer Meinung nach nicht ergreifen darf.

6. Überlege zunächst unabhängig vom Edlen Achtfachen Pfad der Buddhisten: Welche Regeln haben in deinem eigenen Leben einen wichtigen Stellenwert? Denke anschließend darüber nach: Welche deiner eigenen Lebensregeln stimmen mit buddhistischen Forderungen überein? Welche der für dich persönlich wichtigen Regeln tauchen innerhalb des Edlen Achtfachen Pfades nicht auf?

7. Teilt ein großes Blatt in zwei Hälften und ordnet die Begriffe, die im Text 3/ stehen, den Ausdrücken zu, die im Vers 2/ verwendet wurden. Welche der Stichwortreihen trifft eurer Meinung nach den Inhalt der acht Glieder besser? Wenn ihr euch nicht einigen könnt, kombiniert aus euren Favoriten eine eigene achtgliedrige Reihe oder denkt euch selber passendere Begriffe aus.

11 Mönche und Laien

Mönche, Laien: Buddhistisches Kloster

1/ Wie man in Burma Mönch wird

In Burma gibt es etwa 800 000 Mönche. Diese Zahl enthält aber alle, die nur vorübergehend das Mönchsgewand tragen. Man schätzt, dass etwa 100 000 ihr ganzes Leben der Mönchsgemeinschaft geweiht haben. Mit etwa neun Jahren beginnt bei dem jungen Burmesen sozusagen die Erstausbildung und Probezeit in der Mönchsgemeinschaft. Er wird in ein Kloster gebracht und den Mönchen zum Erlernen buddhistischer Texte und Lebensregeln übergeben. Wenn er feierlich als Mönchsschüler aufgenommen wird, bekommt er einen Namen aus den alten buddhistischen Schriften und darf auch von seinen Eltern nur noch ehrfurchtsvoll angesprochen werden. Er selbst spricht seine Eltern mit „Laienbruder" und „Laienschwester" an. Diese Lehrzeit ist für die meisten aber nur von kurzer Dauer. Wer Mitglied des Mönchsordens werden will, muss mindestens 20 Jahre alt sein und sich bei der Aufnahme den 227 Ordensregeln unterwerfen. Den Rest seines Lebens sollte er dann der Meditation, dem Studium der heiligen Schriften und der Unterrichtung von Laien widmen.

Robe: hier – Umhang

Nach Wilhelm Klein (Hrsg.): APA Guide. Burma. o. O. APA Publications, 1994, S. 127

Junge burmesische Mönche in einer Klosterschule

2/ Lebensregeln von Laien

Es werden drei Gruppen von Laien unterschieden: **Vollständige Laien** legen ein Gelübde ab, in dem sie erklären, die folgenden fünf Regeln lebenslang auf sich zu nehmen: 1. nicht Töten; 2. nicht Stehlen; 3. kein sexuelles Fehlverhalten; 4. nicht Lügen; 5. keine Rauschmittel. **Laien im reinen Lebenswandel** halten die fünf Regeln des Laiengelübdes lebenslang ein, legen die 3. Regel aber strenger aus und enthalten sich völlig vom sexuellen Kontakt. **Laien im Lebenswandel eines Mönchs** halten lebenslang die acht Mönchsregeln ein, brauchen aber nicht im Kloster zu leben und die äußeren Zeichen eines Mönchs zu tragen, wie z. B. die Roben und das geschorene Haar.

Deutsche Buddhistische Union (Hrsg.): Merkblatt für Ordinationsanwärter. Blochingen, o. J., S. 5

3/ Lebensregeln von Nonnen und Mönchen

Mit den Roben erinnern sich Mönche und Nonnen selber an ihre besondere Lebensweise. Das hilft ihnen, die Regeln des Klosters einzuhalten. Außerdem können die Laien sofort bemerken, dass es sich um eine Person handelt, die nach den Richtlinien des Ordens lebt, und sich ihnen gegenüber entsprechend verhalten. Zudem ist es eine einfache Kleidung …, die keinen Anlass zu Eitelkeit bietet. Mit dem kurzen Haarschnitt verhält es sich ähnlich. Eine intensive Beschäftigung mit den eigenen Haaren vor dem Spiegel entspricht sicher nicht dem Lebensweg eines Ordinierten. Aber ich betone, dass die Würde eines Mönchs oder einer Nonne nicht in der äußeren Erscheinung, sondern im geistigen Verhalten liegt. Mönche und Nonnen müssen unter allen Umständen acht Verhaltensweisen bzw. Dinge meiden:
1. Töten; 2. Stehlen; 3. sexuellen Kontakt; 4. Lügen, Rauschmittel; 5. Essen nach 12 Uhr Mittag; 6. Schmuck, Parfüm, Singen, Tanzen und Musizieren; 7. Sitzen auf hohen oder teuren Sitzen; 8. Benutzung luxuriöser Betten.

Geshe Thubten Ngawang: Was sie schon immer über Buddhismus wissen wollten. Hrsg. v. Tibetischen Zentrum Hamburg. Hamburg, 1994, S. 16 f.

4/ Kalayani über Nonnen im Buddhismus

Wie viele andere asiatische Frauen bin ich mit der Einstellung aufgewachsen, dass es der weiblichen Natur mehr entspricht, sich ganz der Familie zu widmen. Nonnen spielen in der buddhistischen Welt deshalb eine untergeordnete Rolle. Aber auch uns Laien, die ja gegenüber den Mönchen bei weitem in der Mehrzahl sind, hat der Buddhismus viel zu geben, wenn auch auf bescheidenerem Niveau. So ist es jedem männlichen und weiblichen Burmesen, der sich für ein Leben mit Beruf und Familie entschieden hat, eine große Freude, die Mönche auf ihrem täglichen Bettelgang zu erwarten und Nahrung zu spenden. Die Lehre vom Karma besagt ja, dass wir in einem zukünftigen Leben selber Nutznießer unserer guten Taten sein werden. Was kann es Verdienstvolleres geben, als einen Mönch, der mit allen Konsequenzen an der Buddhalehre festhält, in seinem Streben zu unterstützen.

5/ Laie reicht bettelnden Mönchen eine Nahrungsspende

1. Warum gibt es in burmesischen Klöstern wohl eine Probezeit 1/? Welchen Sinn mag es haben, dass dem Schüler bei der Aufnahme ein buddhistischer Name verliehen wird?
2. Wie begründet Kalayani die Tatsache, dass es vergleichsweise wenige buddhistische Nonnen gibt 4/? Welche Bedeutung hat die Lehre vom Karma in diesem Zusammenhang?
3. Was meint Kalayani wohl, wenn sie sagt, der Buddhismus der Laien spiele sich auf „bescheidenerem Niveau" ab 2/, 4/?
4. Gibt es Übereinstimmungen zwischen den acht Pflichten der Mönche und Nonnen und dem Edlen Achtfachen Pfad? Welche findest du 3/?
5. Was sagt Abbildung 5/ über das Verhalten von Mönchen und Laien?
6. Inwiefern gehen die acht Regeln der Mönche und Nonnen 3/ über die fünf Regeln der „vollständigen Laien" hinaus 2/?
7. Welche Gründe könnte es für die letztgenannte Gruppe der Laien 2/ geben, nicht in ein Kloster zu gehen, obwohl sie ansonsten wie Mönche/Nonnen leben?

12 Meditation – Vorgeschmack auf das Nirvana

1/ In den Nischen auf dem Gelände der Shwedagon-Pagode sitzen vereinzelt Mönche auf dem Boden – regungslos und mit geschlossenen Augen. Das Stimmengewirr der anderen Besucher stört sie nicht, so tief sind sie in Meditation versunken. Ein stilles Lächeln drückt die innere Erfüllung während ihrer geistigen Übung aus.

Meditation:
Buddhistisches Wohnhaus, Familie Tsering, Arbeitszimmer; Familie Yamagachi, Kinderzimmer; Buddhistisches Kloster

2/ Die Beruhigung des Geistes

Es ist nicht leicht, Gedanken und Gefühle zu beruhigen und sich dem Ansturm der Geräusche und Gerüche zu entziehen. Jedoch ist es heilsam, still die aufkommenden Gedanken und Gefühle zu beobachten, wie sie entstehen, vorbeiziehen und wieder verschwinden. Hat man gelernt, Gedanken und Gefühle wie hochfliegende Vögel zu beobachten, ohne an ihre Herkunft und Ziele zu denken, ist man der Beruhigung des Geistes sehr nahe … Verwirrung, Zweifel, Unruhe, Sorge, Trauer, Angst und Schmerz fallen vom Meditierenden ab. Der Weg ist frei für eine liebevolle Betrachtung der Welt und der Mitwesen. Aus der immer stiller werdenden achtsamen Beobachtung entsteht schließlich ausstrahlende Liebe, entsteht Mitempfinden und absolute, unerschütterliche Geborgenheit im eigenen Innern. Das gleicht dem Zustand der absoluten Glückseligkeit, dem Nirvana.

Buddhistische Gesellschaft e.V. Hamburg (Hrsg.): Die Lehre des Buddha. Hamburg, 1980, S.13

3/ Kalayani berichtet über ein Experiment

Der burmesische Justizminister hatte vor einigen Jahren dem Vorschlag eines buddhistischen Mönchs zugestimmt, in einem Gefängnis einen Meditationskurs abzuhalten. Die vier gefährlichsten Insassen sollten auf Verlangen des Gefängnisdirektos allerdings nur mit Handschellen und Fußketten teilnehmen. Der Mönch aber erklärte, er sei gekommen, um die Menschen von ihren inneren Fesseln zu befreien, äußere Ketten könne er schon gar nicht akzeptieren. Der Direktor ließ sich erweichen. Der Kurs konnte beginnen. Ein Augenzeuge wörtlich: „Der Gefängnisdirektor blieb außerhalb der Halle, aber in der Nähe. Auf alles gefasst beobachtete ich voller Angst die vier Schwerverbrecher. Als der Mönch die Gefangenen in die Meditation unterwies, veränderten sich ihre hasserfüllten Augen. Ihre Gesichter begannen zu strahlen. Tränen liefen über ihre Wangen herab. Es war ein wunderbarer Moment nach der großen Anspannung!"

4/ Das Gleichnis von den Kaulquappen

Jedes burmesische Kind kennt dieses Gleichnis. Der Buddha hat es erzählt, um deutlich zu machen, dass das Verständnis eines Nicht-Erleuchteten zu begrenzt ist, um sich das Nirvana vorzustellen. Wörtlich bedeutet Nirvana „Verwehen" oder „Verlöschen". Doch was genau ist damit gemeint?

Im Bemühen, das Nirvana zu denken, gleichen wir Kaulquappen, die mutmaßen, wie es sein wird, wenn sie demnächst ihr erstes Entwicklungsstadium hinter sich gelassen haben und als Frösche über das Land hüpfen. Kaulquappen schwimmen bekanntlich im Wasser umher, haben Kiemen und Flossen. Das Land kennen sie nur aus Erzählungen ihrer Brüder und Schwestern, die vor ihnen erwachsen geworden sind und nun in einer ganz anderen „Dimension" unter ganz anderen Bedingungen leben. Hin und wieder statten die Frösche ihren früheren Artgenossen einen kurzen Besuch ab. Die Kaulquappen fragen: Wie genau sieht es an Land aus? Wie schmeckt das, was Frösche dort zu fressen vorfinden? Wie fühlt man sich, wenn einem Beine gewachsen sind und sich Lungen herausgebildet haben? Was die Frösche auch erzählen, übersteigt die Vorstellungskraft der Kaulquappen in ihrem engen, feuchten und dunklen Tümpel. Was sollen die Frösche antworten? Um keine falschen Erwartungen zu wecken, halten sie sich mit Informationen zurück und sagen nur, dass es nichts im Erlebnisbereich einer Kaulquappe gibt, was mit einem Froschleben vergleichbar wäre. Die meisten buddhistischen Schriften wählen diesen Weg. Das liest sich z. B. so: „Wie eine vom Wind verwehte Flamme verschwindet und kein Wort sie nennen mag, so schwindet hin ein Erleuchteter, der befreit ist, und kein Wort mehr nennt ihn. Ihn misst kein Maß, es fehlt das Wort, womit man ihn bezeichnen könnte."

Nach Kurt Schmidt: Worte des Erwachten. Vom Leben Buddhas und vom Achtfachen Pfad. München: Barth, 1951, S. 21 ff., 65 f., 112 ff., 176

5/ Lob des Nirvana

Im tiefen Wald befindet sich ein Lotusteich mit klarem Wasser, kühl, mit schönem Ufer. Da kommt ein Mann heran, von der Hitze verzehrt, erschöpft, am Verdursten. Sofort taucht er in den See, erfrischt sich und trinkt so viel er will. Alle Qual, alle Erschöpfung und aller Fieberbrand sind geheilt. Danach sitzt er im Wald, völlig durchdrungen von Wohlgefühlen. Ebenso ist ein Mensch, der das Nirvana erreicht hat, einzig von Wohl erfüllt.

Nach Buddha. Der Erwachte spricht. Hrsg. v. Hans J. Knospe. Frankfurt a. M.: Horizonte, 1992, S. 65

1. Schlagt in Fremdwörterbüchern unter dem Begriff „Meditation" nach. Vergleicht die dort angegebenen Bedeutungen mit dem Text 2/.
2. Was könnte der Mönch in Text 3/ mit der Aussage gemeint haben, er wolle die Menschen von den „inneren Fesseln" befreien? Warum verlangte er, auch den Schwerverbrechern die „äußeren Ketten" abzunehmen?
3. Wie könnte es nach dem Experiment im Gefängnis 3/ weitergegangen sein? Schreibt aus der Perspektive des Gefängnisdirektors einen entsprechenden Bericht über die weiteren Folgen des Experiments an den burmesischen Justizminister.
4. Welche Vorstellung verbindest du mit den Begriffen „Verwehen" und „Verlöschen" 4/?
5. Wie lässt sich aus (a) dem Gleichnis von den Kaulquappen und b) dem Vers vom Wind und der Flamme 4/ herauslesen, dass sich ein Nicht-Erleuchteter das Nirvana nicht vorstellen kann?
6. Inwiefern steht Text 5/ in einem Widerspruch zu der Aussage des Gleichnisses von den Kaulquappen 4/?
7. Finde eigene Worte für das, was in 5/ bildhaft beschrieben wird. Suche weitere Vergleiche.

Buddhismus in Deutschland – ein Erkundungsprojekt

Der Buddhismus in Deutschland hat eine mehr als hundert Jahre alte Tradition. Wen wundert es da, dass inzwischen auch bei uns alle Zweige des Buddhismus vertreten sind. Es lohnt sich deshalb, mehr über den deutschen Buddhismus in Erfahrung zu bringen!

Fragen:

Wie viele Bundesbürger sind inzwischen zum Buddhismus übergetreten? Gibt es auch deutsche Mönche oder Nonnen? Gibt es derzeit eine Vorliebe für eine bestimmte buddhistische Richtung? Wie praktizieren die bei uns lebenden buddhistischen Asiasten, z. B. aus Vietnam, ihre traditionelle Religion? Haben sie sich mit deutschen Buddhisten zusammengetan oder bleiben sie lieber unter sich?

1. Ergänzt die angebotene Liste möglicher Fragen und erstellt einen Erhebungsbogen zum Thema „Buddhismus in Deutschland". Viele der Fragen könnt ihr mit Hilfe der Informationen beantworten, die ihr unter www.dharma.de/dbu findet. Speziellere Fragen schickt ihr mit der Bitte um Beantwortung entweder per Briefpost an die DBU-Geschäftsstelle, Amalienstr. 71, 80799 München oder per eMail an: dbu@dharma.de . Erkundigt euch, ob ihr ein Probeexemplar der DBU-Zeitschrift „Buddhismus aktuell" bekommen könnt.

Außerdem gibt es auch ein Online-Magazin, in dem ihr Leseproben aus den Magazinen findet: www.buddhismus-aktuell.de.

Eine Liste mit über 350 Adressen von buddhistischen Gruppen in ganz Deutschland wird man euch allerdings nur gegen Erstattung einer entsprechenden Gebühr zusenden. Ihr solltet sie deshalb nur bestellen, wenn ihr die Schlussaufgabe erweitern und mehr über die eine oder andere städtische Gruppe wissen wollt. Ihr könnt dafür auch die Datenbank unter der genannten Internetadresse nutzen.

2. Eine andere übergreifend arbeitende buddhistische Organisation ist das „Netzwerk engagierter Buddhisten". Auch dorthin könnt ihr euch mit der Bitte um Zusendung von Prospekten, Informationsmaterialien, Probezeitschriften usw. wenden. Informationen darüber findet ihr im Internet unter www.buddhanetz.de.

3. Wertet das Material gemeinsam aus. Vergleicht auch, worin sich die DBU und das Netzwerk engagierter Buddhisten in ihrer Arbeit unterscheiden.

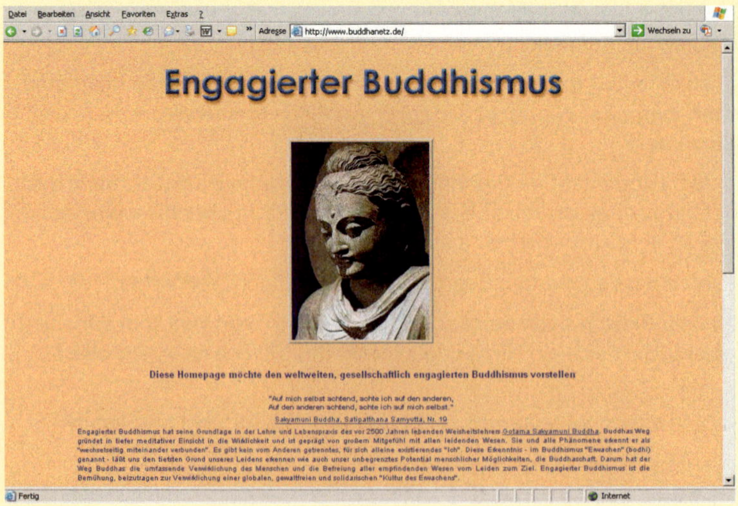

10 Auf der Suche nach dem rechten Weg

Mangelerscheinungen

1/ Das kann doch nicht alles gewesn sein
(Lied vom donnernden Leben)

Das kann doch nicht alles gewesn sein
Das bisschen Sonntag und Kinderschrein
das muss doch noch irgendwo hin gehn
hin gehn

Die Überstundn, das bisschen Kies
Und aabns inner Glotze das Paradies
darin kann ich doch keinen Sinn sehn
Sinn sehn

Das kann doch nicht alles gewesn sein
Da muss doch noch irgend was kommen! nein
da muss doch noch Leebn ins Leebn
eebn

He, Kumpel, wo bleibt da im Ernst mein Spaß?
Nur Schaffn und Raffn und Hustn und Hass
und dann noch den Löffl abgebn
gebn

Das soll nun alles gewesn sein
Das bisschen Fußball und Führerschein
das war nun das donnernde Leebn
Leebn

Ich will noch'n bisschen was Blaues sehn
Und will noch paar eckige Rundn drehn
und dann erst den Löffel abgebn
eebn

Wolf Biermann: Preußischer Ikarus.
Lieder, Balladen, Gedichte, Prosa.
München: dtv, 1981, S. 94

2/ Edward Hopper: Automatenrestaurant, 1927 –
Des Moines (Iowa): Des Moines Art Center

3/ Basta

Ich kam dann und dann zur Welt, wurde dort und dort erzogen, ging ordentlich zur Schule, bin das und das und heiße so und so und denke nicht viel. Geschlechtswegen bin ich ein Mann, staatswegen bin ich ein guter Bürger und rangeshalber gehöre ich zur besseren Gesellschaft. Ich bin ein säuberliches, stilles nettes Mitglied der menschlichen Gesellschaft, ein sogenannter guter Bürger, trinke gern mein Glas Bier in aller Vernunft und denke nicht viel. Auf der Hand liegt, dass mir Ideen fern liegen. Scharfes Denken liegt mir gänzlich fern; Ideen liegen mir vollständig fern, und deshalb bin ich ein guter Bürger, denn ein guter Bürger denkt nicht viel. Ein guter Bürger isst sein Essen, und damit basta! …
Dafür bin ich ja ein guter Bürger, damit ich Ruhe habe, damit ich den Kopf nicht anzustrengen brauche, damit mir Ideen völlig fern liegen und damit ich mich vor zu vielem Denken ängstlich fürchten darf. Vor scharfem Denken habe ich Angst. Wenn ich scharf denke, wird es mir ganz blau und grün vor den Augen. Ich trinke lieber ein gutes Glas Bier und überlasse jedwedes scharfes Denken leitenden Staatslenkern. Staatsmänner können meinetwegen so scharf denken wie sie wollen und so lang, bis ihnen die Köpfe brechen. Mir wird immer ganz blau und grün vor den Augen, wenn ich den Kopf anstrenge, und das ist nicht gut, und deshalb strenge ich den Kopf so wenig wie möglich an und bleibe hübsch kopflos und gedankenlos. Wenn nur leitende Staatsmänner denken, bis es ihnen grün und blau vor den Augen wird und bis ihnen der Kopf zerspringt, so ist alles in Ordnung, und unsereins kann ruhig sein Glas Bier in aller Vernunft trinken, mit Vorliebe gut essen und nachts sanft schlafen und schnarchen, in der Annahme, dass Schnarchen und Schlafen besser sei als Kopfzerbrechen und besser als Dichten und Denken. Wer den Kopf anstrengt, macht sich nur verhasst, und wer Absichten und Meinungen bekundet, gilt als ungemütlicher Mensch, aber ein guter Bürger soll kein ungemütlicher, sondern ein gemütlicher Mensch sein. Ich überlasse in aller Seelenruhe scharfes und kopfzerbrechendes Denken leitenden Staatsmännern, denn unsereins ist ja doch nur ein solides und unbedeutendes Mitglied der menschlichen Gesellschaft und ein sogenannter guter Bürger oder Spießbürger, der gern sein Glas Bier in aller Vernunft trinkt und gern sein möglichst gutes fettes Essen isst und damit basta!

Robert Walser: Basta (1916). In: Das Gesamtwerk, Bd. 2. Frankfurt a.M.: Suhrkamp, 1978, S. 262ff.

1. Lest das Gedicht (Lied) von Biermann 1/ laut und besprecht es. Was ist das Thema? Was bedeuten Titel und Untertitel?

2. Schreibe mindestens drei Fragen auf, die sich dir durch das Lesen und Besprechen des Liedes stellen. Diese Fragen sollten dich während der Beschäftigung mit diesem Kapitel begleiten. Du kannst sie im weiteren Verlauf ergänzen, umformulieren oder streichen. Welche Fragen bleiben am Ende des Kapitels übrig?
Entscheidet gemeinsam, ob ihr die Fragen im Klassenraum aushängt oder selbst für euch aufbewahrt.

3. Schreibt mindestens eine Strophe als Ergänzung zu 1/. Alle tragen ihre Ergänzung vor.

4. Der amerikanische Maler Edward Hopper hat in seinen Gemälden immer wieder die Situation des modernen Menschen dargestellt. Schreibe spontan Stichworte auf, die dir zu diesem Bild 2/ einfallen. Schreibe eine ganz kurze Geschichte über die Situation der jungen Frau. Tauscht euch zu euren Stichworten und Kurzgeschichten aus.

5. Robert Walser schrieb seinen (fiktiven = erdachten) Lebenslauf 3/. Schreibe nach dem Lesen drei Begriffe aus dem Text auf, die du für die wichtigsten hältst. Vergleiche sie mit den Begriffen deines Nachbarn.

6. Sprecht im Plenum über diesen Lebenslauf: Was steht im Mittelpunkt? Was fehlt darin im Vergleich zu euch bekannten Lebensläufen? Was kommt stattdessen vor? Welche Fragen wirft er auf? Benennt das Grundthema dieses Textes.

7. Benenne ein weiteres Grundthema des Lebens. Schreibe einen ähnlichen Lebenslauf, in dem dieses Grundthema die Leitlinie ist (z.B. Liebe, Besitz, Arbeit).

Das Leben als Tanz

1/ **Bacchischer Tanz** – Römische Wandmalerei (um 50 n. Chr.)

Bacchus: lateinischer Name für Dionysos

Dionysos: altgriechischer Gott des Weines und der Fruchtbarkeit

orgiastisch: wild, zügellos

Thyrosstab: mit Efeu und Weinlaub umwundener Stab, von einem Pinienzapfen gekrönt

2/ Das Dionysos-Fest der Griechen

Der Cult dieser … Gottheit [Dionysos] trug völlig orgiastischen Charakter. Die Feier ging auf Berghöhen vor sich, in dunkler Nacht, beim unsteten Licht der Fackelbrände. Lärmende Musik erscholl, der schmetternde Schall eherner Becken, der dumpfe Donner grosser Handpauken und dazwischen hinein der ‚zum Wahnsinn lockende Einklang' der tieftönenden Flöten … Von dieser wilden Musik erregt, tanzt mit gellendem Jauchzen die Schaar der Feiernden. Wir hören nichts von Gesängen: zu solchen liess die Gewalt des Tanzes keinen Athem … im wüthenden, wirbelnden stürzenden Rundtanz eilt die Schaar der Begeisterten über die Berghalden dahin. Meist waren es Weiber, die bis zur Erschöpfung in diesen Wirbeltänzen sich umschwangen; seltsam verkleidet: sie trugen ‚Bassaren', lang wallende Gewänder, wie es scheint, aus Fuchspelzen genäht: sonst über dem Gewande Rehfelle, auch Hörner auf dem Haupte. Wild flattern die Haare, … sie schwingen Dolche, oder Thyrosstäbe, die unter dem Epheu die Lanzenspitzen verbergen. So toben sie bis zur äussersten Aufregung aller Gefühle, und im ‚heiligen Wahnsinn' stürzen sie sich auf die zum Opfer erkorenen Tiere, packen und zerreißen die eingeholte Beute, und reissen mit den Zähnen das blutige Fleisch ab, das sie roh verschlingen … Aber welchen **Sinn** hatte das Alles? … Einen religiösen Sinn hatte die gewaltsam herbeigeführte Steigerung des Gefühls darin, dass nur durch solche Ueberspannung und Ausweitung seines Wesens der Mensch in Verbindung und Berührung treten zu können schien mit Wesen einer höheren Ordnung, mit dem Gotte und seinen Geisterschaaren. Der Gott ist unsichtbar anwesend unter seinen begeisterten Verehrern, oder er ist doch nahe, und das Getöse des Festes dient, den Nahenden ganz heranzuziehen … Berauschende Getränke … mochten die Erregung erhöhen, vielleicht auch der Rauch gewisser Samenkörner, durch den sie … sich zu berauschen wussten … Die ganze Natur ist dem Verzückten verwandelt … Alles stellt uns eine gewaltsame Erregung des ganzen Wesens vor Augen, bei der die Bedingungen des normalen Lebens aufgehoben schienen. Man erläuterte sich diese aus allen Bahnen des Gewohnten schweifenden Erscheinungen durch die Annahme, dass die Seele dieser ‚Besessenen' nicht ‚bei sich' sei, sondern ‚ausgetreten' aus ihrem Leibe. Wörtlich so verstand es der Grieche ursprünglich, wenn er von der **‚Ekstasis'** der Seele in solchen orgiastischen Reizzuständen sprach.

Nach Erwin Rohde: Psyche, Seelenkult und Unsterblichkeitsglaube der Griechen. Darmstadt, Wien: WBG, 1991, S. 8 ff. (Reprogr. Nachdruck der 2. Aufl. 1898; in Originalschreibweise)

3/ **Edvard Munch: Tanz des Lebens, 1899/1900 –** Oslo: Nasjonalgalleriet

4/ **André Derain: Der Tanz, 1906 –** London: Privatsammlung

Der Text 2/ ist 1898 geschrieben worden (damals war die Rechtschreibung noch anders geregelt). Der Autor Erwin Rohde versucht, das Dionysos-Fest der Griechen nachzuvollziehen. Der Gott Dionysos wurde gefeiert als einer, der das Leben verkörpert, weil er zwar stirbt, aber immer wiederkehrt, also unsterblich ist – ein Bild der ewig sich erneuernden Natur. Die geschilderten Szenen könnten sich vor etwa dreitausend Jahren so ereignet haben. Bild 1/ zeigt eine römische Wandmalerei dazu.

1. Tragt den Text 2/ so vor, dass ein angemessener Eindruck von dem wilden Treiben entsteht.

2. Sprecht über einzelne Passagen: Was geschieht hier? Welche Funktion haben wohl Maskierung und Verkleidung? Wozu der Rausch und die Ekstase? Was kann es für Menschen bedeuten, so außer sich geraten zu können und zu dürfen? Was spürt man dabei?

3. Wo und wie ist das heute erlaubt (ohne dabei Tiere zu töten)? Vergleicht diese Schilderung mit ähnlichen Vorgängen in unserer Zeit. Denkt dabei an Techno-Parties, Fußballbegeisterte, Karneval usw. Was spielt sich hier ab? Sucht nach Gründen für solche Ereignisse.

4. Schreibe dann für einen dieser modernen Vorgänge eine ähnliche Schilderung, in der Ablauf und Zweck des Ganzen zum Ausdruck kommen. Oder: Gestalte die moderne Version eines rauschhaften Festes bildlich, ähnlich wie auf antiken Schalen, Krügen und Vasen zu sehen. 1/

5. Immer wieder wird das Leben mit einem Tanz verglichen. Bildende Künstler haben es so dargestellt: 3/, 4/. Diskutiert in Vierergruppen: Welche Merkmale des Lebens kommen in dem Gemälde von Munch 3/ zum Ausdruck? Welches Lebensgefühl stellt das andere Gemälde 4/ dar?

6. Lasst euch dann von den Abbildungen zu Folgendem anregen: Wie muss ein Tanz aussehen, der in seinen Bewegungen, in Rhythmus und Stil das Leben selbst verkörpert? Probiert in euren Diskussionsgruppen Bewegungen dazu aus. Studiert den Tanz ein und führt ihn vor.

Das Leben als Rätsel und Geheimnis

1/ Geheimnisse

Andreas Rückert

2/ Versäume keinen fröhlichen Tag

Versäume keinen fröhlichen Tag, und lass dir die Freuden nicht entgehen, die dir beschieden sind. Denn du musst doch alles, was du sauer erworben hast, andern lassen und den Ertrag deiner Arbeit den Erben geben.

Schenke und lass dich beschenken, und gönne dir, was dir zusteht; denn wenn du tot bist, so hast du nichts mehr davon. Alles Lebendige veraltet wie ein Kleid, denn es ist das uralte Gesetz: Du musst sterben! Wie mit den grünen Blättern auf einem schönen Baum – die einen fallen ab, die anderen wachsen wieder –, so geht's mit dem Menschengeschlecht auch: Die einen sterben, die anderen werden geboren.

Sirach 14, 14–21; Lutherbibel. Revidierter Text 1984, durchgesehene Ausgabe in neuer Rechtschreibung © 1999, Deutsche Bibelgesellschaft, Stuttgart

3/ Wilhelm Busch: Immer wieder

Der Winter ging, der Sommer kam.
Er bringt aufs neue wieder
Den vielbeliebten Wunderkram
Der Blumen und der Lieder.

Wie das so wechselt Jahr um Jahr,
Betracht ich fast mit Sorgen.
Was lebte, starb, was ist, es war,
Und heute wird zu morgen.

Stets muss die Bildnerin Natur
Den alten Ton benützen,
In Haus und Garten, Wald und Flur,
Zu ihren neuen Skizzen.

Gedichte. Hrsg. v. Friedrich Bohne. Zürich: Diogenes, 1974, S. 231

4/ Seneca: Über den Kreislauf der Dinge

Alles Menschliche ist im Flusse und gleitet dahin, und was uns im Leben am besten gefällt, das ist gerade das Flüchtigste und Zarteste.

Doch später werde ich dir genauer darlegen, dass alles, was zu vergehen scheint, nur verwandelt wird. Wer weiß, dass er wiederkehren wird, mag ruhig gehen. Betrachte den Kreislauf der Dinge, die immer wiederkehren, und du wirst erkennen, dass nichts in dieser Welt restlos vergeht, sondern dass alles im Wechsel schwindet und wieder wächst.

Vom glückseligen Leben und andere Schriften. Hrsg. v.- Peter Jaerisch. Übers. v. Ludwig Rumpel. Stuttgart: Reclam, 1984, S. 132, 140

5/ Marc Aurel: Über die Notwendigkeit der Wandlungen

Der Tod ist, ebenso wie die Geburt, ein Geheimnis der Natur, hier Verbindung, dort Auflösung derselben Grundstoffe.

Betrachte unaufhörlich, wie alles Werdende kraft einer Umwandlung entsteht, und gewöhne dich so an den Gedanken, dass die Allnatur nichts so sehr liebt, wie das Vorhandene umzuwandeln, um daraus Neues von ähnlicher Art zu schaffen; denn alles Vorhandene ist gewissermaßen der Same dessen, was aus ihm werden soll. Du aber stellst dir nur das als Samen vor, was in die Erde oder in den Mutterschoß fällt. Das ist ganz oberflächlich gedacht.

Schau auf das Unermessliche der Zeit hinter dir und auf eine andere Unendlichkeit vor dir! Was ist denn da noch für ein Unterschied zwischen einem, der drei Tage, und einem anderen, der drei Menschenalter gelebt hat?

Des Kaisers Marcus Aurelius Antonius Selbstbetrachtungen. Übers. v. Albert Wittstock. Stuttgart: Reclam, 1949, S. 44, 53, 58

6/ Robert Gernhardt: Conditio humana

1. Male selbst ein Bild, das ein Geheimnis ähnlicher Art zeigt wie die Geheimnisse 1/, und lasse die anderen raten, was dargestellt ist.

2. Wie kommen die Geheimnisse 1/ und eure eigenen zustande? Inwiefern sind es Geheimnisse, und was ist so geheimnisvoll und rätselhaft daran? Was ist das Spannende an Rätseln und Geheimnissen?

3. Unzählige Dichter und Denker, aber auch heilige Schriften wie die Bibel, haben sich mit dem Rätsel des Lebens befasst. Hier sind vier Beispiele abgedruckt 2/–5/. Bildet vier Gruppen, jede beschäftigt sich mit einem Text und bearbeitet folgende Fragen:
Was wird hier über das Leben ausgesagt? Inwiefern könnt ihr zustimmen, inwiefern nicht? Welche Metaphern (sprachliche Bilder) werden verwendet? Wie hängen Leben und Natur, Leben und Tod zusammen? Stellt eure Ergebnisse vor und diskutiert Gemeinsamkeiten sowie Unterschiede. Erörtert die Frage: Was bleibt rätselhaft und geheimnisvoll am Leben, auch wenn die Naturwissenschaften (Biologie, Hirnforschung, Neurologie, Chemie usw.) sehr viel darüber herausfinden?

4. Robert Gernhardt hat seine Zeichnung „Conditio humana“ genannt 6/: das heißt Bedingung des Menschen bzw. Menschseins. Mit der „Conditio humana“ gibt man an, was den Menschen und sein Leben ausmacht. Beantworte zunächst schriftlich: Was ist in diesem Cartoon die „Conditio humana“? Beschreibe den Ort, den der Mensch (nach diesem Cartoon) im Kosmos, im Universum, im Weltall einnimmt. Beschreibe auch, wie er sich fühlen muss. Wer könnte der Mitspieler bei diesem Versteckspiel sein? Wo könnte der kleine Held mit der Suche anfangen? Diskutiert anschließend eure Antworten.

Metaphern und Symbole verstehen und verwenden

Metapher: bedeutet wörtlich Übertragung

Symbol: wörtlich: Zusammenfügung, -bindung; ursprünglich handelte es sich um zwei Teile eines Rings, die zusammenpassten und das Zeichen der Zusammengehörigkeit der beiden Träger der Teile waren (vergleiche auch Begriffserklärungen, S. 264/265)

In Begriffen ist Wissen enthalten. Verwenden wir einen Begriff richtig, zeigen wir damit zugleich, dass wir begreifen. Aber nicht immer gibt es Begriffe für das, was wir sagen wollen, vor allem, wenn es um Fragen des Lebenssinns, der Sinnsuche und der Religion geht. Dann benutzen wir Sprachbilder: **Metaphern** oder **Symbole**. Selbst in Begriffen sind oft Metaphern versteckt, und sie können als Symbole verstanden werden.

1. Suche die Metaphern in den Wörtern folgender Wortgruppen: a) Tischbein, Nasenrücken, Kraftwagen, Kindergarten; b) Bereich, Aufklärung, Beleidigung, betrübt, enttäuscht. Finde weitere Wörter, die du dem Plenum vorlegst, um sie darauf zu prüfen, ob sie „Sprachbilder" enthalten. Vielleicht kannst du sie auch zeichnen.

2. Die Nationalflagge ist das Symbol eines Staates. Finde weitere solche Symbole und lege sie dem Plenum vor. Es können auch Gesten sein wie z. B. Händeschütteln, Zunge herausstrecken usw.; oder Worte: „Hallo" als Symbol der Begrüßung, „Adieu" der Verabschiedung.

3. Löse die Aufgaben zu den Abbildungen. Beantworte anschließend folgende Fragen: Was erfährst du über Symbole? Wie können sie gebraucht werden und was können sie auslösen? (Beispiele: In vielen Staaten steht der Missbrauch der Nationalflagge unter Strafe – warum ist das wohl so? Oder: Das Aussprechen der heiligen Silbe „Om" löst bei vielen Indern ein ehrfurchtvolles Gefühl aus.)
Achte besonders in diesem Kapitel auf die Verwendung von Symbolen und Metaphern.

Der Berg Kailash in Tibet, China, ist für Hindus ein heiliger Ort.

Nenne Orte, die eine besondere Atmosphäre ausstrahlen (wie der heilige Berg Kailash, den Hindu-Pilger umrunden), die auf dich oder andere Menschen anziehend wirken und zugleich etwas Unheimliches haben. Woran liegt das? Was haben solche Orte gemeinsam?

Sonnenaufgang auf dem Mosesberg auf der Halbinsel Sinai

Lies in der Bibel nach, wie Mose am Berg Sinai die Zehn Gebote empfängt. (2. Mose 19, 1–25/20, 1–21). Wie wird der Berg beschrieben?

Katholischer Priester mit Kelch und Hostie

Forsche nach, was der Kelch mit Wein und die Hostie des katholischen Priesters bedeuten (frage z. B. einen Katholiken). Lies in der Bibel im Evangelium des Matthäus 26, 17–35 die Geschichte vom letzten Abendmahl Jesu mit seinen Jüngern nach. Vergleiche einige der Symbole verschiedener Religionen, die du finden kannst, und stelle die Unterschiede und Gemeinsamkeiten fest.

Das Symbol für die heilige Silbe „Om" – der Urlaut der Schöpfung und aller Meditationsformeln

Form und Klang der Silbe **Om** symbolisieren in vielen östlichen Religionen die Gegenwart des Absoluten. Die drei Kurven, der Halbkreis und der Punkt außerhalb symbolisieren die Welt des Körperlichen, Geistigen, Unbewussten und das höchste Bewusstsein (der Punkt außerhalb).
Om wird bei der Meditation als Mantra benutzt, d. h. als Formel, die ständig wiederholt wird. Welche Laute, Silben, Worte haben einen besonderen Klang für dich? Suche Wörter, die im Judentum, Christentum oder im Islam eine große Rolle spielen.

Kunstvolle Darstellung des islamischen Glaubensbekenntnisses

Auch die Schrift kann als etwas Außergewöhnliches und Heiliges gelten wie im Islam, der daraus eine Kunst, die Kalligraphie, entwickelt hat. Welche Gründe könnte es dafür geben? Nenne und beschreibe außergewöhnliche und „zauberhafte" Orte oder Gegenstände, die du kennst.

Das Rad der Fortuna (Boethius, Consolatio philosophiae, 15. Jh.)

Nenne Gründe dafür, dass das Leben – bzw. alles, was war, ist und sein wird – häufig in Kreisform dargestellt wird, wie hier im Rad der Fortuna. Das Glück wird durch eine Frau (Fortuna) symbolisiert – die als Göttin dem Menschen Glück oder Unglück nach dem Zufallsprinzip schenkt. Manche sitzen auf dem Glücksrad oben, andere fallen herab.
Denke dir selbst eine Darstellung aus, die symbolisch alles umfasst, was zum Leben und zur Welt gehört, was deiner Auffassung nach das Leben eigentlich ausmacht, und zeichne sie (oder gestalte eine Collage).

Versprechungen und Verheißungen

Wer den Mangel an Leben spürt, versucht ihn auszugleichen. Viele religiöse Gruppen versprechen, das zu geben, was man sucht: Geborgenheit, Liebe, Sinn, erfülltes Leben, innere Ruhe.

vegetarisch: pflanzlich (in Bezug auf die Ernährungsweise)

1/ Tom setzt sich für eine Sache ein

Tom verteilt in der Innenstadt Einladungen zu einem kostenlosen vegetarischen Essen im Jugend-Gebets-Club, als Caro in die Fußgängerzone einbiegt. Die beiden wohnten früher im gleichen Haus und waren dicke Freunde, bevor Tom begann, regelmäßig in den Gebets-Club zu gehen. Caro ist unsicher, als sie auf Tom zugeht. „Tom", sagt sie vorsichtig, „ich fürchte, dass deine Handzettel nicht viel ausrichten werden. Mit Sekten wollen die meisten nichts zu tun haben. Bei uns in der Schule ist sogar ein Infostand gegen Sekten geplant! Und was regelmäßig in den Zeitungen steht, spricht nicht gerade dafür, sich intensiver auf Gruppen wie das universelle Leben einzulassen!" Tom wirkt auf einmal ziemlich traurig. „Weißt du, Caro, ich würde den Menschen so gern verständlich machen, was es bedeutet, sein Leben nach Christus auszurichten. Natürlich wird uns auch etwas abverlangt. Unseren Tageslauf regeln wir so, dass uns morgendliches Gebet und Meditation Kraft geben für den Tag. Man muss sich möglichst täglich fortbilden, um den wahren Sinn der Worte Jesu Christi für unser Leben zu erfahren und anzuwenden. Und die Gemeinschaft hilft auch beim Einstieg ins Berufsleben. Du weißt doch selbst, wie schwierig das heute ist. Eine Glaubensgemeinschaft, in der man einander auch in diesen Fragen hilft, ist doch toll, oder?
Natürlich kann man nicht bloß nehmen, sondern hilft auch freiwillig – in Krankenhäusern zum Beispiel."
Caro schweigt. „Bestell den Jungen und Mädchen deiner Klasse mal einen schönen Gruß von einem, der sich für ein konsequentes religiöses Leben entschieden hat", setzt Tom nach. „Ich gebe dir ein paar Handzettel mit. Wer sich aus deiner Klasse einen ehrlichen Eindruck von unserer Gruppe verschaffen will, kann diese Einladung ja annehmen."
Caro fragt nach: „Und was hat das mit vegetarischem Essen zun tun?" Nun zeigt ihr Tom ein Plakat, das er noch eingerollt unter dem Arm trägt.
„Bis zum Ende deines Lebens hast du etwa 450 Tiere auf dem Gewissen – willst du das wirklich? Tiere haben eine Seele, schau so einem Schäfchen doch mal in die Augen. Wir Urchristen sind auch Tierschützer."
„Das ist typisch", denkt Caro, „wenn Tom für eine Sache eintritt, dann tut er das mit Haut und Haaren!" Dann sagt sie: „Du, ich muss weiter! Ich habe heute Nachmittag noch Gitarrenunterricht!"
Als sie um die Ecke biegt, sieht sie dieses Plakat.
‚Ob der Tierschutzbund damit einverstanden ist?', denkt sie noch – aber dann muss sie sich wirklich beeilen.

Idee: Frank Usarski

2/ Harry gehört jetzt zu den Kindern Gottes

Mein Name ist Harry. Gott ließ mich ganz schön warten, um endlich wirkliche Liebe zu finden. Ich lernte Katarina in einer Diskothek in Bremen kennen. Ich erinnere mich sehr gut, dass ich ziemlich niedergeschlagen hineinging, um mich einfach abzulenken. Plötzlich sah ich dieses wundervolle und nicht zu beschreibende Lächeln, und unsere Blicke trafen sich und konnten sich einfach nicht „satt" aneinander sehen. Ich wusste sofort, dass sie etwas hat, was ich in meinem bisherigen Leben nicht hatte. Ja, sie hatte die wahre, aufrichtige, echte und gebende Liebe! Ja, sie hatte Gott, darum liebte sie mich! Aber das verstehe ich erst heute, acht Monate später, weil ich durch sie und durch ihre Liebe Gott gefunden habe. Seit jener Zeit gehöre ich zu den Kindern Gottes. Ich kann sagen, dass es meine ersten und wirklichen, wahren Freunde in meinem Leben sind. Es sind meine Brüder und Schwestern im Herrn.

Nach Wilhelm Knackstedt: Supermarkt der Heilsbringer. Was hat die Kirche noch zu bieten? Wuppertal: Brockhaus, 1996, S. 73 f.

3/ Petra will die Welt besser machen

Ich heiße Petra. Schon während meiner Schulzeit störte mich die Ungerechtigkeit. Als Schulsprecherin wurde ich deshalb von meinen Lehrern angegriffen. Diese Einengung veranlasste mich, das Gymnasium zu verlassen. Die Gleichgültigkeit der Menschen gegenüber dem Zustand unserer Welt erschreckte mich. Als mir dieses Problem bewusst wurde, suchte ich nach Alternativen. Über Freunde wurde ich einem Mitglied der Vereinigungskirche vorgestellt. Auch die Vereinigungskirche kämpft gegen die Gleichgültigkeit der Menschen. Wir stellten gemeinsam fest, dass der eigentliche Grund für die Probleme und Leiden der Welt darin liegt, dass die Menschen die Freiheit für ihre eigenen Zwecke missbrauchen. Die entsprechenden Stellen der „Göttlichen Prinzipien", dem wichtigsten Buch der Vereinigungskirche, veranlassten mich, dieser Gemeinschaft beizutreten. Mein Ziel, mitzuhelfen, die Welt besser zu machen, änderte sich nicht, sondern wurde sogar verstärkt durch die Lehre der Vereinigungskirche.

a. a. O., S. 78

4/ Idee und Zeichnung: Christian Hansen

1. Bildet drei Gruppen und bearbeitet je einen der Texte 1/–3/ mit Hilfe der Fragen A bis D. Stellt danach eure Ergebnisse vor, ergänzt sie durch weitere Punkte, die ihr zu jeder Frage findet. Schreibt eure Ergebnisse gemeinsam auf.
   a) Welche Kritik wird an der Lebensweise der Menschen im Alltag und an der Gesellschaft geübt? Formuliert eure Auffassung dazu.
   b) Worin liegen dagegen die Unterschiede im Leben der jeweiligen religiösen Gemeinschaft, wenn man den Erzählungen folgt?
   c) Welche Mittel werden eingesetzt, um die jeweilige religiöse Gemeinschaft anziehend zu machen?
   d) Welche Motive, einer religiösen Gemeinschaft beizutreten, werden deutlich?
2. Auf welches Problem weist die Karikatur 4/ hin? Im Gegensatz dazu versammeln sich Menschenmassen an Kirchentagen und wenn der Papst kommt. Woran mag das liegen?

Ausgewählte neureligiöse Gruppen

Meditation: Nachdenken; betrachtende Versenkung als Mittel zur religiösen oder philosophischen Erkenntnis

Therapeut: jemand, der eine Heilbehandlung vornimmt

1/ Am Beispiel erklärt – die Osho-Bewegung in Deutschland

Ein Beispiel für die zahlreichen in Deutschland existierenden Anhänger ist das Osho Manjusha Meditationszentrum in Schmiedeberg (Sachsen). Die Mitarbeiter des Zentrums tragen spirituelle Namen, sie sind „Neo-Sannyasin". Rajneesh Chandra Mohan (1931–1990), zunächst Bhagwan und später Osho genannt, gab seinen Anhängern den alten indischen Ehrentitel Sannyasin, der ursprünglich Menschen bezeichnete, die am Ende ihres Lebens ganz den irdischen Lebensfreuden entsagt haben und sich als Asketen auf ihren Tod und die Erlösung vorbereiteten.
Mahamudra, die Leiterin des Zentrums, erhielt ihren Sannyas-Namen von Osho, den sie selbst noch nur kurz erlebte. Oshos Zentrum befand sich in den 70er und 80er Jahren in Poona (Indien). Hierher kamen die Anhänger aus aller Welt, um durch Therapien und Meditationen sowie die regelmäßigen Vorträge Oshos zur Erleuchtung zu gelangen.
Meditation ist der wichtigste Begriff, wenn es darum geht, Gemeinsamkeiten der Bewohner oder das Anliegen des Zentrums zu beschreiben. Meditation wie sie im Osho-Manjusha verstanden wird, bedeutet, sich auf sich selbst zu konzentrieren, um sich selbst kennen zu lernen. Dabei sollen positive und negative Seiten angenommen und ausgeglichen werden. „Meditation bedeutet das Verarbeiten, das Verstehen von sich selbst, das Zurückverfolgen tiefster Konflikte bis zu ihrem Ursprung und das Lösen dieser Konflikte." …

In einem Veranstaltungskatalog des Münchner Osho-Centers preisen nicht weniger als 60 Therapeuten ihre jeweils sehr unterschiedlichen Dienstleistungen an. Ungeachtet der Tatsache, dass kaum einer davon zu deren Ausübung befugt ist, lässt auch die Frage nach inhaltlicher Qualifiktion so manchen Zweifel aufkommen: Eine gewisse „Alvina" etwa hält sich als „Spezialistin in Metaphysical Surgery der Osho Academy in Sedona" für hinreichend befähigt zu therapeutischem Tun; … Nachprüfbare Qualifikation: Fehlanzeige.

Harald Lamprecht: www.confessio.de (September 2001); http://www.agpf.de./Osho-Bhagwan.htm//Heute (November 2006)

2/ Kurz vorgestellt – die Mun-Bewegung

Die vom Koreaner San Myung **Mun** gegründete **Vereinigungskirche** besteht seit 1954. 2500 der insgesamt etwa 2 Millionen Anhänger leben in Deutschland. Typisch für diese Gruppe sind Massenhochzeiten mit mehreren hundert Paaren. Nachdem die betreffenden Männer und Frauen ein streng geregeltes Leben geführt haben, legen sie mit der Trauung den Grundstein für eine „ideale" Familie. Ihre zukünftigen Kinder sollen im Geiste der Vereinigungskirche großgezogen werden, als gottgefällige Menschen die Macht des Teufels überwinden und die gestörte göttliche Ordnung wiederherstellen. Nach der Lehre der Vereinigungskirche erschien Jesus damals mit demselben Anliegen. Er starb am Kreuz, bevor er seine Mission erfüllte. Nun sei es Muns Aufgabe, Gottes Plan zu Ende zu führen. Für Mun ist der Kommunismus die schlimmste Verkörperung des Bösen. Nach dem Umsturz in der Sowjetunion verkündete er, die Menschheit sei in eine neue Phase, in das „erfüllte Testament-Zeitalter" eingetreten und damit Gott näher gerückt.

Frank Usarski

Massenhochzeit von Paaren der Vereinigungskirche in Cheonan (Südkorea) im August 2005

3/ Bekannt und umstritten – Scientology

Die Scientology-Organisation verfügt weltweit etwa über 100 000 bis 120 000 Anhänger, davon rund 5 000 bis 6 000 in Deutschland. Sie wurde 1954 durch Lafayette Ronald Hubbard (1911–1986) gegründet. Die Organisation betrachtet die von Hubbard entwickelte Lehre als in der Tradition des Buddhismus stehende „Erlösungsreligion“ und als einzige Rettung einer angeblich vom Niedergang gekennzeichneten Gesellschaft. Hubbards Techniken sollen Menschen „geistig befreien“ …, welche anschließend als nahezu fehlerlos funktionierende „Clears“ bzw. höher trainierte „Operierende Thetane“ zunehmend die Kontrolle über ihre Umgebung ausüben sollen. Die Schaffung des vermeintlich neuen, omnipotenten Menschen („homo novis“) mündet in einen dogmatischen politischen Alleinvertretungsanspruch: Durch „Expansion“, also durch eine fortwährend wachsende Zahl hochtrainierter Scientologen in „Schlüsselpositionen“ und durch Einführung von Hubbard-Verfahren auf breiter Front in Politik, Staat und Wirtschaft will die Scientology-Organisation langfristig im Stil einer Sozialutopie eine konfliktfreie und perfekt funktionierende scientologische Gesellschaftsordnung errichten …

Gegenüber der Öffentlichkeit stellt die Scientology-Organisation in ihrer Werbung grundsätzlich nur auf individuelle Lebenshilfe und den angeblich karitativen Charakter ihrer „Sozialprogramme“ ab. Gleichzeitig propagiert sie die Einhaltung der Menschenrechte wie der Meinungsfreiheit, schmäht jedoch Kritik an ihren Methoden und ihrer Lehre als mangelnde Toleranz oder Diskriminierung …

Die Scientology-Organisation versucht, stärker auf dem Bildungsmarkt Fuß zu fassen. Damit wird offenkundig auch ein Ziel verbunden, Jugendliche und deren Eltern für Scientology anzuwerben. „Nachhilfe mit individuellem Programm“ hat ein 2004 in Stuttgart gegründetes „Lerncenter“ im Angebot. Es ist anfangs nicht ohne weiteres erkennbar, dass sich dahinter Scientology-Lerntechniken verbergen und die Einrichtung von Scientologen betrieben wird … Scientology hat seine Aktivitäten im Bildungsmarkt neben Baden-Württemberg auch in anderen Bundesländern verstärkt.

http://www.verfassungsschutz-bw.de/so/so_merkmal.htm (27. November 2006)

omnipotent: allmächtig, allgewaltig

dogmatisch: an eine Lehrmeinung gebunden, kompromisslos

Gerhard Mester

4/ Das Etikett Religionsgemeinschaft bringt Vorteile im Wettbewerb. Es geht dabei nicht nur um Glauben, sondern auch um Marktanteile, um Mission und schlimmstenfalls einfach um (zahlende) Kunden. Und der Titel Kirche oder Religionsgemeinschaft ist im Urteil vieler immer noch eine Art Gütesiegel. Doch werden diese Begriffe missbraucht, es findet Etikettenschwindel statt.

karitativ: wohltätig

Führt die Arbeit in euren Gruppen weiter: Bearbeitet zunächst die Materialien 1/ bis 4/ mit den Aufgaben 1 bis 3 und stellt die Ergebnisse gegenseitig im Plenum vor. Stellt dabei Unterschiede und Gemeinsamkeiten fest. (Ihr könnt außerdem weitere Nachforschungen anstellen, z. B. im Internet.)

1. Welche Merkmale und Besonderheiten hat die jeweilige religiöse Gemeinschaft? Welche Symbolik könnt ihr feststellen? Welche Begriffe und Methaphern werden verwendet, und zu welchem Zweck?

2. Wodurch ziehen die Gemeinschaften Interessenten und Anhänger an? Was ist das jeweilige Angebot?

3. Nehmt kritisch Stellung zu dem, was die jeweilige religiöse Gemeinschaft anbietet.

4. Führt einen Dialog, in dem einer die Gemeinschaft anpreist, der andere Nachfragen stellt. Welche Antworten wirken überzeugend, welche lassen das Interesse eher schwinden?

Online-Link: 695210-0249

Durchblicke

1/ Aufbau und Struktur von Sekten, Gurubewegungen und Psychokulten

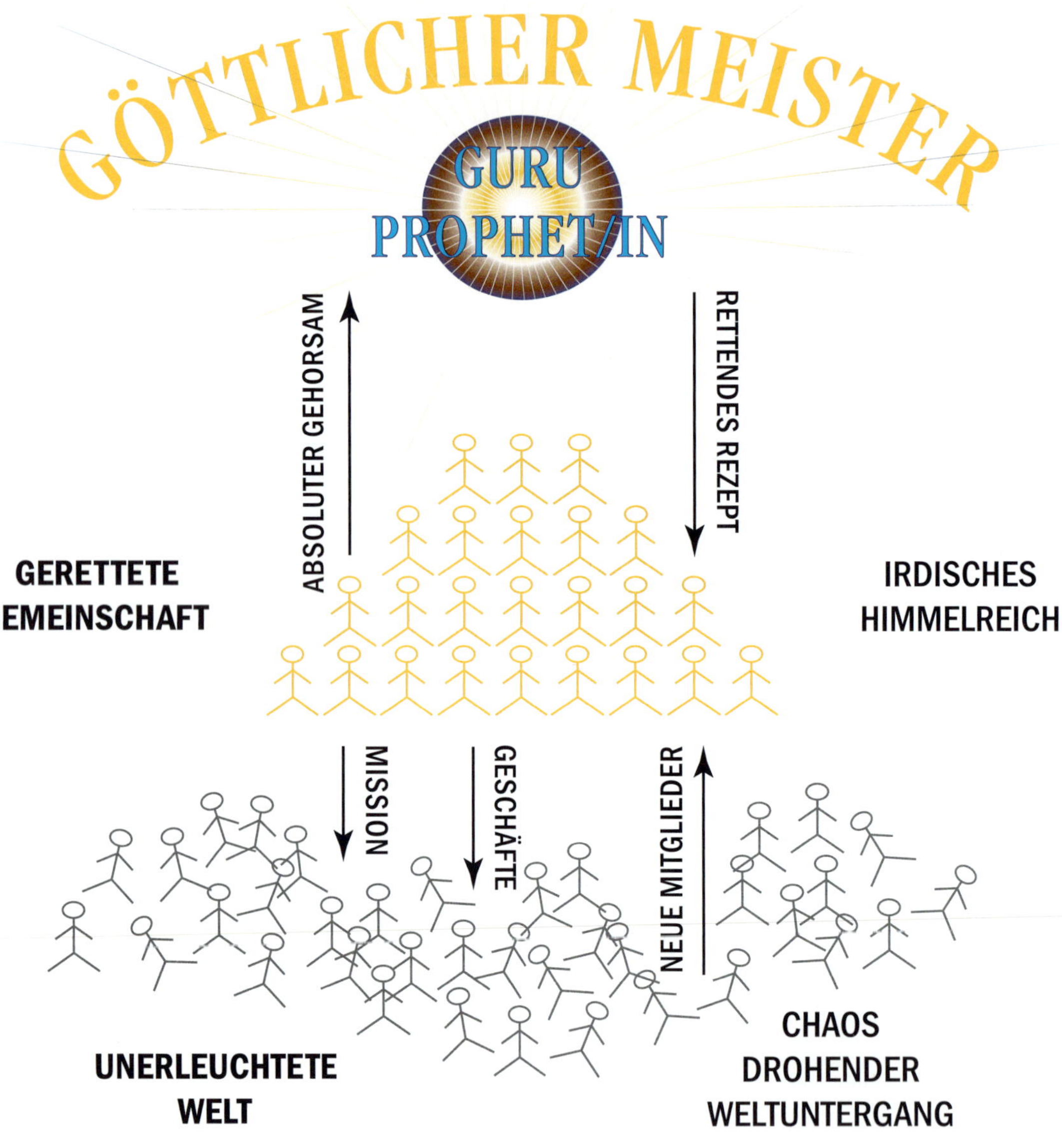

Nach Joachim Keden, Ursula Gehentges, Hansjörg Heunninger, Joachim Schmidt-Dominé: Sekten, Geister, Wunderheiler. Neukirchen-Vluyn: Aussaat-Verlag, 1995, S. 27

Bearbeitet die Aufgaben 1 bis 3 zunächst allein oder zu zweit. Wertet sie dann gemeinsam aus.

1. Erläutere das Schaubild 1/. Inwiefern passen die religiösen Gemeinschaften, die auf den vorangegangenen Seiten vorgestellt wurden (manchmal sagt man auch Sekten), in dieses Schema, inwiefern nicht?

2/ Checkliste für Einsteiger

Wir haben eine Checkliste für religiöse/weltanschauliche/ideologische Gruppen zusammengestellt. Sie kann dir helfen, eine erste Beurteilung vorzunehmen oder vielleicht einen Freund oder Angehörigen vor der „echt guten neuen Gruppe, die ich jetzt zu meinem Glück kennen gelernt habe!", zu bewahren. Wir empfehlen: Heute schon gründlich lesen – durcharbeiten, bevor du irgendwo „einsteigst" – aufbewahren! Streiche einfach die Behauptungen durch, die auf „deine" neue Gruppe nicht zutreffen. Wenn du nicht wirklich alle Behauptungen streichen kannst, ist schon Vorsicht geboten!

> Bei der Gruppe finde ich 100 Prozent das, was ich bisher vergeblich gesucht habe. Sie weiß erstaunlich genau, was mir fehlt.
> Schon der erste Kontakt eröffnet mir eine völlig neue Sicht der Dinge.
> Das Weltbild der Gruppe ist verblüffend einfach und erklärt jedes Problem.
> Es ist schwer, sich ein genaues Bild von der Gruppe zu machen. Ich soll nicht nachdenken und prüfen. Meine neuen Freunde sagen: „Das kann man nicht erklären. Das musst du erleben – komme doch gleich in unser Zentrum!"
> Die Gruppe hat einen Meister, ein Medium, einen Führer oder Guru, der allein in Besitz der ganzen Wahrheit ist.
> Die Lehre der Gruppe gilt als einzig echtes, ewig wahres Wissen. Die etablierte Wissenschaft, das rationale Denken, der Verstand werden dagegen als Verkopfung, als negativ, satanisch oder unerleuchtet abgelehnt.
> Kritik durch Außenstehende wird als Beweis betrachtet, dass die Gruppe Recht hat.
> Die Menschheit treibt auf eine Katastrophe zu und nur die Gruppe weiß, wie man die Welt retten kann.
> Die Gruppe ist die Elite und die übrige Menschheit ist krank und verloren solange sie nicht mitmacht bzw. sich retten lässt.
> Ich soll sofort Mitglied werden.
> Die Gruppe grenzt sich von der übrigen Welt ab und nimmt eine strenge Reglementierung zwischenmenschlicher Beziehungen vor.
> Die Gruppe will, dass ich alle „alten" Beziehungen abbreche, weil sie meine Entwicklung behindern.
> Mein Sexualverhalten wird mir exakt vorgeschrieben, etwa Partnerwahl durch die Leitung, Gruppensex oder auch totale Enthaltsamkeit.
> Die Gruppe füllt meine gesamte Zeit mit Aufgaben: Verkauf von Büchern oder Zeitungen, Werben neuer Mitglieder, Besuch von Kursen, Meditation
> Es ist schwer, allein zu sein – jemand aus der Gruppe ist immer bei mir.
> Wenn ich zweifle, wenn sich der versprochene Erfolg nicht einstellt, bin ich „selbst schuld", weil ich mich nicht genug einsetze oder weil ich nicht stark genug glaube.
> Die Gruppe verlangt strikte Befolgung ihrer Regeln und Disziplin – als einziger Weg zur Rettung.

www.sekten-info-essen.de (28. Nov. 2006)

2. Gehe die Checkliste für Einsteiger 2/ durch. Schreibe zu jedem Punkt einen Satz auf, der die jeweilige Aussage so geraderückt, dass dabei herauskommt, wie es deiner Auffassung nach wirklich sein müsste (im alltäglichen Leben und in Gemeinschaft mit anderen); z. B. zu Punkt 2: „Eine völlig neue Weltsicht muss über längere Zeit entstehen und an konkreten Erfahrungen überprüft werden." Welche Aussagen ergeben sich für dich?

3. Notiere, wie die neureligiösen Gruppen die Begeisterungsfähigkeit, den Willen zum Glauben und die Sehnsucht nach dem „richtigen" Leben ausnutzen.

Erfahrungen und Kenntnisse sammeln, klären, erweitern – die Zettel-Methode

Online-Link:
695210-0252

Mit dieser Methode kann man herausfinden, welche Erfahrungen und Kenntnisse es zu einem bestimmten Thema in der Gruppe gibt. So können die Kenntnisse für alle geklärt und erweitert werden. Die Leiterin stellt die Fragen, die jeder für sich auf einem Zettel beantwortet. Danach werden kleine Gruppen oder Paare gebildet; jede Gruppe erhält die anonym geschriebenen Zettel zu je einer Frage, sichtet sie und stellt einen kurzen Bericht zusammen. Beim Vortragen im Plenum werden weitere Fragen gestellt und Klärungen vorgenommen; Nachschlagewerke und Informationen aus dem Internet helfen dabei.

Zunächst aber lest ihr die Texte, um erste Eindrücke und Informationen zu erhalten. Hier die Fragen, die von der (gewählten) Leiterin gestellt werden (es können auch zwei oder mehr Durchgänge gemacht werden):

1. Was ist der Zweck des Gläserrückens? Wie läuft es ab? Wie ist es zu bewerten?
2. Was ist ein Horoskop? Was soll es nutzen oder bewirken? Wie ist es zu bewerten?
3. Was geschieht beim Handlesen? Welchen Zweck hat es? Wie ist es zu bewerten?
4. Was ist Aberglaube? Welche (alltäglichen) Beispiele kennst du dafür?
5. Welche magischen Zahlen kennst du? Was bedeuten sie? Wie ist das zu bewerten?
6. Was ist Zauber und Magie? Welche Beispiele kennst du? Wie ist das zu bewerten?
7. Was bedeutet die Figur des Satans, Teufels, Luzifers? Warum ist sie für manche so anziehend? Wie wird er dargestellt?
8. Was bedeutet Okkultismus?
9. Was bedeutet Satanismus?
10. Welche Gefahren siehst du in abergläubischen, okkultischen und satanistischen Praktiken?

1/ Joana fragt nach

Joanas Mitschüler haben von ihrer Teilnahme am Gläserrücken erfahren. Sie sind besorgt und warnen: „Gläserrücken ist gefährlich. Wenn du nicht aufhörst, landest du noch in der Satanismus-Szene!“ Daraufhin schreibt Joana einen Brief an den „Sekten-Info Essen e.V.“, in dem sie fragt, ob Gläserrücken gefährlich sei und etwas mit Satanismus zu tun habe.
Fünf Tage später trifft diese Antwort bei Joana ein:

Sekten-Info Essen e.V.
Rat um Hilfe für Betroffene destruktiver Kulte
Mitglied im DPWV

Rottstraße 24
45127 Essen
Telefon: (0201) 234646, 234648
Fax: (0201) 207617
E-mail: kontakt@sekten-info-essen.de

Liebe Joana,
du hast Recht! Gläserrücken und Satanismus sind unterschiedliche Sachen. Aber so weit entfernt sind sie dann auch wieder nicht. Glaubst du an Geister? Oder glaubst du an Satan? Weiß nicht recht, wirst du sagen. Aber was ist, wenn der Geist, den ihr in der Clique befragt, euch sagt, dass einer von euch nicht mehr lange zu leben hat? Dann werdet ihr euch sicher fragen: Gibt es wirklich Geister? Stimmt das, was die so sagen? Muss ich wirklich sterben? Was mach ich denn nun? Wenn ihr Fragen stellt, wie: Wann finde ich einen Freund? Wird er blond sein oder braun? usw. – macht ihr euch abhängig von den „Antworten“. Das sind nicht die Geister, die das Glas rücken. Nur ihr fasst es ja an, ihr selber habt es in der Hand. Und auch die Antworten habt ihr selber. Um einen Freund zu bekommen, kann dir kein unsichtbarer Geist helfen. Da musst du schon selber ran. Dein Brief zeigt, dass du nachdenkst und dir ein eigenes Urteil bilden möchtest. Bleibe dran. Wenn du noch Fragen hast, kannst du auch hier im Sekten-Info anrufen oder eine E-Mail schicken.

2/ Joana berichtet über Erfahrungen mit Okkultismus

Joana, wie bist du auf die Idee mit dem Gläserrücken gekommen?

Meine Freundinnen haben mich eingeladen. Wir sind zu fünft oder sechst in die Wohnung einer Freundin. Die Mutter war nicht zu Hause. Wir haben die Vorhänge zugezogen und eine Kerze angezündet.

Hattest du keine Bedenken?

Meine Freundinnen hatten vorher schon einiges darüber erzählt. Ich wusste also schon, dass es funktioniert und dass es cool ist.

Wie funktioniert das Gläserrücken?

Wir haben die Buchstaben des Alphabetes, die Zahlen von 0 bis 9 und die beiden Worte „Ja" und „Nein" auf ein großes Stück Pappe geschrieben. Die Pappe haben wir auf den Tisch gelegt und darauf ein umgestülptes Glas. Dann haben wir uns an den Tisch gesetzt, Zeigefinger auf dem Glas.

Was geschah dann?

Wir haben Fragen gestellt, z.B. „Wie alt werde ich?", „Wen werde ich heiraten?" Das Glas hat sich von Zahl zu Zahl, von Buchstabe zu Buchstabe bewegt, bis ein Wort herauskam.

Das kann ich nicht glauben!

Doch! Das Glas hat sich langsam bewegt, die Buchstaben waren so 30–40 Zentimeter auseinander. Es ging vollkommen automatisch. Wir haben z.B. nach dem Todestag von Heikes verunglücktem Bruder gefragt. Sie durfte bei dieser Frage nicht mitmachen. Die Antwort war 15. Mai 1999. Heike hat das bestätigt.

Zufall!

Nein! Ich habe auch nach der Zahl der Gegenstände in meinem Schreibetui gefragt. Die Antwort war 16. Also habe ich die Gegenstände auf den Tisch geschüttet. Es waren wirklich 16.

Wie hast du dich daraufhin gefühlt?

Mir war ganz schön mulmig zumute. Irgendwie hatte ich plötzlich das Gefühl, da ist außer uns noch jemand im Raum.

Wie oft führt ihr das Gläserrücken durch?

Wir machen das, wenn wir Lust darauf haben, vielleicht einmal in 14 Tagen. Für mich ist es bloß ein Spiel, ziemlich unheimlich, aber ganz schön spannend!

Frank Usarski

Satanismus

Früher wurde Satanismus häufig als Gegenentwurf zum Christentum verstanden; Ursprünge dieser Form des Satanismus liegen im Dunkel der Geschichte verborgen. Im so genannten neuen Satanismus geht es nicht mehr um die Verehrung eines höheren Wesens, sondern darum, selbst Gott zu werden. Die Szene ist inzwischen kaum noch überschaubar und ständig steigt die Zahl der selbsternannten Satanspriester und -priesterinnen. Mit „schwarzen Messen" und ähnlichen Veranstaltungen wollen sie in der Regel eines erreichen: Macht über andere. Diese Organisationen sind in ihrer Arbeitsweise durchaus mit Sekten zu vergleichen.

Okkultismus

Okkultismus basiert auf der Vorstellung einzelner Menschen, dass Phänomene, für die scheinbar keine Erklärung gefunden werden können, übersinnlich bzw. magisch sind. In der Regel können solche Erscheinungen jedoch wissenschaftlich begründet werden.

Menschen mit okkultistischen Neigungen sind z.B.
- Personen, die glauben, anhand der Ausschläge eines Pendels bestimmen zu können, ob Nahrungsmittel gut verträglich sind.
- Personen, die behaupten, mit einem Blick in ein Kristall die Zukunft vorhersagen zu können.
- Personen, die vorgeben, den Charakter einer Person anhand eines Horoskops bestimmen zu können.

Eure Erfahrungen, Kenntnisse und Informationen, die ihr dazu sammelt, könnt ihr in einer Wandzeitung oder in einer Sammelmappe festhalten und bei Bedarf erweitern.

Sackgasse Sucht

1/ Flucht vor Problemen

Den einen gelingt es, Enttäuschungen auszuhalten, Rückschläge hinzunehmen. Sie versuchen es noch einmal, bemühen sich um andere Wege und finden Möglichkeiten, mit Konflikten und Problemen umzugehen. Das Angebot, Suchtmittel zu nehmen, ist für sie nicht verlockend.
Andere suchen Entspannung und Entlastung durch Rauschmittel. Fragt man sie nach ihren Gründen für den Rauschmittelkonsum, so antworten sie zum Beispiel, dass sie „… die Stimmung heben wollen, man sich so gut entspannt, man dabei leichter den Alltag vergessen kann, sich dabei Glückgefühle einstellen, man die eigenen Hemmungen überwindet, man leichter zueinanderkommt oder einfach weil die älteren Leute dagegen sind."

Uwe Gerber u.a.: auf andere achten. Frankfurt a.M.: Diesterweg, 1996, S. 30

2/ Trink, Brüderlein, trink

„Wenn einem so viel Gutes widerfährt", säuselt er verlockend. Er behauptet, „ein gutes Stück Deutschland" zu sein. Er lädt zur Fröhlichkeit ein, „weil es immer einen guten Grund gibt".
Und am Morgen danach verspricht er: „Der hilft dir schnell über'n Berg."
Von wem hier die Rede ist? „Vom Feinsten", antwortet eine trinkende Mehrheit, denn das ist die Bedeutung des arabischen Wortes alkul. Zu deutsch: Alkohol. Sucht-Experten sprechen dagegen von der Volksdroge Nummer eins.

Gottfried Moeckl: Flucht nach Irgendwo. Stuttgart: Spectrum, 1991, S. 133

3/ Wilhelm Lehmbruck: Der Gestürzte, 1915/16

4/ Suchtformen

Wenn von Sucht die Rede ist, denken die meisten Menschen zunächst nur an Rauschgift- oder Alkoholsucht. Daneben gibt es aber noch ganz andere Formen, die denjenigen, der darunter leidet, nicht weniger belasten.

Ess-Sucht

Essen gehört zum Leben, dieser Ansicht bist du doch auch? Doch kreist dein ganzen Denken um alles Essbare und fühlst du dich davon unwiderstehlich angezogen?

Spielsucht

Spielst du gern und machts Spaß? Des Öfteren auch um Geld? Spürt das seit einiger Zeit dein Portmonee und lässt dich kein Kasten mehr kalt?

Computersucht

Macht dir dein Computer Spaß? Das ist befriedigend! Auch noch am Wochenende und bis spät in die Nacht? Vergisst du darüber all die anderen schönen Seiten des Lebens? Werden andere Menschen immer unwichtiger?

Fernsehsucht

Kennst du das Spiel der Finger auf der Fernbedienung? Du könntest ja etwas verpassen, aber es interessiert dich gar nichts. Und das geht jeden Abend so?

Musiksucht

Wo Musik ertönt, da fühlst du dich wohl, stimmts? Doch lässt du dich berieseln, überall, zu jeder Zeit, und kannst du Stille nicht mehr ertragen?

Magersucht

Möchtest du schlank und schön werden? Kalorienbewusst essen und Überschüsse erbrechen oder abführen? Und du weißt plötzlich nicht mehr, ob du stolz darauf sein kannst?

Solltest du einen Fragenblock komplett mit Ja beantworten können, ist es möglich, dass du suchtgefährdet bist und Hilfe brauchst.

Nach Karl Hurschler, Albert Odermatt: Schritte ins Leben. Zug: Klett u. Balmer, 1995, S. 52 f.

5/ Neige ich zum Raucher-Typ?

Teste dich selbst:
Es gibt viele Gründe, warum jemand zum Raucher wird oder nicht. Mit diesem Test kannst du herausfinden, ob du eher zum Typ des Nichtrauchers oder des Rauchers gehören könntest. Auf jede Testfrage ist nur eine Antwort möglich.

Raucht dein Vater oder deine Mutter?
A Ja, beide.
B Nur der Vater oder nur die Mutter.
C Nein, niemand.

Darfst du oder dürftest du zu Hause rauchen?
A Nein, es wäre streng verboten.
B Ich weiß nicht.
C Ja, ich dürfte zu Hause rauchen.

Treibst du außerhalb der Schule Sport?
A Nein, nie.
B Nur wenig, aber gelegentlich schon.
C Ja, regelmäßig und mit viel Spaß.

Hand aufs Herz: Kennst du in deiner Freizeit Langeweile?
A Ja, ich langweile mich oft.
B Langweilig ist mir nur hin und wieder.
C Nein, ich langweile mich nie.

Fühlst du dich gestresst (durch Hausaufgaben, Mithilfe daheim, regelmäßige Beschäftigungen und Verpflichtungen außerhalb der Schule, Ärger mit Eltern usw.)?
A Ja, man verlangt und erwartet von mir viel zu viel.
B Manchmal fühle ich mich schon unter Druck, aber eher selten.
C Nein, ich kenne eigentlich keinen Stress.

Aus welchem Bereich stammen deine Idole oder Vorbilder?
A Aus Musik-Szene, aus Film und Fernsehen, aus Büchern.
B Aus Sport, Kunst, Politik, Geschichte, Wissenschaft und Forschung, Wirtschaft usw.
C Aus dem eigenen Freundes- und Bekanntenkreis.

Wie verhältst du dich neuen, dir noch unbekannten Situationen und Dingen gegenüber?
A Alles Neue reizt mich, ich muss es unbedingt kennen lernen und ausprobieren.
B Ich bin eher vorsichtig und beobachte zuerst einmal, wie andere Leute mit dieser neuen Situation oder Sache umgehen.
C Ich überlege mir im Voraus, ob sich das Ausprobieren lohnt

Machst du manche Sachen nur deshalb, weil es andere von dir erwarten?
A Ja, denn man sollte sich in seinem Freundeskreis auch anpassen können.
B Nur wenn's mir Spaß macht.
C Nein, eigentlich nie, denn ich finde auch Beachtung, wenn ich einmal aus der Reihe tanze.

In jeder Gruppe gibt es Anführer, Mitmacher und Außenseiter. Welcher Typ bist du?
A Eher ein Mitmacher.
B Eher ein Außenseiter.
C Eher ein Anführer.

Zum Schluss eine schwierige Frage: Wie würdest du deine persönliche Situation im Allgemeinen bezeichnen?
A Ich bin oft unzufrieden mit mir und meiner Situation.
B Das hängt von den Umständen ab: Manchmal bin ich eher zufrieden, manchmal eher unzufrieden.
C Eigentlich ist es mir meistens wohl in meiner Haut. Wenn ich Probleme habe, finde ich immer eine gute Lösung.

a. a. O., S. 60

Die Auswertung des Fragebogens findet ihr im Anhang, „Zum Nachlesen", S. 261.

Zeichnung: Sandy Schygulla

1. „Sucht" ist nicht verwandt mit dem Wort „suchen". Trotzdem kann man auf die Idee kommen, dass man zur Sucht kommt, weil man etwas sucht. Was sucht der Süchtige? Geht nach der ABC-Methode vor. (vergleiche Arbeitstechniken, S. 266 f.) Findet für möglichst viele Anfangsbuchstaben ein Wort, z. B.: A = Anerkennung, B = Betäubung. Tragt ein „Sammel-ABC" auf einer Tafel zusammen. Erstellt dann gemeinsam eine Rangliste dessen, was eurer Meinung nach die größte „Sehnsucht" des Süchtigen ist.

2. Schreibe einen Satz auf, der so beginnt: „Sucht ist …" Nimm dazu die Texte 1/ und 2/ sowie das Sammel-ABC aus Aufgabe 1 zu Hilfe. Diskutiert eure Sätze.

3. Arbeitet zunächst zu zweit. Erläutert euch gegenseitig die aufgeführten Suchtformen 4/. Was können Ursachen der jeweiligen Sucht sein? Wie kann es so weit kommen? Betrachtet dazu auch 3/. Welche Mittel könnte es geben, sich von ihr zu befreien?

4. Fortsetzung der Partnerarbeit: Viele Philosophen haben von der Entwicklung und Vervollkommnung der eigenen Persönlichkeit gesprochen, die dem Menschen als Aufgabe gestellt sind. Der Philosoph Kant hat die Pflichten erörtert, die der Mensch hat, einfach deshalb, weil er ein Mensch ist. Dazu zählen die Pflichten gegenüber sich selbst. Nennt mindestens drei solche Pflichten. Tragt sie im Plenum zusammen und diskutiert dann die Fragen: Inwiefern verletzen wir diese Pflichten mit dem jeweiligen Suchtverhalten? Worin bestehen Gefahren für die eigene Entwicklung und Persönlichkeitsbildung?

5. Führe den Test 5/ durch. Wenn es möglich ist, sprecht offen über eure Auswertung und über Möglichkeiten der Suchtvermeidung.

6. Prüft nach, ob sich der Test auf Alkohol und anderen Drogenmissbrauch übertragen lässt. Entwickelt einen solchen Test mit eigenen Fragen und führt ihn durch.

Suchtmittel – Eine Übersicht

	Drogen	Wirkung	Abhängigkeit		Schäden		Medizinische Verwendung
			psychisch	körperlich	psychisch	körperlich	
Beruhigungsmittel	**Alkohol**	Entspannung, Hemmungslosigkeit, Euphorie, Depression, vermindertes Reaktionsvermögen	+	++	+	++	–
Beruhigungsmittel	**Medikamente** Schmerzmittel, Beruhigungsmittel, Schlafmittel	Euphorie, Schläfrigkeit, Atemdämpfung, Niedergeschlagenheit, verengte Pupillen	++	+	+	(+)	+
Beruhigungsmittel	**Opiate** Opium, Morphium, Heroin		++	++	+	+	(+)
Halluzinogene	**Cannabis** Haschisch, Marihuana, Haschischöl	Euphorie, Enthemmung, gesteigerter Appetit, desorientiertes Benehmen	+	–	(+)	(+)	–
Halluzinogene	**Halluzinogene** LSD, Meskalin	Selbsttäuschung, Sinnestäuschung, verändertes Orts- und Zeitgefühl	+	–	+	(+)	(+)
Halluzinogene	**Schnüffelmittel**	Übelkeit, Kopfschmerzen, Atemnot, Entspannung, optische und akustische Illusionen, Allmachtsphantasien	+	–	+	++	–
Aufputschmittel	**Kokain**	gesteigerte Munterkeit, Erregung, Euphorie, erhöhter Puls und Blutdruck, Schlaflosigkeit, Appetitlosigkeit	++	–	+	+	(+)
Aufputschmittel	**Amphetamine** Anregungsmittel, Weckamine		++	–	+	+	(+)
Aufputschmittel	**Crack**	Euphorie, Rastlosigkeit, Verantwortungslosigkeit, Depression	++	++	+	+	–
Aufputschmittel	**Nikotin** Zigaretten, Stumpen, Pfeife	Anregung oder Entspannung, erhöhter Puls und Blutdruck	++	+	–	++	–

Karl Hurschler, Albert Odermatt: Schritte ins Leben. Zug: Klett u. Balmer, 1995, S. 58 f.

Der Konsum von Suchtmitteln führt bei langfristigem Gebrauch zu psychischer und z.T. körperlicher Abhängigkeit und kann zahlreiche körperliche, psychische und soziale Schäden hervorrufen. Die gesundheitlichen Folgen sind je nach Suchtmittel, Persönlichkeit und Lebensumständen unterschiedlich stark; ihr Eintreten ist im Einzelfall nicht immer vorauszusehen.

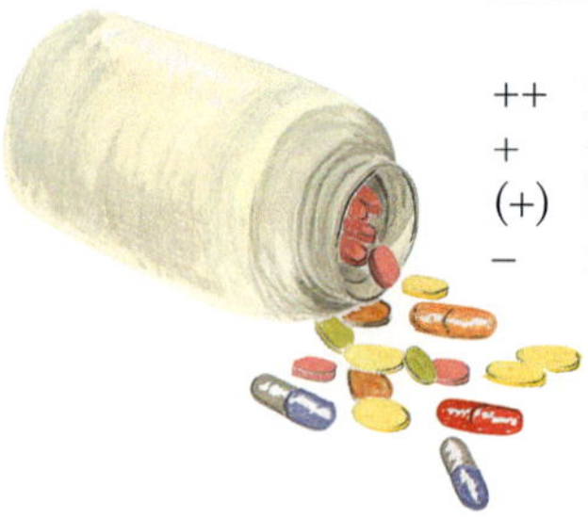

++ ja, besonders hoch
\+ ja
(+) bedingt, einzelne Produkte
– nein, verschwindend klein

Zeichnungen: Sandy Schygulla

…tlichkeit	Körperliche Folgen	Psychische Folgen
+	Magenschleimhaut-, Bauchspeicheldrüsenentzündungen, Herzschäden, Lebererkrankungen, Lähmung von Gehirnfunktionen, Delirium, Missbildung während der Schwangerschaft	Interessenlosigkeit, Zerstörung der Beziehungen, Elend
(+)	Störungen im zentralen Nervensystem und im vegetativen Regulationssystem; Nierenschäden; Lebensgefahr bei Überdosis	Bewusstseinstrübungen, Konzentrationsschwierigkeiten, Reizbarkeit, Wesensveränderungen, Vergiftungspsychosen
–	Apathie, Abmagerung, Impotenz, schwere Entzugserscheinungen; Lebensgefahr bei Überdosis, Blutvergiftung und Gelbsucht bei unsteriler Injektion	Verlust an Selbstvertrauen und Lebenskraft; Wesensveränderungen: Verflachung der Gefühle, charakterliche Entkernung, Enthemmung, Wahnvorstellungen, Vergiftungspsychosen, Wesensveränderungen
–	Lungenschäden, flash-back (schädliche Nachwirkungen), weitere Schäden wie beim Nikotin	Auslösung psychischer Erkankungen, Reifungsverzögerungen, Verhaltensstörungen
–	Genschäden vermutet	Sinnestäuschungen, Passivität, Wesensveränderungen, Vergiftungspsychosen, Auslösung psychischer Erkrankungen
+	irreversible Schäden an Niere, Blutsystem, Haut, Leber, Herz, Kreislauf, Gehirn	Bewusstseinstrübung, Konzentrationsschwierigkeiten, Experimentieren kann rasch tödlich verlaufen
–	Abmagerung, Abnahme der Abwehrkräfte, Lebensgefahr bei Überdosis	Sinnestäuschungen, süchtige Persönlichkeitsveränderungen, chronische Vergiftungspsychosen
–	Blutvergiftung und Gelbsucht bei unsteriler Injektion, starke Dosissteigerungen nötig; Unterernährung, Herzversagen, Gehirnblutungen	Enthemmung, Wahnvorstellungen, Vergiftungspsychosen, Wesensveränderungen
–	Gewichtsverlust, hoher Blutdruck, beschleunigter Herzrhythmus, Atemlähmung, Herzstillstand	ausgeprägte Abhängigkeit, psychotische Reaktion
+	Lähmung der Nerven, Herz- und Kreislaufstörungen, verschiedene Krebsarten, negative Auswirkungen auf das Ungeborene	Abhängigkeit

Online-Link:
695210-0257

1. Partnerarbeit: Jedes Paar beschreibt eine der hier aufgeführten Drogen im Zusammenhang. Klärt dazu alle Begriffe. (Weitere Informationen lassen sich in Broschüren der Suchtberatungsstellen oder im Internet finden, z. B.: www.Drogen-und-Du.de; oder: Bundeszentrale für gesundheitliche Aufklärung: www.drugcom.de. Auch bei Landeskriminalämtern und Polizeidienststellen kann man sich Rat und Information holen.) Besprecht eure Arbeitsergebnisse im Plenum – auch eigene Erfahrungen dürfen und sollen hier zu Wort kommen.

2. Betrachte die Spalte „Psychische Folgen". Schreibe zu jeder Zeile auf, was du eigentlich erreichen möchtest. Beispiel: Interessenlosigkeit – stattdessen: Neugier und waches Interesse. Schreibe einen kurzen Bericht über das Ergebnis der Gegenüberstellung. Stellt eure Kurzberichte im Plenum vor. Fasst gemeinsam den Effekt von Drogenmissbrauch zusammen.

3. Arbeitet am besten in Kleingruppen: Schaut euch Werbeplakate für Drogen wie Alkohol und Nikotin an. Was fällt dabei auf? Entwerft alternative Werbung gegen den Gebrauch von Drogen; denkt über Stilmittel, Inhalt, Witz und Farb- und Formgestaltung nach.

4. Führt ein abschließendes Gespräch über Funktion und Wert von Drogen, Folgen von Drogenmissbrauch und Vermeidungs- bzw. Heilungschancen. Diskutiert besonders auch Wege und Mittel, wie man Leben und Alltag so gestaltet, dass man nicht darauf angewiesen ist, auf Drogen zurückzugreifen.

Sich selbst vertrauen

Im April 2001 hat die Zeitschrift „chrismon" Jugendliche gebeten, den folgender Satz zu ergänzen: „Wie stark ich bin, merkte ich, als …" An den Antworten kann man erkennen: Selbstvertrauen ist eine sehr individuelle Sache und wird aus ganz unterschiedlichen Erlebnissen, Verhaltensweisen, Handlungen und Begebenheiten geschöpft.

„Wie stark ich bin, merkte ich …"

1 „… als sich zwei im Schulbus geprügelt haben und ich dazwischengegangen bin. Ich bin eher stark mit Worten, nicht mit Händen und Füßen."
Oliver Stracke 13, Gymnasiast, Stolzenhagen, Brandenburg

2 „… als ich mich vor zwei Jahren endlich von meiner Mutter losreißen konnte und mich entschloss, zu meinem Vater zu ziehen."
Lea Schulz, 16, Gymnasiastin, Flensburg

3 „… als mein Referat über die Red Hot Chilli Peppers so supergut ankam. Ich war gerade vom Gymnasium auf die Hauptschule gesegelt. Und plötzlich Klassenbeste in Englisch!"
Laila Elsner, 15, Hauptschülerin, München

4 „… als ich in den Sommerferien eine 15 Kilometer lange Kanufahrt auf der Elbe geschafft habe."
Jana Schumann, 15, Sekundarschülerin, Wolfen

5 „… als ich meinen PC aufgerüstet habe, ganz allein. Also neue Hardware eingebaut, Software installiert und so weiter. Dafür habe ich vier Stunden gebraucht. Das war stellenweise ganz schön nervig, aber ich habe nicht aufgegeben. Das hat mir so ein Grundvertrauen in mich gegeben."
Bastian Maier, 15, Gymnasiast, Tübingen

6 „… als mein kleiner Bruder ‚Uhr' gesagt hat. Das war sein erstes Wort. Er hat es von mir gelernt. Ich bringe anderen gern etwas bei. Vielleicht mache ich mal meinen Beruf daraus."
Irene Kohlemann, 14, Gymnasiastin, Denzlingen bei Freiburg

7 „… als ich nach einem Kreuzbandriss wieder Fußball spielen konnte. Das war ein sehr bewegender Moment. Klar hatte ich Angst. Aber ich habe eins gelernt dadurch. Ich kann alles erreichen, wenn ich mir ein Ziel setze. Und nicht aufgebe. Bei meinem ersten Spiel nach der Verletzungspause haben wir übrigens 8:0 gewonnen."
Sebastian Streck, 20, Zivildienstleistender, Spieler des TUS Oppenau im Schwarzwald

8 „… als ich zum ersten Mal vor meiner Mutter aufgestanden bin und mir das Frühstücksbrot gemacht habe."
Matthias Laaser, 16, Gymnasiast, Hamburg

9 „… als unser Schulorchester Teile aus dem Musical ‚Phantom der Oper' gespielt hat. Der Anfang wirkte sehr bombastisch, und es war ein tolles Gefühl, einen Teil dazu beigetragen zu haben. Ich spiele Querflöte."
Lisa Rohwedder, 16, Gymnasiastin, Ahrensburg bei Hamburg

10 „Wenn ich in die Türkei fliege, fühle ich mich stark. Drei Stunden dauert der Flug. Und dann kommt der Moment, wenn das Flugzeug landet. Die Türen gehen auf. Ich steige aus, spüre auf einmal die Hitze und weiß wieder: Das ist meine Heimat."
Yasemin Usta, 16, Hauptschülerin, in Deutschland geboren, Oberpleis bei Bonn

11 „Ich fühl mich immer stark, wenn Werder Bremen gewinnt. Aber das stärkste war das DFB-Finale 1999. Werder gewinnt gegen Bayern. In der 5. Minute Tor durch Maximov. Und dann Elfmeterschießen – Matthäus hat verschossen, Effenberg hat verschossen. Frank Rost, unser Torwart, war der Held. Und ich fühle mich stark wie nie."
Sebastian Schirrmacher, 18, Tischler und Mitglied des Fanclubs Green White Divine Supporters, Worpswede bei Bremen

Zeichnungen: Katja Wehner

12 „… als ich vor drei Jahren mitgeholfen habe, die Proteste gegen den Castor-Transport nach Ahaus zu organisieren. Natürlich war das kein Stärkegefühl im Sinne von: ‚Wir haben Lust, uns mit der Polizei anzulegen.' Ich fand toll, dass wir es geschafft haben, die Risiken und Folgen der Atomkraftnutzung noch mal in die Öffentlichkeit zu bringen. Ich werde mich auf jeden Fall weiter engagieren."
Ulf Kemper, 21, Student, Münster

13 „… als ich mich getraut habe, mit einem Jungen, in den ich verliebt war, ein klärendes Gespräch zu führen. Es war ein einseitiges Verhältnis, und das wusste ich. Weil ich mit ihm nicht mehr klargekommen war, hat er angefangen, mich fertigzumachen. Er fand es aber gut, als ich auf ihn zuging. Jetzt können wir wieder normal miteinander umgehen."
Bettina Müller, 17, Gymnasiastin, Dresden

14 „… als meine Eltern neulich an mir herumnörgelten, weil ich mit einer Schulnote nach Hause kam, die ihnen nicht gefiel. Aber mir machte das gar nichts aus. Denn ich bin mit meinen Noten meistens zufrieden!"
Virginia Janiak, 15, Realschülerin, Frankfurt a. M.

15 „… als ich letztes Jahr mit meiner Jugendfeuerwehrgruppe den dritten Platz beim Leistungsvergleich hier im Kreis gewonnen habe. In meiner Klasse sind ein paar Jungen, die sind auch bei der Feuerwehr, aber im Nachbarort. Die haben nichts gewonnen, und da fühlt man sich schon ein bisschen groß und kann so seine Witze machen über die aus Oberelben und Dattenfeld."
Arno Schliefen, 16, Realschüler, Mitglied der Jugendfeuerwehr in Ruppichteroth (Bergisches Land)

16 „… als ich in einer ausländischen Mädchengang war. Die Deutschen haben immer schlecht über uns geredet. Da sind wir eines Tages auf sie zugegangen. Nicht weil wir uns prügeln wollten. Wir haben einfach zu ihnen gesagt: „Hey, wir sind auch Menschen."
Indira Selimik, 15, Hauptschülerin, stammt aus dem Kosovo, lebt seit neun Jahren in Deutschland

17 „… als Butt (ehemaliger Torwart bei HSV) in der 72. Minute den Elfmeter gegen Juventus Turin verwandelt hat."
Christian Groth, 15, Gesamtschüler, Hamburg

18 „… als meine Mutter und ich nach der Trennung meiner Eltern unser neues Leben aufgezogen haben. Meine Mutter ist oft depressiv gewesen und ich habe versucht, ihr zu helfen. Als sie mir sagte, wie wichtig ich für sie sei, habe ich mich stark gefühlt. Weil ich was dafür tun konnte, dass es ihr besser geht. Weggehen – Disco und so – war für mich gar nicht wichtig, das kommt jetzt. Ich habe damals gemerkt, dass ich stark bin, weil ich es sein musste."
Marco Pfohl, 20, Wehrdienstleistender, Sigmaringen

1. Finde für jede der Äußerungen eine Überschrift, z. B.: Nr. 1: „Gewaltvermeidung" oder „Mut". Notiere alle Überschriften.

2. Stelle fest, mit welchen Aussagen du etwas anfangen kannst, mit welchen nicht, z. B.: Überschrift Nr. 10: „Heimatgefühle" – hat für mich auch oder keine große Bedeutung für das Gefühl der eigenen Stärke. Lege entsprechend zwei Listen an.

3. Diskutiert eure Listen mit folgenden Fragen: Was ist für dich von entscheidender Bedeutung, was eher nicht? Woraus kannst du Stärke ziehen, woraus eher nicht? Was hilft deine Persönlichkeit zu entwickeln, was eher nicht? Woran hängt dein Lebensgefühl, woran eher nicht?

4. Schreibe selbst auf: „Wie stark ich bin, merkte ich, als …"

5. Diskutiert nun alle Arbeitsergebnisse mit folgenden Leitfragen: Wonach richten sich die vielen verschiedenen Antworten? Welche Erwartungen an einen selbst und die Rolle(n), die man spielt oder spielen soll, prägen die Antworten? Welche Wertorientierungen und Vorbilder lassen sich herausfiltern?

6. Kehrt zuletzt noch einmal zur ersten Doppelseite des Kapitels zurück. Hier habt ihr drei Fragen formuliert (S. 239, Aufgabe 2), die euch durch dieses Kapitel begleiten sollten.
Sind nun neue Fragen aufgetaucht? Welche Fragen konnten oder können beantwortet werden, welche nicht? Woran liegt das? Diskutiert die Fragen, die euch bedeutsam erscheinen.

7. Überlegt zum Abschluss gemeinsam: Wofür ist man in seinem Leben selbst verantwortlich, und wie kann man die Selbstverantwortlichkeit stärken und üben?

Stiftung Warentest für „Lebensweisheiten"

Als du auf die Welt kamst, weintest du, und um dich herum freuten sich alle. Lebe so, dass, wenn du die Welt verlässt, alle weinen und du allein lächelst!

Aus China

Leben ist nicht einfach das, wie Vererbung und Umgebung auf uns einwirken, sondern Leben ist, was wir aus diesen Einwirkungen machen.

Fostick

Mut ist oft Mangel an Einsicht, während Feigheit nicht selten auf guten Informationen beruht.

Leben ... heißt kämpfen.

Seneca

Lebenskünstler ist nicht, wer nur Schwierigkeiten beiseite räumen kann, sondern wer an ihnen auch noch zu wachsen versteht.

Weisenborn

Lass das lange Vorbereiten. Fang dein Leben an beizeiten.

Albumvers

Das Leben ist ein Denken müssen.

Sprengler

Die wahren Lebenskünstler sind bereits glücklich, wenn sie nicht unglücklich sind.

Sorgen ertrinken nicht im Alkohol. Sie können schwimmen.

Wer Großes will, erreicht auch viel, setz dich nicht hin, setz dir ein Ziel.

Nach einem Kalendervers

Leben ist aussuchen.

Tucholsky

Ein Mensch ist der, der immer ein wenig mehr Mut hat, als er verzweifelt ist.

Weisenborn

Bildet Gruppen von sechs bis acht Schülern und bestimmt je einen Gruppenleiter. Dieser sucht aus obiger Sprüchesammlung (die nach Belieben erweitert werden kann) zehn „Weisheiten" aus. Sie werden auf Zettel notiert und in zehn gleich aussehende Verpackungen (Flaschen, Dosen, Kartons) gesteckt. Die Gruppenmitglieder sind die Tester, die das jeweilige Zitat auf seinen Wahrheitsgehalt hin analysieren. Der erste Schritt ist eine Inhaltsanalyse, das heißt, eine Diskussion darüber, was das Zitat wirklich bedeutet. Alle Für und Wider und die Hintergründe und Auswirkungen sollen erwogen werden; geht es von einem positiven oder negativen Menschenbild aus usw. Im Anschluss erfolgt die Testbewertung. Die Kriterien sind:

1. Sprachliche Schönheit
Ist der Spruch pfiffig, lustig, leicht merkbar, melodisch, langatmig, geschwollen, hochtrabend, sprachlich zeitgemäß usw.

2. Gebrauchswert für Jugendliche
Hilft mir der Spruch im Alltag weiter, ist er für meine Altersgruppe anwendbar, bietet er mir Argumente, hilft er mir bei Entscheidungen, hebt er mein Selbstvertrauen?

3. Disziplinierungswert
Gibt er Erwachsenen Argumente gegen mich in die Hand, bringt er mich zum Schweigen, reizt er mich zum Widerspruch usw.?

4. Haltbarkeitsdatum
Wie lange kann mich dieser Spruch beeindrucken oder/und beeinflussen, wie lange kann er Gültigkeit bzw. Aktualität haben?

5. Mögliche Nebenwirkungen
Wertet der Spruch jemanden ab, fördert er Misstrauen, schadet er mehr als er hilft?

6. Preis-Leistungs-Verhältnis
Wie beurteile ich den Wert des Spruchs, wenn ich Inhalt und Auswirkungen vergleiche – was sind für mich die Konsequenzen, ist der Nutzen groß genug im Verhältnis zu Einschränkungen?

7. Sicherheit
Wie allgemeingültig ist der Spruch, ist er verlässlich, bietet er mir ein Sicherheitsnetz, ist er vielseitig anwendbar?

Danach beurteilt jeder Einzelne das Zitat mit einer Note (Sehr gut, Gut, Zufriedenstellend, Mangelhaft, Sehr mangelhaft).
Die Summe der Einzelbeurteilungen ergibt das Gesamturteil.

Nach Lernziel Lebenskunst. Hrsg. v. Ulrich Baer u.a. Seelze: Kallmeyer, 1997, S. 105 ff.

Lösung zu Kapitel 10, Seite 255,
5/ Neige ich zum Raucher-Typ?

Auswertung

Deine Antworten auf die Test-Fragen ergeben folgende Punkte:
A = 2, B = 1, C = 0

Zähle deine Gesamt-Punktzahl zusammen.

0 bis 6 Punkte
Herzliche Gratulation. Du hast großes Glück. Dank deines Charakters und deiner persönlichen Situation bist du ein Nichtraucher-Typ. Wenn du nicht rauchen willst, kannst du auf Zigaretten leicht verzichten.

7 bis 13 Punkte
Aufgrund deiner Voraussetzungen neigst du weder zum eindeutigen Raucher-Typ noch zum eindeutigen Nichtraucher-Typ. Aber eigentlich ist dir klar: Ohne Glimmstengel geht's auch.

14 bis 20 Punkte
Es spricht manches dafür, dass du zum Raucher-Typ werden könntest. Versuche, dich möglichst bewusst und kritisch mit dem Rauchen auseinanderzusetzen.

Die zehn Gebote im Christentum

1. Deinem Gott sollst du dich niederwerfen und ihm allein dienen. (Mt 4,10)
2. Wer ein Bild verehrt, verehrt nicht das Bild als Ding, sondern die Person des darin Abgebildeten. (2. K. v. Nizzäa: DS6019)
3. Du sollst keinen Meineid schwören [...] besser: Schwört überhaupt nicht. (Mt 5,33-34)
4. Der Sonntag ist als Feiertag zu halten. Haltet euch von Tätigkeiten fern, die Gottesdienst, Freude und Erholung behindern. (CIC. can 1247)
5. Ihr Kinder, gehorcht euren Eltern, wie es vor dem Herrn Recht ist. (Eph 6, 1-3)
6. Jeder, der seinem Bruder auch nur zürnt, soll dem Gericht verfallen sein. (Mt 5, 21-23)
7. Wer eine Frau auch nur lüstern ansieht, hat in seinem Herzen schon Ehebruch mit ihr begangen. (Mt 5, 27-28)
8. Wenn ich von jemand zuviel gefordert habe, gebe ich ihm das Vierfache zurück. (Lk 19,8)
9. Du sollst keinen Meineid schwören, und: Du sollst halten, was du dem Herrn geschworen hast. (Mt 5,33)
10. Selig, die ein reines Herz haben; denn sie werden Gott schauen. (Mt 5,8)

Die zehn Gebote in der Hebräischen Bibel

Und Gott redete alle diese Worte:
Ich bin der Herr, dein Gott, der ich dich aus Ägyptenland, aus der Knechtschaft, geführt hat.

1. Du sollst keine anderen Götter haben neben mir.
   Du sollst dir kein Bildnis noch irgendein Gleichnis machen, weder von dem, was oben im Himmel, noch von dem, was im Wasser unter der Erde ist.
2. Du sollst den Namen des Herrn, deines Gottes, nicht missbrauchen:
   Denn der Herr wird den nicht ungestraft lassen, der seinen Namen missbraucht.
3. Gedenke des Sabbattages (Feiertages), dass du ihn heiligst.
4. Du sollst deinen Vater und deine Mutter ehren, auf dass du lange lebest in dem Lande, das dir der Herr, dein Gott, geben wird.
5. Du sollst nicht töten.
6. Du sollst nicht ehebrechen.
7. Du sollst nicht stehlen.
8. Du sollst nicht falsch Zeugnis reden wider deinen Nächsten.
9. Du sollst nicht begehren deines Nächsten Haus.
10. Du sollst nicht begehren deines Nächsten Weib, Knecht, Magd, Rind, Esel noch alles, was dein Nächster hat.

(2 Mose, 20)

Die Entsprechungen der zehn Gebote im Islam

1. Setze neben Allah nicht einen anderen Gott, auf dass du nicht mit Schimpf bedeckt und verlassen dasitzt. (17, 22)
2. Die Sehkraft (der Menschen) erreicht ihn nicht. (6, 103); auch wenn er sich zu erkennen gibt, so bleibt er dennoch verborgen. (57, 3)
3. Und machet Allah nicht durch eure Schwüre zum Hindernis, so dass ihr nicht mehr Gutes tut und Frieden stiftet. (2, 224)
4. Wenn einer dem Freitagsgebet dreimal aus Nachlässigkeit fernbleibt, versiegelt Gott sein Herz. (Abu Dâwûd)
5. Veehret keinen außer ihn, und erweist Güte den Eltern. (17, 23)
6. Und tötet nicht das Leben, das Allah unverletzlich gemacht hat, es sei denn mit Recht. (17, 33)
7. Und nahe nicht dem Ehebruch; siehe, das ist eine Schändlichkeit und ein übler Weg. (17, 32)
8. Und hackt dem Dieb und der Diebin die Hände ab zur Vergeltung für das, was sie erworben haben. (5, 38)
9. Und diejenigen, die unbedacht jemanden in Verruf bringen, sind im Diesseits und im Jenseits verflucht. (24, 23)
10. Ich nehme meine Zuflucht […] vor dem Übel des Neiders, wenn er neidet. (113, 5)

Aggression, S. 80
Das Wort kommt von *aggredi* (lat.) = heranschreiten, angreifen. Es bedeutet Angriff und Angriffsverhalten, auch in kriegerischem Sinne; dann feindselige Haltung, Äußerung und Handlung; wird oft mit dem Aggressionstrieb in Verbindung gebracht, der für das Überleben notwendig (gewesen) sein soll. Allerdings kann aggressives Verhalten ganz unterschiedliche Gründe haben, die in der Lebenserfahrung und emotionalen Erziehung zu suchen sind.

Emotion, S. 79
Gefühl, Gemütsbewegung, seelische Erregung; von *movere* (lat.) = bewegen, und *emovere* = herausbewegen, emporwühlen. Das Wort bezeichnet besonders das bewegende („motivierende“) Moment des Gefühls.

Ethische Fragestellung, S. 149
Jedes Thema enthält eine Fülle von sachlichen Fragestellungen, in welchen es um die Zusammenhänge und Beziehungen zwischen den Dingen geht. Zu den meisten Themen kann aber auch eine ethische Frage (oder mehrere ethische Fragen) gestellt werden. In ihnen geht es darum, welchen Bezug die Sache zum Leben der Menschen hat. Wird es dadurch eher gefördert oder eher beeinträchtigt? Welche Folgen ergeben sich aus einer bestimmten Sachlage oder Entscheidung für das Zusammenleben der Menschen, für das Leben der nächsten Generationen, ...? Was bedeutet die jeweilige Sache für die davon Betroffenen?

Familie, S. 46
Aus *famulus* (lat.) = Diener wurde das Wort *familia* gebildet; es bezeichnete die Gesamtheit der Dienerschaft (Gesinde). Später wurde darunter die ganze Hausgenossenschaft verstanden, die dem *pater familias* (Familienvater) unterstand. Erst im 16. Jh. wurde Familie zur Bezeichnung für die Gemeinschaft von Eltern und Kind bzw. alle Blutsverwandten (Sippe).

Gerechtigkeit, S. 150
... ist eine grundlegende Tugend und ein Grundprinzip des Rechts und des moralisch guten Handelns. In Anlehnung an Aristoteles kann man drei Arten von Gerechtigkeit unterscheiden:
politische/vergeltende/gesetzliche – Gesamtheit aller Tugenden und Prinzip des Zusammenlebens der Menschen in einer Gemeinschaft bzw. im Staat; regelt die Pflichten und Aufgaben der Menschen, meistens durch Gesetze
austeilende – regelt die Zuteilung von Gütern nach Würdigkeit und Verdiensten
ausgleichende – regelt ebenfalls die Zuteilung von Gütern entweder nach dem Tauschprinzip oder nach Regeln der Wiederherstellung (z. B. nach Verlust)

Gleichheit, S. 147
Ausgehend von dem Gedanken, dass alle Menschen von Natur aus gleich sind, entstand die Idee, dass sie es auch politisch, vor allem vor dem Gesetz sein sollten. Die Idee der politischen Gleichheit aller findet sich in den Verfassungen vieler Staaten. Eine Ausweitung dieses Gedankens beinhaltet z. B. die Chancengleichheit.

Identität, S. 11
Wenn sich etwas nicht nur gleicht, sondern dasselbe ist oder bleibt, spricht man davon, dass das eine identisch mit dem anderen ist, bzw. das Spätere mit dem Früheren. Identität heißt „Selbigkeit“ von (lat.) *idem* = eben der, ein und dasselbe.

Interkulturalität, S. 106
Im Ergebnis der Migration leben in den meisten Staaten der Erde Menschen unterschiedlicher Herkunft zusammen. Ihr kulturell erworbenes Verhalten und ihre Gewohnheiten sind unterschiedlich. Das stößt manchmal auf Interesse und Faszination bei den jeweils anderen, manchmal auch auf Ablehnung bis hin zur Feindschaft. Kein Weg jedoch führt daran vorbei, dass man mit anderen kulturellen Eigenheiten konfrontiert wird: es ereignet sich eine Begegnung zwischen den Kulturen, deshalb spricht man von Interkulturalität.

Komplementärbegriffe, S. 105
Begriffe, die sich als Gegensätze gegenüberstehen und ein Bedeutungsfeld wechselseitig ergänzen (komplettieren), z. B. hell – dunkel, oben – unten.

Konflikt, S. 63
Das Wort kommt von *confligere* (lat.) = zusammenstoßen, streiten, kämpfen. Man unterscheidet zwischen äußerem und innerem Konflikt. Äußerer Konflikt meint den Interessengegensatz, die Auseinandersetzung oder den offenen Streit zwischen Personen, Personengruppen, aber auch Staaten. Ein innerer Konflikt spielt sich „im Inneren“ einer Person ab und meint den Widerstreit der Gefühle, Wünsche, Motive, Bestrebungen und (ethischen) Normen.

Krise, S. 28
Das Wort stammt aus dem Griechischen – bedeutet ursprünglich Meinung, Beurteilung, Entscheidung. Heute bezeichnet es eine schwierige Zeit oder eine Situation, die den Höhe- oder Wendepunkt einer schlecht verlaufenden Entwicklung darstellt. Oft kann man erst nachträglich sagen, dass dies der Wendepunkt war.

Mediation, S. 65
Die Mediation ist eigentlich eine uralte Angelegenheit und bedeutet „Vermittlung im Streit“. Wir finden Formen der Mediation in der Bibel, im alten China, bei vielen Stämmen Afrikas oder bei den Aleviten in der Türkei. Bei der jährlichen Cem-Feier der Aleviten z.B. wird die Streitschlichtung vom Dede, dem religiösen Gemeindeoberhaupt, vor der versammelten Gemeinde durchgeführt. Sie ist ein Bestandteil uralter, aus der Nomadenzeit stammender Riten. Die Mediation im modernen Sinne wurde seit den 60er-Jahren in den USA entwickelt und stellt vielfach eine Alternative zu den Gerichtsverfahren dar. In Deutschland wird etwa seit Beginn der 90er-Jahre Mediation verstärkt angeboten und langsam immer bekannter. Manche Richter/innen empfehlen inzwischen den Streitparteien eine Mediation.

Migration, S. 106
Immer schon sind die Bewohner der Erde auf ihrem Planeten gewandert: ausgewandert (emigriert) und eingewandert (immigriert). Man spricht heute allgemein von Migration; für sie gibt es unterschiedliche Gründe: wirtschaftliche, politische, klimatisch-geographische, usw.

Mythos, S. 41
Besondere Ereignisse und Lebenssituationen wurden schon vor langer Zeit in Mythen (Geschichten) erzählt, so wie man heute Filme dreht. Darin wird auch erklärt, warum es diese Ereignisse gibt und wie sie zustande kommen.

Normen, S. 18
Gemeint sind hier soziale Normen. Sie bestimmen die Verhaltensweisen, die als regelgerecht in einer bestimmten sozialen Situation gelten. Sie sind gesellschaftlich und kulturell bedingt. Deshalb wandeln sie sich im Laufe der gesellschaftlichen Entwicklung und sie unterscheiden sich je nach Gruppe, Gesellschaft oder Kultur.

Okkultismus, S. 253
Er beschäftigt sich mit dem, was wir mit unseren normalen Sinnen nicht wahrnehmen können und sich wissenschaftlich nicht erklären lässt. Menschen mit okkultistischen Neigungen sind z.B.
- Personen, die glauben, anhand der Ausschläge eines Pendels bestimmen zu können, ob Nahrungsmittel gut verträglich sind.
- Personen, die behaupten, mit einem Blick in ein Kristall die Zukunft vorhersagen zu können.
- Personen, die vorgeben, den Charakter einer Person anhand eines Horoskops bestimmen zu können.

Ökotopia, S. 124
Das Wort „Ökotopia" ist gemischt aus „Ökotop" und „Utopia"; letzteres war in der Schilderung von Thomas More eine von ihm 1516 erfundene Insel, auf der er das Zusammenleben so beschrieb, wie es seiner Ansicht nach sein sollte. „Utopie" kommt von *u topos* (griech.) = kein Ort, nirgendwo; damit bezeichnet man Idealvorstellungen von einem künftigen Leben.

Parabel, S. 36
Das ist eine lehrhafte und kurze Erzählung. Das Wort kommt von *parabolé* (griech.) = das Daneben-Gehende, der Vergleich. Ihr Anliegen ist die Vermittlung von Fragen der Moral und ethischen Grundsätzen, indem diese in einen anderen Vorstellungsbereich übertragen werden. Das im Vordergrund stehende Geschehen (Bildebene) hat symbolische Bedeutung für den Leser. Die Parabel ist eine Aufforderung zum Erkennen. Der Leser soll das Gemeinte als Allgemeines (Sachebene) herleiten.

Prophet, S. 164
Muslime glauben, dass Gott zu verschiedenen Zeiten Propheten zu den Menschen schickte, um sie auf den rechten Weg zu bringen. Manche dieser Propheten werden auch Gesandte genannt, weil sie ein Buch brachten: Moses die Thora, Jesus das Evangelium und Mohammed den Koran.

Rechte und Pflichten, S. 20
Rechte erlauben uns etwas und Pflichten legen fest, was wir tun müssen. Sie verändern sich in verschiedenen Altersstufen. Die Eigenverantwortung nimmt zu, die Strafmündigkeit erweitert sich, die eigene Entscheidungsfähigkeit ist gefordert.

Regeln und Normen, S. 93
Beide Wörter sind ursprünglich (im alten Rom) Bezeichnungen für ein beim Bau verwendetes Maß, *regula* = ein Richtholz, *norma* = ein Winkelmaß. Daraus ergab sich die Bedeutung: Richtschnur, Maßstab, Richtlinie, Vorschrift.

Ritual, Übergangsritus, S. 16
Ein Ritual oder Ritus ist allgemein ein Vorgehen, das einer festgelegten Ordnung folgt. Übergangsriten führen in eine andere Gemeinschaft oder neue „Welt" ein. Den Übergangsritus in die Welt der Erwachsenen nennt man auch Initiation, was Einführung, Einweihung bedeutet.

Rollen des Menschen, S. 91
Man kann von vier unterschiedlichen Rollen des Menschen sprechen: 1) die Rolle als mehr oder weniger unauffälliges funktionierendes Rad im Getriebe und Teil der Masse, 2) die Rolle als leistungsfähiger Mensch mit Verstand, 3) die bürgerliche Rolle als Mitglied der Gesellschaft mit besonderen persönlichen Interessen, 4) die moralische Rolle als ethisch urteilendes und handelndes Wesen, als Vertreter der Menschheit bzw. der Vernunft (was eigentlich mehr ist als eine Rolle).

Satanismus, S. 253
Früher wurde Satanismus häufig als Gegenentwurf zum Christentum verstanden; Ursprünge dieser Form des Satanismus liegen im Dunkel der Geschichte verborgen. Im so genannten neuen Satanismus geht es nicht mehr um die Verehrung eines höheren Wesens, sondern darum, selbst Gott zu werden. Die Szene ist inzwischen kaum noch überschaubar und ständig steigt die Zahl der selbsternannten Satanspriester und -priesterinnen. Mit „schwarzen Messen" und ähnlichen Veranstaltungen wollen sie in der Regel eines erreichen: Macht über andere. Diese Organisationen sind in ihrer Arbeitsweise durchaus mit Sekten zu vergleichen.

Sexualität, S. 52
Das Wort kommt von *sexus* (lat.) = (männliches oder weibliches) Geschlecht. Daraus wurden das Adjektiv sexuell (geschlechtlich) und im 19. Jh. das Nomen Sexualität (Geschlechtsleben, geschlechtliches Verhalten) gebildet.

Sündenbock, S. 73
Es ist ursprünglich nach 3. Mose 16, 20–22 der mit den Sünden des israelitischen Volkes beladene und in die Wüste gejagte Ziegenbock; seit Ende des 18. Jh. in übertragenem Sinne die Bezeichnung für eine Person oder Personengruppe, die für die Schuld anderer büßen muss bzw. der die Schuld an einem Unglück oder einer schlechten Gesamtlage in die Schuhe geschoben wird. Oft muss er für das Versagen einer Gruppe oder der Gesellschaft büßen.

Symbol, S. 223
Das Wort stammt von *symbolum* (lat.) = das (Kenn-)Zeichen. Es wird im Allgemeinen für Zeichen verwendet, die mit einer bestimmten Bedeutung verknüpft sind (Beispiel: Verkehrszeichen). In der Religion werden wichtige Kerngedanken in Symbolen ausgedrückt.

Vorurteile, S. 66
Ein Vorurteil ist ein wertendes Urteil bzw. eine im Allgemeinen wenig reflektierte Meinung – ohne Würdigung aller Eigenschaften eines gewerteten Sachverhaltes oder einer Person. Wir gebrauchen den Begriff Vorurteil, um ausgeprägte positive und negative Urteile oder Einstellungen eines Mitmenschen über ein Vorurteilsobjekt zu bezeichnen, wenn wir sie für nicht realitätsgerecht halten. Vorurteile sind also nicht notwendigerweise abwertend.

Weltethos, S. 204
Am 4. 9. 1993 traf sich in Chicago das Parlament der Weltreligionen. Gemeinsam dachten die Vertreter der Religionen über ihre Wertvorstellungen nach. Zum Abschluss verabschiedeten sie eine „Erklärung zum Weltethos", d.h. einen Aufruf an alle Menschen, Lebensformen zu finden, die auf Verständnis füreinander beruhen und deshalb sozialverträglich, friedensfördernd und naturfreundlich sind.
Die Idee wird in zahlreichen Projekten, Publikationen und der Wanderausstellung „Weltreligionen – Weltfrieden, Weltethos" weitergetragen.
www.schule-weltethos.de

Analoges Schreiben, S. 47
Analog heißt gleichartig, ähnlich. Nehmt euch einen Text als Vorbild und schreibt einen ähnlichen. Die Form bleibt die gleiche, z. B. ein Bericht bzw. eine Beschreibung. Die neuen Inhalte werden in derselben Reihenfolge dargestellt wie die Inhalte im Ausgangstext. Falls etwas gleich bleibt, können dieselben Worte verwendet werden wie im Ausgangstext.

Begriffsklärung durch Analyse des Bedeutungswandels, S. 176
(vergleiche „... Nachvollziehen der ursprünglichen Bedeutung")
1. Feststellen der ursprünglichen Bedeutung in der Sprache, aus der das Wort stammt.
2. Unterschiede in der Verwendung des Wortes analysieren.
3. Die Frage beantworten, zu welchem Zweck, mit welcher Absicht und mit welcher seiner möglichen Bedeutungen das Wort gebraucht wurde.
4. Sich ein Urteil darüber bilden, welche Sache im jeweiligen Verwendungsfall eigentlich mit dem Wort bezeichnet wird.
5. Das ganze Feld des Wortgebrauchs überschauen und die Motive der unterschiedlichen Verwendungen sowie des Bedeutungswandels analysieren.

Begriffsklärung durch Nachvollziehen der ursprünglichen Bedeutung, S. 34
(vergleiche „... Analyse des Bedeutungswandels")
Will man verstehen, was jemand mit einem bestimmten Wort, einem Begriff meint, muss man die Bedeutung klären. Um Aristoteles´ Darstellung von vollkommener Freundschaft zu verstehen, muss man den Begriff „Trefflichkeit" klären. Die Griechen benutzten dafür das Wort *arete*. Damit war zunächst „Tauglichkeit" gemeint, es bekam dann die Bedeutung von „Tugend"; ein trefflicher oder tugendhafter Mensch ist also jemand, der gute Charakterzüge und Eigenschaften besitzt.

Collage gestalten, S. 15
Collage kommt von *coller* (franz.) = kleben. Mit dieser Technik wird durch das Aufkleben verschiedener Elemente ein neues Ganzes geschaffen. Aufgeklebt werden z. B. Zeitungsausschnitte, Fotos, farbige Papiere, Bildausschnitte. Bevor das Material zusammengestellt wird, muss man sich überlegen, welche Aussage man verdeutlichen will.

Definitionen erarbeiten, S. 17
Eine Definition stellt die genaue Bestimmung eines Begriffs oder einer Sache dar. Dafür muss der Inhalt genau dargelegt und erklärt werden, aber möglichst in kurzen, treffenden Sätzen.

Diskussion im Plenum, S. 125
Ein Thema muss häufig zunächst allein oder zu zweit oder in kleineren Gruppen bearbeitet werden. Dabei wird es oft in Teilthemen aufgespaltet. Möglich ist es auch, dass jede Kleingruppe zum selben Thema arbeitet. Am Ende aber sollten die erreichten Ergebnisse noch einmal unter allen Teilnehmern diskutiert werden, um alle Gesichtspunkte kennen zu lernen und sich gegebenenfalls zu berichtigen. Die Gesamtheit der Gruppe oder Klasse nennt man dann Plenum.

Ein Begriffs-ABC erstellen, S. 63
Um einen Begriff in allen seinen Bedeutungen kennen zu lernen, ist es sinnvoll ein „ABC" dazu zu entwickeln. Schreibt zu jedem Buchstaben ein Wort, das ihr negativ mit dem Begriff verbindet und eines, das ihr positiv mit dem Begriff in Verbindung bringt.

Eine Fortsetzung schreiben, S. 45
Eine offene Geschichte, deren weiteren Verlauf man nicht kennt, lässt sich durch eigenes Schreiben fortsetzen. Es muss dabei auf den Charakter der Personen, die örtliche und zeitliche Umgebung sowie den Stil der Erzählung geachtet werden. Vergleicht man die geschriebenen Fortsetzungen, erhält man einen guten Überblick über die Bedingungen, unter denen eine Geschichte gut oder schlecht, glücklich oder traurig, im Gelingen oder Misslingen usw. ausgeht.

Fragebogen erstellen, S. 29
Überlegt zuerst, wem der Fragebogen vorgelegt werden soll. Sollen die Fragen mit Ja/nein, einer Bewertung (+/- oder Noten) oder ganzen Sätzen beantwortet werden? Über die Auswertung müsst ihr euch vorher Gedanken machen – davon hängt die Fragestellung ab: Wollt ihr eine Übersicht gewinnen oder Aussagen sammeln?

Fragen finden, S. 11
Texte thematisieren eine Frage oder auch mehrere Fragen. Diese gilt es herauszufinden. Ihr könnt die Fragen auf Kärtchen schreiben und sammeln.

Gedankenexperiment, S. 170
Darunter versteht man eine Art von Versuchsanordnung, die sich nicht in der Wirklichkeit, sondern im Kopf abspielt. Man möchte etwas herausfinden, was in der Realität nicht ausprobiert werden kann oder darf. Dabei geht man von einer Annahme aus: Was wäre, wenn/Stell dir vor ... Man formuliert eine oder mehrere Fragen, z. B.: Was würdest du dann tun? Was würde passieren? Manche Gedankenexperimente können auch in der Wirklichkeit ausprobiert werden.

Gespräche führen, S. 151
Wählt einen Gesprächsleiter. Formuliert eine klare Fragestellung. Vereinbart Regeln, damit ein gutes Gespräch zustande kommt. Beispiele für solche Regeln:
1. Ich melde mich, wenn ich etwas sagen möchte. Oder: Der Gesprächsleiter führt eine Rednerliste in der Reihenfolge der Meldungen.
2. Nur einer spricht.
3. Ich höre zu, wenn ein Anderer spricht.
4. Im Gespräch sehen wir uns an.
5. Ich rede nicht dazwischen, wenn ein Anderer spricht.
6. Ich gebe das Wort an ... weiter. Oder: Der Gesprächsleiter teilt das Wort gemäß der Rednerliste zu.
7. Ich knüpfe an das an, was der/die Vorredner/in gesagt hat bzw. was bislang gesagt worden ist.
8. Mein Beitrag gehört direkt zum Thema, ich möchte dringend etwas sagen oder fragen.
9. Ich bleibe beim Thema.
10. Ich sage und begründe meine Meinung.
11. Ich akzeptiere die Meinung Anderer.
12. Als Gesprächsleiter achte ich vor allem auf das Thema.

Ihr könnt zu jeder Regel ein Piktogramm zeichnen. Stellt daraus Kärtchen her, die sich an die Wand heften und bei Bedarf (zur Erinnerung) vorzeigen lassen. Welche Regeln müssten noch ergänzt, welche können ersatzlos gestrichen oder durch eine andere ersetzt werden?

Gemeinsamer Kurzvortrag, S. 81
Eine Sache wird so verständlich gemacht und dargeboten, dass sie von den Zuhörern nachvollzogen werden kann. Die Gruppe muss sich also vorher damit auseinandersetzen, unterschiedliche Meinungen können aber auch im Vortrag selbst zur Sprache gebracht werden. Sprecht abwechselnd, indem der jeweilige Redner sich auf den Vorredner bezieht.

Interaktionsspiel durchführen, S. 95
Statt über ein Thema zu reden, kann man mit dem Thema Erfahrungen machen. Man organisiert das meistens in mehreren Durchgängen. Es ist dabei wichtig, sich in den Aktionen aufeinander zu beziehen, das heißt zu „interagieren". Dann erfährt man die Reaktionen der anderen auf das eigene Tun und die eigene Reaktion auf das Tun der anderen. Solche Interaktionen lassen sich auch, auf das jeweilige Thema bezogen, selbst erfinden. Anschließend erfolgt immer eine gemeinsame Auswertung.

Kartenabfrage, S. 33
Kärtchen werden von jedem Schüler/jeder Schülerin je nach Thema mit einem Merkmal, einer Frage oder Aussage beschriftet. Alle Karten werden in einem Karton gesammelt und gemischt. Wichtig ist, dass man nicht erkennt, wer welche Karte beschriftet hat. Aus allen Kärtchen wird reihum gezogen, vorgelesen und dann weiter verfahren, wie es die jeweilige Aufgabe erfordert.

Kreatives Schreiben, S. 147
Es soll ein Text produziert werden, der keine festen formalen Ansprüche hat. Den vorgegebenen Fragen oder Themen folgend bringt man seine Gedanken zu Papier.
Tipp: Lege zuvor eine Stichwortsammlung an. Mache dazu ein „Brainstorming", in dem du alle spontanen Einfälle sammelst. Das könnt ihr auch gemeinsam tun.

Listen erstellen, S. 56
Man bekommt sehr viel Wissenswertes zu einem Thema heraus, wenn man gemeinsam Listen erstellt, z.B. mit allen Gründen, die einem zu einer bestimmten Verhaltens- oder Handlungsweise einfallen, oder mit allen Verboten oder Geboten zu einem bestimmten Lebensbereich usw. Die Listen können dann nach dem Grad der Wichtigkeit der Einträge oder nach Ähnlichkeiten usw. geordnet werden.

Maskenspiele entwickeln, S. 105
In den meisten Kulturen der Welt kennt man Masken, die verwendet werden, um eine Figur darzustellen, die man nicht selber ist. Man kann in dessen Rolle als Maskenträger aber umso besser schlüpfen, weil die eigene Person dahinter verschwindet, „unsichtbar" wird (ähnlich wie beim heutigen Karneval/Fasching).

Motive und Gründe bestimmen, S. 83
In ethischen Zusammenhängen kann man immer nach Motiven und Gründen fragen. Motive sind Beweggründe, die jemanden veranlassen, etwas zu tun; Gründe sind eher Begründungen oder Erklärungen, die man für eine bestimmte Verhaltensweise oder wünschenswerte Handlung gibt. Die wahren Motive müssen nicht immer die geäußerten Gründe sein! Manche Motive werden verheimlicht, manche Gründe sind bloß vorgeschoben.

Pantomime entwickeln, S. 12
Die Darstellung einer Szene, einer Handlung wird nur mit dem Mienenspiel (mimisch) und mit Gebärden (gestisch) entwickelt und vorgeführt. Hinzu kommen tänzerische Bewegungen.

Podiumsdiskussion, S. 173
Ausgewählte „Experten", die sich vorbereitet haben und von der Gruppe dafür bestimmt worden sind, nehmen an einer Diskussion zum Thema teil. Das Podium befindet sich vorn im Raum gegenüber dem „Publikum". Der/die Gesprächsleiter/in stellt Fragen, die von den „Experten" sachgemäß beantwortet werden und zwischen ihnen zu einer Diskussion führen können. Aus dem Publikum können Fragen an das Podium gestellt oder Antworten ergänzt werden.

Poster gestalten, S. 113
Auf einem Poster ist eine Thematik in Bild und oft auch Schrift eingängig und eindringlich dargestellt. Die Bilder müssen aussagekräftig sein. Mindestens ein Ziel, das mit dem Poster erreicht werden soll, muss vorher gut überlegt und bestimmt werden.

Pro-Contra-Diskussion, S. 51
Zwei konträre (gegensätzliche) Meinungen treffen aufeinander. Zu jeder Auffassung wird eine klare These (Behauptung) formuliert. Es bilden sich zwei Parteien, die ihre Meinung jeweils mit guten Gründen zu verteidigen suchen. Drei bis fünf Schüler vertreten die erste These, ebenso viele Schüler die zweite. Die anderen Schüler sind die Beobachter und protokollieren die Argumente mit. Zur Vorbereitung werden vor der Diskussion gute Argumente in der Gruppe zusammengetragen. Informationen dafür gewinnt man aus den vorstehenden Texten und aktuellen Berichten zum Thema.
Regeln für die Diskussion:
1. Es diskutieren nur jeweils zwei Vertreter einer Partei. Sie können sich gegenseitig beim Reden ablösen.
2. Die anderen „Anhänger" dieser Partei können zusätzliche Argumente schriftlich (z.B. auf Karteikarten) an die Diskussionsteilnehmer weiterreichen.
3. Jeder Diskussionsteilnehmer begründet seine Meinung am Anfang ganz kurz (z. B. „Ich denke die Familie ist überholt, weil ...").
4. Jeder trägt immer nur ein Argument vor, auf welches die Gegenseite eingehen muss, ehe sie das eigene neue Argument nennt.
5. Zum Abschluss werden die Argumente unter Beteiligung der Protokollanten-Gruppe inhaltlich bewertet. Die Thesen werden auf ihre Stichhaltigkeit geprüft und eventuell verändert, ganz verworfen oder völlig neu formuliert.
6. Es kann auch ein Rollentausch der Pro- und Contra-Parteien stattfinden. Was erlebt man dabei? Welche Erfahrungen mit dem Perspektivwechsel werden gemacht?

Abschlussfrage: Welche Meinungsbildung hat sich am Ende im Plenum insgesamt ergeben?

Schaubilder auswerten und anwenden, S. 101
In Schaubildern sind Bezüge zwischen Begriffen, gegenseitige Abhängigkeiten oder statistische Ergebnisse übersichtlich angeordnet, so dass sie gut ablesbar sind. Solche Übersichten (Schemata) lassen sich auf Einzelfälle anwenden, wobei man möglichst alle Merkmale zu beachten hat. Im Anschluss daran lassen sich weitere Fragen stellen und Probleme sichtbar machen.

Symbole finden, S. 37
In einem Symbol wird bildlich oder in Zeichen etwas dargestellt, so dass man mit einem Blick sehen kann, was gemeint ist. Z. B. erkennt jeder sofort die Bedeutung eines Verkehrszeichens, entweder weil das Bild in seiner Aussage eindeutig ist oder weil man sich gemerkt hat, was es bedeutet.

Zitate erschließen, S. 117
Viele Zitate von Philosophen und Wissenschaftlern müssen gedeutet werden. Zunächst versucht man, die Aussage als Ganzes zu verstehen. Dann werden die Teilaussagen (Sätze) untersucht. Dafür muss man Begriffe und zunächst unverständliche Zusammenhänge klären. Danach bezieht man diese Teile wiederum auf die ganze Aussage und vertieft deren Bedeutung. Außerdem ist es immer von Vorteil, Beispiele zu finden. Schließlich gibt man das Zitat in eigenen Worten wieder.

Methoden und Projekte

Bewusstes Wahrnehmen und Bewegen, S. 24/25
Sinnliche eigene Wahrnehmungsfähigkeit durch Bewegung schulen
Wahrnehmungsfähigkeit durch Beschäftigung mit Kunstwerken fördern

Haltung, Bewegung, Ausdruck, S. 26/27
Beziehungen zwischen Gefühlsregungen und Körperausdruck deuten können und Ausdruckskraft der eigenen Haltung und Bewegung schulen

Inszenieren eines Rollenspiels, S. 48/49
Erfahrungen mit sich selbst, durch den Wechsel der Perspektive und mit dem behandelten Thema machen
Beobachter und Darsteller treten in Erfahrungsaustausch

In Gruppen arbeiten, S. 54 bis 57
Paralleles Erarbeiten mehrerer Themenbereiche, die sich anschließend gegenseitig vorgestellt werden – miteinander und voneinander lernen

Kritisch mit Medien umgehen, S. 70/71
Analyseverfahren zur Bild- und Textuntersuchung kennen lernen und anwenden

Eine Mindmap entwerfen, S. 74/75
Begriffe in all ihren Bedeutungsvarianten klären

Strukturierte Spiele erfinden und gestalten, S. 84/85
Mit Gesprächen, Rollenspielen und Aktionen zwischen den Mitspielern werden Erfahrungen gemacht, Klärungen herbeigeführt, Einsichten erworben und vertieft

Nachfragen

Perspektiven-wechsel

Handlungs-alternativen

Moralische Dilemmata diskutieren, S. 96/97
Normen und Regeln erkennen, denen man selbst folgt; Orientierungen begründen können, ethische Überzeugungen erlangen

Ethisches Argumentieren, S. 98/99
Zehn Stufen bzw. Regeln zur Erarbeitung einer Argumentation der guten Gründe

Vergleiche ziehen, Analogien bilden, Kontrast-Erfahrungen machen, S. 120/121
Unterschiede und Gemeinsamkeiten herausfinden, Entsprechungen im eigenen Leben finden, durch Kontraste das Wesentliche erkennen

Planspiel entwickeln und durchführen, S. 122/123
Planung und ein Modell der Realisierung entwickeln; dabei Erfahrungen mit einem bestimmten Thema, hier Stadtplanung, machen

Ein Forum veranstalten: Forum „Natur und Technik", S. 126/127
Präsentation gewonnener Erkenntnisse und Einsichten

Ein Portfolio anlegen, S. 142/143
Sammlung von Material und Arbeitsergebnissen zu einem bestimmten Thema und einer bestimmten Fragestellung

Begriffe bilden, Wortgebrauch verstehen, kritische Analyse der Wortverwendung, S. 176/177
Fünf Arbeitsschritte, mit denen man Ursprung, Bedeutung und Verwendung des Begriffs verstehen lernt

Texte vergleichend lesen und deuten, S. 194/195
Texte durch „Deuten", „Interpretieren", „Nachvollziehen" verstehen lernen

Stationenlernen, S. 210/211
Informationen sammeln, Aufgaben lösen und die Ergebnisse dokumentieren und präsentieren

Metaphern und Symbole verstehen und verwenden, S. 244/245
Sprachliche Bilder erkennen, verstehen und verwenden können

Zettel-Methode: Erfahrungen und Kenntnisse sammeln, klären und erweitern, S. 252/253
Vorhandene Kenntnisse und Erfahrungen einer Gruppe werden gesammelt, geklärt und für alle erweitert

Umschlag
Menschenmenge: Getty Images (Chabruken/The Image Bank), München; **Herz:** Getty Images (Stone/Masaaki Toyoura), München; **Blatt mit Wassertropfen:** Getty Images (Neo Vision/Photonica), München; **Frau und Buddha:** Avenue Images GmbH (RF/Getty/Image Source), Hamburg

Innenteil
S. 9: Getty Images (Taxi), München
S. 10: © Alfredo Álvarez Plágaro, courtesy: Galerie m Bochum
S. 11 links: AKG (Electa), Berlin; **rechts:** Museo Picasso, Barcelona, Spain/The Bridgeman Art Library/(c) Succession Picasso/ VG Bild-Kunst, Bonn 2006
S. 12: Klett-Archiv (Grit Kleindienst), Stuttgart
S. 13: Anne Koch, Düsseldorf
S. 14: Historisches Museum (Ursula Seitz-Gray), Frankfurt/M
S. 16: Picture-Alliance (dpa/Franz-Peter Tschauner), Frankfurt/M
S. 17: FOCUS (Yoshiharu Sehino), Hamburg
S. 18 oben: Picture-Alliance (dpa/dpaweb/Waltraud Grubitzsch), Frankfurt/M; **unten:** Siegfried Liebrecht Agentur und Verlag (Peter Gaymann), Hannover
S. 22: Picture-Alliance (dpa/Bifab), Frankfurt/M
S. 23: Franziska Biermann, Hamburg
S. 25 links: AKG, Berlin; **rechts:** Picture-Alliance (Bildagentur Huber/G. Simeone), Frankfurt
S. 28: The Estate of Keith Haring, New York
S. 31: Getty Images (Stone/Masaaki Toyoura), München
S. 32 oben li.: ullstein bild (Malzkorn), Berlin; **oben re.:** ullstein bild (Grabowsky), Berlin; **unten li.:** ullstein bild (KPA), Berlin; **unten re.:** stocktogo.com, New York
S. 33: © 2006 United Feature Syndicate, Distr. by kipkakomiks.de
S. 34: ullstein bild (Imagno), Berlin
S. 35: Artothek (Standort Düsseldorf, Kunstsammlungen NRW), Weilheim
S. 36: ullstein bild (CARO/Riedmiller), Berlin
S. 37: Image 100 (RF), Berlin
S. 38: Picture-Alliance (akg), Frankfurt/M
S. 39: Roland Topor, VG Bild-Kunst, Bonn 2006
S. 40: AKG, Berlin, © Succession Picasso/VG Bild-Kunst, Bonn 2006
S. 42 beide: aus: Mark Twain: Tom Sawyer, Insel-Verlag, Frankfurt a.M./Leipzig 1993;
S. 43: **aus:** Mark Twain: Tom Sawyer, Insel-Verlag, Frankfurt a.M./Leipzig 1993;
S. 46 oben: BPK (Georg Drechsel), Berlin; **unten:** iStockphoto (RF/Monika Wisniewska), Calgary, Alberta
S. 47: BPK, Berlin
S. 48: ullstein bild (Sylent-Press), Berlin
S. 51: Das Fotoarchiv, Essen
S. 53: AKG, Berlin
S. 54: MEV (RF), Augsburg
S. 55 oben: Getty Images (Taxi/Bart Geerligs), München; **unten:** Getty Images (RR), München
S. 58: CCC,www.c5.net (CCC/Erich Rauschenbach/www.c5.net), Pfaffenhofen a.d. Ilm
S. 59: Klett-Archiv (Christian Hansen), Stuttgart
S. 60: aus: Bravo Girl! Heinrich Bauer Zeitschriften Verlag KG, Ausg. 24/2006 vom 15.11.2006
S. 61: Getty Images (Keith Goldstein), München
S. 62: Superbild (Alaska_Stock), Unterhaching/München
S. 63: Klett-Archiv (Christian Hansen), Stuttgart
S. 64: Ulrich Niehoff, Bienenbüttel
S. 68: CCC,www.c5.net (www.c5.net/Freimut Wössner/CCC), Pfaffenhofen a.d. Ilm
S. 69 oben: Picture-Alliance (dpa/dpaweb/KIA), Frankfurt; **unten:** Bilderberg (David Trodd), Hamburg
S. 72: ullstein bild (LEONE), Berlin
S. 75: ullstein bild (Sylent-Press), Berlin
S. 76: ullstein bild, Berlin
S. 77: ullstein bild (Granger Collection), Berlin
S. 78: defd, Hamburg
S. 80 oben: Marie Marcks, Heidelberg; **unten:** Bulls Press, Frankfurt/M
S. 81: Anita Ortega, Stuttgart
S. 82: ullstein bild (DIAGENTUR), Berlin
S. 87: Getty Images (Chabruken/Image Bank), München
S. 88 links: ullstein bild, Berlin; **rechts:** Interfoto, München
S. 89: AKG, Berlin
S. 90 oben li.: Sammlung Ernst Brunner, Schweiz. Institut für Volkskunde, Basel; **oben re.:** Picture-Alliance (dpa/Oliver Berg), Frankfurt; **unten li.:** ullstein bild (Winkler), Berlin; **unten re.:** Avenue Images GmbH (StockDisc), Hamburg
S. 91: Archivo Iconografico S.A./Corbis
S. 92 oben li.: aus: Loriot, Loriot's Großer Ratgeber (c) 1972, 1983 Diogenes Verlag AG Zürich; **oben re.:** aus: Loriot, Der gute Geschmack Copyright (c) 1972, 2005 Diogenes Verlag AG Zürich; **Mitte li.:** Sascha Reuen, Essen; **Mitte re.:** AKG, Berlin; **unten li.:** Picture-Alliance (Wiebke Langefeld), Frankfurt/M
S. 93: iStockphoto (RF), Calgary, Alberta
S. 94: Verlag Friedrich Oetinger, Hamburg
S. 96: Argus (Hartmut Schwarzbach), Hamburg
S. 100: Medienzentrum Gotha, Gotha
S. 102 oben: Bulls Press, Frankfurt/M; **unten:** Bulls Press, Frankfurt/M
S. 104 beide: Verlag Friedrich Oetinger, Hamburg
S. 105: Nora Papajewski und Fritz Arnold

S.107 links: Picture-Alliance (dpa/Panasia), Frankfurt; **rechts:** Corbis (Kate Mitchell/zefa), Düsseldorf
S.109 links: Dieter Hanitzsch, München; **rechts:** Picture-Alliance (Photoshot/Bandphoto), Frankfurt/M
S.110: CCC,www.c5.net (CCC/Brian Bagnall/www.c5.net), Pfaffenhofen a.d. Ilm
S.111: Getty Images (Neo Vision/Photonica), München
S.112 links: Okapia (Dr. Hermann Brehm), Frankfurt; **rechts:** shutterstock (juliengrondin), New York, NY/USA
S.113: AKG, Berlin, VG Bild-Kunst, Bonn 2006
S.114: Artothek, Weilheim, VG Bild-Kunst, Bonn 2006
S.116 links: Günter Pfannmüller, Frankfurt/M; **rechts:** Picture-Alliance (KPA/Hochheimer), Frankfurt/M
S.118: aus: Esther Bisset, Martin Palmer, Die Regenbogenschlange, WWF Schweiz und Zytologge Verlag, Bern 1987
S.119: aus: Esther Bisset, Martin Palmer, Die Regenbogenschlange, WWF Schweiz und Zytologge Verlag, Bern 1987
S.120: aus: Esther Bisset, Martin Palmer, Die Regenbogenschlange, WWF Schweiz und Zytologge Verlag, Bern 1987
S.121: Yanomami Child, Brazil © Marcus Colchester/Survival/London
S.122: ullstein bild (Juda Ngwenya /Reuters), Berlin
S.123 oben li.: Picture-Alliance (Bildagentur Huber/G. Simeone), Frankfurt/M; **oben re.:** Stadtarchiv Karlsruhe, Sign.8/PBS XVI 48; **Mitte:** AKG (Erich Lessing), Berlin; **unten:** The Art Institute Chicago, Hilbersheimer 1924
S.126 oben li.: FOCUS (Steve McCurry), Hamburg; **oben re.:** Fachhochschule Bochum; **unten li.:** Visum (Thomas Langreder), Hamburg; **unten re.:** Bilderberg (Dorothea Schmid), Hamburg
S.128: Klett-Archiv (Manfred Rink und Dieter Thärigen), Stuttgart
S.129 oben: GLOBUS Infografik, Hamburg; **unten:** FOCUS (Steve McCurry), Hamburg
S.130: GLOBUS Infografik, Hamburg
S.132 oben: Bilderberg (Dorothea Schmid), Hamburg; unten: FOCUS (S.Silbert/Odyssey), Hamburg
S.133: Wolfgang Sischke, Hamburg
S.135: Fachhochschule Bochum
S.137 oben: CCC,www.c5.net (Jupp Wolter), Pfaffenhofen a.d. Ilm; **Mitte:** Picture-Alliance (ZB/Wolfgang Kluge), Frankfurt
S.139: Getty Images (Gregor Schuster), München
S.140 oben: Bilderberg (Peter Ginter), Hamburg; **unten:** FOCUS (Peter Menzel), Hamburg
S.141 oben: Bilderberg (Peter Ginter), Hamburg; **unten:** FOCUS (Louis Psihoyos), Hamburg
S.142 links: Agenda (Boethling), Hamburg; **oben re.:** Rugmark, Köln; **Mitte re.:** TransFair e.V., Köln; **unten re.:** FIAN-Deutschland e.V., Köln
S.144 oben li.: OLI:Premium Stock Photography, Düsseldorf; **unten li.:** Klett-Archiv (Sylvia Kusch), Stuttgart; **rechts:** Picture-Alliance (Hoang Dinh Nam), Frankfurt/M
S.146 links: AP (Rajesh Kumar Singh), Frankfurt/M; **Mitte:** laif (Silke Wernet), Köln; **rechts:** Picture-Alliance (dpa/epa/efe/Jesus Diges), Frankfurt/M; **unten:** GLOBUS Infografik, Hamburg
S.148: taz Verlags- und Vertriebs GmbH, Berlin
S.149: FOCUS (Magnum/Stuart Franklin), Hamburg
S.151: Klett-Archiv (Dr. Margit Gutmann), Stuttgart
S.152: Agenda (Boethling), Hamburg
S.153: Picture-Alliance (dpa/Kalaene), Frankfurt/M
S.154: ullstein bild (Boness/IPON), Berlin
S.155: Picture-Alliance (dpa/Frank May), Frankfurt/M
S.156: Michael von Aichberger, Köln
S.158: laif (Plambeck), Köln
S.161: Getty Images, München
S.162 oben: Bilderberg (Wolfgang Kunz), Hamburg; **Mitte:** Klett-Archiv (Dr. Frank Usarski), Stuttgart; **unten:** Gütersloher Verlagshaus, Gütersloh
S.163: Bananastock RF (RF), Watlington / Oxon
S.165: Editions Aimery Somogy, Paris
S.166 links: Das Fotoarchiv (Sabine Weiß), Essen; rechts: Das Fotoarchiv (Yavuz Arsalan), Essen
S.168: Klett-Archiv (Andreas Christmann), Stuttgart
S.169: Picture-Alliance (dpa/Patrick Pleul), Frankfurt/M
S.171: ullstein bild (Reuters), Berlin
S.172 links: FOCUS (Abbas/Magnum), Hamburg; **rechts:** Superbild, Unterhaching/München
S.174 links: Das Fotoarchiv, Essen; **rechts:** Picture-Alliance (Getty Platt), Frankfurt/M
S.176 links: Das Fotoarchiv, Essen; Mitte: Picture-Alliance (dpa/epa), Frankfurt; **rechts:** Picture-Alliance (dpa), Frankfurt/M
S.179: ullstein bild (aslu), Berlin
S.181: Avenue Images GmbH (RF/Getty Images/MedioImages), Hamburg
S.184 oben: Argus (Mike Schröder), Hamburg; **Mitte:** Argus (Wolfgang W. Weber), Hamburg; **unten:** Argus (Hartmut Schwarzbach), Hamburg

S. 186 oben: Mauritius (Arthur), Mittenwald; **unten:** Argus, Hamburg
S. 187: Argus (Mike Schröder), Hamburg
S. 188 links: Westdeutscher Rundfunk, Köln; **Mitte:** KNA-Bild (Wolfgang Radtke), Bonn; **rechts:** Klett-Archiv (Andreas Christmann), Stuttgart
S. 189: CCC,www.c5.net (CCC/www.C5.net/Mester), Pfaffenhofen a.d. Ilm
S. 190: images.de digital photo GmbH (EyeUbiquitous/Hutchison), Berlin
S. 191 oben: ullstein bild (Teich/Caro Fotoagentur), Berlin; **unten:** laif, Köln
S. 192: Mauritius (Powerstock), Mittenwald
S. 193 links: BPK (British Museum), Berlin; **rechts:** Bridgeman Art Library (Charmet), London
S. 194 oben: laif (Pierre Bessard), Köln; **Mitte:** Picture-Alliance (dpa), Frankfurt; **unten:** ullstein bild (Reuters), Berlin
S. 196: Picture-Alliance (ZB, S. Stacke), Frankfurt/M
S. 197 beide: Klett-Archiv (Andreas Christmann), Stuttgart
S. 198: ullstein bild (ddp), Berlin
S. 200: Sonja Halliday, Buckinghamshire
S. 201 oben: Picture-Alliance (epa/Magdy El Shazly), Frankfurt, **unten:** Corbis (David H. Wells), Düsseldorf
S. 202: Farid Boudjellal
S. 204: CCC,www.c5.net (CCC/www.C5.net/Mester), Pfaffenhofen a.d. Ilm
S. 207: Avenue Images GmbH (RF/Getty/Image Source), Hamburg
S. 208 links: BPK (Iris Papadopoulos), Berlin; **rechts:** Klett-Archiv (Dr. Frank Usarski), Stuttgart
S. 209 links und Mitte: Klett-Archiv (Dr. Frank Usarski), Stuttgart; **rechts:** Picture-Alliance (dpa/Scherer), Frankfurt/M
S. 212 beide: Klett-Archiv (Dr. Frank Usarski), Stuttgart
S. 213 oben: ullstein bild (Imagebroker.net), Berlin; **unten:** Klett-Archiv (Dr. Frank Usarski), Stuttgart
S. 216 – S. 227 alle: Klett-Archiv (Dr. Frank Usarski), Stuttgart
S. 228: Picture-Alliance (Fred de Noyelle/Godong), Frankfurt/M
S. 229 – S. 234 alle: Klett-Archiv (Dr. Frank Usarski), Stuttgart
S. 237: Avenue Images GmbH (RF/Getty/Image Source), Hamburg
S. 238: Corbis (Francis G. Mayer), Düsseldorf
S. 240: AKG (Werner Formann), Berlin
S. 241 oben: AKG, Berlin, (c) The Munch Museum/The Munch Ellilngsen Group, VG Bild-Kunst, Bonn 2007; **unten:** AKG, Berlin
S. 242: Andreas Röckener, Illustr. Geheimnis No.2 + No.4 S. 202/203 aus H.J. Gelberg (Hrsg.):Augenaufmachen, Beltz&Gelberg in der Verglagsgruppe Beltz, Weinheim & Basel
S. 243: Robert Gernhardt
S. 244 links: Picture-Alliance (dpa/Poncar), Frankfurt; **rechts:** Picture-Alliance (dpa/Helfried Weyer), Frankfurt/M
S. 245 oben li.: Picture-Alliance (Deliss/Godong), Frankfurt; **oben re.:** Erhard Friedrich Verlag, Seelze; **Mitte:** Erhard Friedrich Verlag, Seelze; **unten:** The Picture Desk (Bibliothèque Municipale Rouen/Dagli Ort), London
S. 246: Klett-Archiv (Gerd Mothes), Stuttgart
S. 247: Klett-Archiv (Christian Hansen), Stuttgart
S. 248: ullstein bild (AP), Berlin
S. 249: CCC,www.c5.net (CCC/www.C5.net/Mester), Pfaffenhofen a.d. Ilm
S. 253: Klett-Archiv (Matthias Geuther), Stuttgart
S. 254: Artothek (Blauel/Gnamm), Weilheim
S. 269 unten: Erhard Friedrich Verlag, Seelze

Nicht in allen Fällen war es uns möglich, den Rechteinhaber der Abbildungen ausfindig zu machen. Berechtigte Ansprüche werden selbstverständlich im Rahmen der üblichen Vereinbarungen abgegolten.